川庆钻探工程有限公司年鉴

Chuanqing Drilling Engineering Company Limited Yearbook

《川庆钻探工程有限公司年鉴》编纂委员会 编

2021

图书在版编目（CIP）数据

川庆钻探工程有限公司年鉴. 2021 /《川庆钻探工程有限公司年鉴》编纂委员会编. --北京：石油工业出版社，2024.11. --ISBN 978-7-5183-7017-7

Ⅰ. F426.22-54

中国国家版本馆 CIP 数据核字第 202417Q110 号

川庆钻探工程有限公司年鉴　2021
CHUANQING ZUANTAN GONGCHENG YOUXIAN GONGSI NIANJIAN 2021

封面设计：汤　静
责任编辑：邵冰华
责任校对：刘晓雪
出版发行：石油工业出版社
　　　　　（北京安定门外安华里2区1号　100011）
　　　　　网　　址：www.petropub.com
　　　　　图书营销中心：（010）64523731
　　　　　编辑部：（010）64523592
经　　销：全国新华书店
印　　刷：北京中石油彩色印刷有限责任公司

2024 年 11 月第 1 版　2024 年 11 月第 1 次印刷
889×1194 毫米　开本：1/16　印张：19.25　插页：32
字数：560千字

定　价：178.00元
（如出现印装质量问题，我社图书营销中心负责调换）
版权所有，侵权必究

《川庆钻探工程有限公司年鉴》

编纂委员会

主　　任：李雪岗

副主任：谭　宾　　张志东　　樊尚珍　　孙　虎
　　　　张新刚　　欧阳诚　　王运功

成　　员：曾　翀　　卢尚勇　　韩建禹　　谢祥锋
　　　　董剑南　　宋庆波　　聂小明　　樊兴安
　　　　徐非凡　　徐先觉　　喻建胜　　李　林
　　　　蔡激扬　　曾　剑　　刘利军　　侯　斌
　　　　香　军

《川庆钻探工程有限公司年鉴》

编 辑 部

主　　编：卢尚勇
副 主 编：韩建禹
编　　辑：汪亚军　　范淑清　　赵　鹏
　　　　　卢沁垭
彩页设计：汪亚军

图说 2020
Pictures Special

Chuanqing Drilling Engineering Company Limited Yearbook 2021
川庆钻探工程有限公司年鉴

新冠肺炎疫情防控

Xinguan Feiyan Yiqing Fangkong

1. 2020年2月8日，川庆钻探工程公司在成都召开新型冠状病毒感染肺炎疫情防控应对领导小组会议，深入学习贯彻党中央、国务院、四川省以及集团公司、中油油服疫情防控工作相关要求，再动员再部署疫情防控工作

刘 玲 摄

2. 2020年2月17日，川庆钻探工程公司党委书记、总经理、新型冠状病毒感染肺炎疫情防控应对领导小组组长李爱民（右二）在成都主持召开专题会议，传达学习国务院关于切实加强疫情科学防控有序做好企业复工复产工作的通知精神

卢 宏 摄

3. 2020年2月19日，成都市成华区政府到川庆钻探工程公司科研综合大楼开展工作交流，检查企业复工复产情况
   王 敏 摄
4. 2020年3月2日，川庆钻探工程公司在成都召开党委中心组学习会议和新冠肺炎疫情防控及复工复产工作视频会，传达学习贯彻习近平总书记在统筹推进新冠肺炎疫情防控和经济社会发展工作部署会议上的重要讲话精神，并对疫情防控和生产经营重点工作进行部署
   谭沁汶 摄
5. 2020年8月5日，川庆钻探工程公司在成都召开国际业务新冠肺炎疫情防控视频专题会
   谷学涛 摄
6. 2020年2月3日，川庆钻探工程公司党委书记、总经理，新型冠状病毒感染肺炎疫情防控应对领导小组组长李爱民（右）到机关各处室检查指导疫情防控和值班值守工作，看望慰问非常时期坚守岗位的员工
   刘 玲 摄

新冠肺炎疫情防控

Xinguan Feiyan Yiqing Fangkong

1. 2020年2月25日，川庆钻探工程公司常务副总经理、安全总监、新型冠状病毒感染肺炎疫情防控应对领导小组常务副组长王治平（右二）到川西钻探公司钻具井控公司，调研指导疫情防控及复工复产工作　　魏利摄
2. 2020年2月4日，中东分公司从迪拜采购的上百箱应急防护物资到达川庆钻探工程公司综合科研楼。图为工作人员正在办理入库手续和消毒工作　　李敏供
3. 2020年2月，川庆钻探工程公司科研综合楼安保人员对进入办公区的司乘人员进行体温检测　　王敏摄
4. 2020年4月27日，川庆钻探工程公司组织成都片区部分员工到中国西部博览城观看"众志成城共战疫情"四川省国资国企战"疫"图片展。川庆钻探工程公司有3幅作品入选展览　　刘国伟摄
5. 2020年6月5日，川庆钻探工程公司在四川省总工会召开的四川省困难职工帮扶基金会参与新冠肺炎疫情防控工作通报会上，被授予"'战疫'一线工作者守护计划'爱心单位'"称号　　何洁如供
6. 2020年2月8日，川西钻探公司70537队承钻的磨溪023-H1井，按照新冠肺炎疫情防控要求，安排员工分批次到食堂取餐，并提供熬制好的预防流感病毒的中草药　　李翔摄
7. 2020年3月15—16日，新疆分公司与华夏航空协作，安排两次包机接疆外员工返岗全力保生产。图为抵达库尔勒机场的168名返疆员工　　丁小明摄

新冠肺炎疫情防控
Xinguan Feiyan Yiqing Fangkong

1. 2020年2月17日，远在南美洲的川庆钻探工程公司厄瓜多尔分公司LAGO营地干部员工为国内抗击新冠肺炎疫情加油，并积极筹集防疫物资发运回国　　　　　　　　　　　　　　　　　　　　　郭永岐 摄
2. 2020年10月9日，新冠肺炎疫情期间，巴基斯坦分公司首批员工出国倒班　　　　　　　　　　杨 越 摄
3. 2020年2月27日，井下作业公司YS49121压裂队在威204H34平台复工复产　　　　　　　　　史世平 摄
4. 2020年2月25日，长庆井下公司在作业现场严格落实新冠肺炎疫情防控措施　　　　　　　　　马小东 摄
5. 2020年4月1日，长庆固井公司员工创作"抗疫"应援作品　　　　　　　　　　　　　　　　　郭旭亮 摄

新冠肺炎疫情防控
Xinguan Feiyan Yiqing Fangkong

1. 2020年9月27日，安检院在四川广汉召开海外员工及家属座谈会，慰问因新冠肺炎疫情无法回国的海外员工家属　　陈昱锦　摄
2. 2020年3月5日，蜀渝公司川西北分公司团委组织"宝石花"志愿服务小分队主动加入江油市涪滨社区战"疫"一线。图为志愿者戴上口罩和袖章在小区门口为出入居民进行体温检测服务　　周荠　供
3. 2020年1月31日，重庆运输总公司全力配合地方人民政府新冠肺炎疫情防治工作，高效完成威远县疾病防疫控制中心室外防疫检查站营房运输任务　　汤华云　摄
4. 2020年2—3月，酒店管理公司为确保业主安全，各项目部将自助餐改为盒饭统一配送。图为致美物业员工正在为科研综合楼工作人员准备盒饭　　曾琰　摄

领导视察
Lingdao Shicha

1. 2020年8月6日,集团公司董事长、党组书记戴厚良(左二)到长庆井下公司作业的华H60平台调研指导工作　王川　摄
2. 2020年9月7—10日,集团公司总经理、党组副书记李凡荣(左四)到川渝地区石油石化企业调研。图为李凡荣在钻采院了解精细控压技术

　　　　　　邓斌　摄
3. 2020年7月10日,集团公司党组成员、副总经理、安全总监段良伟(左一)到新疆分公司70083钻井队承钻的博孜302井调研指导工作　丁小明　摄
4. 2020年11月10—11日,集团公司党组成员、副总经理吕波(左三)到四川石油石化企业调研。图为吕波在川西钻探公司50017钻井队承钻的威202H23平台调研

　　　吴育杰　摄
5. 2020年5月19—21日,集团公司党组成员、副总经理焦方正(前排左二)到四川油气田调研。图为焦方正在川西钻探公司70092钻井队承钻的高石127井调研　张海龙　摄

重要会议
Zhongyao Huiyi

1. 2020年1月7—9日，川庆钻探工程公司在成都召开2020年工作会暨三届一次职代会、工代会　　王　敏摄
2. 2020年8月20日，川庆钻探工程公司在成都召开2020年领导干部会议　　刘　玲摄
3. 2020年4月14日，川庆钻探工程公司在成都召开2020年党风廉政建设和反腐败工作会　　王　敏摄
4. 2020年3月19日，川庆钻探工程公司在成都召开2019年度党委书记述职评议暨党建工作会　　王　敏摄

基层调研

Jiceng Diaoyan

1. 2020年1月21日，川庆钻探工程公司党委书记、总经理李爱民（左三）到川西钻探公司70189钻井队承钻的中江2井，看望慰问干部员工　　　　　　　　　　　　　　　　　　　　　　　　　　　张海龙　摄
2. 2020年12月8日，川庆钻探工程公司党委书记、总经理李爱民（左三）到基层安全承包点和党建联系点川西钻探公司90005钻井队调研检查工作，并宣讲党的十九届五中全会精神　　　　　　　　　　吴育杰　摄
3. 2020年1月21日，川庆钻探工程公司常务副总经理、安全总监王治平（左三）到川西钻探公司50004钻井队承钻的威202H15平台检查慰问　　　　　　　　　　　　　　　　　　　　　　　　　　吴育杰　摄
4. 2020年11月6日，川庆钻探工程公司常务副总经理王治平（右二）到川东钻探公司80019钻井队承钻的蓬深1井检查调研　　　　　　　　　　　　　　　　　　　　　　　　　　　　　　　　　　王林　摄

井筒工程
Jingtong Gongcheng

1. 2020年5月4日，川东钻探公司70141钻井队承钻的蓬探1井测试获日产121.98万立方米高产工业气流　赵梓成　摄
2. 2020年10月29日，川东钻探公司70237钻井队承钻的高石131X井测试获日产70.96万立方米高产工业气流　杨忠兵　摄
3. 2020年1月23日，川西钻探公司70228钻井队承钻的磨溪009-H10井钻至井深6 020米完钻，完钻周期99.71天，打破磨溪区块龙王庙水平井提速新纪录　王杰　摄
4. 2020年10月9日，川西钻探公司90011钻井队承钻的双鱼001-X3井钻至井深8 600米完钻，刷新中国陆上水平井井深最深等多项纪录　郑鸿韬　摄
5. 2020年3月25日，川西钻探公司80002钻井队承钻的双探6井钻至井深8 200米完钻，创中国石油在川渝地区大斜度井完钻井深最深等多项纪录　陈帅飞　摄

井筒工程

Jingtong Gongcheng

1. 2020年8月5日，长庆钻井总公司40626Y钻井队和40010Y钻井队承钻的宁夏盐池区域双钻平台——盐X6平台顺利开钻 常军摄
2. 2020年10月23日，长庆钻井总公司50082Y钻井队承钻的桃2-33-8H2井完井，完钻井深8 008米，水平段长4 466米，创鄂尔多斯盆地最深井纪录和国内陆上气田最长水平段纪录 秦科善摄
3. 2020年1月，新疆分公司90002钻井队承钻的博孜10井进行起下钻作业 谭本宪摄
4. 2020年7月16日，新疆分公司70507钻井队承钻的中古55井进行下套管作业 陈勇摄
5. 2020年6月21日，厄瓜多尔分公司CCDC-66钻井队承钻的Tambococha油田钻完井一体化服务三期项目首口井TMBE-069H井开钻 蒲德柱摄

井筒工程

Jingtong Gongcheng

1. 2020年7月25日，土库曼斯坦分公司CCDC-3钻井队承钻的阿姆河东部气田WJor-101D井测试获日产天然气100万立方米　　　　　　　　　　　　　　　　　　　　　　　　　　　　　　　　　　　朱园园 摄
2. 2020年4月3日，井下作业公司YS63149压裂队首次亮相威远页岩气，完成威207井施工作业　　陈 红 摄
3. 2020年8月13日，井下作业公司YS49150队远征湖北荆门开拓页岩气新市场　　　　　　　　黎 伟 摄
4. 2020年3月13日，长庆井下公司在陇东国家级页岩油示范工程华H40平台进行大型压裂施工作业　刘又玮 摄
5. 2020年3月31日，长庆井下公司在长庆油田公司第一口页岩气水平井——那平1井压裂施工作业　王 川 摄
6. 2020年5月24日，长庆井下公司完成长庆油田公司重点探井——忠平1井首段压裂施工　　　　魏 晨 摄

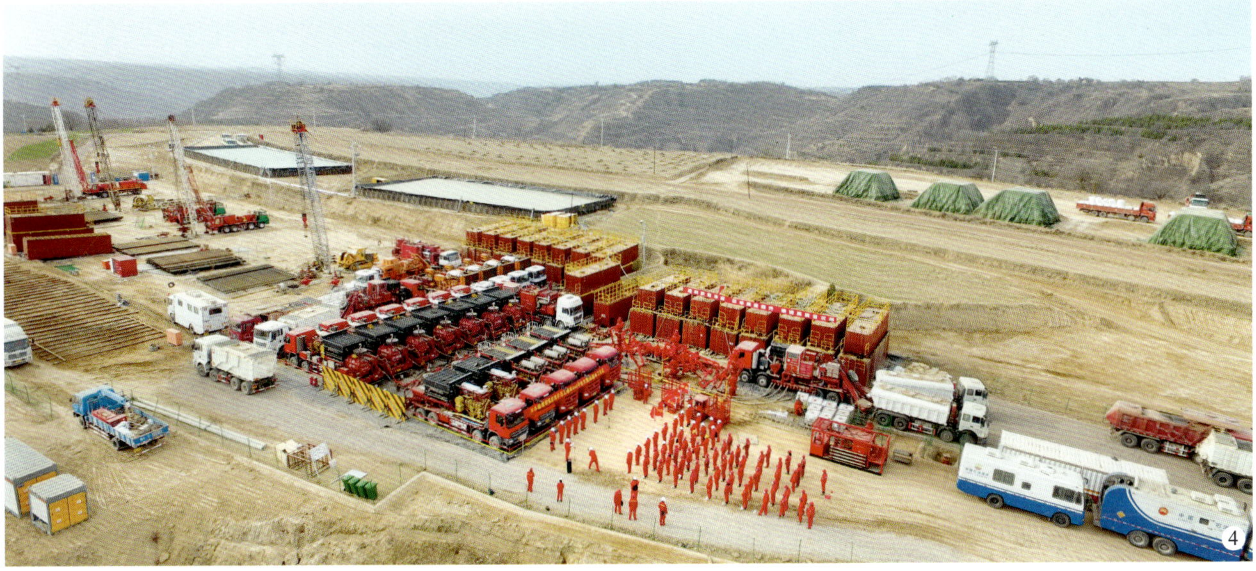

4

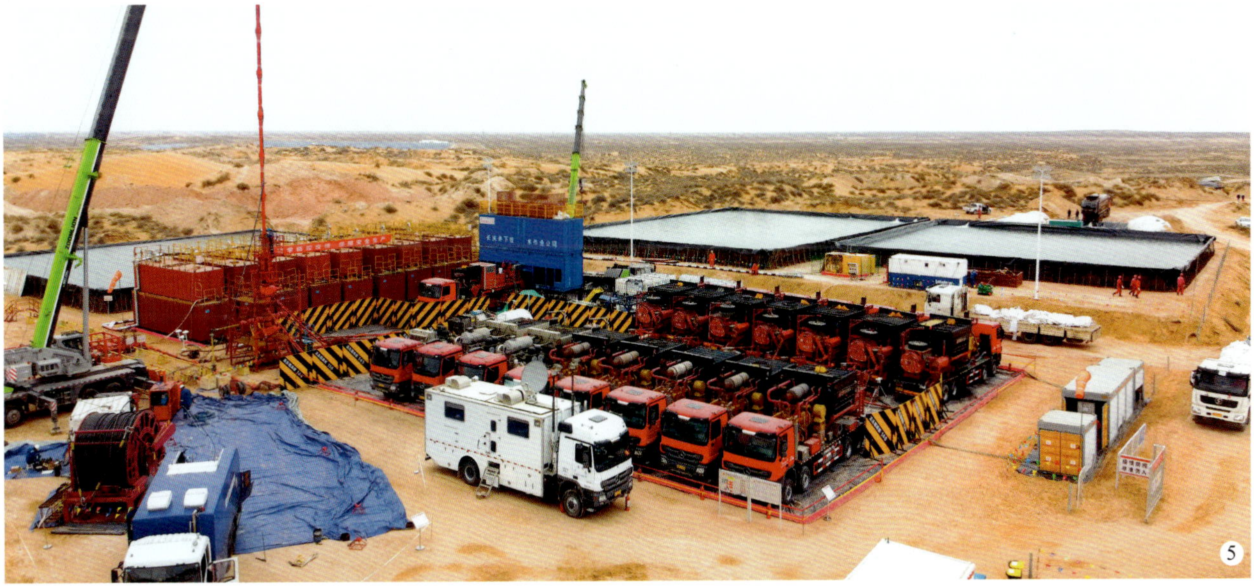

5

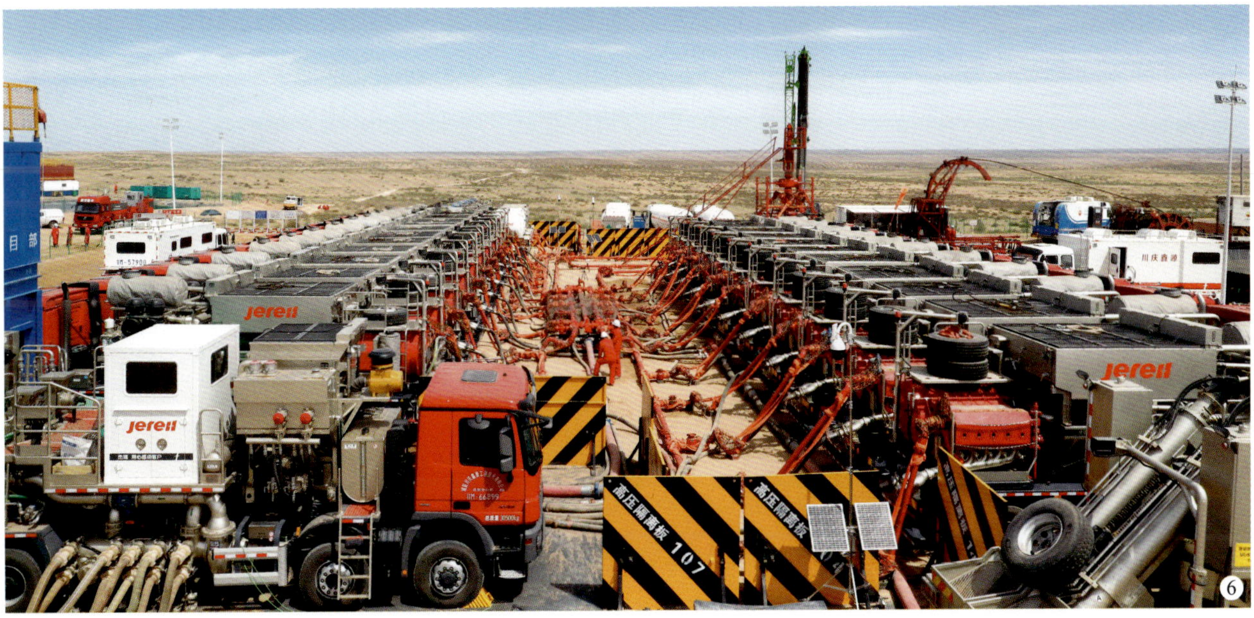

6

井筒工程

Jingtong Gongcheng

1. 2020年10月17日，试修公司CS1207队、CS2217队承试角探1井试油施工现场　　　　　　　　　　　　季 征 供
2. 2020年10月21日，试修公司DY15121队在长宁H27-2井进行带压作业施工　　　　　　　　　　　　季 征 供
3. 2020年7月26日，长庆固井公司GJ12222队前往宜10-14-25H2井实施固井作业　　　　　　　　　郭旭亮 摄
4. 2020年7月13日，长庆固井公司GJ12221队在苏54-27-112C3井进行固完井标准化施工　　　　　郭旭亮 摄
5. 2020年2月26日，钻采院在博孜2井刷新国内311.2毫米井眼气体钻井施工井深最深、塔里木油田气体钻井单开次进尺最长、单井进尺最长、博孜区块气体钻井单趟进尺最长4项纪录　　　　　　　　　　　　　　蒲克勇 摄
6. 2020年7月28—31日，四川省2020年职工职业技能大赛暨川庆钻探工程公司第二届钻井液专业技术比赛在四川成都举行，川庆钻探工程公司代表队获团体第一名　　　　　　　　　　　　　　　　　　　　　　张欣悦 摄

油气合作开发与综合地质研究
Youqi Hezuo Kaifa Yu Zonghe Dizhi Yanjiu

1. 2020 年 12 月，苏里格项目经理部连续 10 年实现天然气稳产 18 亿立方米　　　　　　　　　　　　蒋　勇 摄
2. 截至 2020 年 12 月 20 日，苏里格项目经理部安全生产 5 500 天　　　　　　　　　　　　　　　　蒋　勇 摄
3. 2020 年 5 月 12 日，苏里格项目经理部苏里格气田苏 46 区块正式投产　　　　　　　　　　　　　　蒋　勇 摄
4. 2020 年 7 月 19 日，苏里格项目经理部在苏里格气田风险合作区块获第一口超 200 万立方米级无阻流量的高产气井　　　蒋　勇 摄
5. 2020 年 12 月 24 日，井下作业公司 GJ39201 固井队在威 204H54-8 井进行固井施工作业　　　　　庞　圆 摄
6. 2020 年 5 月 12 日，试修公司 DY12128 带压作业队在威 204H51-8 井进行带压下油管作业　　　　罗润菁 摄

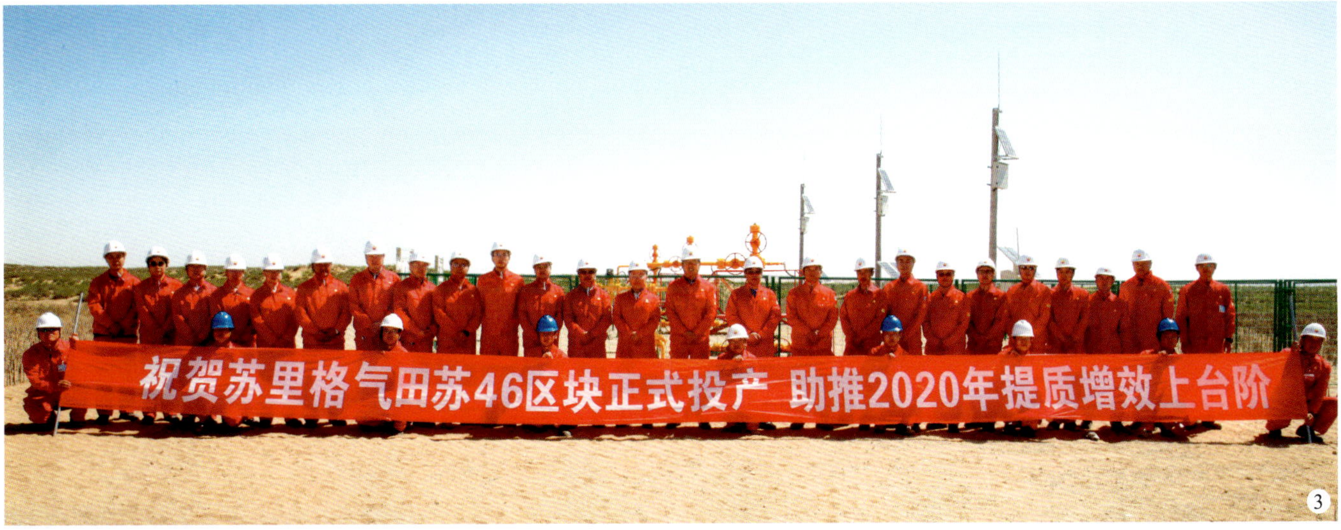

3

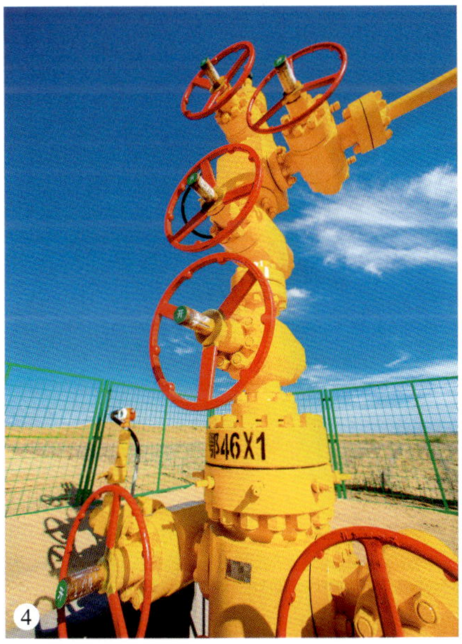
4

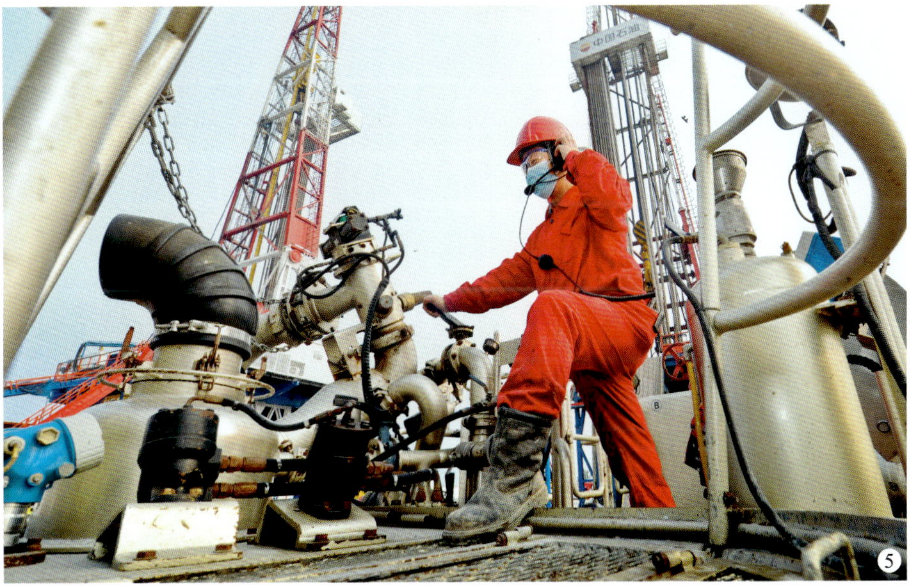
5

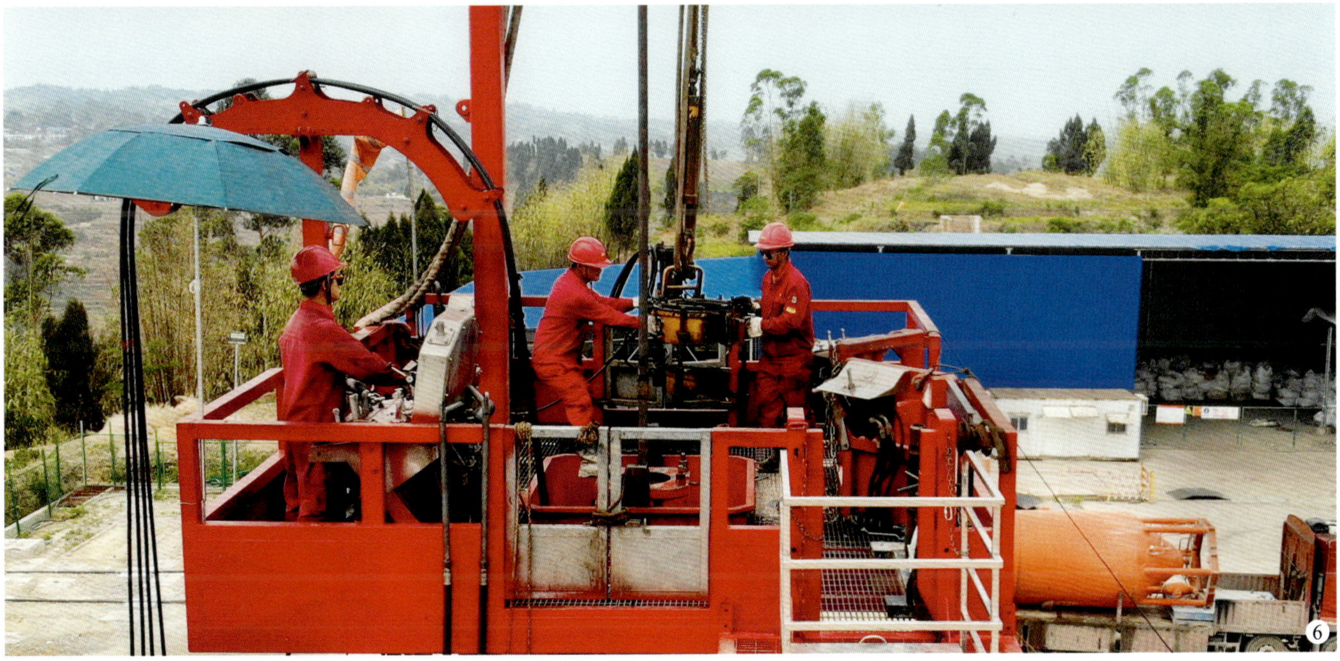
6

油气合作开发与综合地质研究

Youqi Hezuo Kaifa Yu Zonghe Dizhi Yanjiu

1. 2020年4月30日，地研院苏里格项目组织科研人员在成都讨论苏里格"西进"井位部署方案　　王姝童　摄
2. 2020年5月22日，地研院组织地质和开发专家在成都讨论苏里格区域井位部署和开发方案　　王姝童　摄
3. 2020年11月24日，地研院页岩气技术支撑组在成都讨论威远页岩气开发方案　　王姝童　摄
4. 2020年8月18日，地研院组织科研人员在成都讨论厄瓜多尔P油田开发方案　　王姝童　摄
5. 2020年6月2日，地研院与电子科技大学资源与环境学院在成都举行研究生联合培养实践基地签约揭牌仪式　　王姝童　摄
6. 2020年9月28日，地研院邀请集团公司勘探与生产分公司专家在成都讲授中国石油物探技术进展与应用专题讲座　　王姝童　摄

生产服务
Shengchan Fuwu

1. 2020年11月13日，蜀渝公司在云探1井进行石方破碎施工作业　　　　　　　　朱国胜 摄
2. 2020年7月，蜀渝公司承建的宁209H70平台正在进行施工　　　　　　　　　王　敏 摄
3. 2020年9月，蜀渝公司在威202H23平台钻前工程中采用装配式模块PC构件技术铺设井场　　　谭树成 摄
4. 2020年8月28日，蜀渝公司联合长宁公司在宁209H38平台开展山体滑坡自然灾害突发事件现场应急演练
　　　　　　　　　　　　　　　　　　　　　　　　　　　　　　　　　　　　　周　芓 摄

生产服务
Shengchan Fuwu

1. 2020年10月，重庆运输总公司新疆运输事业部地面建设项目部650吨大型履带吊完成乙烷塔超高设备吊装
   文春林 摄
2. 2020年4月18日，重庆运输总公司青海南冀山天然气回收站完成升级改造。图为员工对天然气处理试运行数据进行检测记录 杨毅 摄
3. 2020年11月3日，安检院润滑油检测项目工作人员在简探1井对柴油机油品进行取样
   林浩然 摄
4. 2020年2月16日，安检院工作人员在伊朗MIS油气处理厂与外方员工一道对装置设备进行技改和调试检查
   蔡科涛 摄
5. 2020年12月22日，安检院安全监督在磨溪022-X40井开展夜查工作 林浩然 摄

生产服务

Shengchan Fuwu

1. 2020年4月30日,长庆监督公司第四QHSE监督站监督员在长庆钻井总公司40902钻井队驻井期间进行持表巡回检查　　　　　　　　　　　　　　　　　　　　　　　　　　　　　　　　　　　　　吴洪海　摄
2. 2020年4月20日,长庆监督公司第三QHSE监督站监督员在长庆钻井总公司40670钻井队现场针对重点工序实施双岗监督　　　　　　　　　　　　　　　　　　　　　　　　　　　　　　　　　　　　　　　张　伟　摄
3. 2020年11月24—27日,培训中心在中国石油首届培训项目设计大赛中3个项目分获一等奖、二等奖、三等奖　　余艾颖　摄
4. 2020年5月,培训中心开启线上直播录播课程　　　　　　　　　　　　　　　　　刘雪冬　摄
5. 2020年5月,培训中心送教到磨溪022-X17井,现场教学心肺复苏　　　　　　　　　彭丽莎　摄
6. 2020年10月16日,成都天府阳光酒店庆祝建店30周年　　　　　　　　　　　　　　曾　琰　摄

市场开发与合作交流

Shichang Kaifa Yu Hezuo Jiaoliu

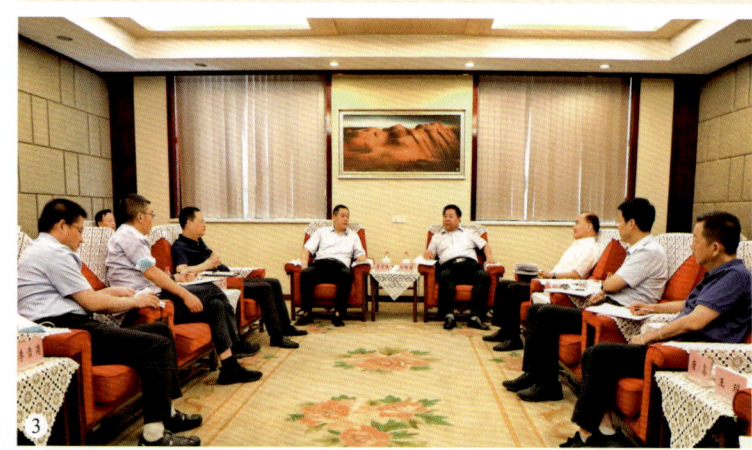

1. 2020年9月3日，川庆钻探工程公司在成都召开2020年市场工作会　　　　　　　　　　　　　　　谷雪涛　摄
2. 2020年12月4日，川庆钻探工程公司在成都召开传达落实集团公司2020年市场营销工作会议精神视频会
　　　卢　宏　摄
3. 2020年7月7日，川庆钻探工程公司党委书记、总经理李爱民（中左）一行与长庆油田公司党委书记、总经理，长庆石油勘探局有限公司执行董事、总经理，中国石油驻陕西地区企业协调组组长付锁堂（中右）等长庆油田公司领导在西安开展工作交流座谈
　　　陈　鹏　摄
4. 2020年9月16日，川庆钻探工程公司党委书记、执行董事、总经理李爱民（中右）在成都会见贝克休斯中国区总经理兼中石油全球大客户总监庄业女士（中左）一行，并开展工作交流
　　　王　敏　摄
5. 2020年9月17日，川庆钻探工程公司与中国石化西南石油工程有限公司在成都开展工作交流　　谷学涛　摄
6. 2020年5月14日，川庆钻探工程公司与宝鸡石油钢管公司在成都开展工作交流　　　　　　　　王　敏　摄

市场开发与合作交流

Shichang Kaifa Yu Hezuo Jiaoliu

1. 2020年9月29日，川庆钻探工程公司与中国石油大学（北京）在成都举行战略合作框架协议签字仪式暨产学研合作座谈会　　　　　　　　　　　　　　　　　　　　　　　　　　　　　　　　　　　王　敏摄
2. 2020年10月21日，川庆钻探工程公司与大庆油田有限责任公司在成都签订战略合作框架协议　　卢　宏摄
3. 2020年10月18日，越盛公司与庆阳恒立石油工程有限公司在成都举行并购签约仪式　　叶蔺枘摄
4. 2020年11月9日，地研院与西南石油大学地科院在成都召开联合培养本科毕业设计表彰暨新学年合作启动大会　　　王姝童摄
5. 2020年10月27日，蜀渝公司与西南石油大学土木工程与测绘学院召开战略合作框架协议签字仪式暨产学研合作座谈会　　杨竞凌摄
6. 2020年11月18日，钻井液公司与中国石油大学（北京）蒋官澄教授团队在成都签署科研合作与产品技术赠予协议　　张欣悦摄

科技与信息

Keji Yu Xinxi

1. 2020年9月1日,川庆钻探工程公司承办的集团公司2020年度技术专家咨询会诊活动在成都正式启动
曾琰 摄
2. 2020年9月10日,中国石油油田技术服务公司工程作业智能支持信息中心揭牌仪式在四川广汉举行 谷学涛 摄
3. 2020年11月10日,川庆钻探工程公司与斯伦贝谢建井集团在成都召开2020年度新技术交流会 谷学涛 摄
4. 2020年10月30日,集团公司在新疆阜康和陕西宝鸡举办的首届一线生产创新大赛专业比赛落下帷幕。川庆钻探工程公司参赛项目获一等奖2个、二等奖1个、三等奖5个,装备制造专业比赛获团体二等奖,工程技术专业比赛获团体三等奖
王晓伟 摄
5. 2020年10月15日,川庆钻探工程公司在成都举办提质增效合理化建议和创新创效成果展示交流活动 彭丽莎 摄
6. 2020年9月7日,川西钻探公司引进"树莓派-G1履带智能机器人",用于井控试压监控作业 夏欢 摄
7. 2020年11月21日,长庆井下公司"一种起下钻作业井口防落物装置的研制与应用"等职工发明成果获第二十四届全国发明展览会"一带一路"暨金砖国家技能发展与技术创新大赛银奖1项、铜奖2项 杨迪 供
8. 2020年9月26日,长庆井下公司自主研发的国内首套压裂用井口快速插拔装置在神木气田双28-6井组试验成功
刘清和 摄

4

5

6

全国发明展览会
NATIONAL EXHIBITION OF INVENTIONS

荣誉证书
HONOR CERTIFICATE

项目编号：A7247　证书编号：2902056　国科奖社证字第0123号

发明者：田　军 王国锋 晏　军 王金刚 何　炜 魏　晨 田永峰 张海涛 侯俊耀

完成单位：中国石油集团川庆钻探工程有限公司长庆井下技术作业公司

项目名称：一种起下钻作业井口防落物装置的研制与应用

该项目在第二十四届全国发明展览会上荣获“发明创业奖·项目奖”银奖，特颁此证予以表彰。

中国发明协会
2020年11月

7

8

科技与信息

Keji Yu Xinxi

1. 2020年11月16日,试修公司新引进的国产DYJ11070DD独立式气井带压作业机在威204H34-4井正式开始带压下油管作业　　徐宏伟　摄
2. 2020年12月18日,钻采院技术人员在川庆钻探工程公司与厄瓜多尔基多理工大学联合组建的南美首个钻井液、固控水处理、固井水泥浆一体化大学联合实验室为联合培养大学生讲授电导率仪使用方法　　崔贵涛　摄
3. 2020年12月18日,钻采院技术人员到秘鲁塔拉拉10区钻井液技术服务现场检查工作　　孙学萌　摄

4. 2020年11月2日，钻采院研发团队开展"一体化钻井信息平台"技术攻关　　　　　　　　　　　邓　斌　摄
5. 2020年4月20日，重庆运输总公司驾驶员使用CCDCT管理系统调取运行路线及风险　　　　　刘　毅　摄
6. 2020年10月15日，鄂尔多斯市海川能源科技有限公司投产仪式在内蒙古鄂托克前旗敖镇综合产业园举行
　　叶蘅枘　摄
7. 2020年12月2日，泸州聚购钻井材料生产基地加重剂生产线投产仪式在泸州龙马潭区举行　　叶蘅枘　摄

改革与管理
Gaige Yu Guanli

1. 2020年5月7日，川庆钻探工程公司在成都召开"战严冬、转观念、勇担当、上台阶"主题教育活动启动会暨主题形势任务教育宣讲会　卢　宏摄
2. 2020年3月19日，川庆钻探工程公司在成都召开财务共享建设推进会　卢　宏摄
3. 2020年4月17日，川庆钻探工程公司在成都召开一季度生产经营分析会　王　敏摄
4. 2020年5月29日，川庆钻探工程公司在成都召开2020年上半年QHSE管理体系审核末次会议　王　敏摄
5. 2020年9月17日，川庆钻探工程公司在成都召开提质增效专项行动监督工作推进会　卢　宏摄
6. 2020年12月28日，川庆钻探工程公司在成都召开党委中心组专题学习研讨暨2020年领导班子务虚会　关东海摄

改革与管理
Gaige Yu Guanli

1. 2020年12月11日，川庆钻探工程公司在成都召开2020年党委和行政办公室主任视频会　　关东海 摄
2. 2020年12月23日，川庆钻探工程公司与西南油气田公司在四川广汉联合开展"12·23"安全生产警示日活动。图为观摩井控应急抢险联合实战演练　　吴玲瑶　周卫　刘源
3. 2020年9月8日，川庆钻探工程公司在双探107井召开钻井队安全文化建设交流会。图为川西钻探公司70081队员工展示"钻井队标准化交接班系统"　　张玥 摄
4. 2020年6月11日，川庆钻探工程公司团委、质量安全环保处在成都联合举办"安全生产咨询日"活动　　卢宏 摄
5. 2020年4月，川庆钻探工程公司工会在2018—2019年度四川省"安康杯"竞赛评选中获优秀组织单位称号　　工会 供
6. 2020年12月31日，新疆分公司获塔里木油田公司2020年度QHSE先进单位称号　　雷成杰 供

改革与管理
Gaige Yu Guanli

1. 2020年10月22日，长庆固井公司在庆城生产基地开展"三标一规范"示范队观摩活动　　　　郭旭亮 摄
2. 2020年6月28日，重庆运输总公司在重庆开展机关办公楼突发火灾应急疏散演练　　　　黄能 摄
3. 2020年12月21日，地研院在成都召开人才工作会　　　　王姝童 摄
4. 2020年10月21日，长庆监督公司在陕西省保密实训教育平台开展保密警示教育活动　　　　赵康 摄
5. 2020年3月，培训中心创新师资内训模式，开展在线交互式训练营

　　　　　　　欧阳美琼　摄

党建工作
Dangjian Gongzuo

1. 2020年8月17日，川庆钻探工程公司党委理论学习中心组在成都举办学习《习近平谈治国理政（第三卷）》读书班　卢宏摄
2. 2020年3月31日，川庆钻探工程公司在成都召开2019年度党委书记抓基层党建述职评议暨党建工作会　王敏摄
3. 2020年4月14日，川庆钻探工程公司在成都召开领导干部党风廉政建设工作述责述廉会　卢宏摄
4. 2020年6月17日，川庆钻探工程公司党委在成都召开2020年第一轮巡察工作动员部署会　王敏摄
5. 2020年10月27日，四川省国资委党委第一督查组对川庆钻探工程公司意识形态工作开展全面督导检查　王敏摄
6. 2020年6月9—11日，川庆钻探工程公司到甘孜州石渠县开展帮扶，并慰问结对村民　刘思辰摄

党建工作
Dangjian Gongzuo

1. 2020年6月11日，川庆钻探工程公司机关党委在成都组织开展"不忘初心、牢记使命"重温入党誓词主题活动 卢宏 摄
2. 2020年5月26日，川东钻探公司云台片区党建联盟举行"提质增效、党员在行动"主题党日活动 宋静 供
3. 2020年7月1日，川西钻探公司在成都召开庆祝建党99周年暨创先争优表彰会 吴育杰 摄
4. 2020年7月30日，国际工程公司在成都举办2020年党支部书记及党员骨干示范培训班 王轶林 摄
5. 2020年7月27日，长庆井下公司咸阳科技创新文化示范园被集团公司命名为首批"石油精神教育基地" 苏建军 摄

党建工作
Dangjian Gongzuo

1. 2020年10月29日，试修公司部分党员代表到邛崃红军长征纪念馆，开展"不忘初心，牢记使命，重走长征路"主题党日活动　　　　　　　　　　　　　　　　　　　　　　　　　　　　　　　　　　　　　　王　超　供
2. 2020年10月19日，钻采院在广汉举办"全面从严治党反腐倡廉"专题讲座　　　　　　　吴玲瑶　摄
3. 2020年7月3日，蜀渝公司重庆分公司党委与兴文仙峰苗族乡党委举行企地"党建联盟"签约仪式　　向晓洁　摄
4. 2020年6月30日，重庆运输总公司党委在重庆组织重庆片区第一党建联盟全体党员重温入党誓词　　唐阳睿　摄
5. 2020年12月2日，长庆监督公司党委在定边监督部召开巡察发现问题反馈会　　　　　　　马延友　摄
6. 2020年6月30日，钻井液公司与酒店管理公司共同开展庆祝建党99周年暨"战严冬、转观念、勇担当、上台阶"主题教育专场知识竞赛"一答到底"活动　　　　　　　　　　　　　　　　　　　　张欣悦　摄
7. 2020年6月19日，川庆钻探工程公司党委第二巡察组在成都召开专项巡察越盛公司党支部工作动员会　叶蕴枘　摄

群团工作

Quntuan Gongzuo

1. 2020年9月15日，川庆钻探工程公司"当好主人翁、建功新时代"长庆区域2020年提质增效专项劳动竞赛第二阶段现场表彰大会，在40649钻井队施工的国家级页岩油开发示范区华H48-1井场举行　　秦科善　摄
2. 2020年11月18日，四川省"提质增效、奋战三百亿"劳动竞赛暨川庆钻探工程公司2020年川渝地区生产作业全面提质增效劳动竞赛表彰会在泸203H2井举行　　王林　摄
3. 2020年10月20日，首届川渝石油钻探职工劳动和技能竞赛在川东钻探公司渝北生产与技术研发基地举行　　何伟　摄
4. 2020年12月10日，全国厂务公开民主管理工作经验交流暨先进单位表彰电视电话会议在北京召开，川庆钻探工程公司被授予"全国厂务公开民主管理先进单位"称号　　刘玲　摄
5. 2020年12月2日，川庆钻探工程公司在成都召开座谈会，欢迎载誉归来的3名全国、四川省劳动模范　　谷学涛　摄
6. 2020年9月27日，川庆钻探工程公司工会在内蒙古乌审旗举行"奉献石油爱心，助力消费扶贫"关爱一线送温暖活动　　徐淑虎　摄

首届川渝石油钻探职工劳动和技能竞赛
3

全国厂务公开民主管理
先进单位
全国厂务公开协调小组
二〇二〇年
荣誉证书
中国石油集团川庆钻探工程有限公司：
被评为全国厂务公开民主管理先进单位，特颁此证。
4

5

奉献石油爱心 助力消费扶贫
川庆钻探工程公司关爱一线送温暖活动
6

群团工作
Quntuan Gongzuo

1. 2020年11月11日,川庆钻探工程公司团委在成都举办"青春油你,相约双11"单身青年联谊活动　　关东海　摄
2. 2020年5月25日,新疆分公司在塔克拉玛干大漠深处的中古266H井现场召开2020年一季度"提速提效"劳动竞赛表彰会
　　周　嘉　摄

3. 2020年12月18日，钻采院在秘鲁技术服务的钻井液工程师积极参与当地社区公益活动，传播中国文化　孙学萌　摄
4. 2020年4月30日，安检院何莎工作室获"四川省五一巾帼标兵岗"授牌　　　　　　　　　　　　　林浩然　摄
5. 2020年4月29日，蜀渝公司重庆分公司举办庆"五一"厨艺展示活动　　　　　　　　　　　　　向晓洁　摄
6. 2020年10月23日，蜀渝公司在泸州举行首届"共享好书，书香蜀渝"读书分享会　　　　　　　　周　莹　供
7. 2020年12月4日，重庆运输总公司送温暖及文化下基层宣讲小队到秋林208井钻机搬迁现场，向一线员工讲安全、唱廉洁、送温暖　　　　　　　　　　　　　　　　　　　　　　　　　　　　　　　　　　　　黄　能　摄

群团工作

Quntuan Gongzuo

1. 2020年11月4日，安检院与钻采院在四川广汉联合举办团青干部培训班　陈昱锦 摄
2. 2020年9月28日，培训中心在成都举行喜迎国庆中秋"双节"拔河比赛　刘雪冬 摄
3. 2020年10月27日，酒店管理公司2020年提质增效系列劳动竞赛暨第六届服务技能比赛在成都天府阳光酒店开幕　曾琰 摄

编 辑 说 明

一、《川庆钻探工程有限公司年鉴》（简称《年鉴》）是由川庆钻探工程有限公司编纂、出版的一部大型专业年刊，是一部全面、系统、翔实地记述川庆钻探工程有限公司年度基本情况和发展状况的资料性工具书。年鉴编纂工作始终坚持马克思列宁主义、毛泽东思想、邓小平理论、"三个代表"重要思想、科学发展观、习近平新时代中国特色社会主义思想为指导，遵循实事求是，力求做到思想性、资料性和科学性的统一。

二、《年鉴》2021卷按"竖写一年，横向到边"的编写要求，上限为2020年1月1日，下限截至2020年12月31日，采用"板块式"结构，分类编纂。全书文字部分设篇目、栏目、条目三级标题记述，辅以图表说明。内容包括总述、大事记、井筒工程、油气合作开发与综合地质研究、生产服务、国际合作与外事工作、科技与信息、改革与管理、党建工作、群团工作、机构与人物、二级单位概览、附录及索引等篇目。图片部分以彩页和随文配图形式，专题化、形象化地反映川庆钻探工程有限公司的大事、要事和各专业发展成就。

三、在《年鉴》2021卷记述中，为行文简洁，主要机构名称按行业和系统惯例采用通用和规范简称，并附有《主要机构（单位）全称简称对照表》。

四、《年鉴》2021卷遵循年鉴编纂体例，突出2020年特色，并兼顾各方，力求做到资料丰富，图文并茂。稿件、资料由川庆钻探工程有限公司各部门、各单位审核、提供，记载的统计数据以企业统计部门提供的数据为准，统计部门未提供的数据，以主管部门的数据为准。

五、在《年鉴》2021卷的编纂和出版过程中，承蒙川庆钻探工程有限公司各部门、所属单位的大力支持与帮助，谨表谢意。鉴于编者水平有限，疏漏和不足之处在所难免，恳请读者批评指正。

Declaration on Publication

Sponsored by CNPC Chuanqing Drilling Engineering Co., Ltd. , the Yearbook of Chuanqing Drilling Engineering Co., Ltd.(hereinafter called the Yearbook) is a practical reference yearbook with detailed account of the events and development in each year in Chuanqing Drilling Enginnering Co. Ltd. The Yearbook is compiled based upon the Marxism–Leninism, Mao Zedong Thought, DengXiaoping Theory, the important thought of "Three Repersents", Scientific Outlook on Development, and XiJingping Thought on socialism with Chinese characteristics in the new era.And rollowed by the principle of seeking truth from facts, the Yearbook aims to achieve the unity of ideology, information, accuracy and scientificity.

With a structure of class heading, sub-head, entry and supplement by graphs and charts, the Yearbook 2021 records events from Jan. 1st to Dec. 31st 2020 and covers columns including Overview, Wellbore Engineering, Oil and Gas Coopearative Exploitation & Comprehensive Geological Research, Production Service, International Cooperation and Foreign Affairs, Diversified Economy, Science & Technology and Information, Enterprise's Reform and Management, The Party Work, Mass Work,Organizations and Figures, Outline of Sub-Companies, Appendix and Index. Pictures, in some color pages, helps to reflect the annual events, important affairs, and achievements of each sector in Chuanqing Drilling Engineering Co. Ltd.

In the Yearbook 2021, conventional and standard abbreviations are adopted for the major branches with appendix of The Abbreviations of the Full Names for Major Branches as reference.

The Yearbook 2021 stands in line with the serie of yearbooks and provides complete and significant information in the year of 2020, beautifully illustrated. All departments and branches of the compnay have audited and provided data and materials. Most statistical data are provided by the statistical departments, and the left by the relevant departments in charge.

Great gratitude to all the leaders and staff involved in this yearbook. Suggestions for improvement will be greatly received.

主要记事机构（单位）称谓对照表

全　称	简　称
中国石油天然气集团有限公司	集团公司或中国石油
中国石油天然气股份有限公司	股份公司或中国石油
中国石油化工集团公司	中国石化
中国海洋石油总公司	中国海油
中国石油集团油田技术服务有限公司	中油油服
中国石油天然气集团有限公司综合管理部	集团公司综合管理部
中国石油天然气集团公司川庆钻探工程有限公司	川庆钻探工程公司
中国石油天然气股份有限公司西南油气田分公司	西南油气田公司
中国石油天然气集团公司四川石油管理局	四川石油管理局或管理局
中国石油天然气股份有限公司长庆油田分公司	长庆油田公司
中国石油天然气股份有限公司塔里木油田分公司	塔里木油田公司
中国石油天然气股份有限公司新疆油田分公司	新疆油田公司
中国石油川渝地区石油企业协调组	川渝协调组
中国石油重庆地区石油企业工作协调小组	重庆协调组
中国石油集团川庆钻探工程有限公司长庆指挥部	长庆指挥部
中国石油集团川庆钻探工程有限公司川东钻探公司	川东钻探公司
中国石油集团川庆钻探工程有限公司川西钻探公司	川西钻探公司
中国石油集团川庆钻探工程有限公司长庆钻井总公司	长庆钻井总公司
中国石油集团川庆钻探工程有限公司新疆分公司	新疆分公司
中国石油集团川庆钻探工程有限公司国际工程公司	国际工程公司
中国石油集团川庆钻探工程有限公司苏里格项目经理部	苏里格项目部
中国石油集团川庆钻探工程有限公司井下作业公司	井下作业公司
中国石油集团川庆钻探工程有限公司长庆井下技术作业公司	长庆井下公司
中国石油集团川庆钻探工程有限公司试修公司	试修公司
中国石油集团川庆钻探工程有限公司长庆固井公司	长庆固井公司
中国石油集团川庆钻探工程有限公司钻采工程技术研究院	钻采院

全　称	简　称
中国石油集团川庆钻探工程有限公司地质勘探开发研究院	地研院
中国石油集团川庆钻探工程有限公司安全环保质量监督检测研究院	安检院
四川蜀渝石油建筑安装工程有限责任公司	蜀渝公司
中国石油集团川庆钻探工程有限公司重庆运输总公司	重庆运输公司
中国石油集团川庆钻探工程有限公司长庆石油工程监督公司	长庆监督公司
中国石油集团川庆钻探工程有限公司钻井液技术服务公司	钻井液公司
中国石油集团川庆钻探工程有限公司页岩气勘探开发项目经理部	页岩气项目经理部
中国石油集团川庆钻探工程有限公司页岩气工程项目部	页岩气工程项目部
中国石油集团川庆钻探工程有限公司井控应急救援响应中心	井控应急中心
中国石油集团川庆钻探工程有限公司四川越盛实业开发总公司	越盛公司
中国石油集团川庆钻探工程有限公司纪检审计中心	纪检审计中心
中国石油集团川庆钻探工程有限公司培训中心	培训中心
中国石油集团川庆钻探工程有限公司酒店管理公司	酒店管理公司
中国石油天然气股份有限公司四川销售分公司	四川销售公司
中国石油天然气股份有限公司重庆销售分公司	重庆销售公司
中国石油四川石化有限责任公司	四川石化公司
中国石油化工集团西南石油管理局	西南石油管理局
中国石油集团工程设计有限责任公司西南分公司	CPE西南分公司
发展改革委员会	发改委
国务院国有资产监督管理委员会	国务院国资委
国家安全生产监督管理总局	国家安监总局
中华人民共和国审计署	审计署
中国共产党四川省委员会	中共四川省委
四川省人民政府	四川省政府
中国共产党重庆市委员会	中共重庆市委
重庆市人民政府	重庆市政府
中国共产党成都市委员会	中共成都市委
成都市人民政府	成都市政府

目　录

■ 总　述

川庆钻探工程公司综述
2　概貌
2　机构与队伍
2　资产总况

2020 年度工作概述
2　经营业绩
3　工程技术服务
3　油气合作开发
3　科技创新
3　提质增效
4　安全环保管理
4　新冠肺炎疫情防控
4　党的建设
5　精神文明建设
5　社会责任履行

特　载
6　保持定力　务实进取
　　稳步推动公司高质量发展迈上新台阶
　　——在川庆钻探工程公司 2020 年工作会、
　　三届一次职代会上的工作报告（摘要）
11　在川庆钻探工程公司 2020 年工作会、
　　三届一次职代会上的讲话（摘要）
14　在川庆钻探工程公司 2020 年领导干部
　　会议上的讲话（摘要）

■ 大事记

22　2020 年川庆钻探工程公司大事记

■ 井筒工程

钻　井
30　概述
30　总体钻井指标完成情况
30　区域市场钻井指标完成情况
30　重点地区钻井
31　钻井提速
31　钻井作业指标纪录
32　650 钻井科技示范工程
33　页岩气钻井
33　水平井钻井
34　欠平衡 / 控压钻井技术应用
34　气体钻井
35　新工艺新技术研究与应用

试油与修井
36　概述
36　工作量完成情况
36　重点试油工程
37　试油工艺优化
37　带压作业
37　连续油管作业
38　地面测试流程优化
38　新工具研究

井下作业

- 38 概述
- 38 工作量完成情况
- 38 重点区域作业
- 39 二氧化碳加砂压裂工艺技术应用
- 39 水力脉动体积压裂现场试验
- 39 纤维加砂压裂技术应用
- 39 清洁环保型压裂液体系应用
- 39 新工艺新技术新工具研究试验与应用

井 控

- 40 概述
- 40 安全管理
- 40 基础管理
- 41 装备管理
- 41 应急管理
- 41 培训管理
- 41 溢流井情况分析

钻井液

- 42 概述
- 42 钻井液技术服务成果
- 42 工程地质钻井液深化融合
- 43 钻井液模块化技术运用
- 43 川渝地区钻井液服务
- 44 长庆地区钻井液服务
- 44 新疆地区钻井液服务
- 45 土库曼斯坦钻井液服务
- 45 巴基斯坦钻井液服务
- 46 钻井液科研攻关
- 46 钻井液技术信息化研究
- 46 钻井液转运站建设
- 46 钻井液服务提质增效专项行动
- 47 钻井液质量抽检

固 井

- 47 概述
- 47 工作量完成情况
- 47 重点工程
- 48 新工艺试验与应用
- 48 新材料试验与应用
- 48 新工具试验与应用

钻井技术服务

- 49 概述
- 49 重点区域
- 50 新工艺新技术研究试验与应用

录 井

- 51 概述
- 51 市场服务
- 51 新工艺新技术研究试验与应用

油气合作开发与综合地质研究

苏里格风险作业

- 54 概述
- 54 主要成果
- 54 区块生产管理
- 54 数字化气田建设
- 55 科研及新工艺新技术推广应用

威远页岩气风险作业

- 55 概述
- 55 主要成果
- 56 精细开发管理
- 56 新工艺新技术新工具推广应用

综合地质研究

- 56 概述
- 57 土库曼斯坦阿姆河项目
- 57 伊拉克艾哈代布项目
- 57 厄瓜多尔 Parahuacu 油田增产服务项目

57	哈萨克 KAM 项目	69	工程监督
57	页岩气项目	69	环境监测
58	陇东页岩油项目	69	技术检测
58	苏里格自营区块		
58	科技创新及成果应用		

■ 生产服务

■ 国际合作与外事工作

管 具

国际合作业务

60	概述	72	概述
60	钻具管理	72	海外项目
61	检测与维修	73	国内反承包项目

钻前工程

		73	国际贸易
62	概述	73	商务运作
62	工作量完成情况	73	防恐安全
62	重点工程	73	HSSE 管理
63	新工艺新技术推广应用	74	重点工程

运 输

外事管理

63	概述	75	概述
64	主要工作情况	75	外事教育
		75	涉外管理

物资采供

■ 科技与信息

科技进步

64	概述	78	概述
64	主要工作	78	技术创新
64	招标实施	80	科技平台建设
65	物资集中采购	80	科技管理
65	工程与服务采购	80	成果推广应用
66	物资仓储管理	80	专利与知识产权保护
67	供应商管理	81	年度获奖项目
67	物资采购信息化建设		

信息化建设

监督检测

68	概述	83	概述
68	安全监督	83	基础设施建设
		83	应用系统建设

85　技术应用与研究
85　系统维护与管理
85　信息化管理与服务

● 改革与管理

企业改革与管理
88　概述
88　改革调整
88　管理创新
88　内控与风险管理体系建设
88　制度建设
89　合规管理
89　基层建设
89　采购监管

法律事务管理
89　概述
89　合同管理
90　法律风险防控
90　普法宣传与教育
90　纠纷案件诉讼与管理
90　法律队伍建设

行政综合管理
90　概述
90　秘书工作
91　督办工作
91　文书机要
91　政策研究
92　信息管理
92　值班与应急工作
92　志鉴编纂
92　保密工作
92　档案管理
93　机关事务管理
93　专项工作

93　队伍建设

市场开发与管理
94　概述
94　国内市场开发
94　国外市场开发
95　承包商管理
95　业务外包管理
95　工程项目管理
95　基础管理

生产运行管理
96　概述
97　生产组织与协调
98　重点工程保障
99　防灾减灾
99　基础工作

人事改革与管理
100　概述
100　领导班子建设
101　专业技术干部与专家管理
101　干部培训
101　出国（境）人员管理
102　职称改革与管理
102　人才资源开发与管理
102　人事管理基础建设
103　队伍建设

劳资改革与管理
103　概述
103　劳动组织与管理
103　劳动用工管理
104　薪酬管理
104　绩效考核
104　员工培训
104　职业技能鉴定

105 技能专家队伍建设

规划计划管理

105 概述
105 中长期发展规划
106 项目前期管理
106 投资计划管理
107 统计管理
107 后评价管理
107 基础工作

工程造价管理

107 概述
107 工程项目审查
107 重点领域造价管理
108 设备材料价格管理
108 定额研究计价管理
108 造价信息系统管理
108 造价业务基础管理

财务资产管理

108 概述
109 预算管理
109 成本管理
109 会计核算
110 资金管理
110 资产管理
110 税务管理
111 保险管理
111 关联交易
111 国有股权管理
111 财务共享
112 基础工作与财经纪律
112 机关财务管理
112 财会队伍建设

多元经济

113 概述
113 知识产权与专利产品
113 经营管理工作
114 重点企业

设备管理

114 概述
115 设备运行保障
115 机械化自动化
116 设备完整性管理
117 设备技术管理
117 设备综合管理

安全环保与节能节水

118 概述
119 安全环保责任制
119 安全环保监督
119 安全教育与培训
120 风险管控与隐患排查治理
120 危化品与特种设备管理
120 承包商 HSE 监管
120 QHSE 体系建设
121 HSE 标准化建设
121 交通安全管理
121 消防安全
121 环境保护
122 节能节水管理
122 节能科研和技术运用
122 职业健康管理

质量计量标准化管理

123 概述
123 质量体系建设
123 质量综合管理
124 产品质量抽查

124	工程质量监督	133	思想政治工作
124	计量管理	134	新闻宣传
124	标准化管理	134	舆情管理
		134	企业文化建设
	资质管理	134	统战工作
125	概述	135	精神文明建设
125	评估与申报		
125	资质审查与考评		**组织建设**
126	资质综合管理	135	概述
		135	党组织及党员队伍
	审计监督与评价	135	党建责任落实
126	概述	136	基层组织建设
127	专项审计与评价	136	党员教育
127	审计管理与事务	136	基础工作
127	业务建设	137	机关党建工作
		137	党务干部队伍建设
	维护稳定与信访工作		
128	概述		**党风廉政建设**
128	维护稳定工作	138	概述
128	信访工作	138	落实"两个责任"
128	治安反恐工作	138	作风建设
129	社会治安综合治理工作	138	纪律审查
		139	监督检查
	生产科研基地建设管理	139	廉洁教育
129	概述	140	纪检队伍建设
129	生产科研基地专项规划		
129	基地投资建设项目管理		**巡视巡察工作**
129	基地维修改造管理	140	概述
129	基地综合利用和运行管理	141	机构和人员
130	基础工作	141	内部巡察
		141	巡视巡察整改
	■ **党建工作**		
			■ **群团工作**
	思想建设		
132	概述		**工会工作**
132	政治理论学习	144	概述
132	意识形态工作	144	企业民主管理

144	劳动和技能竞赛		领导机构及负责人名录
144	保障帮扶	162	行政
145	对口扶贫	162	党委
145	评优选优	162	纪委
145	女职工工作	162	工会
146	宣教文体		
146	机关工会工作		机关及所属单位领导人员名录
146	工会自身建设	164	机关部门及直附属单位领导人员名录
		164	二级单位领导人员名录

共青团与青年工作

147	概述
147	组织建设
147	青年政治思想教育
147	青春建功活动
148	青年志愿服务活动
148	青年安全环保活动
148	青年创新创效活动
148	青年文化活动
148	青年岗位成才

技术专家及高级专业技术人员名录

176	享受国务院特殊津贴专家名录
176	技术专家名录
179	高级专业技术人员名录

技能专家及高级技能人员名录

180	集团公司技能专家
180	公司技能专家
180	公司高级技师

年度荣誉

149	国家级先进个人
149	省部级先进集体
149	省部级先进个人
149	川庆钻探工程公司先进企业
149	川庆钻探工程公司劳动模范
149	全国劳动模范简介

■ 二级单位概览

长庆指挥部

184	概况
184	组织运行
184	安全管理
184	协调关系
185	提质增效
185	党建工作

■ 机构与人物

组织机构及变更情况

153	组织机构设置
153	新建（增）机构
153	撤并机构
153	机构更名

川东钻探公司

185	概况
186	钻井业务外包
186	安全环保
187	钻井提速提效
187	科技进步
188	精细化管理

188 "三基"工作	198 生产指标
188 党建工作	199 钻井技术指标
189 企业文化	199 生产组织
189 工会与共青团工作	199 安全环保
190 "十三五"规划完成	199 提质增效
	200 技术攻关
川西钻探公司	200 井控管理
190 概况	200 党建工作
190 生产经营情况	
191 安全环保	**国际工程公司**
191 科技进步	201 概况
191 钻井提速	201 疫情防控
192 提质增效	201 工作量完成情况
192 质量计量与标准化	202 市场开发
192 "三基"工作	202 重点项目
192 党建工作	202 安全环保健康工作
193 企业文化建设	203 企业管理
193 工会工作	203 党建工作
194 团青工作	
	苏里格项目部
长庆钻井总公司	204 概况
194 概况	204 油气生产
194 生产组织	205 产能建设
194 改革创新	205 提质增效
195 经营管理	206 安全环保
195 技术提速	206 企业管理
195 四化建设	206 科技创新
196 科技研发	207 党建工作
196 工程质量	207 群团工作
196 安全环保	207 疫情防控
196 人才队伍建设	207 脱贫帮困
197 党建工作	207 年度荣誉
197 思想文化建设	
198 和谐企业建设	**井下作业公司**
	208 概况
新疆分公司	208 市场开发
198 概况	

208	生产管理	218	疫情防控
209	设备管理	218	提质增效
209	财务资产管理	219	市场开发
209	科技创新	219	固井生产
209	人才培养	219	经营管理
210	安全环保	220	技术质量
210	党建工作	220	安全环保
210	队伍建设	220	党建工作
210	宣传工作	221	党风廉政建设
211	和谐企业构建		

长庆井下公司

钻采院

211	概况	221	概况
212	提速提效	222	科研进展
213	科技进步	222	重点工程与特色技术应用
213	精益管理	222	安全环保与井控应急
213	安全环保	223	市场开拓与精益管理
213	党建工作	223	党建工作
214	惠民工程	223	企业文化
214	年度荣誉	223	群团工作

试修公司

地研院

215	概况	224	概况
215	生产组织	224	生产组织
215	市场开发	224	重点工程
215	QHSE管理	225	成果推广应用
216	工程技术管理	225	"四化"建设
216	科技进步	225	市场开发
216	提质增效	225	安全环保管理
217	人才队伍建设	226	疫情防控
217	企业管理	226	工程技术管理
217	党建工作	226	风险管理
217	企业文化建设	226	法治建设
217	工团工作	226	财务管理
		227	保密管理

长庆固井公司

		227	人才队伍建设
		227	党建工作
218	概况	227	新闻宣传工作

228	企业文化工作	237	服务商管理
228	工会工作	238	企业管理
228	团青工作	238	信息技术
		238	装备技术
	安检院	238	队伍建设
228	概况	239	精神文明建设
229	安全监督		
229	环境保护		**长庆监督公司**
229	技术检测	239	概况
229	安全环保管理	239	提质增效
230	市场开发	240	HSE 监督
230	经营管理	240	工程监督
231	科技创新	240	企业管理
231	党建工作	240	QHSE 体系建设
231	队伍建设	240	疫情防控
		241	党建工作
	蜀渝公司	241	群团工作
232	概况		
232	市场开发及管理		**钻井液公司**
233	生产组织	241	概况
233	应急管理	242	提质增效
233	安全环保管理	242	市场开拓
233	疫情防控	242	生产运行
234	技术管理	242	工程技术
234	企业管理	243	安全环保管理
234	经营管理	243	队伍建设
234	队伍建设	243	党建工作
235	党建工作	243	和谐企业建设
235	企业文化建设		
235	群团工作		**页岩气项目经理部**
		244	概况
	重庆运输总公司	244	产能建设
236	概况	245	高产井培育技术
236	运输生产	245	科技进步
236	安全管控	246	生产管理
237	市场开拓	246	提质增效
237	提质增效	246	深化改革

246 安全环保管理
247 队伍建设
247 党建工作
248 精神文明建设

页岩气工程项目部

248 概况
248 钻井提速提效
249 市场经营
249 科研攻关
250 安全环保管理
250 党建工作

越盛公司

251 概况
251 安全环保管理
251 企业管理
251 市场开发
252 科技进步
252 党建工作

纪检审计中心

252 概况
252 纪检工作
253 审计工作
253 内部管理
253 队伍建设
253 党建工作

培训中心

254 概况
254 培训教学情况
254 安全环保管理
255 基础设施建设
255 科研成果
255 队伍建设
255 企业管理
255 党建工作

酒店管理公司

256 概况
256 提质增效
256 品质服务
257 安全环保管理
257 队伍建设
257 党建工作
257 精神文明建设

附 录

专业组织

260 川庆钻探工程公司全面深化改革领导小组
260 川庆钻探工程公司 HSE 委员会
260 川庆钻探工程公司应急管理工作领导小组
260 川庆钻探工程公司质量管理委员会
261 川庆钻探工程公司预算委员会
261 川庆钻探工程公司党的建设工作领导小组
261 川庆钻探工程公司党委党风廉政建设和反腐败工作领导小组
261 川庆钻探工程公司精神文明（企业文化）建设委员会
261 川庆钻探工程公司绩效考核领导小组
262 川庆钻探工程公司科学技术委员会（川庆钻探工程公司知识产权管理委员会）
262 川庆钻探工程公司多元经济管理委员会
262 川庆钻探工程公司职称改革工作领导小组
262 川庆钻探工程公司技术专家评审和考核领导小组
263 川庆钻探工程公司深化人事劳动分配制度改革专项领导小组

263 川庆钻探工程公司员工培训工作领导小组
263 川庆钻探工程公司内控与风险管理体系建设领导小组
263 川庆钻探工程公司"三基"暨管理提升工作领导小组
264 川庆钻探工程公司节能减排和清洁生产领导小组
264 川庆钻探工程公司信息化工作指导委员会
264 川庆钻探工程公司能源合作开发领导小组
264 川庆钻探工程公司人才工作领导小组
265 《川庆钻探工程有限公司年鉴》编纂委员会
265 川庆钻探工程公司防汛领导小组
265 川庆钻探工程公司井控工作领导小组
265 川庆钻探工程公司职业病防治工作领导小组
266 川庆钻探工程公司"四化"建设领导小组
266 川庆钻探工程公司国家安全领导小组
266 川庆钻探工程公司企业年金管理委员会
266 川庆钻探工程公司扶贫工作领导小组
266 川庆钻探工程公司厂务公开领导小组
266 川庆钻探工程公司帮扶中心领导小组
266 川庆钻探工程公司维护稳定和信访工作领导小组
267 川庆钻探工程公司标准化技术委员会
267 川庆钻探工程公司资质初审领导小组
267 川庆钻探工程公司劳动竞赛委员会
267 川庆钻探工程公司设备管理委员会
268 川庆钻探工程公司反腐败协调小组
268 川庆钻探工程公司保密委员会
268 川庆钻探工程公司密码工作领导小组
268 川庆钻探工程公司品牌管理委员会
268 川庆钻探工程公司技能专家评审和考核领导小组
268 川庆钻探工程公司医务劳动鉴定委员会
268 川庆钻探工程公司职业技能考核委员会
269 川庆钻探工程公司党委青年工作委员会
269 川庆钻探工程公司工会劳动保护监督检查委员会
269 川庆钻探工程公司劳动争议调解委员会
269 川庆钻探工程公司市场准入审查委员会

川庆钻探工程公司重特大事故应急程序

270 川庆钻探工程公司应急组织体系图
271 川庆钻探工程公司应急预案体系图（"1+16"）
272 川庆钻探工程公司突发事件应急响应和救援程序图
273 川庆钻探工程公司突发事件应急报告流程图
274 川庆钻探工程公司应急机构工作启动程序

文件选编

275 川庆钻探工程有限公司钻前工程管理办法
277 川庆钻探工程公司质量健康安全与环境管理体系审核管理办法

供稿人员名单

281 机关处室及直附属单位
281 公司所属二级单位

索　引

281 索引

总 述

总　述

大事记

井筒工程

油气合作开发与综合地质研究

生产服务

国际合作与外事工作

科技与信息

改革与管理

党建工作

群团工作

机构与人物

二级单位概览

附　录

川庆钻探工程公司综述

【概貌】 中国石油集团川庆钻探工程有限公司（简称川庆钻探工程公司）是中国石油天然气集团有限公司（简称集团公司）全资子公司，享有独立对外经济贸易和经济技术合作业务权。主营钻井工程、录井、固井、储层改造、试油修井及油气合作开发等业务，国内主要服务于西南油气田公司、长庆油田公司、塔里木油田公司，业务分布于四川、重庆、陕西、甘肃、宁夏、内蒙古、新疆7省（自治区、直辖市）；海外市场主要集中在土库曼斯坦、巴基斯坦、厄瓜多尔等国家，同时服务于壳牌、道达尔等国内反承包项目以及地方企业。2020年，川庆钻探工程公司在四川省企业100强中排名第22位，在成都市企业100强中排名第13位。

2008年2月25日川庆钻探工程公司成立，是按照集团公司集约化、专业化、一体化整体协调发展的体制改革总体思路，为适应建设综合性国际能源公司的战略需要，由原四川石油管理局、长庆石油勘探局及塔里木油田的工程技术等相关业务单位组建而成。2017年12月26日，按照集团公司工程技术板块改革重组部署，川庆钻探工程公司将所属物探公司、测井公司、油建公司、科宏公司、佳诚检测公司5家单位分别移交集团公司所属东方地球物理勘探有限责任公司、测井有限公司、工程建设有限公司。

川庆钻探工程公司是国家级高新技术企业，具有丰富的"高压、高产、高含硫"天然气和"低压、低产、低渗透"油气藏，以及页岩气、致密油气勘探开发工程技术和经验，发展形成复杂深井、致密油气、页岩气三大系列140余项特色工程技术。井筒作业、井控、储层改造、油气田开发等技术处于国内领先水平，气体/欠平衡钻井、深井钻井技术处于国际先进水平，建成国家油气田救援广汉基地和中国石油井控应急救援响应中心。有享受国务院特殊津贴专家5人，集团公司专家20余人，建成博士后科研工作站；有低渗透油气田勘探开发国家工程实验室等实验室和试验基地7个。

【机构与队伍】 2020年底，川庆钻探工程公司有二级单位25家，机关处室17个，机关附属机构8个，机关直属机构5个。有油气主业队伍835个，其中钻井队295个、固井队17个、录井队182个、井下作业队93个、试油队46个、钻井技术服务队106个、其他队伍96个。用工总量26 632人，其中合同化员工18 420人、市场化用工7 518人、劳务用工694人。硕士研究生以上学历950人、大学本科学历7 630人、大专学历5 976人；正高级职称50人、副高级职称1 669人、中级职称5 517人。

【资产总况】 2020年底，川庆钻探工程公司资产总额398.14亿元，所有者权益257.27亿元。有油田技术服务主要设备1005台（套），其中钻机272台、顶驱122台、固井水泥车151辆、综合录井仪126套、试油修井机70台、试油通井机114台、压裂车组23套、井下作业修井机60台、连续油管作业机26套、带压作业机13台、其他设备28套；运输车974辆，吊车140辆。

（汪亚军）

2020年度工作概述

【经营业绩】 2020年，川庆钻探工程公司完成钻井进尺577万米，压裂酸化1.27万层次，生产天然气42.7亿立方米，实现营业收入328亿元，净利润2.86亿元；缴纳税费5.56亿元。

【工程技术服务】 2020年，川庆钻探工程公司树立"一体两面"理念，与相关油气田公司共担压力、共战"严冬"，全面提升生产服务保障效率，支撑西南油气田、长庆油田、塔里木油田三大油气田产量创历史新高。建立多方协调对接机制，灵活调整钻机运行，新增、改造、调剂钻机26台，实施大小"组合钻"、试油"小替大"38口井，国内钻机综合利用率85%。上线"订单式"生产管理系统，深化"2小时资源共享圈"建设，推广钻机搬安等专业化服务模式，生产组织提速12%。采取多种措施提速，完善22个区块提速模板，推行激进钻井和"准备先行、即到即压、即压即走"压裂施工模式，组织"650钻井示范工程"，开展故障复杂专项治理，故障复杂时率降低10%，4 000米以上深井及页岩气、致密油气钻井周期分别缩短10.3%、8.9%、8.3%，页岩气、致密油气压裂效率分别提高6.8%、44.8%。开展井筒质量整治三年行动，井身、固井质量红线符合率分别达100%、81%，威远区块页岩气套变率同比下降25.9个百分点。国内钻成蓬探1井、角探1井、银鋆1井、马基1井等一批重点井和93口百万立方米高产气井，刷新国内陆上最深水平井、最长水平段和鄂尔多斯盆地最深井等多项指标；海外市场抢抓项目国新冠肺炎疫情防控松绑窗口期，推进复工复产，厄瓜多尔P油田年产油突破100万桶。

【油气合作开发】 2020年，川庆钻探工程公司围绕规模效益开发，坚持地质先行，深化地质工程一体化，统筹推进新井上产、老井稳产、措施增产，威远风险作业区块达产24亿立方米、苏里格合作区块连续10年稳产18亿立方米，油气风险合作业务天然气产量同比增长11%，实现产值43.3亿元，贡献利润12.1亿元。威远区块建立录井、测井、物探一体化滚动更新处理解释和钻井、定向快速联动机制，优化形成第二代压裂工艺。2020年，49口测试井平均日产量29.7万立方米，同比提高21%，建成国内首个日产气超400万立方米页岩气平台。苏里格区块深化气藏富集主控因素认识，寻找"西区"资源接替，获日产无阻流量10万立方米以上气井20口，其中3口超100万立方米，苏46区块鄂46X1井获日产无阻流量242万立方米，创苏里格气出上古生界直斜井测试产量新纪录。

【科技创新】 2020年，川庆钻探工程公司落实科技先行、技术立企要求，坚持高端化、特色化、产业化发展，加快技术创新进步，打造复杂油气领域工程技术高地。持续健全创新体系，建成运行三大工程技术中心，与油田公司联合攻关，共建3个企校联合创新体。新增创新成果57项，其中2项达到国际领先水平，11项达到国际先进水平，获授权专利215件，获省部级、集团公司和行业科技奖励38项；推广技术产品148项，实现经济效益10亿元，11项成果获集团公司成果转化创效奖励。CG-STEER旋转导向系统工业化应用15口井，创国内同类产品试验最好指标，系统可靠性显著提升。一体化精细控压技术成为超深井钻完井技术利器，平均单井漏失量下降87.6%，复杂处理时间下降86%。页岩气水平井"一趟钻"平均进尺2 153米，水平段平均钻井周期由25天缩短至10.4天。大平台、密集丛式井组水平井钻完井技术入选"集团公司年度十大科技进展"，年内3次刷新国内陆上最长水平段纪录，实现由3 321米到4 466米的新跨越。

【提质增效】 2020年，川庆钻探工程公司研究"三张表"（资产负债表、利润表、现金流量表），部署提质增效6个方面25项措施，贡献效益28.7亿元。全力以赴抢市场，以高附加值为方向，分区域、分业务专题研究制定差异化开发策略，国内坚持保基础、抢高端、拓新兴，海外开展"四创新两共享"（创新海外业务合作方式、服务模式、服务范围、发展模式，共享中东区域协调管理、共享海外信息和经验），加快转向以技术、总包服务为主的轻资产发展模式，提高市场占有率和含金量。签订合同金额311.7亿元，其中集团公司外部市场增加154%，川渝地区深井、长庆地区水平井市场总体稳定，海外非"日费制"项目收入占比达到75%。严格管控降成本，牵头实施中油油服"单井创效工程"，钻井平均进尺成本同比降低6%。依法合规推进价格复议，整体采购价格下降11%。推进三项制度改革，压减二级、三级机构10%；推进节约型机关建设，两级机关管理费同比下降32%。坚持"自己能干的决不外包"，内部调剂盘活用工存量3 287人。推行共享出行，压减载人车辆318台。精细管理增效益，主动压减投资44%，正向贡献现金流。建立及时结算机制，过程性收入结算率提高5%以上。开展"两金"（应收账款和存货）压控三年行动，库存物资较年初下降20%，周转次数提高3%；依法处置纠纷案件收回欠款和违约金。深化"四化"（标准化、专业化、机械化、信息化）建设，制定、修订标准140项，实现试修业务专业化运作，配套自动化设备1 356台（套），建成运行工程作业智能支持中心，为提质增效提供支持。

【安全环保管理】 2020年，川庆钻探工程公司落实"四全"（全员、全过程、全方位、全天候）原则、"四查"（查思想、查管理、查技术、查纪律）要求，深化QHSE体系建设，抓好重点领域风险管控和专项整治行动，实现新冠肺炎疫情防控和安全环保"双平安"。以安全生产三年专项整治行动、油气增储扩能安全风险管控为重点，明确150项具体任务和管控措施，专项整治问题2 336个，投入资金1.67亿元实施技措项目137个；突出抓好井控管理，完善溢流压井处置标准化作业模板，更新装备34套，重点领域风险全面受控。建立生态环境保护重大事项议事规则，制订黄河流域生态环保方案，及时销项中央环保督察和"回头看"提出问题，治理整治环境隐患1 003项，推进清洁生产，全面完成QHSE各项指标，连续3年获"集团公司质量安全环保节能先进企业"称号。

【新冠肺炎疫情防控】 2020年，川庆钻探工程公司全面落实党中央要求，坚持生命重于泰山、防控就是责任，全力打好新冠肺炎疫情防控的人民战争、总体战、阻击战。全面加强组织领导，第一时间成立新冠肺炎疫情防控领导小组，组织发布新冠肺炎疫情防控工作方案和专项预案，全年召开专题会议33次，研究制定15类96项措施。推进复工复产，坚持"一手抓疫情防控、一手抓生产运行"，按照"一企一策、一地一策、一点一策"原则科学制订复工复产方案，配齐生产和防护物资，国内自有队伍3月初全部复工。建立海外新冠肺炎疫情防控协调运行机制，总结推广"五个三"（三级责任、三个到位、三个环节、三个保障、三项管理）防控模式，有效克服新冠肺炎疫情影响。守护员工健康，加强海外和滞留湖北员工等重点人群管理，以及一线生产、生活区域和办公场所管控，保障员工工作环境、饮食等安全。针对海外新冠肺炎疫情严峻形势，组织抢建"安全岛"和隔离点，出国人员全面接种疫苗；创造条件推动海外人员倒班，采取在线义诊、心理疏导等多种形式强化人文关怀，出台加班补贴、休假不畅以及国内长期待令员工生活补助等政策，确保员工身心健康和生活平稳。截至2020年底，川庆钻探工程公司实现全体员工、家属"零疑似、零感染"目标。

【党的建设】 2020年，川庆钻探工程公司党委贯彻新时代党的建设总要求，推动党的领导融入企业治理，党建工作融入生产经营，以高质量党建引领高质量发展。学习贯彻党的十九届四中、五中全会精神和《习近平谈治国理政（第三卷）》，建立学习贯彻习近平总书记重要指示批示精神落实机制，专题研究新冠肺炎疫情防控、推进公司治理体系和治理能力现代化、"十四五"规划编制、对标世界一流管理提升行动、提质增效等重大事项，以贯彻中央精神的实际行动践行"两个维护"。制定川庆钻探工程公司党委落实全面从严治党主体责任清单，构建党建工作与生产经营"五融合"机制，压紧压实党建工作责任。贯彻落实《中国共产党党支部工作条例》等党内法规，深化基层党建"三基"工作，推进党支部达标晋级动态管理，评定示范党支部58个。严格落实"两个责任"，聚焦新冠肺炎疫情防控、复工复产、提质增效等重点开展监督，专项整治领导人员及其亲属经商办企业问题，持续发力纠治"四风"，一体推进"三不"，开展6个所属单位巡察，信访举报数量同比下降19%。抓班子建队伍，新提拔40岁以下处级干部占22%，新增享受国务院政府特殊津贴2人、国家"百千万人才工程"1人、集团公司井控抢险首席专家1人、中油油服井控专家5人。

【精神文明建设】 2020年，川庆钻探工程公司制订"战严冬、转观念、勇担当、上台阶"主题教育活动方案，组织宣讲团在5个片区开展演讲，两级领导班子带头宣讲498场次，开展专题调研380场次，组织员工围绕"怎么看、怎么办、怎么干"开展大讨论1514场次，参与讨论3.76万人次，收集合理化建议1612条。抓石油精神教育基地建设，两家单位教育基地成为集团公司首批石油精神教育基地。推进企业形象提升工程，拍摄制作企业商务形象宣传片和扶贫帮困、绿色发展专题片。组织开展新媒体内容创作大赛，讲好川庆故事、传播川庆声音。编制"8队2站"《安全文化建设指导手册》，推进基层安全文化建设。围绕学习贯彻党的十九届五中全会精神、脱贫攻坚、提质增效、抗击新冠肺炎疫情、先进典型等主题，开展新闻宣传，在川庆钻探工程公司主流媒体阵地刊发各类稿件2700余篇。加大对外宣传力度，在《人民日报（海外版）》《中国石油报》《四川石油报》等媒体平台发表稿件174篇。

【社会责任履行】 2020年，川庆钻探工程公司落实习近平总书记对脱贫攻坚工作作出的重要指示，继续做好对口扶贫甘孜州石渠县工作，领导2次到甘孜州石渠县调研，派驻4名干部挂职甘孜州石渠县，投入资金422万元援建邓玛观光生态农业科技示范园区绿色蔬菜扶贫基地第二期项目、资助贫困大中专学生200名、对口帮扶贫困户16户。落实党中央、国务院和四川省委省政府、集团公司实施消费扶贫的工作要求，采购中国社会扶贫网、甘孜州石渠县等扶贫产品147.82万元，以实际行动帮助贫困户稳定增收如期脱贫。

（汪亚军）

特 载

保持定力 务实进取
稳步推动公司高质量发展迈上新台阶
——在川庆钻探工程公司2020年工作会、三届一次职代会上的工作报告（摘要）

川庆钻探工程公司党委书记、总经理　李爱民

（2020年1月7日）

一、过去一年的工作回顾（略）

二、当前的形势任务

一是宏观经济向好趋势没有变，但发展要求不断提高。我国经济稳中向好、长期向好，仍处在一个重要战略机遇期。但要看到，世界大变局加速演变，中美摩擦日益加深，国内经济下行压力持续加大，对企业资金、成本、用工等约束进一步加剧。油气消费增速放缓、管网运销分离等影响加快向上游领域传导，对工程技术市场、价格的挤压效应将逐步显现。集团公司更加突出盈利能力、资产质量、经营效率考核，我们全面完成业绩指标、保持领先发展面临更大压力。

二是市场总体有利态势没有变，但保障难度持续增大。集团公司勘探开发投资力度不减，西南油气田、长庆油田、塔里木油田正处在增储上产加速期，公司持续增长的工作量有保障。但随着作业对象向深、低、非领域集中，6000米以上超深井、水平井及非常规油气井已成为工作量主体，油气田产建投资紧、节奏快、调整大，装备配置不适应、工艺技术跟不上、生产组织难均衡、投资价格不到位的问题将更加突出。同时，公司国内基础市场竞争者大量集聚、加速渗透，对我们市场份额和结算价格冲击进一步增大，全方位竞争态势已经形成。保油气、保市场、保效益的三重难题，对我们的保障力、竞争力、把控力提出更高要求。

三是公司稳健向上走势没有变，但短板问题更加凸显。进入新十年来，公司党委、公司抓住政策红利期、行业增长期机遇，把方向谋大局，抓班子带队伍，抓生产强经营，工程技术与油气合作开发业务协同发展，"三大攻坚战"成效日益显现，规模效益持续增长，发展进入新一轮上升期。但也要看到，公司发展质量与规模还不匹配，工程技术业务增收不增效矛盾依然突出，技术空心化、边缘化问题逐步显现；风险作业产建投资紧张，上产压力大；海外市场形势严峻，风险上升；安全环保基础还不稳固，用工规模依然较大，生产经营再平衡困难，实现可持续增长、高质量发展迫切需要我们在改革转型、创新驱动上加快突破。

综合判断当前形势，尽管前进中挑战增多、风险增大，但于我有利的大势大局没有变，公司仍处在难得的战略机遇期。我们要切实增强全局意识、忧患意识、风险意识，保持稳健发展、战略发展、转型发展定力，坚定必胜信心，脚踏实地、稳中求进，把更多精力和资源用在提升管理水平、增强动力活力上，实现量的合理增长与质的稳步提升相融共进，为公司"十四五"可持续发展打下坚实基础。

公司2020年工作的总体思路是：以习近平新

时代中国特色社会主义思想为指导，深入学习贯彻党的十九大和十九届二中、三中、四中全会精神，认真落实集团公司和中油油服总体部署，坚持和加强党的领导，坚持贯彻新发展理念，坚持稳中求进工作总基调，围绕公司"12334"发展部署，突出协调、深化、提升，持续打好"三大攻坚战"，更加坚定地抓创新、强管理、促转型、补短板、夯基础、控风险，高效服务油气勘探开发，推动高质量发展迈上新台阶，实现公司"十三五"规划圆满收官。

贯彻这一思路，抓好全年工作，重点把握"协调、深化、提升"的六字要求。

——协调，就是要以党的建设为统领，协调推进党建工作与生产经营、工程技术与合作开发，使保障责任与效益发展相统一、总量规模与质量效益相协调、发展速度与管控能力相匹配，促进各业务、各单位一体化协同、内涵式增长。

——深化，就是要围绕提质增效任务，坚持目标导向、问题导向、结果导向，加强总结改进，稳步改革调整，强化技术攻关，深化生产经营转型、非常规油气效益开发、"四化"建设"三大攻坚战"，不断增强把控力、保障力、竞争力。

——提升，就是要坚持固本强基不动摇，以安全环保、基层基础、合规管理为着力点，提升管理系统化、专业化、精细化水平，强化体系融合，优化管理流程，防控重大风险，办好民生实事，为公司高效运行、和谐稳定提供坚强保障。

三、全力做好收官之年各项工作

公司 2020 年预算主要生产经营目标是：完成钻井进尺 840 万米，生产天然气 39.2 亿立方米，实现主营业务收入 350 亿元、净利润 2.8 亿元。重点抓好 4 个方面 12 项工作。

（一）均衡协调组织生产，推动各业务内涵增长

积极抢占高效市场，主动把控生产节奏，推动各业务量效齐增，努力实现市场占有率、保障责任与质量效益相统一。

（1）统筹优化国内国际市场布局。加强市场跟踪研究，动态调整市场策略，增强市场管理主动性、前瞻性，全力以赴保基础、抢高端、拓新兴、稳海外，力争新签合同金额 320 亿元。优先保障川渝双鱼石、磨溪—高石梯等重点区块关联交易，持续巩固威远、长宁页岩气市场；全力抢占长庆油田水平井高效市场，做精大井丛总包项目，做优老井稳产增产、修井改造业务；主攻塔里木库车天然气市场，稳定塔中—塔北原油市场，全力争夺塔西南开发项目。加快进入川南深层页岩气、长庆页岩油等战略市场，提前介入库车新区及塔西南山前勘探。持续抓好道达尔、壳牌反承包项目，跟进川渝致密气、页岩油和川东北高含硫气藏开发项目。积极推动海外市场转型，着力扩大钻井液、精细控压等技术服务规模，精细运作 P 油田增产服务、OGDCL 钻井液技术服务项目，密切关注阿姆河第六轮钻井总包、厄瓜多尔 T 油田、OGDCL 钻完井一体化、秘鲁 58 区等项目，力争新签合同金额 5 亿美元，实现收入 23 亿元。

（2）推动工程技术持续提速降本。做优资源保障，细化生产运行，强化过程控制，抓好关键环节，优质高效完成生产建设任务，力争实现产值 300 亿元。超前组织物资装备，加快钻机、压裂设备升级配套、结构调整、布局优化，主要装备综合利用率达到 85% 以上。加强内外部协调，与甲方共同优化工作量安排，提前做好水电路讯准备，精准工序衔接，建立完善生产组织考核体系，推行区域联合技术支撑模式，力争生产组织综合提速 5%、生产时效达到 93% 以上。钻完井业务完善提速模版，强化工艺技术集成配套，加强录井随钻地质跟踪分析，增强钻井液性能对地层的适应性，完善固井工艺；下大力气抓好故障复杂专项治理，强化现场管理和考核问责，确保整体故障时率降低 20%，计划完成自营钻井进尺 550 万米，实现深井、页岩气、致密油气分别提速 10%、5%、5% 的目标。储层改造业务深化"九改九提九推广"，全面推行"准备先行、即到即

压、即压即走"和24小时连续施工模式，优化地面流程，力争实现页岩气压裂2段/日、致密油气大井丛8段/日目标。坚持风险可控、规模适度，动态调整外包队伍数量，提高外包资源利用效率效益。试修拓展修井特作、带压作业等业务，加强生产组织，减少无效时间20%。钻前、运输业务积极推广新模式新技术，持续提高服务质量效率。

（3）抓好风险作业规模效益上产。精细地质综合研究，统筹地质、工程"甜点"，完善高产井培育模式，加强气田开发设计、效益评价、动态分析等全过程管理，确保投资和成本降低5%以上、投资回报率不低于8%。威远区块资源接替以"深拓"为方向，加快推进筇竹寺组和3500米以深区域精细评价及威207井区立体开发，开展威201低压区、威202浅层龙马溪组评价研究；推动钻前工程与完井、采输工程一体化设计，优化开发制度、排采制度、开发工艺，不断提高开发指标符合率；全年Ⅰ+Ⅱ类井比例达到95%以上，生产页岩气22亿立方米。苏里格区块资源接替以"西进"为方向，加快落实苏46、苏5、苏59有利建产区；推动上下古、多层系、立体式开发，推广小井眼、丛式井、水平井工艺，加强地质导向，力争储层钻遇率提高5%以上、Ⅰ+Ⅱ类井比例提高5%；全年新建产能4.5亿立方米，生产天然气17.2亿立方米。

（二）深化改革管理创新，充分激发动力活力

以推进生产经营转型为着力点，聚焦瓶颈短板，改革创新突破，优化体制机制，努力实现多元驱动发展。

（1）加快提升运营管控水平。深入推进业财融合，建立以过程控制为重点、向前端延伸、多部门协同的联动机制，强化经营分析和预算预警，精准调控，适时纠偏。统筹各业务发展需求，保持合理投资强度和节奏，严控长摊投资规模，加大绩效考核力度，努力提高投资回报。加强工程造价管理，健全机构、充实力量，统筹对外协调、投标报价、工程结算、对内管控和效益分析。以长庆区域大井丛总包项目为突破口，加快完善项目管理、总包管理模式，推广单井标准成本管理，试点页岩气区块钻井"日费制"，有效应对降价压力。突出以业务为主导，系统推进开源节流降本增效。坚持资金集中与紧平衡管理，建立及时结算机制，实施月度控制和考核，多措并举压控"两金"，确保一年及以下常规库存物资占比达到90%以上。健全工程、服务采购管理制度，提高招标率，实施仓储扁平化和物资集中储备。开展资产清理，制订低效无效资产三年处置计划，持续提升资产质量。依法开展税务筹划，切实降低综合税负。强化亏损及费用单位监控，大力推进减亏增盈。深入推进依法治企、合规管理，开展"法治宣教年"活动，持续抓好联合监督检查、财务稽查，实施穿透式全覆盖审计监督。编制"十四五"规划，高起点谋划公司长远发展。完善多元经济业务规范管控机制，拓展清洁生产、资源开发等业务，加快石英砂、重晶石项目投产，力争实现收入53亿元。

（2）着力提高科技创新效率。成立公司科技专家委员会，完善党组织领导科技创新的工作机制，修订科研物资采购、新技术现场试验补偿、成果转化创效奖励等制度，建立科技人才评价体系，优化科研单位工资总额决定机制。推进三大工程技术中心高效运行，加快企校创新联合体建设，探索与高科技公司合作方式。健全与油气田"联合攻关、分工协作、成果共享"模式，共建地质工程一体化机制，主动融入设计，推动技术集成优化。全年计划投入科研经费10.6亿元，开展课题研究242项，新增创新成果50项，申请专利150件。复杂深井领域，持续完善高效钻头技术，着力攻关抗温抗硫工具和流体，加快高效防塌堵漏、事故复杂预防处理技术研究。页岩气领域，深化薄层高效改造技术研究，推进自研旋转导向系统试验和工业化应用，加快套变、压窜防治攻关，力争套变率减少50%、丢段率控制在2%以

内；开发钻井自动智能定向巡航系统，配套完善油基岩屑综合处理技术。致密油气领域，深化含水气藏成藏规律及高产主控因素、气水分布规律研究，优化大井丛水平井高效作业技术，加快突破4000米以上水平段钻井技术，开展老井挖潜及重复改造技术攻关，完善压裂设计、实时评价与压后评价技术。

（3）持续深化改革攻坚。围绕贯彻十九届四中全会精神和国企改革三年行动方案，研究完善公司深化改革部署。按照中油油服安排，推动"三项制度"改革落地。强化科研单位职能定位，调整钻采院、地研院业务范围与考核模式。加强RTOC中心建设，更好发挥专家技术支撑作用。探索建立发展战略和技术情报研究机构，推动业务转型、技术创新、经营政策等前瞻性研究。配合集团公司共享中心建设，按期上线财务、人力资源共享业务。深入推进干部人事制度改革，完善优秀人才双向流动机制，加快推进专业技术序列改革，做好新一轮技术专家选聘工作。深化企业和领导人员身份"去行政化"改革。继续抓好法人实体压减。稳妥推进厂办大集体改革。

（三）坚持固本强基，确保安全平稳发展

突出"稳"字当头，深入推进管理提升、体系融合、"四化"落地，控风险、强基层、促和谐，不断夯实发展基础。

（1）着力防控重大风险。修订安全环保"一岗双责"，量化安全生产责任清单和负面清单，完善事故隐患问责管理办法。深化QHSE体系建设，优化整合体系文件，推广差异化、精准化审核，升级"三标一规范"（标准化现场、标准化管理、标准化操作、规范化风险控制）。健全双重预防机制，加强油气泄漏、承包商、"四新"、交通等重点领域风险管控，深入开展集中整治行动，管好用好安全治理资金，力争较大及以上隐患下降20%。更新完善井控装备及设施，制定复杂条件下井控标准作业规范，狠抓责任落实、过程管控、应急处置和队伍建设，确保井控安全万无一失。强化员工"三级"教育，成立履职能力评估提升中心。完善应急管理办法，分区域建立应急资源库，狠抓井控、消防等实战演练。深入贯彻习近平生态文明思想，加快建立公司环保督查工作机制和考核评价体系。加快推进能源管控系统建设，大力推进清洁生产、废弃物分类处置，持续推广"电代油"、电动压裂等节能减排技术。定期开展职业病危害场所检测，严格接害人员职业健康检查。推进井筒和管道质量全生命周期管理，确保全过程质量控制。细化落实重大风险防控措施，定期开展风险预警和管控情况检查。严格落实维护稳定责任制，提高信访工作法治化、信息化水平，抓好重大改革、敏感时段维稳安保及海外防恐工作，确保大局稳定。

（2）着力提升基层管理水平。推进生产操作标准化、生产组织专业化、设备设施机械化、生产运行信息化，持续建设钻井、压裂"四化"示范队，带动"四化"建设落地见效。推进创新成果转化为标准和岗位操作规程，持续完善提速模版，强化标准规范运用。深化拆搬安、物资共享、压前保障、维保修等专业化，分步配套钻机二层台机械手、试油管杆输送机、自动输砂装置等成熟自动化设备，全面推广生产运行管理信息系统，扩展井控预警系统模块，逐步推动液面监测智能化，建成上线Keepdrilling系统。以管理体系融合为契机，围绕流程优化和岗位责任制落实两条主线，建立统一规范、简便易行的管理手册和操作手册。推广梯级培训模式，开展全员履职能力培训和综合素质培养，抓好"5+1""安康杯"竞赛和"工人先锋号"活动，促进员工素质与管理提升相适应。

（3）坚持发展成果惠及员工。认真落实职代会制度，加强闭会期民主管理，督促指导所属单位换届选举。尊重员工首创精神，加大劳模、技能人才创新工作室创建力度。抓好公司第一次团代会精神落实，打造"青字号"活动精品，凝聚青年力量。完善工资总额决定办法和分配机制，合理调控一二三线员工收入水平。推动管理减负，严格落实基层减负13条措施，持续精简基础资料。加快老基地维修改造和设施配套，建成贺旗、马岭、庆城基地倒班公寓，启动高沟口倒班公寓和厄瓜多尔LAGO基地项目建设。健全困难职工档案，管好用好帮扶资金，实现"五个精准"目标。坚持开展"三助三送"，落实员工疗养、休假和体检等制度，积极开展心理援助。开展形式多样的文体活动，完善一线文体设施。开展劳动保护监督专项检查，建立全员健康管理服务系统，分区域建设医疗救护"绿色通道"。落实资金项目，加大对口帮扶力度，助力石渠县巩固脱贫"摘帽"成效，继续开展施工区域周边扶贫助学，为全面建成小康社会作贡献。

（四）坚持和加强党的领导，引领公司正确发展方向

充分发挥党组织把方向、管大局、保落实作用，认真落实新时代党的建设总要求，推动党建工作上水平。

（1）持续提升党的建设质量。坚持以政治建设为统领，深入学习习近平新时代中国特色社会主义思想，组织党的十九届四中全会精神集中轮训，建立"不忘初心、牢记使命"长效机制，巩固深化主题教育成果。启用党委理论学习中心组管理平台，提升各单位中心组学习质量。坚决贯彻党的路线方针政策和集团公司党组决策部署，彻底肃清流毒影响，引导全体党员、干部增强"四个意识"、坚定"四个自信"、做到"两个维护"。严格执行《党建工作责任制考核评价实施细则》，推动落实"三级联动"党建工作机制指导意见。深入抓好基层党建"三基"工作，开展党支部达标晋级管理和标准化建设，深化区域党建联盟建设，突出政治标准发展党员。认真贯彻《关于加强和改进中央和国家机关党的建设的意见》，深入推进两级机关党的建设、作风建设。分类制订意识形态阵地管理办法，建立舆情管理体系。认真贯彻《中国共产党宣传工作条例》，加强全面建成小康社会、"四化"建设等专题报道，选树"川庆榜样"。开展新时代川庆企业文化管理提升研究，建立川庆特色文化体系。

（2）加快"一化五型"人才队伍建设。坚持党管干部、党管人才，全面推进公司"六个一"人才工作。认真贯彻《2019—2023年全国党政领导班子建设规划纲要》，突出政治能力提升，推进领导干部素质培养"三大工程"，持续优化各级领导班子年龄、专业和能力结构。突出政治标准选准用好干部，严格违规选人用人责任追究。实施"川庆千人计划"，深度参与集团公司"石油科学家"培养计划和"青年科技英才"培养工程，建强井控、环保、信息化等专业领域人才队伍。深入推进党委联系服务专家工作，完善专家管理机制，充分发挥专家作用。优化人才资源配置，推行公开招聘为主、组织选拔为辅的人才交流机制，推进机关与基层双向交流挂职锻炼。深化用工模式转型，用好越盛油服引才平台，缓解人才短缺矛盾。以高技能人才队伍建设为主体，加强业务导向引领，完善配套激励机制，多途径促进操作技能人才素质提升。

（3）纵深推进全面从严治党。构建一体推进"不敢腐、不能腐、不想腐"体制机制，压紧压实"两个责任"，加大监督执纪问责力度，推进全面从严治党向基层延伸。坚持政治巡察定位，分两轮对所属8个单位开展常规巡察，扎实做好整改"后半篇文章"；修订巡察工作规范，督促指导相关单位党委开展巡察。持续发力纠治"四风"，制定"负面清单"，严查顶风违纪问题，加大典型案件通报曝光力度，持续释放越往后越严的强烈信号。设立纪检检查工作平台，做实做细日常监督，开展所属单位党政主要领导和机关部门主要负责人向纪委述责述廉，督导所属单位纪委书记与班子成员开展经常性谈话提醒。制定党政纪处分和组织处理决定执行指导意见，进一步规范处分决定执行工作要求及程序，实现精准执纪。

（办公室、党委办公室　供）

在川庆钻探工程公司 2020 年工作会、三届一次职代会上的讲话（摘要）

川庆钻探工程公司党委书记、总经理　李爱民

（2020 年 1 月 9 日）

一、统一思想，准确把握工作取向

报告在辩证分析内外部形势后，作出了"公司仍处在难得战略机遇期"的科学判断，明确提出了"保持定力、务实进取"的工作取向。这一取向既契合中央对形势的判断、体现高质量发展要求，也遵循行业客观规律、符合公司阶段实际。大家要切实把思想和行动统一到公司党委、公司对形势的判断上来，领会工作取向的深刻内涵，全力做好今年各项工作。

一是要保持稳健发展定力。收官之年，稳是大局、是基础，更是台阶。这一步走不稳，对公司"十四五"发展将带来重大影响。尽管去年公司发展成效显著，但我们要保持头脑冷静，清醒认识到前进道路中的新变化新挑战。从行业看，国际油价波动加大，国内油气消费放缓、管网运销分离、上游加快开放、中俄东线投运等对集团公司勘探开发影响深远。从业务看，工程服务具有短周期、高风险、重资产的特点，市场不可控因素多，稳健是油服企业持续发展的客观要求。还要看到，油气资源劣质化加剧，作业对象越来越复杂，风险显著增加，工作量波动和降价压力也进一步加大。面对各种不确定、不稳定因素，我们要戒骄戒躁、居安思危，把"稳"作为想问题、出思路、定措施的首要考量，全力防范和化解重大风险，巩固公司来之不易的稳健向上态势。要坚持把安全环保摆在首要位置，始终如履薄冰、如临深渊，强基础、严监管、零容忍，特别是对"三高、两浅"井控风险一刻也不能松懈，谨慎引进外部队伍，确保规模速度与管控能力相匹配，推动安全环保形势持续稳定好转。要坚持稳健经营，合理安排投资规模，统筹做好去库存、减负债、降杠杆、轻资产、防潜亏等工作。要严格落实维稳信访安保责任，及时妥善化解不稳定因素，突出抓好海外社会安全和防恐工作，确保生产平稳运行、人员生命财产安全。

二是要保持战略发展定力。去年我们结合主题教育，通过深入调研、集思广益，丰富形成公司新时期"12334"发展部署。实践证明，公司党委确立的发展方向是正确的、工作思路是有效的、方法措施是得力的，我们越干越主动、越干越自信。要保持战略部署的延续性，不提新口号、不提高目标，始终聚焦高质量，一张蓝图绘到底，把管理做得更细，把基础夯得更实。"保持定力、务实进取"既要脚踏实地、稳扎稳打，更要抢抓机遇、顺势而为。今年，公司将"三大攻坚战"中的页岩气效益开发攻坚战，调整为非常规油气效益开发攻坚战。这一调整，主要是考虑到当前国内非常规油气发展非常快，西南油气田提出"决胜 300 亿、加快 500 亿、建设气大庆"，页岩气是上产 500 亿的主力增量资源，同时盆地致密气、页岩油勘探也逐步展开；长庆地区上产主力资源是致密油气，特别是 10 亿吨级庆城大油田发现、城页井组页岩油高产，形成了致密油、页岩油双突破的大场面。非常规油气是今后一个时期公司的大市场、主战场。我们要主动适应这种变化，强化非常规领域核心技术攻关，创新管理组织模式，健全地质工程一体化机制，加快形成适应非常规油气勘探开发的全面解决方案，牢牢掌握市场主动权和技术话语权。

三是要保持转型发展定力。公司 2019 年完成工作量、天然气产量、同口径经济总量均创历史

新高，规模效应充分体现。但要看到，我们发展质量还没跟上规模的快速增长，工程技术主要集中在施工作业等低附加值领域，盈利能力依然较弱，创新动能不足，人均产值和效率还不高。同时今年公司增支减收因素比较多，折旧摊销快速上升，人工成本刚性增长，风险作业上产、关键设备新购、井控装备更新等还需要加大投资，川渝页岩气、长庆地区价格进一步下降，经营压力将持续增大。面对这些问题，继续扩大投入规模，边际贡献将逐步递减，将更对完成经营指标带来较大影响，特别是一旦市场出现波动，我们将背上沉重包袱。因此公司今年预算安排，把工作量和收入规模进行了下调，增加了利润指标，完善了绩效考核办法，就是要引导各单位提质增效、内涵增长。要克制盲目扩张冲动，把更多精力和资源用在管理增效、创新提效上，以深化"三大攻坚战"为着力点，推动转型加快突破，实现量的合理增长与质的稳步提升相融共进。这里重点强调一下科技创新问题。尽管这些年我们技术创新取得了不少成果，但关键技术进展还不够，高端核心技术仍存在代际落差，高附加值的井下工具、钻头以及相关技术服务更多依赖国外公司和国内民营油服，技术边缘化、空心化问题已开始显现，必须引起我们高度重视。要着力在提升创新质量和效率上下功夫，继续加大科技投入，完善科技人才激励机制，围绕3个工程技术中心建设，掌握并用好国内外优质创新资源，形成"多专业融合、跨领域聚能"的开放创新格局，使公司逐步成为高新技术和创新资源的整合者，力争在3—5年内形成一批高水平的研发成果。

二、聚焦质效，创新落实"六字"要求

围绕贯彻今年工作总体思路，报告提出了协调、深化、提升的"六字"工作要求，这是落实"保持定力、务实进取"工作取向、全面完成各项任务的实现路径，也是公司着眼短板弱项、推动提质增效的应对之策。各单位、各部门要紧密结合实际，创造性地把"六字"要求融入工作实践，分层分类推进，不断提高管理系统化、专业化、精细化水平，以管理进步带动质量效益提升。

一是要突出顶层优化，更加注重统筹协调。高质量发展是追求更加协调、更可持续的发展。过去我们是单纯的生产保障型企业，现在既要讲责任、也要抓市场，既要有总量、更要有质量。从市场态势看，公司国内基础市场竞争更加激烈，各路竞争者加速渗透，稳固市场更加艰难。比如，深层页岩气市场现在主要是中国石化的钻井队在作业，尽管目前风险大、井难打、效益不好，但从长远看将是一个大市场，如果等到成熟后我们再进去，就会陷入战略被动。从公司发展看，着眼增强发展后劲，我们加大了深井钻机、压裂装备和风险作业产建投资，但对当期自由现金流、资产负债率等指标又带来很大压力，生产与经营有效平衡更加困难。同时，从部分单位发展存在的一些问题看，安全与生产、科研与生产、进度与节奏、自有与外包等还没有很好兼顾，不平衡、不协调是我们推动高质量发展亟待解决的难题。要切实强化系统思维、全局意识，统筹兼顾、平衡协调，既要抓住主要矛盾，解决面上问题，又要区别对待，有保有压，增强工作措施的预见性、针对性、灵活性，全面提升宏观把控力。要正确处理好保油气、保市场、保效益的关系，主动调控生产节奏，紧密结合竞争态势，动态优化钻机布局、市场策略和外包资源，妥善解决甲方需求与装备队伍不足的矛盾，防止大起大落。要兼顾当前与长远，把更多精力放在完善机制、打基础利长远上，稳步实施改革调整，加强人才队伍梯次建设，进一步厚植发展优势、补齐发展短板。

二是要突出过程管控，加快提升运营水平。随着公司市场、业务规模拓展，管理幅度、复杂度和难度都不断增大，很多工作如果只问结果、不管过程，到最后就会非常被动。去年我们结算工作矛盾就比较突出，一些单位只顾埋头干活，结算不够主动，快到年底一算账，接近一半的开票工程款没有结回来，有的项目十几亿的工程款，一拖就是大半年，不仅对公司资金管理带来很大压力，更严重侵蚀本已微薄的业务利润。究其原因，还是我们过去计划经济体制下的惯性工作思维没有根本扭转，不重视运营、不关注过程，一些问题越积越深，增大了生产经营风险。今年集团公司对投资、资金、负债等管控更加严格，将运营类指标权重由59%调增到65%，对我们过程管控能力提出了更高要求。要坚持目标导向、问题导向、结果导向相结合，以深化生产经营转型为带动，促进管理向"前端"延伸，确保重点工作过程受控、结果可控。要坚持业务主导，加强过程跟踪监控，建立预算执行、投资项目、重点工程、资金结算、资产物资、人力资源等领域大数据分析平台，及时发现问题、精准调控、纠偏改进。要把工程设计、造价体系作为向"前端"延伸的重要支撑，实现技术经济一体化，促进各业务、各单位高效协同，不断提升整体竞争力。

三是要突出基层基础，深入推进管理融合。加强管理不仅要会做"加法"，也要善于做"减法"。这两年，我们持续推进基层减负，在精减资料、规范管理上见到了一定成效。但也要看到，基层减负还时有反弹，多头管理的情况依然存在，管理体系臃肿，文件多、要求多、检查多，搞得基层疲于应付、难以落实。抓基层减负的根本目的不在于减多少资料，而是要以资料精减促管理减负，优化管理体系，确保基层规范管理、高效运行。抓好管理减负，重点在两级机关，措施是管理融合。要按照统一、规范、简明的原则，明晰两级机关部门管理界面，着力解决同级职责交叉、上下分工不清等问题，整合优化制度流程，推动跨部门协同联动，促进管理更加高效。要针对部分"四化"项目在基层推行效果不好的问题，以"四化"示范队建设为抓手，配套完善标准规范和岗位操作规程，加强经验交流分享，以点带面推动"四化"建设与基础管理深度融合，促进

基层生产效率提升。特别是要加大"两化"融合深度，打破信息孤岛，创新工作流程，全覆盖推进生产运行管理系统，抓紧建设工程技术、装备信息管理系统，增强两级远程工程技术与支持中心功能，提高整体管理运行效率。要加快建立决策问效机制，跟进重大部署在基层落地情况，及时解决执行中暴露出来的制度、机制问题，确保各项决策科学有效、全面落地。

三、凝心聚智，全力推动部署落地

一分部署，九分落实。各级党组织要进一步提高站位、发挥作用，充分凝聚全员智慧和力量，团结奋进、开拓进取，高标准高效率推进各项工作，确保公司"十三五"规划圆满收官。

一是要着眼大局引领干。各级党组织要围绕公司党委、公司总体部署，坚持在大局下谋划、紧扣"一盘棋"行动，积极主动作为，率先争先领先，聚力量、抓督办、保落实。要围绕提速提效、效益上产、安全环保等重点工作，精心组织劳动竞赛，扎实开展党员身边"无事故、无违章、无隐患、促发展"等活动，抓典型、立标杆、做示范，引领带动党员群众攻坚克难、争创一流。要充分发挥思想政治文化工作优势，紧跟时代社会发展、紧贴员工生产生活，创新理念、创新形式做好新闻宣传，特别是要用好新媒体新平台，把服务油气成效、创新创造成果、员工风采风貌展示好，把川庆担当、川庆水平、川庆贡献宣传好，唱响主旋律、集聚正能量、塑造好形象。

二是要担当尽责带头干。各级领导干部要把"保持定力、务实进取"落实到工作全过程，坚决反对好大喜功、急躁冒进，坚决反对表面文章、空喊口号，认清方位、认领责任、脚踏实地、善作善成。要深入贯彻新发展理念，破除思维定式和陋习陈规，准确把握"六字"工作要求，创新思路、开拓进取，在业务转型、运营管控、科技创新、深化改革等方面尽快取得新突破。要始终保持奋发有为的精神状态，自觉克服精神懈怠、

作风懒散、小满辄止，真正把心思和精力用在补短板、强基础、惠民生上，切实用我们的"辛苦指数"换来川庆的"增长指数"和员工的"幸福指数"。

三是要团结一心加油干。今年生产建设任务依然繁重，工作节奏快、压力大，需要大家继续奉献、接力奋斗。广大干部员工要强化"主人翁"意识，立足岗位、主动作为，严守每一条红线、管细每一个环节、做实每一道工序，不断提高工作质量和效率。广大党员和职工代表要牢记身份，在急难险重任务中当先锋、打头阵，以身作则影响带动身边群众苦干实干。各级党组织要切实关心关爱员工，坚持分配向一线艰苦、关键岗位倾斜，保持收入合理增长；要继续加大投入改善生产生活条件，解决员工后顾之忧，把民生实事办得更有温度、更接地气、更贴人心，真正让大家干得顺心、吃得开心、住得舒心，共同把川庆大家庭建设好。

（办公室、党委办公室　供）

在川庆钻探工程公司 2020 年领导干部会议上的讲话（摘要）

川庆钻探工程公司党委书记、总经理　李爱民

（2020 年 8 月 20 日）

一、聚焦高质量发展，谋划推进公司治理体系和治理能力现代化

党的十九届四中全会，全面回答了我国国家制度和国家治理应该"坚持和巩固什么、完善和发展什么"这个重大政治问题，强调要完善中国特色现代企业制度，增强国有经济竞争力、创新力、控制力、影响力、抗风险能力。这次集团公司领导干部会议围绕学习贯彻四中全会精神，以"推进公司治理体系和治理能力现代化"为主题，提出了"四个坚持"兴企方略、"四化"治企准则，明确了三个阶段性目标，以及优化和完善治理体系"六大重点任务"、提升治理能力"四点要求"等一系列部署。我们要深入学习贯彻四中全会精神，坚决执行和落实好集团公司领导干部会议各项部署，进一步提高认识、把握重点、精心组织，积极谋划和推进公司治理体系和治理能力现代化，以高效能治理推动高质量发展。

（一）深刻认识推进治理体系和治理能力现代化的重大意义

当今世界正处于百年未有之大变局，各种风险层出不穷，发展环境错综复杂。特别是当前面对新冠肺炎疫情和低油价冲击带来的前所未有的严峻挑战，推进治理体系和治理能力现代化，以制度优势应对风险挑战，把制度优势转化为治理效能，显得尤为重要和紧迫。

这是我们实现战略目标的重要保证。进入新十年，公司聚焦高质量发展，确立了建设特色鲜明、领先发展的油气工程技术综合服务商战略目标。对照目标定位，公司特色领先优势还不明显，大而不强的问题依然突出，特别是历史遗留和发展中积累的体制机制矛盾和制度短板，成为公司推进高质量发展的最大障碍。我们必须坚持深化改革不动摇，对照中国特色现代企业制度，着眼深层次矛盾改革攻坚，加快建立与战略目标、战略部署相适应的制度体系、管理体制和运行机制，以更高的治理效能助推公司战略目标实现。

这是我们推动转型升级的核心要求。当前，能源转型已是全球大势，油气产业面临全方位、颠覆性的深刻变革，国际油服正通过加速组织结构和治理体系变革促进转型发展。受国际油价持续大幅波动影响，工程技术服务行业周期变化加

剧，与公司盈利能力不强、运营效率不高等问题相互交织，公司生产经营大起大落，效益发展更加艰难，加快转型升级迫在眉睫。企业转型和业务结构调整，核心在于企业机制的转换和现代企业制度的完善。我们必须抓住当前转型"窗口期"机遇，完善与技术管理服务型相适应的组织结构和治理体系，着力构建应对低油价的长效机制，推动公司增长由要素规模投入向要素质量提升加快突破。

这是我们提升竞争能力的长远之策。企业竞争的核心是公司治理体系和治理能力比拼。从竞争态势看，随着上游勘探开发市场全面开放，民企以灵活的机制优势加速渗透，国内工程技术服务行业正进入低成本竞争的"红海"；同时中油油服钻探企业之间同质化竞争加剧，竞争制胜由单一的市场争夺，扩展到资源、技术、人才、机制等全方位的博弈，我们必须不断完善以市场为导向、以创新为引领、灵活规范的运营管理模式，形成快速适应市场变化、化解市场风险的经营机制，加快提升治理水平，全面增强核心竞争力。

（二）准确把握"四化"治企准则谋划公司治理体系建设

公司治理是现代企业的一项根本性制度安排，其核心要义在于通过一整套制度和机制设计，确保企业决策科学、制衡有效、运作规范、监督有力，维护各相关方权益。作为集团公司集约化、专业化、一体化改革的产物，公司自2008年组建以来，围绕增强服务保障能力和市场竞争力，不断健全管理体制和运行机制，完善制度体系和组织体系，在建立中国特色现代企业制度、提升管控水平方面进行了一系列探索。我们将党建工作要求纳入公司章程，进一步明确公司党委研究决策重大事项的主体地位，健全完善全面从严治党工作格局，保障党组织领导作用有效发挥；我们坚持战略发展，不断调整完善战略体系，丰富形成"12334"总体部署，引领公司新时期持续稳健发展；我们持续推进业务转型，推动钻井液、试修业务专业化发展，做大做强储层改造等特色技术服务，抓住机遇加大油气合作开发投入，形成工程技术与风险合作齐抓并进的业务发展格局；我们始终坚持创新驱动，推进技术特色化、高端化、一体化发展，基本形成以解决现场难题为核心、基础应用研究为支撑、专业协同攻关和开放联合研发为两翼的创新格局，形成一大批重要技术成果，创新引领发展能力显著增强；我们坚持深化改革管理，更加注重生产与经营协同运行，投资、预算、资金管理和业绩考核机制逐步完善，以QHSE为核心的风险管控体系不断健全，促进盈利创效能力和抗风险能力进一步提升。这些实践为公司履行保障油气责任、持续稳健效益发展提供了制度保障，也为公司推进治理体系和治理能力现代化奠定了坚实基础。

一个公司的治理体系，必须与其功能定位和战略目标相适应。我们要按照服务保障油气的职责定位，紧紧围绕建设特色鲜明、领先发展的油气工程技术综合服务商的战略目标，以"专业化发展、市场化运作、精益化管理、一体化统筹"治企准则为主线，坚持问题导向，遵循发展规律，科学谋划推进公司治理体系和治理能力现代化。

一是坚持专业化发展。就是专注主业、精益求精，持续打造核心竞争力，在追求卓越中铸就一流企业。从公司现有业务布局看，一些业务专业聚焦不够，大而不强、专而不精的问题依然突出，低端低效业务占比较大，高端转型缺乏有效支撑，整体业务布局和结构还需加快调整。我们要始终聚焦主责主业，持续深化专业化调整，优化完善业务布局，建立完善适应市场竞争、利于专业发展的业务架构和运行机制，把专业特色转化为硬核竞争力；要始终聚焦优势领域，紧跟发展前沿，整合专业力量，集聚内外资源，持续强化管理和技术创新，加快推动业务高端转型，不断巩固扩大领先优势，成为细分专业领域的领跑者。

二是完善市场化运作。就是坚持市场化原

则、用活市场化手段，发挥好市场在资源配置中的决定性作用，充分激发内生动力活力，不断提升市场竞争力。从公司实际看，以市场为导向、效益为中心的资源配置、生产组织机制还不够灵活高效，市场开发机制还不健全，资源掌控能力有待提升；公平反映各业务价值的内部价格体系还未建立，业务之间、单位之间市场化运行机制亟待建立完善；与市场接轨的薪酬分配机制还未建立，高端人才引进和留用的机制还需完善。我们要进一步强化市场意识和竞争意识，坚持以市场为导向、以效益为中心，建立完善上下协同、部门联动、整体协作的市场开发机制，强化市场策略研究，持续优化市场布局，扩大高端市场比例；要建立完善生产与经营一体运行的有效机制，强化以价值创造为导向的管理、监督、考核、激励机制，最大限度激活发展动力；要坚持市场化方向深化三项制度改革，持续建立健全"三能"机制，优化调整用工方式，完善绩效考核分配机制，畅通高端紧缺人才引进渠道，为提升治理能力创造良好环境。

三是加强精益化管理。就是对标国际一流、对照"四精"要求，持续优化完善管理运行机制，补齐发展短板、堵塞管理漏洞，不断提升发展质量效益。当前公司管理运行效率还不高，在生产运行、经营管理、科技创新中的一些体制机制问题仍未有效解决，部分制度可操作性不强，执行落实不到位，以效益为导向的投资、成本、资金管理机制还需完善；创新体系、科研人才队伍建设滞后，科研管理、成果评价、薪酬激励机制难以充分激发创新活力，信息化、智能化对公司治理的支撑作用还需进一步加强。要切实把精益理念、精益意识落实到生产运行、经营管理、科技创新全过程，持续优化管理体系、完善运行机制，深度应用信息技术改造管理流程，不断增强管理的系统性、精准性；要针对短板问题及时修订完善制度，逐步构建系统完备、科学规范、运行有效的制度体系，为公司治理提供有效的制度和执行保证。

四是注重一体化统筹。就是强化"一盘棋"思维，推进跨单位、跨业务、跨区域的统筹协调和各类资源共享共用，打造一体化的业务链、价值链，实现公司整体价值和效能最大化。公司作为国内实力较强的工程技术综合服务商，具有较为完整的井筒业务链，但单位之间、专业之间盈利能力、管理水平参差不齐，资源未能有效整合利用，发展不均衡问题日益凸显，协同优势难以有效发挥，整体管理运行效率和竞争力还有较大提升空间。要紧紧围绕协同管理、均衡发展目标，优化井筒工程技术服务和油气合作开发两条业务链、价值链，不断完善生产经营协同、业务高效联动、资源共享共用的整体运行机制，切实增强单位之间、部门之间、区域之间的协调配合，实现资源配置最优、管理运行高效、价值创造最大，以一体化优势促进治理效能大幅提升。

这些是公司党委、公司对推进治理体系和治理能力现代化的初步思考。下来后要尽快抓好以下3项工作。一是抓好会议精神学习宣贯。各单位、各部门要充分认识此次集团公司领导干部会议的重要性和指导意义，以中心组学习和"三会一课"为抓手，深入学习领会会议的精神实质，把思想和认识统一到会议精神上来，着眼长远、立足当前，认真谋划落实提升企业治理能力和水平的关键举措，全力完成好今年各项目标任务，以实际行动落实好会议精神。二是抓好关键问题深入研究。推进公司治理体系和治理能力现代化是一项系统工程，也是一个宏大课题，必须加强组织领导，强化顶层设计。这项工作由企管法规处牵头、相关部门配合，按照集团公司即将下发的实施方案，紧密结合公司实际和行业特点，组织专题研究，进一步明确思路和方向，制定公司实施方案和保障措施。三是抓好"十四五"规划编制。这次会上，集团公司党组结合中央新要求和形势新变化，提出了"发展、改革、调整、管理、创新、党建"的总体工作布局。我们要把落实总体工作布局与集团公司优化完善治理体系"六大重点任务"、提升治理能力"四点要求"结合起来，进一步丰富完善发展战略，研究制定"十四五"发展目标、业务部署和重点举措，为公司高质量发展提供科学行动指南。

二、持续发力提质增效，奋力冲刺全年目标任务

今年以来，外部形势风云突变，新冠肺炎疫情全球蔓延，国际油价断崖式下跌，油气行业极其艰难。面对突如其来的严峻挑战，公司党委、公司应势而变、主动求变，及时调整工作思路，部署推进提质增效专项行动，统筹抓好各项工作，公司在工作量、价格大幅下降的困难情况下取得了好于预期的发展成效。生产经营平稳有序运行，提质增效成效逐步显现，疫情防控实现"零感染"，安全环保总体受控，党的建设和队伍建设不断加强。1—7月，公司完成钻井进尺344.5万米、下降41%，生产天然气24.3亿立方米、增长11.7%；实现收入152.9亿元、下降16.1%，完成净利润1.46亿元、增长8.1%，实现集团公司均衡预算进度指标。借此机会，我代表公司党委、公司对各级领导干部和广大员工的担当精神和艰辛付出表示衷心感谢。

当前，国内经济运行恢复向好态势明显，中央提出以国内大循环为主体、国内国际双循环相互促进的新发展格局，一批减税降费政策相继出台或延期；国际油价和国内油气市场需求回暖，集团公司提出"两个力争"的工作目标，部分油气田勘探开发投资正陆续追加，预计工作量将有所回升。但更要看到，外部环境各种风险交织，油气供大于求的格局将长期存在，油价反弹不确定性因素增多，生产经营困难形势短期内难以改观。各单位、各部门特别是主要领导干部，务必对生产经营形势的严峻性和完成全年目标的艰巨性保持清醒认识，坚决丢掉市场很快回暖的幻想，自觉克服盲目乐观、松懈厌战情绪，进一步强化底线思维、责任意识，紧紧围绕中央做好"六稳"工作、落实"六保"任务等要求，按照集团公司下半年生产经营"四个着力、九个坚持"的重点部署，把提质增效作为当前最紧迫任务和长期战略任务，全力以赴保油气、稳市场、强经营、增效益、防风险。关于今年后期的工作，在上半年生产经营分析会已作了全面部署，这里我着重强调三点。

一是生产上全力以赴增收增效。当前影响公司指标完成的主要矛盾是工作量不足。公司上下要围绕解决这一主要矛盾，敏锐把握市场变化趋势，牢牢守住基础市场份额，全力争取追加和新增工作量，为增收增效提供坚实支撑。一要全力保障重点工程。川渝地区要积极做好蓬深1、蓬深2井和8口重点储量井、深层页岩气、下川东高含硫项目，长庆地区重点抓好致密油气、页岩油、老井侧钻项目，塔里木地区要举全公司之力安全高效完成集团公司"一号工程"博孜3-K2井。海外地区要紧跟市场和疫情形势，加强与业主协调沟通，高效运作P油田等重点项目，努力增收提效。要加大优势技术和成熟产品推广，持续扩大气体钻井、精细控压钻完井等服务规模，加快培育旋转导向、储层改造等高新技术服务，不断提升创效能力。二要深入开展提速提效。针对部分重点项目和队伍提速"不进反退"的问题，分区块开展分析总结，找准症结、对症下药，尽快扭转现状。要持续抓好组织提速，主动与甲方对接，超前做好资源保障，解决好装备与工作量结构不匹配问题，切实提高装备利用率。要严格执行提速模板，认真落实各项提速措施，着力提升单机单队进尺和施工效率，同时也要妥善安排可能出现的等停队伍，打消员工慢慢干、等等看的顾虑。要继续开展故障复杂专项治理，加快攻克井漏、溢流、卡钻、套变等工程瓶颈，进一步把故障复杂时效降下来。三要大力推进风险合作增产增效。近期受天然气销售不畅影响，风险合作区块限产问题突出，对公司完成全年利润目标带来不利影响。要密切关注市场需求和量价变化，主动加强协调，统筹安排天然气产量，全力以赴多采快输，努力实现威远24亿立方米、苏里格18.2亿立方米产量目标。要加强气田开发全过程管理，总结固化高产井培育模式，深入推进全业务链降本，积极争取国家非常规油气补贴，持续提高开发效益。要深入开展油气水井质量三年集中整治行动，强化源头治理、过程管控和技术攻关，全面提升井筒质量水平。要增强工作主动性、前瞻性，尽快争取投资方案批复，提前谋划明年上产规划，推动产能建设提前实施。

二是经营上千方百计降本增效。从集团公司2019年度业绩考核通报情况看，公司继续保持了A级企业，但在中油油服的分值排名已从第二下滑到第四，一旦跌入B级企业，将对全体干部员工收入带来较大影响。目前，尽管公司完成了净利润进度目标，但自由现金流、EVA、海外市场收入等指标还有不小差距。各单位、各部门要围绕公司提质增效专项行动实施方案，对照差距抓进度、针对问题添措施，齐心协力完成好各项指标，坚决守住考核A级企业这一底线。一要强化资金管理增效。上半年尽管公司整体结算率有所提高，但暂估收入比例仍然较大、部分项目应收款高企，今年集团公司和相关油气田资金都很紧张，年底民营企业又必须刚性支付，后几个月资金压力特别突出。要统筹平衡生产需求与资金压力，把控投资节奏，严禁投资沉淀和突击花钱；紧盯"两金"和自由现金流指标，超前谋划，主动沟通，加大应收账款清欠力度，全力做好库存物资压降，严格月度考核和控制，严防经营风险。要深入研究国家减税降费政策，用好各项政策红利。二要持续降本节支增效。进一步强化过"紧日子"思想，抓住物资、工程、服务采购和设备租赁这些大额成本支出，深入实施"一物一策"策略，强化议价结果执行，尽最大努力把采购成本降下来。要积极抓好"单井创效工程"实施试点，督促基层加强成本管控，不断提高单机单队盈利能力，全力推动由点上突破向面上提升转变。

这里着重强调，要严控非生产费用，合理安排工作和费用支出，坚决完成好两级机关管理费用压减指标。三要深化改革管理增效。三项制度改革是今年的一项重点任务，也是业绩考核的一项重要指标。各单位、各部门要严格执行公司批复的机构和岗位分级分类方案，做好宣贯解释，尽快推动落实到位。两级劳资部门要按照三项制度改革总体方案，逐项梳理任务进度，加强总结跟踪，为后续改进巩固成果提供参考。要针对自有队伍停工待令、人员结构性富余现象，加强区域、单位间内部用工调剂，进一步压减社会化用工费用，严禁出现自有队伍停等而大量使用社会化用工的情况。要稳妥推进厂办大集体改革，抓好资源合作开发业务管理运营，提升多元经济质效，为主营业务发展多作贡献。

三是安全上毫不松懈抓好风险防控。今年形势特别艰难严峻，安全环保更容不得丝毫纰漏、出不起任何事故，必须坚决管住风险、守住底线，为完成全年目标保驾护航。一要慎终如始抓好疫情防控。认真落实厚良董事长两个"绝不能"的要求，始终绷紧疫情防控这根弦，自觉克服麻痹思想、厌战情绪和侥幸心理，完善常态化精准防控机制，健全公司公共卫生和职业健康管理体系。要充分预估秋冬季疫情防控形势，加强新疆等重点风险地区和关键环节防控，做好防疫物资储备保障，特别是各涉外单位和项目要做好打持久战的准备，认真实行"一国一策、一地一策、一项目一策"差异化管理，继续巩固海外疫情防控良好态势。要始终把员工生命安全和身心健康放在第一位，强化海外员工健康测评和心理疏导，科学有序安排轮休，坚决守住不发生聚集性感染底线。二要从严从细抓好安全生产。始终把井控风险摆在重中之重的位置，深刻吸取博孜3-1X井井控事件教训，深入排查治理井控安全风险隐患，落实分级防控和重点井升级管理，确保井控工作平稳受控。特别是近期我们将进入下川东高含硫区块作业，务必精心制定方案，优选装备队伍，坚决杜绝井控事故事件。要突出重点领域和新增风险，全面开展危化品储存安全专项检查整治，扎实抓好自然灾害应急处置，超前谋划冬季"八防"工作，切实把重大隐患消灭在萌芽之中。要以安全生产专项整治三年行动为契机，压实责任、精心组织、提高实效，推动安全生产治理体系和治理能力上水平。三要依法合规加强环境保护。各单位党委要深入学习贯彻习近平生态文明思想，及时研究解决涉及生态环境保护的重大事项、突出问题，举一反三开展生态环境风险隐患排查治理，严防环境污染事件发生。持续做好生产现场废水、废渣处置，大力开展节能节水，全面完成各项考核指标。同时，要针对形势变化，抓好海外社会安全和安保防恐，严格落实维稳信访工作责任，稳妥处理信访遗留问题，做好疏导化解工作，确保大局和谐平稳。

三、凝心聚力真抓实干，为夺取"双胜利"提供坚强保证

面对统筹新冠肺炎疫情防控和生产经营改革发展的大战大考，各级党组织和党员领导干部要紧紧围绕推动提质增效、完成全年目标任务，以党的建设为引领，以主题教育为抓手，转观念、勇担当、抓落实、聚力量，坚决打赢疫情防控阻击战和效益实现保卫战。

一是以扎实党建引领发展。各级党组织要把落实"两个维护"作为根本原则和首要任务，引导干部员工深入学习习近平新时代中国特色社会主义思想，跟进学习习近平总书记最新重要讲话精神，特别是把《习近平谈治国理政》第三卷作为近期重点，切实把学习成效转化为破解难题、战胜危机的生动实践。近期公司党委将印发《落实全面从严治党主体责任清单》《党委工作规则》，各级党组织特别是所属单位党委要深入学习贯彻，进一步细化措施，把各项要求落到实处，推动全面从严治党向纵深发展、在基层落地。要扎实抓好党建工作与生产经营"五个融合"，将疫情防控和提质增效实际成果作为检验主题教育成效的重要标尺，纳入2020年党建工作考核和基层党组织书记述职考评。要综合运用各类宣传阵地，选树、宣传在提质增效和疫情防控中涌现出的先进集体和个人，持续开展劳动竞赛、"五小"成果等岗位实践活动，激发干部员工干事创业热情。要切实关心关爱员工，扎实办好民生实事，着力解决涉及员工切身利益的突出问题，充分调动全员积极性。

二是以严实作风担当尽责。破难攻坚，必须以坚强作风为保证。特别是两级机关作风建设具有重要风向标作用，要走在前、作表率。从实际情况看，两级机关作风不严不实的问题依然存在：担当精神、责任意识不强，部门之间、单位之间推诿扯皮、执行打折扣、选择性执行的问题不同程度存在，整体运行效率还不高；创新精神、进取意识不强，遇到困难讲客观因素多，创造性解决问题的思路和办法还不够；工匠精神、精品意识不强，工作标准和服务质量不高，只求过得去、不求过得硬的问题较为突出，等等。两级机关要对照集团公司"马上就办、担当尽责"作风建设新要求，严格落实首问首办负责制、限时办结制等制度，加强部门之间综合协调，持续推动为基层减负13条措施落地，及时研究解决基层反映的问题困难，为基层提供政策、方法、技术和人力支撑。要持续深化纠"四风"工作，强化对疫情防控、提质增效、安全环保等重点领域工作推进情况的监督检查，严肃查处不担当不作为特别是形式主义、官僚主义问题，确保公司党委、公司重点部署全面落实。要大力弘扬石油精神，强化全员责任意识，健全岗位责任制落地见效机制，狠抓员工能力素质提升，打造担当实干、能征善战的工程技术铁军。

三是以进取精神干事创业。困难当前，迫切需要我们各级领导干部展现责任担当、发挥关键作用。要对照厚良董事长提出的提升"五种能力"、做好"五个表率"的要求，自我加压、主动进取，提高领导管理水平。要把握大势，坚持用全面、辩证、历史的眼光认识当前困难和挑战，总结经验教训，把握客观规律，认清问题矛盾，保持战略定力，坚定不移推进公司高质量发展。要创新进取，着力破除故步自封、墨守成规等思想观念，在学习上深一层、认识上高一筹、实践上先一步，以新思想、新理念、新举措不断开创工作新局面。要担当实干，直面困难挑战，找准瓶颈短板，抓住关键环节，以越是艰险越向前的勇气迎难而上，以"钉钉子精神"一抓到底，做到事必躬亲、事必问责，全力完成各项目标任务。要顾全大局，强化纪律规矩意识，带头落实公司党委、公司各项部署和规章制度，自觉服从服务于公司全局，确保政令畅通、步调一致。要廉洁自律，带头遵守党纪国法，带头执行廉洁从业各项规定，正确处理权责关系，知敬畏、守底线，营造风清气正发展环境。

（办公室、党委办公室　供）

大事记

总 述

大事记

井筒工程

油气合作开发与综合地质研究

生产服务

国际合作与外事工作

科技与信息

改革与管理

党建工作

群团工作

机构与人物

二级单位概览

附 录

2020 年川庆钻探工程公司大事记

1月

7—9日 川庆钻探工程公司在成都召开2020年工作会暨三届一次职代会工代会，会议以《保持定力、务实进取，稳步推动公司高质量发展迈上新台阶》主题报告为主线，总结2019年工作，分析形势，研究确定2020年工作总体思路、主要生产经营目标和工作措施，表彰先进企业、劳动模范、先进集体和个人。川庆钻探工程公司领导、资深技术专家、总经理助理、副总师，机关各部门、所属各单位职工代表、工会会员代表及列席代表，先进集体、先进个人代表200余人参加会议。

15日 川庆钻探工程公司获"2019年度集团公司工程技术业务市场开发先进单位"称号。

19日 集团公司党组成员、副总经理吕波在《中共川庆钻探工程有限公司委员会关于2019年工作情况的报告》上批示："川庆钻探党委扎实推进'七个突出'，2019年党建及生产经营各项工作取得丰硕成果，值得肯定"；20日，集团公司董事长、党组书记戴厚良批示："同意吕波同志意见"。

29日 川庆钻探工程公司在成都召开传达中央和集团公司党组防控新型冠状病毒感染肺炎疫情工作部署暨公司疫情防控应对领导小组第一次会议，启动公共卫生突发事件Ⅰ级应急响应，成立新型冠状病毒感染肺炎疫情防控应对领导小组。

31日 川庆钻探工程公司党委印发《关于加强党的领导、坚决打赢疫情防控阻击战的通知》，贯彻党中央、国务院和集团公司党组决策部署。

2月

12日 川庆钻探工程公司在成都召开新冠肺炎疫情防控应对领导小组第七次会议（视频），成立川庆钻探工程公司复工复产领导小组，有序推进复工复产。川庆钻探工程公司领导、机关相关业务处室和相关单位负责人参会。

同日 川庆钻探工程公司承担的"四川复杂深井井控安全关键技术及应用""油气管道缺陷在线智能检测与安全评价技术及应用"项目获四川省科学技术进步奖二等奖，"四川盆地复杂山地海相页岩气藏地震勘探技术及应用"项目获四川省科学技术进步奖三等奖。

14日 川庆钻探工程公司获"集团公司2019年度质量安全环保节能先进企业"称号。

19日 成都市成华区政府副区长邓旭到川庆钻探工程公司调研新冠肺炎疫情防控及企业复工复产情况，并开展工作交流。川庆钻探工程公司党委书记、总经理李爱民和相关处室负责人参加交流。

27日 川庆钻探工程公司中标厄瓜多尔国家石油公司Tambococha钻完井总包一体化项目第三期合同，合同签约金额1.48亿美元。

本月 川庆钻探工程公司获"集团公司2019年度资质管理先进单位"称号。

3月

8日 川庆钻探工程公司《"区域党建联盟"研究及实践》获集团公司2019年度优秀党建研究成果奖一等奖。

9日 成都市成华区委副书记、区长蒲发友到川庆钻探工程公司调研新冠肺炎疫情防控及企业复工复产工作，并开展工作交流。川庆钻探工程公司党委书记、总经理李爱民；常务副总经理、安全总监王治平；成华区副区长邓旭等参加交流。

4月

1日 经集团公司科技成果鉴定，川庆钻探工程公司"CG STEER旋转导向钻井系统"整体达到国际先进水平。

6日　川庆钻探工程公司在长庆油田致密气 G08-12 平台 24 小时完成 16 段压裂改造作业，创国内单机组单日压裂段数新纪录。

8日　川庆钻探工程公司获"四川省 2019 年度中央在川企业安全生产工作先进单位"称号。

14日　川庆钻探工程公司在成都召开 2020 年党风廉政建设和反腐败工作会议，传达学习十九届中央纪委四次全会、四川省纪委十一届四次全会、集团公司 2020 年党风廉政建设和反腐败工作会议精神，总结川庆钻探工程公司 2019 年党风廉政建设和反腐败工作，安排部署 2020 年重点任务。川庆钻探工程公司领导班子成员、首席技术专家、总经理助理、副总师、总法律顾问；川庆钻探工程公司纪委委员，各处室和直附属单位主要负责人，党委巡察办公室、纪委办公室全体人员；所属单位领导班子成员、总经理助理、副总师、纪委委员，机关部门主要负责人，纪检部门全体人员；部分三级单位党政主要领导、纪委书记等共 691 人分别在主、分会场参加会议。

15日　川庆钻探工程公司完成西南油气田公司足 203H1-3 井通井、射孔作业，作业最大下深 6295 米，刷新川渝地区水平井连续油管最大下深纪录。

本月　川庆钻探工程公司评选出第四届"十大杰出青年"，分别为张春林、唐国强、喻小松、王明利、吴朗、李泽锋、贾霄、刘俊男、杜仕勇、岳明。

5月

7日　川庆钻探工程公司在成都召开"战严冬、转观念、勇担当、上台阶"主题教育活动启动暨形势任务宣讲会。川庆钻探工程公司党委书记、总经理李爱民作主题教育专题宣讲报告。

12日　川庆钻探工程公司在成都与西部钻探工程公司开展工作交流。川庆钻探工程公司党委书记、总经理李爱民，副总经理金学智；西部钻探工程公司党委书记、总经理张宝增参加交流。

13日　集团公司党组成员、副总经理焦方正到川庆钻探工程公司作业的长庆油田陇东页岩油华 H60 平台和华 H40 平台调研指导工作。科技管理部总经理匡立春；中油油服党委书记、执行董事、总经理秦永和；勘探开发研究院党委书记、院长马新华；勘探与生产分公司党委书记王元基；长庆油田公司党委书记、总经理、长庆石油勘探局有限公司执行董事、总经理付锁堂，常务副总经理李忠兴；川庆钻探工程公司副总经理周丰等参加调研。

14日　川庆钻探工程公司在成都与宝鸡石油钢管有限责任公司开展工作交流。川庆钻探工程公司常务副总经理、安全总监王治平；宝鸡石油钢管有限责任公司党委书记、执行董事、总经理舒高新，副总经理杨军锋参加交流。

19日　川庆钻探工程公司在西安与长庆油田公司开展工作交流。川庆钻探工程公司总会计师何强，长庆油田公司总会计师童天喜参加交流。

19—21日　集团公司党组成员、副总经理焦方正在四川油气田调研。期间，到川庆钻探工程公司承钻的蓬探 1 井、高石 127 井以及中国石油井控应急救援响应中心、中油油服页岩气旋转导向维保中心等现场调研，并听取川庆钻探工程公司工作汇报。股份公司副总裁兼勘探与生产分公司总经理李鹭光；科技管理部总经理匡立春；中油油服党委书记、执行董事、总经理秦永和；勘探开发研究院党委书记、院长马新华；西南油气田公司党委书记、总经理谢军；川庆钻探工程公司党委书记、总经理李爱民，常务副总经理、安全总监王治平等参加调研。

6月

5日　川庆钻探工程公司获四川省总工会"战疫"一线工作者守护计划"爱心单位"称号。

同日　川庆钻探工程公司研究决定，将酒店管理公司（成都天府阳光酒店）更名为酒店管理公司

（川庆劳发〔2020〕48号）。

8日 川庆钻探工程公司在成都召开落实习近平生态文明思想党委专题（扩大）会和新冠肺炎疫情防控领导小组专题会议，传达学习习近平生态文明思想及重要指示精神，通报川庆钻探工程公司新冠肺炎疫情防控工作开展情况，安排部署下一步疫情防控重点工作。

9—11日 川庆钻探工程公司党委书记、总经理、扶贫工作领导小组组长李爱民到甘孜州石渠县开展对口帮扶工作对接，帮助石渠县巩固脱贫摘帽成果。

10日 川庆钻探工程公司在西南油气田公司盐亭201-7-H1井完成二氧化碳泡沫压裂，为川渝地区首次采用该压裂工艺。

28日 川庆钻探工程公司发布实施《中国石油集团川庆钻探工程有限公司生态环境保护重大事项议事规则》。

29日 川庆钻探工程公司印发《关于印发川庆钻探工程有限公司机关机构设置和人员编制的通知》（川庆劳发〔2020〕52号），进一步明确机关机构设置和人员编制，对部分机构名称进行调整：将总经理办公室（党委办公室）更名为办公室（党委办公室）；将纪委办公室更名为纪委办公室（党委巡察工作领导小组办公室）；将机关党委（机关事务中心）更名为机关事务中心（机关党委）；将职业技能鉴定中心更名为中国石油川庆钻探技能人才评价中心；将新闻办公室更名为新闻中心；撤销政策研究室、职称改革办公室、干部巡视组、安全督导组。

7月

1日 川庆钻探工程公司承钻的陇东国家级页岩油开发示范区华H60平台22口水平井全部完井，平均井深3710米，水平段长1507米，刷新国内陆上最大水平井平台新纪录。

6日 川庆钻探工程公司印发《川庆钻探工程有限公司二级、三级机构和领导人员岗位分级分类管理实施办法》（川庆劳发〔2020〕58号），推进三级机构及领导人员岗位分级分类工作。

7日 川庆钻探工程公司在西安与长庆油田公司开展工作交流。川庆钻探工程公司党委书记、总经理李爱民，副总经理、长庆指挥部指挥周丰；长庆油田公司党委书记、总经理、长庆石油勘探局有限公司执行董事、总经理付锁堂，常务副总经理李忠兴，副总经理高占武参加交流。

同日 川庆钻探工程公司在成都与宝鸡石油机械有限责任公司开展工作交流。川庆钻探工程公司常务副总经理、安全总监王治平；宝鸡石油机械有限责任公司党委书记、执行董事郭孟齐参加交流。

10日 集团公司党组成员、副总经理、安全总监段良伟到川庆钻探工程公司70083钻井队承钻的塔里木油田博孜302井调研指导工作。

19日 川庆钻探工程公司作业的苏里格气田苏46区块鄂46X1井测试无阻流量242.2万立方米，成为苏里格气田风险合作开发15年来第一口无阻流量超200万立方米高产气井。

22日 川庆钻探工程公司50624钻井队承钻的长庆油田致密气水平井靖45-24H2井钻至井深6666米完钻，水平段长3321米，刷新国内陆上气田最长水平段纪录。

24日 川庆钻探工程公司在成都与中铁高新工业股份有限公司开展工作交流。川庆钻探工程公司党委书记、总经理李爱民；中铁高新工业股份有限公司党委书记、董事长易铁军参加交流。

27日 川庆钻探工程公司为集团公司首批"石油精神教育基地"长庆钻井总公司企业文化展厅和长庆井下公司咸阳科技创新文化示范园举行揭牌仪式。川庆钻探工程公司党委副书记、工会主席徐发龙，副总经理、长庆指挥部指挥周丰参加揭牌仪式。

28日 川庆钻探工程公司作业的威204H34A平台4口井累计测试日产量214.4万立方米，平均单井测试日产量53.6万立方米，其中威

204H34-4井获测试日产量78.08万立方米，成为集团公司页岩气开发区块单井测试产量第一、平台平均单井测试产量第一、第一个平均单井测试日产量超过50万立方米的平台、第一个半支4口井测试日产量超200万立方米的平台。

29日　四川省总工会副主席彭闯到川庆钻探工程公司茂森创新工作室调研。川庆钻探工程公司党委副书记、工会主席徐发龙参加调研。

30日　川庆钻探工程公司在成都与昆仑银行开展工作交流。川庆钻探工程公司总会计师何强，昆仑银行行长、党委副书记佐卫参加交流。

8月

2日　集团公司总经理、党组副书记李凡荣到川庆钻探工程公司90002钻井队承钻的塔里木油田博孜3-K2井调研指导工作。中油油服党委书记、执行董事、总经理秦永和，副总经理李国顺；塔里木油田公司党委书记、总经理杨学文；集团公司井控抢险首席专家、川庆钻探工程公司副总经理伍贤柱参加调研。

4日　经研究并商得中共四川省委同意，集团公司决定：聘任伍贤柱为集团公司井控抢险首席专家（中油人事〔2020〕34号）；李雪岗任中国石油集团川庆钻探工程有限公司党委委员、副总经理；谭宾任中国石油集团川庆钻探工程有限公司党委委员、总工程师；唐晓明任中国石油集团川庆钻探工程有限公司党委委员、副总经理、安全总监；免去王治平的中国石油集团川庆钻探工程有限公司安全总监职务；免去伍贤柱的中国石油集团川庆钻探工程有限公司总工程师职务；免去周丰的中国石油集团川庆钻探工程有限公司党委委员、副总经理职务，另有任用（中油党组任〔2020〕23号、中油任〔2020〕15号）。

6日　集团公司董事长、党组书记戴厚良到川庆钻探工程公司作业的华H60平台调研指导工作。长庆油田公司党委书记、总经理、长庆石油勘探局有限公司执行董事、总经理付锁堂等参加调研。

10日　重庆市总工会党组书记、副主席姚红到川庆钻探工程公司70255钻井队承钻的荷深101井调研慰问。川庆钻探工程公司党委副书记、工会主席徐发龙参加调研。

14日　川庆钻探工程公司YS49121压裂队成为川渝地区首支实现页岩气工厂化压裂年400段提速目标的队伍。

18日　川庆钻探工程公司与东方地球物理勘探有限责任公司、长城钻探工程有限公司3家中国石油驻巴基斯坦企业联合开展蝗灾捐赠转账支票交接仪式。中国驻巴基斯坦大使姚敬、巴基斯坦粮食安全与研究部部长伊玛姆（SyedFakharImam）参加仪式。

同日　川庆钻探工程公司70232钻井队承钻的长庆油田靖50-26H1井完井，完钻井深7388米，水平段长4118米，刷新长庆油田最深井纪录，再次刷新国内陆上气田最长水平段纪录。

25—26日　川庆钻探工程公司党委副书记、工会主席徐发龙在甘孜州石渠县代表川庆钻探工程公司与甘孜州石渠县人民政府签订消费扶贫框架协议。

9月

3日　川庆钻探工程公司40589钻井队承钻的长庆油田华H44-3井完钻，完钻井深3650米，钻井周期8.5天，创陇东国家级页岩油开发示范区水平井最短钻井周期纪录。

6日　川庆钻探工程公司威远页岩气风险合作区块威204H34-7井测试定产80.36万米^3/日，刷新集团公司页岩气开发区块单井测试产量纪录。

7—10日　集团公司总经理、党组副书记李凡荣到川渝地区石油石化企业调研。期间，到川庆钻探工程公司70092钻井队承钻的高石127井调研，到广汉看望慰问四川油气井灭火公司（中国石油井控应急救援响应中心）抢险灭火队员，并听取工作汇报。股份公司副总裁兼勘探与生产分公司总经理李鹭光，股份公司销售分公司总经理付斌，中油油服党委书记、执行董事秦永和，炼油与化工分公司副总经理赵玉军，集团公司办公室副主任王龙，规划计划部副总经理李华启，勘探开发研究院党委书记、院长马新华，川庆钻探工程公司党委书记、执行董事、总经理李爱民，西南油气田公司党委书记、总经理张道伟等参加调研。

10日 中油油服工程作业智能支持信息中心在川庆钻探工程公司钻采院举行揭牌仪式。中油油服党委书记、执行董事秦永和，副总经理李国顺；川庆钻探工程公司党委书记、执行董事、总经理李爱民，集团公司井控抢险首席专家、公司副总经理伍贤柱，总工程师谭宾参加揭牌仪式。

11日 川庆钻探工程公司在成都与中国石油运输有限公司开展工作交流。川庆钻探工程公司常务副总经理王治平；中国石油运输有限公司党委书记、总经理魏国庆参加交流。

同日 川庆钻探工程公司获"集团公司2019年度出国管理先进集体"称号。

15日 川庆钻探工程公司在成都与青海销售公司开展工作交流。川庆钻探工程公司纪委书记沈双平；青海销售公司党委常务副书记、工会主席郑国玉，纪委书记王金德参加交流。

同日 集团公司外部董事王久玲、刘国胜一行到川庆钻探工程公司作业的长庆油田致密气榆44-04平台调研。集团公司办公室副主任王龙，长庆油田公司副总经理余浩杰参加调研。

16日 川庆钻探工程公司在成都与海钻探工程有限公司开展工作交流。川庆钻探工程公司党委书记、执行董事、总经理李爱民，总工程师谭宾；海钻探工程有限公司党委书记、执行董事、总经理刘光木，副总经理汪国庆参加交流。

同日 川庆钻探工程公司在成都与贝克休斯中国区公司开展工作交流。川庆钻探工程公司党委书记、执行董事、总经理李爱民，总工程师谭宾；贝克休斯中国区总经理兼中国石油全球大客户总监庄业等参加交流。

17日 川庆钻探工程公司在成都与中国石化西南石油工程公司开展工作交流。川庆钻探工程公司党委书记、执行董事、总经理李爱民，副总经理金学智，总工程师谭宾；中国石化西南石油工程公司执行董事、党委书记张百灵，总经理、党委副书记田平，副总经理林泽俊参加交流。

22日 川庆钻探工程公司威远页岩气风险合作区块威204H34平台8口井累计测试日产气474.97万立方米，成为国内首个日产量超400万立方米页岩气平台。

23—24日 集团公司党组成员、总会计师刘跃珍到四川地区石油石化企业调研。集团公司财务部总经理谢海兵，共享运营有限公司董事长、党委书记胡炳军，西南油气田公司党委书记、总经理张道伟，川庆钻探工程公司总会计师何强参加调研。

24日 川庆钻探工程公司在北京与中国航天科工第三研究院开展工作交流。川庆钻探工程公司党委书记、执行董事、总经理李爱民，副总经理金学智；中国航天科工第三研究院副院长徐涛参加交流。

同日 川庆钻探工程公司在北京与中铁高新工业股份有限公司开展工作交流。川庆钻探工程公司党委书记、执行董事、总经理李爱民，副总经理金学智；中铁高新工业股份有限公司党委书记、董事长易铁军参加交流。

28日 川庆钻探工程公司在成都与阿姆河天然气勘探开发（北京）有限公司开展工作交流。川庆钻探工程公司党委书记、执行董事、总经理李爱民，副总经理金学智；阿姆河天然气勘探开发（北京）有限公司总经理李书良，副总经理刘廷富参加交流。

29日 川庆钻探工程公司在成都与中国石油大学（北京）举行战略合作框架协议签字仪式暨产学研合作座谈会。川庆钻探工程公司党委书记、执行董事、总经理李爱民，中国石油大学（北京）校长张来斌参加签字仪式。集团公司井控抢险首席专家，川庆钻探工程公司副总经理伍贤柱与中国石油大学（北京）副校长、中国工程院院士李根生分别代表双方在战略合作框架协议上签字。

10月

9日 川庆钻探工程公司在成都与长江大学开展工作交流。川庆钻探工程公司党委书记、执行董事、总经理李爱民，党委副书记、工会主席徐发龙；长江大学党委书记朱业宏参加交流。

同日 川庆钻探工程公司90011钻井队承钻的西南油气田公司双鱼001-X3井完钻，完钻井深8600米，刷新川渝地区最深井纪录。

16日 川庆钻探工程公司80025钻井队承试的角探1井测试日产气51.62万立方米，实现四川盆地寒武系沧浪铺组油气勘探战略突破。

21日 川庆钻探工程公司在成都与大庆油田有限责任公司签订战略合作框架协议。股份公司副总裁、大庆油田党委书记、执行董事孙龙德，副总经理王玉华；川庆钻探工程公司党委书记、执行董事、总经理李爱民，常务副总经理王治平，副总经理金学智等参加签字仪式。

22日 集团公司党组成员、副总经理焦方正到川庆钻探工程公司90002钻井队承钻的塔里木油田博孜3-K2井调研指导工作。股份公司副总裁兼勘探与生产分公司总经理李鹭光；中油油服党委书记、执行董事秦永和，副总经理李国顺；集团公司规划计划部副总经理李华启；勘探与生产分公司副总经理郑新权；集团公司井控抢险首席专家、川庆钻探工程公司副总经理伍贤柱等参加调研。

23日 川庆钻探工程公司50082Y钻井队承钻的长庆油田桃2-33-8H2井完井，完钻井深8008米，水平段长4466米，创鄂尔多斯盆地最深井纪录，并且同年第三次刷新国内陆上气田最长水平段纪录。

30日 川庆钻探工程公司在集团公司首届一线生产创新大赛专业比赛上获一等奖2个、二等奖1个、三等奖5个，获装备制造专业比赛团体二等奖、工程技术专业比赛团体三等奖。

11月

5日 川庆钻探工程公司在成都企业联合会、企业家协会、文化协会发布的2020年成都企业100强、制造业100强中分别排名第13名、第10名。

10日 川庆钻探工程公司在成都与斯伦贝谢建井集团公司开展工作交流。川庆钻探工程公司总工程师谭宾，斯伦贝谢建井集团北亚区总经理李维佳参加交流。

10—11日 集团公司党组成员、副总经理吕波到四川石油石化企业调研。期间，到川庆钻探工程公司50017钻井队承钻的威202H23平台现场调研，并听取工作汇报。集团公司工程和物装管理部副总经理李小宁，中油工程公司董事长、党委书记白玉光，川庆钻探工程公司党委书记、执行董事、总经理李爱民，西南油气田公司党委书记、总经理张道伟，四川销售公司总经理、党委副书记刘建明，四川石化公司党委书记、董事长王彬参加调研。

17—18日 四川省总工会党组书记、副主席胥纯到川庆钻探工程公司页岩气工程项目部调研慰问。川庆钻探工程公司党委副书记、工会主席徐发龙参加调研。

21日 川庆钻探工程公司"一种起下钻作业井口防落物装置的研制与应用""一种多用途油管防上顶装置的研制与应用"等职工发明成果获第二十四届全国发明展览会——"一带一路"暨金砖国家技能发展与技术创新大赛1项银奖、2项铜奖。

24日 川庆钻探工程公司员工张勇获"全国劳动模范"称号。

25日 川庆钻探工程公司在成都与中国航天科工第三研究院三十三所开展工作交流。川庆钻探工程公司党委书记、执行董事、总经理李爱民，副总经理金学智；中国航天科工第三研究院三十三所所长姜福灏，副所长林思刚参加交流。

12月

1日 川庆钻探工程公司在成都与大庆油田有限责任公司开展工作交流。川庆钻探工程公司总工程师谭宾；大庆油田有限责任公司副总经理、安全总监史新，总经理助理兼驻川渝地区党工委书记、协调组组长艾鑫参加交流。

10日 川庆钻探工程公司获"全国厂务公开民主管理先进单位"称号。

23日 川庆钻探工程公司与西南油气田公司在广汉联合开展"12·23"安全生产警示日活动。

25日 川庆钻探工程公司获"集团公司'十三五'统计工作先进单位"称号。

26日 经集团公司党组研究，并商得中共四川省委同意，决定：王治平任中国石油集团川庆钻探工程有限公司总经理、党委副书记，免去李爱民的中国石油集团川庆钻探工程有限公司总经理职务（中油党组任〔2020〕179号，中油任〔2020〕92号）。

28日 川庆钻探工程公司获"四川省2018—2019年度守合同重信用企业"称号。

31日 川庆钻探工程公司完成钻井进尺577万米，压裂酸化1.27万层次；生产天然气42.7亿立方米，创历史新高；实现营业收入328亿元，实现净利润2.86亿元，超额完成下达指标；抗击新冠肺炎疫情成效明显，实现员工及家属"零确诊、零感染"。

本月 川庆钻探工程公司工程作业智能支持系统（EISS）获评中油油服技术利器。

本月 川庆钻探工程公司钻井液公司李茂森、钻采院李枝林获"四川省劳动模范"称号，长庆井下公司雷侃获"甘肃省劳动模范"称号，川西钻探公司张勇获"集团公司特等劳动模范"称号；钻井液公司谭洪良、邱杰获"四川省五一劳动奖章"；川东钻探公司王国旭、川西钻探公司刘明兴、长庆钻井总公司向平虎、新疆分公司刘泽明、井下作业公司朱炬辉、长庆井下公司田玉琛、国际工程公司何志强、钻采院钱浩东、蜀渝公司杨志、页岩气项目经理部张庆10人获"集团公司劳动模范"称号。

（田　明）

井筒工程

总　　述

大事记

井筒工程

油气合作开发与综合地质研究

生产服务

国际合作与外事工作

科技与信息

改革与管理

党建工作

群团工作

机构与人物

二级单位概览

附　　录

钻 井

【概述】 2020年，川庆钻探工程公司从事钻井作业及钻井工程技术服务工作的二级单位有9个。其中：二级钻探公司5个，包括川东钻探公司、川西钻探公司、长庆钻井总公司、新疆分公司、国际工程公司；钻井工程技术服务的二级单位有4个，包括钻采院、长庆固井公司、井下作业公司（固井作业）、钻井液公司。2020年底，钻井系统人员22 165人。在册钻井队277支，其中川东钻探公司51支、川西钻探公司58支、长庆钻井总公司117支、新疆分公司28支、国际工程公司23支。

【总体钻井指标完成情况】 工作量完成情况。2020年，川庆钻探工程公司开钻井1 162口，完成井1 186口，钻井进尺407.76万米（自有队伍），长庆地区代管队伍钻井进尺133.46万米，页岩气外包进尺11.19万米，其中长宁区块7.72万米、威远区块2.22万米、昭通区块1.25万米。

钻井速度指标。平均机械钻速10.73米/时，同比下降5.87%；平均钻机月速2 055.81米/（台·月），同比下降13.23%；完成井平均井深3 466米，增加214米；平均建井周期56.50天，增加11.37天，平均钻井周期40.51天，增加32.78天。

钻井生产时效。钻井总时间1 428 061小时，钻井生产时效90.02%，同比提高1.01个百分点；纯钻时效26.62%，下降2.39个百分点；非生产时效9.98%，下降1.01个百分点；组停时效3.68%，增长1.94个百分点；钻井故障时效1.21%，下降0.86个百分点；钻井复杂时效4.29%，下降0.29个百分点；修理时效0.18%，下降0.09个百分点。

钻井工程质量。井身质量合格率和固井质量合格率均100%，取心收获率91.42%。

【区域市场钻井指标完成情况】 2020年，川庆钻探工程公司在集团公司内部市场平均机械钻速10.87米/时，同比下降10.01%；平均钻机月速2 065米/（台·月），下降19.15%；完成井平均井深3 612米，增加206米，平均建井周期60.79天，增加16.82天，平均钻井周期45.37天，增加11.84天。

川渝地区市场。完成井平均井深4 955米，同比减少172米；机械钻速5.3米/时，增长1.15%；钻机月速866.96米/（台·月），下降6.48%；钻完井周期160.27天，增加11.96天。

长庆地区市场。完成井平均井深3 256米，同比增加155米；机械钻速16.91米/时，下降8.72%；钻机月速3 664.38米/（台·月），下降5.87%；钻完井周期27.36天，增加3.13天。

新疆地区市场。完成井平均井深6 091米，同比减少150米；机械钻速4.73米/时，下降17.95%；钻机月速980.4米/（台·月），下降25.69%；钻完井周期137.15天，减少0.73天。

2020年，川庆钻探工程公司在国外市场完成井平均井深2 891米，同比增加164米；机械钻速7.72米/时，下降17.02%；钻机月速1 830.93米/（台·月），下降27.92%。

【重点地区钻井】 2020年，川庆钻探工程公司在四川安岳震旦系深井完井27口，平均钻机月速736.85米/（台·月），平均机械钻速4.45米/时，平均井深6 350米，平均建井周期277.60天，平均钻井周期234.17天。在安岳龙王庙专层井完井7口，平均钻机月速819.57米/（台·月），平均机械钻速4.81米/时，平均井深6 006米，平均建井周期225.70天，平均钻井周期180.35天。在双鱼石构造超深井完井5口，平均钻机月速526.75米/（台·月），平均机械钻速2.91米/时，平均井深7 998米，平均建井周期493.72天，平均钻井周期423.89天。

在塔里木油田公司的塔中区块完井22口，

平均钻机月速1 587.12米/（台·月），平均机械钻速6.45米/时，平均井深5 919米，平均建井周期122.58天，平均钻井周期101.42天。在塔北（含天然气）区块完井12口，平均钻机月速1 165.79米/（台·月），平均机械钻速5.78米/时，平均井深6 618米，平均建井周期176.13天，平均钻井周期140.62天。

在长庆油田公司致密油井完井76口，平均钻机月速4 728.04米/（台·月），平均机械钻速18.95米/时，平均井深3 781米，平均建井周期31.79天，平均钻井周期18.99天。

在土库曼斯坦阿姆河区块完井3口，平均钻机月速787.61米/（台·月），平均机械钻速2.93米/时，平均井深3 857米，平均建井周期205.79天，平均钻井周期149.04天。

【钻井提速】 2020年，川庆钻探工程公司在集团公司内部完成井1 138口，平均井深3 612米。钻机月速2 065米/月，机械钻速10.87米/时，钻井周期45.27天。完成4000米以上深井389口，同比减少100口，平均井深5 074米，增加74米，平均钻完井周期82.73天，同口径缩短9.55天，提速10.35%。

页岩气钻完井62口，平均井深4 843米，同比增加243米，钻完井周期97.08天，缩短9.27天，提速8.72%。其中长宁区块完井22口，平均井深4 901米，同比增加431米，产建井钻完井周期99.58天，缩短3.77天，提速3.65%；威远区块完井30口，平均井深4 777米，减少247米，产建井钻完井周期67.16天，缩短12.39天，提速15.58%；深层页岩气区块完井7口，平均井深5 539米，增加426米，产建井钻完井周期99.56天，缩短42.83天，提速30.08%。

致密油气钻完井128口，完成井平均井深4 193米，同比减少13米，钻完井周期35.97天，缩短4.13天，提速10.31%。其中，川渝致密气完成17口，平均井深3 437米，同比增加99米；长庆致密油气区块完成井111口，平均井深4 309米，钻完井周期36.06天，同比缩短3.15天，提速8.03%。

故障复杂时效控制方面，2020年，川庆钻探工程公司钻井作业中故障时率1.21%，同比下降0.86个百分点；复杂时率4.45%，同比下降0.04个百分点。川渝地区故障复杂时率8.51%。其中，故障时率2.26%，同比下降1.9个百分点，复杂时率6.25%，下降0.05个百分点。长庆地区故障复杂时率3.08%。其中，故障时率0.14%，同比下降0.04个百分点，复杂时率2.94%，下降0.5个百分点。新疆地区故障复杂时率2.44%。其中，故障时率0.71%，同比下降0.56个百分点，复杂时率1.73%，上升0.32个百分点。

【钻井作业指标纪录】 2020年，川庆钻探工程公司在钻井作业中创造多项作业指标纪录。在川渝地区，双鱼001-X3井钻进至井深8 600米完钻，刷新中国陆上水平井井深最深纪录；磨溪009-H10井嘉陵江—茅口组成功实施40兆帕极限提速钻井试验，完钻周期99.71天（6020米），创高石梯—磨溪区块龙王庙最快完钻周期纪录；磨溪022-H8井完钻井深7 200米，钻井周期166天，创灯影组水平井最快钻井周期纪录，并创高石梯—磨溪区块首口7 000米以上最深井、水平段长1 622米纪录。

在川南页岩气区块，泸203H2-2井完钻井深5 740米，创深层页岩气区块完钻周期最快64.93天纪录；威204H48-3井完钻周期32.71天，完井周期4.74天，创威204井区最快完钻周期和最快完井周期纪录；自201H3-3井钻井周期78.99天，刷新自201井区最快完钻周期纪录。

在长庆地区，致密气桃2-33-8H2井水平段长4 466米，创国内陆上水平井最长水平段纪录；靖72-70H2井钻井周期24.5天，创致密气水平井最短钻周期纪录；页岩油华H60平台完成22口水平井，创国内陆上最大水平井平台纪录；华H44-3井钻井周期8.5天，创页岩油水平井最短钻周期纪录。

2020年5月13日，集团公司党组成员、副总经理焦方正（后排右七）一行到长庆钻井总公司施工的陇东页岩油华H60平台调研指导工作 （秦科善 摄）

在塔里木地区，博孜3-K2井二开创博孜3区块最高单日进尺360米、最高单趟钻进尺1111米、最高机械钻速10.43米/时3项纪录；博孜2井311.2毫米井眼空气钻井创塔里木油区空气钻井单开次进尺2180米、单趟进尺881米。

【650钻井科技示范工程】 2020年，川庆钻探工程公司在泸州、长宁、自贡3个区块4个平台开展"650钻井科技示范工程"建设，开钻井10口，完钻井7口，中完井10口。

在泸203井区开钻井6口，完钻井3口，平均完钻井深5 708米，平均水平段长1 782米，平均完钻周期81.49天，同比前期评价井完钻周期145天缩短63.51天、同比区域平均周期114.52天缩短33.03天（表1）。基本实现"表层一趟钻、'一开'两趟钻、'二开'三趟钻、'三开'四趟钻"目标。

在自201井区开钻井1口，完钻井1口，完钻井深4 835米，水平段长1 410米，完钻周期78.99天，同比区域之前最快完钻周期111.01天缩短32.02天（表2）。

在宁209井区宁209H31平台开钻井3口，完钻井3口，平均完钻井深5 317米，平均水平段长2 500米，平均完钻周期48.82天，同比2019年示范井平均完钻周期46.43天缩短4.66天（表3）。

"650钻井科技示范工程"在泸州、自贡、长宁区块创全井技术指标6项，单项技术指标11项。其中，自201H3-3井完钻井深4 835米，钻井周

表1　川庆钻探工程公司泸203井区完钻井情况统计

井号	完钻时间（年.月.日）	完钻井深（米）	水平段长（米）	目标完钻周期（天）	完钻周期（天）	完井周期（天）	前期评价井平均完钻周期（天）	前期评价井平均完井周期（天）
泸203H2-4井	2020年7月9日	5560	1530	90	92.40	103.48		
泸203H2-2井	2020年11月4日	5749	1670	90	86.28	98.66		
泸203H2-1井	2020年9月9日	5815	2145	90	65.81	77.98		
平均					81.49	93.37	145	158

表2　川庆钻探工程公司自201井区完钻井情况统计

井号	完钻时间（年.月.日）	完钻井深（米）	水平段长（米）	目标完钻周期（天）	完钻周期（天）	完井周期（天）	之前最快完钻周期（天）	之前最快完井周期（天）
自201H3-3井	2020年6月27日	4835	1410	85	78.99	93.08	111.01	122.68

表3　川庆钻探工程公司宁209井区完钻井情况统计

井　号	完钻时间（年.月.日）	完钻井深（米）	水平段长（米）	目标完钻周期（天）	完钻周期（天）	完井周期（天）	2019年示范井平均完钻周期（天）	2019年示范井平均完井周期（天）
宁209H31-1井	2020年7月30日	5200	2500	40	39.04	48.45	46.43	56.84
宁209H31-2井	2020年10月6日	5350	2500	40	63.74	72.27		
宁209H31-3井	2020年11月19日	5400	2500	40	43.67	52.41		
平均					48.82	60.36	46.43	56.84

期78.99天，完井周期93.08天，创自贡区块最短完钻周期、完井周期两项纪录；泸203H2-1井完钻井深5815米，钻井周期65.81天，完井周期77.98天，创泸州新区块最短钻井周期、最短完井周期两项纪录。

【页岩气钻井】　2020年，川庆钻探工程公司开展页岩气"工厂化"钻井，在长宁区块开钻井11口，完成井22口，完成井平均钻机月速1385.51米/（台·月），平均机械钻速7.14米/时，平均井深4901米，平均建井周期113.10天，平均钻井周期90.52天。

在威远区块开钻井39口，完成井31口，完成井平均钻机月速1890.36米/（台·月），平均机械钻速8.91米/时，平均井深4776米，建井周期80.88天，平均钻井周期64.13天。

在昭通区块开钻井2口，完成井2口，完成井平均钻机月速1259.50米/（台·月），平均机械钻速6.87米/时，平均井深3514米，平均建井周期94.23天，平均钻井周期71.01天。

在川南龙马溪深层页岩气区块开钻井16口，完成井7口，完成井平均井深5419米，平均钻机月速840.59米/（台·月），平均机械钻速4.65米/小时，平均建井周期189.69天，平均钻井周期164.63天。

【水平井钻井】　2020年，川庆钻探工程公司完成水平井485口，完成井进尺199.71万米；钻井月速2102.54米/（台·月），机械钻速9.91米/时，分别同比下降7.74%、7.43%；完成井平均井深4158米，同比持平；平均建井周期68.22天，平均钻井周期50.52天，增加7.46天、2.53天（表4）。

在宁209H31-1井优选进口旋转导向工具，以机械钻速41.76米/时、行程钻速624米/日刷新中国石油国家级页岩气示范区水平段机械钻速与行程钻速最高钻井纪录。

在泸203H2-3井采用高温旋转导向工具，配合钻井液冷却装置，以"两趟"钻完成2693米

表4　2020年川庆钻探工程公司水平井主要钻井指标统计对比

项目	开钻口数	完井口数	进尺（米）	钻机月速[米/（台·月）]	机械钻速（米/时）	施工周期（天）建井	搬迁	钻井	完井	平均井深（米）	平均水平段长（米）
2020年	487	485	199.71	2102.54	9.91	68.22	7.11	50.52	10.58	4158	1007
2019年	597	613	246.73	2279	10.71	63.48	6.30	48.00	9.19	4177	1065
同比	-110	-128	-47.02	-176.37	-0.80	4.73	0.81	2.53	1.40	-19	-58
增长（%）	-18.43	-20.88	-19.05	-7.74	-7.43	7.46	12.86	5.26	15.22	-0.46	-5.44

进尺，完钻周期63.64天，创区块钻井周期最短纪录。

在陇东2口油探井应用T-tracker近钻头方位成像、伽马地质导向技术，在0.5米目标薄油层的情况下，储层钻遇率提高至70%以上。其中，白71H1井进尺1830米，储层钻遇率提高至71.2%；白71H2井进尺1520米，储层钻遇率提高至72%。

风险勘探新区的李56H井为该区块第一口"大三开"井身结构试验水平井，应用静态推靠式ATC旋转导向技术，克服井漏、储层研磨性强、井壁垮塌起下钻困难的难题，储层钻遇率97%。

在长庆油田开展连续管侧钻试验，2口井总进尺1600米，其中高C53-12井连续管侧钻进尺1015米，创长庆油田连续油管侧钻单井进尺最长纪录。

【欠平衡/控压钻井技术应用】 2020年，川庆钻探工程公司在川渝、长庆和新疆地区完成控压钻井177井次，累计钻井进尺69 893米。其中，精细控压钻井65井次，钻井进尺56 232米，精细控压固井22井次；新疆地区常规控压钻井12口井，钻井进尺4 212米；设备租赁服务7口井，钻井进尺2 325米；页岩气常规控压完成28口井，进尺7 124米。

在川渝地区高石梯—磨溪区块完成精细控压钻完井35井次，其中开发井15井次、评价井20井次，钻井液平均漏失量187立方米，比常规钻井漏失量减少75.13%；井下复杂处理平均用时59小时，比常规钻井减少82%。高石梯—磨溪区块钻井全部钻达地质目标，钻井总进尺35 247米，喷、漏复杂储层实现"钻井、测井、完井"一体化精细控压钻完井作业，成为区块灯影组开发的必备技术，并形成高石梯—磨溪高压高产储层精细控压钻井作业指南。

在川西北地区完成精细控压钻完井10井次，其中开发井6井次、探井4井次，精细控压钻完井钻井液平均漏失量104立方米，比常规钻井减少89.8%；井下复杂处理平均用时97小时，比常规钻井减少70.5%；精细控压固井技术在双探107井和双鱼001-X8井取得良好效果。

在川渝地区火山岩完成精细控压钻完井15井次，钻井液平均漏失量85立方米，比常规钻井减少72.2%；井下复杂处理平均用时34小时，比常规钻井减少71.4%。

2020年，川庆钻探工程公司在高石梯—磨溪、双鱼石、新疆库车山前等构造开展精细控压固井现场试验23井次，取得显著应用效果，保证井筒完整性。

【气体钻井】 2020年，川庆钻探工程公司在川渝地区的长宁—昭通、剑阁、双鱼石、相国寺区块，以及长庆油田、塔里木油田等区块开展气体钻井33井次，累计进尺21 671.16米，平均机械钻速6.76米/时，平均行程钻速90.53米/日。

在长宁—昭通区块形成页岩气表层雾化钻井技术模板，推广应用18井次，全部安全钻至固井井深，总进尺3 918.51米，平均机械钻速6.18米/时，平均行程钻速68.11米/日，减少井下复杂时间，表层钻井效率提高，其中宁209H33-4井创昭通页岩气444.5毫米井眼平均机械钻速最高24.59米/时、气体钻井最快1.22天两项纪录。

双鱼石区块双鱼001-X9井创444.5毫米井眼干井下套管井深最深2 195.59米纪录，通井、下套管和固井用时5天。

在塔里木油田博孜区块规模化应用连续循环钻井技术3井次，连续循环钻井系统运行时间868小时，累计入井连续循环阀65只，解决深井大尺寸井眼砾石层钻井沉砂难题，延长空气钻井进尺，提升空气钻井作业安全，其中博孜2井创国内311.2毫米井眼气体钻井施工井深最深5 015

米、塔里木油田气体钻井单开次进尺最长、气体钻井单井进尺最长2 180米、博孜区块气体钻井单趟进尺最长901米4项纪录。博孜2井、博孜24井在中深部砾石层（2800—5000米井段）成功实施空气钻井作业，同比钻井液钻井钻速提高3倍以上。

2020年10月4日，塔里木油田公司党工委书记、总经理杨学文（右一）一行到新疆分公司90002队承钻的博孜3-K2井调研，并看望节日期间坚守岗位的一线干部员工　　　（刘玉学 摄）

在长庆油田宜黄区块宜10-7-24井1865—2272米井段开展充气钻井液防漏钻井试验，解决该区块刘家沟—石千峰地层存在的"漏、塌、缩径"复杂问题，首次实现刘家沟组—石千峰组恶性漏失层"一趟钻"安全快速穿越，漏失层钻进用时2.8天，较同平台的宜10-7-23井缩短9.5天。

【新工艺新技术研究与应用】 2020年，川庆钻探工程公司开展新工艺新技术研究与应用。

旋转导向CG-Steer系统投入工业化应用。自主研发的旋转导向CG-Steer系统在四川地区完成8口页岩气水平井和8口致密气水平井全井段现场试验，累计进尺27 061米，储层钻遇率100%。其中致密油气区块秋林211-8-H1井实现造斜段+水平段"一趟钻"，单趟进尺1 908米，完钻周期12.54天，刷新该区块之前由斯伦贝谢创造的17.44天最短完钻周期纪录；威远区块威202H23-5井"两趟钻"完成进尺2 101米，单趟钻最大进尺1 200.86米，创自主研发工具在页岩气区块单趟进尺最高纪录；长宁区块宁209H23-5井"三趟钻"完造斜段+水平段全部进尺，创CG-Steer工具最深作业井深5 020米、作业井斜最大106.41度、作业井温最高110.61℃3项指标。

井口回压自动控制工艺。自主研发的井口回压自动控制工艺及自动化控制系统，有效解决长庆区块井口密闭循环钻井装备自动化程度低，无法实时、精确控制井口回压的技术难题，在长庆油田注水区应用10井次，提高井口密闭循环安全钻井自动化水平，井口回压控制精度±0.2兆帕，解决地层出水漏失同层、窄密度窗口钻进难题，地层出水复杂处置用时0.53小时，比原井口密闭循环安全钻井技术减少96.6%。

钻井溢漏地面监测系统。自主研发以非满管出口流量实时监测系统、起下钻自动灌浆与溢漏预警系统为核心的钻井溢漏地面监测系统在相储21井完成现场试验，试验井段495—2562.94米，钻井液密度1.05—1.45克/厘米^3、黏度38—51帕·秒，起下钻测试时间25小时。在试验中，该系统在钻进过程、停泵过程、起下钻过程均实时准确监测导流槽出口流量，测量精度每秒±0.8升；能够实现全自动各种灌浆，起钻效率同比提高30%，起下钻过程中的溢漏识别精度每秒±1升。关键技术指标均达到国际领先水平。

井下多次开关旁通阀工具研制。开展井下多次开关旁通阀工具的技术攻关与现场试验研究，完成165.1毫米和203.2毫米两种产品的定型研制，工具抗高温180℃，适用于高密度钻井液（密度≥2.5克/厘米^3）、大斜度井（井斜大于或等于45度）与水平井钻井作业。在长宁15H-2井、宁216H3-1井及威202H22-6井等现场应用8井次，开阀压力1—2兆帕，关阀压力12—17兆帕。最高堵漏浆浓度10%，最大堵漏剂颗粒尺寸29毫米。现场应用效果显示关键技术指标达到国际先进水平。

含油钻屑橇装化处理装置。在TDU-Ⅰ型处理装置成功应用基础上，研制出TDU-Ⅱ型油基岩屑处理装置，岩屑处理量由每小时1.5吨升至2吨，处理后岩屑干粉平均含油量0.45%，首次实现装置设备橇装化，该装置单次连续稳定运转124小时。该装置累计成功处理油基岩屑1466吨，回收基础油约190立方米。

钻井工程智能支持平台。搭建国内首个钻井工程智能支持平台EISS，开发出钻井进度跟踪分析、单井动态分析、钻井提速、钻井设计等智能辅助决策模块，完成中国石油工程作业智能支持系统（EISS）中钻井月报、钻井年报的开发和应用。2020年，该平台在川渝地区辅助应急抢险33井次。

（甘红梅）

试油与修井

【概述】 2020年，川庆钻探工程公司开展试油修井及地层测试技术服务业务的二级单位有新疆分公司、国际工程公司、井下作业公司、长庆井下公司、试修公司、钻采院，在册总人数2763人。有试油队56支、大修队34支、侧钻队7支、地面计量队23支、地层测试队8支、带压大修队8支、带压小修队4支、连续油管队17支、试井队8支。配套试油修井主要动力设备272台（套），其中通井机110台、车载式修井机124台、带压作业机12套、连续油管车26套。配套测试设备及工具157台（套），其中液气分离器139台、测试工具18套。施工作业区域遍及四川、重庆、陕西、甘肃、宁夏、内蒙古、山西、新疆等省（自治区、直辖市），同时在土库曼斯坦、厄瓜多尔、巴基斯坦、阿富汗等国家开展工程技术服务，具有丘陵、沙漠、戈壁、山地、黄土塬等复杂环境施工作业能力，与国外多家知名专业化公司开展技术交流与合作，形成一系列独特的"三高"（高压、高产、高含硫）"三低"（低压、低产、低渗透）试油修井及地层测试技术，创造全国多项作业纪录。

【工作量完成情况】 2020年，川庆钻探工程公司完成试油（气）1534井次1635层，同比减少334井次278层；修井293井次785层，减少57井次增加434层。完成地层测试作业302井次，同比减少70井次。完成带压作业445井次，同比增加1井次。完成连续油管作业1807井次，同比增加383井次。

【重点试油工程】 2020年，川庆钻探工程公司在高石梯—磨溪地区震旦系灯影组多采用裸眼封隔器分段完井工艺技术，裸眼段长800—1700米，配合800—2400立方米大型酸化，7口井产量在100万立方米以上，其中高石001-X45井测试获日产天然气161.91万立方米，创高石梯—磨溪地区开发以来最高产量纪录。平探1井、蓬探1井、角探1井等取得重大勘探突破，拓宽增储上产领域，高石梯—磨溪震旦系开发井日无阻流量百万立方米气井占比87%。通过多封隔器管柱力学校

2020年5月12日，川西钻探公司40643队承试酸化作业的平探1井经测试获日产66.86万立方米高产工业气流 （朱琳 摄）

核和长水平段管柱下入能力分析评价，川西地区超深井优选试油工作液和井下工具，形成裸眼分段完井技术，在双鱼 X133 井和双鱼 001-X3 井成功应用，其中双鱼 001-X3 井完钻井深 8 600 米，创中国陆地最深水平井实施"裸眼分段完井试油工艺"纪录。

【试油工艺优化】 2020 年，川庆钻探工程公司在高石梯—磨溪、双鱼石构造和塔里木油田等"三高"井优化应用"通井＋刮管""试油＋完井""试油＋封闭"的"三个一体化"试油工艺技术，以及射孔—酸化—测试、酸化—测试等试油联作工艺技术，减少压井和起下管柱次数，减少压井液使用。推广应用低黏滑溜水压裂液、聚合物压裂液、滑溜水＋冻胶组合压裂液、耐盐抗硬度可回收重复利用压裂液等清洁环保型压裂液体系，在威远风险合作区重复利用压裂返排液 114.4 万立方米，重复利用率 89.41%；在苏里格风险合作区重复利用压裂返排液 15 740 立方米，重复利用率 45%。

推广应用"通井＋刮管""试油＋完井""试油＋封闭"的"三个一体化"，以及射孔—酸化—测试、酸化—测试、水平井裸眼分段完井等"三高"井试油工艺技术，减少起下钻次数，降低井控安全风险，同时减少钻井液对储层的伤害，保护油气层，平均每层试油周期较运用常规试油工艺技术缩短 10—15 天，全年在高石梯—磨溪、双鱼石构造应用 50 余井次，7 口井获百万立方米以上产气量。

【带压作业】 2020 年，川庆钻探工程公司在修井作业和页岩气下完井管柱作业中推行带压作业，减少压井液应用，降低压井液对储层的伤害。推进带压作业装备国产化，建设规模化、专业化气井带压作业队伍，完善技术标准，促进气井带压作业技术整体发展，为常规气田增产稳产、非常规气田勘探开发提供技术保障。完成带压完井作业 390 井次、带压修井作业 55 井次，其中自 205 井最高井口操作压力 30 兆帕，威 204H42-2 井成功带压打捞连油 1 473.53 米。

2020 年 7 月 10 日，试修公司 DY12128 队在威 204H38-7 井进行带压作业　　　　　　　　　　　　　　（罗润菁 摄）

【连续油管作业】 2020 年，川庆钻探工程公司完善页岩气井连续油管通刮洗工艺技术，通过改进金属减阻剂性能，采用反向水眼磨鞋、超级水力振荡器等技术措施，提高连续油管通刮洗作业能力。足 203H1-3 井人工井底 6 295 米，地层压力高，且水平段最大井斜达 97 度，通过优化连续油管管串结构，完成通井、射孔作业，刷新川渝地区水平井连续油管最大下深纪录。完成集团公司在川渝地区部署的第一口页岩油井——南充 2H 井下连续油管速度管柱施工，实现川渝地区页岩油连续油管速度管柱作业"零"的突破。完成靖 92-5H1 井连续油管通洗井和首段传输射孔作业，作业最大下深 6 246 米，刷新长庆区域连续油管作业最深作业纪录。完成页岩油水平井华 H40-18 井连续管填砂分段压裂改造试验，创一次填砂封堵 12 段、30 米极小段间距有效封堵等多项纪录。威 204H36-5 井改良射孔工具，一趟射孔最多射 12 簇，打破连续油管一趟最多射孔 11 簇的纪录。

【地面测试流程优化】 2020年，川庆钻探工程公司完善105兆帕、140兆帕超高压地面测试流程远程控制系统配套，实现模块化安装、远程操作、自动控制、紧急关断、排砂、捕屑及分离计量等功能，并在磨溪56井实现地面测试作业全电动控制，降低高压风险和劳动强度。优化页岩气地面测试流程模块，根据通刮洗、加砂压裂、桥塞钻磨、排液测试等不同阶段技术需求，将流程分为主流程和辅流程并分阶段配置，缩短流程准备和占用时间，最大限度提高流程利用率，地面测试流程模块在威远、长宁、昭通地区的页岩气井普遍应用。

【新工具研究】 2020年，川庆钻探工程公司自主研发的地层测试封隔器完成室内试验验证，创在压差105兆帕环境下最高工作温度210℃和最长工作时间240小时两项行业纪录，整体性能指标国内领先。自主研发的CQ-SRO-Ⅰ井下数据无线直读系统在乐山1井成功应用，直读工具下入深度4448.49米，完成通刮作业、钻井液循环、静止观察、起钻作业等过程的井下温度压力数据实时获取。

（陈 曦）

井下作业

【概述】 2020年，川庆钻探工程公司从事压裂酸化技术服务业务的二级单位有井下作业公司和长庆井下公司，在册从业人员3521人，有压裂酸化队伍51支。配套有压裂酸化泵车297台，总计637100水马力，其中1000型—2000型压裂泵车20台、2000型压裂泵车148台、2000型以上压裂泵车129台；压裂酸化辅助设备133台，其中仪表车52台、混砂车57台、制氮车5台、液氮泵车19台。施工作业区域涵盖川渝、长庆、新疆等国内油气田，同时在土库曼斯坦等国家开展工程技术服务，与国外多家知名专业化公司开展技术交流与合作。

【工作量完成情况】 2020年，川庆钻探工程公司完成加砂压裂1757井次12185层（段），同比减少151井次，增加510层（段）；挤入压裂液1354.8万立方米，增加166.56万立方米；挤入支撑剂161.3万立方米，增加60.77万立方米。完成酸化247井次495层段，同比减少157井次214层段；挤入酸液量11.2万立方米，减少1.11万立方米。

【重点区域作业】 2020年，川庆钻探工程公司在川渝页岩气井开展压裂作业170井次3409段，压裂效率1.72段/日，同比提高6.2%，平台井压裂效率最高3.08段/日，单井压裂效率最高2.03段/日，单机组桥塞分段日压裂段数最多5段。在长庆地区开展页岩油压裂104井次1863段，压裂效率2.36段/日，同比提高43.0%，平台井单机组压裂平均压裂效率最高9.1段/日。针对"三高""三低"及非常规油气藏，形成"三高"储层立体改造、"三低"致密气藏"甜点"高效压裂、增能压裂等技术。在页岩气区块运用"多簇射孔+高强度加砂+暂堵转向+石英砂替代陶粒"压裂工艺技术，威204H34平台最高单段加砂强度4.38吨/米、单井加砂强度3.5吨/米、单段射

2020年10月27日，长庆井下公司完成靖50-26H1井首压作业

（黄 龙 摄）

孔簇数13簇。在苏里格致密气区域，以地质研究为主导，多专业融合攻关，推行地震—地质—工程一体化运行，鄂46X1井测试日无阻流量242.2万立方米。

【二氧化碳加砂压裂工艺技术应用】 2020年，川庆钻探工程公司在针对低压、水敏、非常规油气储层，应用二氧化碳加砂压裂工艺技术，完成长庆陇东地区首口页岩油水平井华H32-1井前置二氧化碳增能压裂施工，增注液态二氧化碳220立方米，标志前置二氧化碳增能+DMS可溶球座细分切割体积压裂试验成功。完成川中盐亭盐201-7-H1井二氧化碳泡沫压裂作业，加砂72.3吨，每分钟排量7.5—8.5立方米，注入液体二氧化碳480立方米，最大泡沫质量分数79.9%，刷新历年二氧化碳泡沫压裂注入排量、二氧化碳用量和泡沫质量分数指标。同时，该井是西南油气田首口二氧化碳泡沫压裂技术试验井，为油气田低压致密油气及火山岩的储层改造提供技术储备。

【水力脉动体积压裂现场试验】 2020年，川庆钻探工程公司开展水力脉动体积压裂现场试验3井次，水力脉动工具脉动频率约20赫兹、振幅3—5兆帕，现场试验单套工具过砂量80立方米，每分钟施工排量4立方米，较同平台邻井施工压力下降16%—30%，单井产量最高增长24%。

【纤维加砂压裂技术应用】 2020年，川庆钻探工程公司在苏东28-43C2等20井次43层开展纤维加砂压裂技术应用，现场采用自主研发的纤维加入装置和可降解纤维材料，纤维提升携砂能力良好。其中苏东28-43井砂浓度达到每立方米415千克。试验井平均单井日无阻流量18.39万立方米，较周围常规压裂井改造效果显著提高，为致密油气储层的高效开发提供有力保障。

【清洁环保型压裂液体系应用】 2020年，川庆钻探工程公司推广应用低黏滑溜水压裂液、聚合物压裂液、滑溜水+冻胶组合压裂液、耐盐抗硬度可回收重复利用压裂液等清洁环保型压裂液体系，返排液经沉淀、过滤、杀菌、电絮凝或化学絮凝处理，配制而成的压裂液性能稳定，携砂效果好。威远风险合作区压裂返排液重复利用114.4万立方米，重复利用率89.41%；苏里格风险合作区压裂返排液重复利用15 740立方米，重复利用率45%。威204H38平台4口井69段全部采用气田水压裂施工，累计注入液体146 659立方米，支撑剂19 312吨，气田水回用率100%。

【新工艺新技术新工具研究试验与应用】 2020年，川庆钻探工程公司开展新工艺新技术新工具研究试验与应用。

压裂工艺技术试验。在威204H51-6井开展"多簇射孔+高强度加砂+暂堵转向+石英砂替代陶粒"压裂工艺技术先导实验，获测试日产量38.1万立方米。威204H34平台最高单段加砂强度每米4.38吨、单井加砂强度每米3.5吨、单段射孔簇数13簇，创威远页岩气压裂单段加砂强度、单井加砂强度、单段射孔簇数等多项纪录。

威远页岩气第二代压裂工艺。通过综合分析地质、钻井、测井和录井资料，优化试气和储层改造方案，在威204H34-7井实施"长段短簇+暂堵匀扩+控液增砂"威远页岩气第二代压裂工艺，实现压裂平均加砂强度每米3.5吨，创威远页岩气最高加砂强度新高。测试日产量80.36万立方米，成为中国石油页岩气开发区块第一口测试日产量超过80万立方米的单井。

连续管填砂分段压裂改造试验。结合连续管填砂、水力喷砂射孔、分段体积压裂三大工艺优势，首次在长庆油田页岩油水平井华H40-18井成功实施连续管填砂分段压裂改造试验，创一次填砂封堵12段、30米极小段间距有效封堵等多项纪录。

无限级可开关固井滑套和延时开启趾端滑套。 自主研发的无限级可开关固井滑套工具技术首次在苏 59-16-34H 井完成 3 段压裂施工，为实现油气井选择性生产及封堵水工艺提供技术支撑。自主研发的延时开启趾端滑套通过现场试验方案评估，该工具的激发机构与安全剪销双重保护技术，可防止滑套提前激发，有效减小水泥浆凝固后对滑套开启的影响，防止在开孔过程中井筒压力下降造成滑套开启困难。

（陈 曦）

井 控

【概述】 2020 年，川庆钻探工程公司面对国内外新冠肺炎疫情防控和低油价的双重考验，在国家、集团公司更高更严的井控管理要求下，提高政治站位，强化责任担当，严格落实"四全"管理和 4 个升级要求，完善管理架构，补齐工艺短板，升级装备配套，采取过程管控、提升培训效果、强化应急处置等措施，实现"杜绝井喷事故"工作目标，井控安全形势总体平稳可控，川庆钻探工程公司被评为"集团公司井控工作先进企业"，12 人获"集团公司井控工作先进个人"称号，1 人被评为"集团公司井控检查优秀组长"、3 人被评为"集团公司井控检查优秀个人"。

【安全管理】 2020 年，川庆钻探工程公司坚持节假日、"两会"及冬季等特殊时段井控升级管理，制订相应技术措施，督促逐级落实把关人员。召开两次井控工作领导小组会议和两次井控例会，总结井控工作和安排部署下一步井控工作。以井控安全检查促进现场井控管理水平提高，针对集团公司 2020 年度井控检查提出的 64 项整改问题和内部组织的 2 次井控检查与井控考核中提出的 1 002 项整改问题，落实整改人、整改措施和整改期限，及时完成整改。开展现场井控问题周通报、季排名工作，查出井控类隐患或不符合项 53 084 个，其中川渝地区 3 290 个、新疆地区 414 个、长庆地区 49 380 个。

【基础管理】 2020 年，川庆钻探工程公司印发 2020 年度井控工作要点，从 9 个方面系统安排 37 项重点工作。根据井控管理人员变动情况，调整井控领导小组和井控管理网络人员，落实井控安全工作党政同责，完善三级井控管理网络。制订、印发川庆钻探工程公司井控网络单位井控主要责任清单、机关处室相关岗位井控主要责任清单。川庆钻探工程公司总经理作为井控工作领导小组组长，同 7 个机关处室、18 家二级单位签订井控目标责任书，组织召开井控工作领导小组会议两次。印发《关于明确川庆钻探工程公司井控安全包保工作要求的通知》，强调领导定点管控，明确井控安全包保工作要求，制定包保职责，明确机关 36 名领导干部的井控安全包保现场。完善井控网络架构，将信息管理部负责人纳入井控工作领导小组成员，明确主要生产单位及重点区块项目部专职井控办公室、井控人员的配置要求，督促长庆钻井公司、国际工程公司等 4 家单位建立健全井控专职机构，8 家单位增设井控专职人员，充实井控管理队伍。完善标准、规定的制定、修订工作，完成集团公司《钻井井控坐岗技术规范》等 5 项，川庆钻探工程公司《磨溪高石梯精细控压钻井作业规程》等 26 项井控类标准制修订，以及《井控管理规定》和《溢流发现及处置奖惩规定》等制度的制定、修订；印发《关于挂牌整改井控典型重复问题的通知》《关于进一步规范回流量测定和液面坐岗记录的通知》等 9 项专项规定，从现场管理、人员坐岗、装备配套等方面完善井控细节要求。

【装备管理】 2020年,川庆钻探工程公司投入专项配套资金5.8亿元购置井控装备。购置防喷器307台、控制装置84套、井控管汇215套、分离器42套为主的井控装备。其中购置140兆帕防喷器组2套、105兆帕防喷器组30套、"540"通径防喷器组5套、高抗硫防喷器组4套,解决川渝地区高压力等级、大通径、高抗硫防喷器组及其配套设备需求。淘汰丝扣连接放喷管线弯头,采用耐冲蚀弯头,增强高压高产条件下放喷管线抗冲蚀能力,购置结构改进后的放喷管线60套。加大配套改造力度,明确节流阀内部采用楔形阀的技术要求,开展钻具止回阀关井失效机理研究和压力表防堵技术攻关,提升配套装置应急实用性;试用井控作业智能辅助系统、新型液面监测仪等新型井控辅助设备,提升井控装备智能化水平;新采购的105兆帕压井管汇均配套节流功能;全面清理、停用全封剪切一体闸板17套,其中川渝地区10套、长庆地区7套。制订《剪切关井操作程序》《司钻控制台操作程序》《自洁式液气分离器操作程序》,规范现场人员操作;配合中油油服开展长庆区域套管头侧导流装置技术研讨,规范长庆区域安装使用要求。

【应急管理】 2020年,川庆钻探工程公司严格执行集团公司新版井控应急预案,修订本级井控突发事件专项应急预案,分类、分区抓好应急演练,修订《井控突发事件应急预案(F版)》,启动井控突发事件专项应急预案Ⅲ级应急响应13井次。加强压井处置管理,完成溢流压井处置标准化模板。参与泸203平台防硫应急地企联动演练、联合川东北气矿和地方人民政府在坝南001-H1井开展三方井控应急演练、联合长宁公司在宁233井开展井控突发事件应急演练、组织相储18井Ⅱ级井控突发事件应急演练。在遂宁、威远、双鱼石、长宁、高石梯—磨溪等区域建立2小时内重泥浆应急储备站,每个储备站容量2 000立方米

以上,总计1.8万余立方米设计容量。完成博孜3-1X井井喷失控抢险任务,历经55天完成2次堵漏压井、2次钻机托移、6次井口切割、19次罩引火筒、2次拆除旧井口、4次安装新井口等作业,成功完成井控重置,控制井控险情。

2020年9月24日,长庆井下公司在作业现场组织开展井控突发事件Ⅲ级应急演练 (杨永年 摄)

【培训管理】 2020年,川庆钻探工程公司组织召开井控培训工作专题讨论会,转变培训方式,推进"线上线下融合式"培训,采用微信小程序"川培在线"视频教学、网络直播开展理论知识教育培训。通过线上培训、送培上井、集中考核等方式,有序组织16 977人取换证。开展高层次井控特色培训,IADC国际井控培训40人次;参加集团公司井喷压井和应急救援技术培训班2期,培训136人次;参加集团公司井控分级定点培训班3期,培训289人次;参加集团公司带压作业操作培训6期,培训291人次。

【溢流井情况分析】 2020年,川庆钻探工程公司钻井作业发生溢流55井次。其中:川渝地区31井次,占比56.4%;新疆地区和长庆地区各11井次,分别占比20%;海外地区2井次,占比3.6%。启动井控突发事件专项应急预案Ⅲ级应急响应13井次,同比增加3井次;未启动Ⅱ级及以上油气井井控突发事件应急响应,减少3井次。川庆钻

探工程公司在川渝地区钻井进尺81.1万米，发生溢流31井次，平均每钻进2.6万米发生溢流1井次，3项数据分别同比下降13.7%、6.1%和8.1%。溢流损失生产时间57.2天，同比下降23.5%，平均每井次损失1.8天，同比下降18.5%。溢流发生的原因：钻遇异常高压地层，占24井次；起下钻前对井下安全作业时间验证不够准确，占4井次；井漏转溢流，占2井次；现场技术干部二级井控处置能力不足，控压循环方式不当，占1井次。

（朱仁发）

钻 井 液

【概述】 2020年，川庆钻探工程公司钻井液业务工作面对新冠肺炎疫情和国际油价低迷带来的压力，以及复杂压力系统超深探井和勘探边沿井增多的挑战，按照集团公司和中油油服整体工作部署，围绕"战严冬、转观念、勇担当、上台阶"专项行动，实施"控故障降复杂，实现提质增效"专项措施，攻克技术瓶颈，推动深井复杂井提速；实施钻井液体系性能升级，降低钻井故障；开展井漏专项治理，减少复杂损失，实现川庆钻探工程公司控故障、降复杂专项行动目标。截至2020年底，为1815口井提供钻井液技术服务，服务进尺550.16万米，钻井液业务收入20.94亿元，同比减少5.72亿元，下降21.46%。

【钻井液技术服务成果】 2020年，川庆钻探工程公司推动钻井液技术持续进步，助力油气勘探向更深更难区域迈进。钻成双鱼石001-X3井（8600米）等一批超8000米的复杂超深井、桃2-33-8H2井（8008米，水平段4466米）陆上最长水平井、准格尔南缘乐探1井（超高密度2.67克/厘米^3）等复杂探井，并获良好勘探成果。推动区域钻井液体系模块化，完井液技术取得突破并形成系列。以页岩气六开六完及"650"科技示范工程为代表，保障各区块整体提质增效。"长效抗高温水基完井液""超细微粉完井液""无固相完井液"等特色完井液体系突破深井完井液技术瓶颈。实施钻井液体系性能双升级，开展井漏专项治理，保障钻井工程故障复杂双降低。其中：故障时率2.26%，同比下降1.9个百分点；复杂时率6.25%，下降0.05个百分点。在钻井地质条件复杂增多、井漏次数和漏失量增加情况下，实现一次堵漏成功率提升和损失时间降低，井漏次数同比增长29.6%，漏失量94451立方米，增长12%，一次堵漏成功率51.7%，提高10%以上；损失时间减少4064小时，下降19%。研发形成"生产运行管理系统""钻井液综合性能智能分析系统""井漏数据挖掘分析系统""远程专家支撑系统"等信息化平台，搭建"钻井液工厂化"枢纽共享网络；科学定位五大钻井液转运（配送）站点功能，为钻井液生产技术管理向标准化、规范化、智能化奠定基础。开展"废弃水基钻井液压滤液回用处理技术研究""高密度钻井液有害固相清除技术及配套工艺研究""适用于川渝地区灯影组破碎性地层的钻井液技术研究与应用"等科研攻关，解决现场"卡脖子"技术难题；以钻井工程整体效益为出发点，全面升级钻井液体系性能，助推钻井提质增效。国外钻井液服务市场克服新冠肺炎疫情影响和不能及时换班困难，发扬"铁人精神"，保障海外各项目运行。其中：巴基斯坦项目以钻井液为突破口，开启专业服务新局面；土库曼斯坦和厄瓜多尔项目采取修旧利废及钻井液重复利用等手段，完成生产任务。

【工程地质钻井液深化融合】 2020年，川庆钻探工程公司聚焦"三高、三低、页岩气"等复杂油气勘探，参与各区块工程、地质、钻井液技术整体性研究和数据共享，钻井液对各区块钻井施工普适性得到提升。通过三维地震、地质构造特征、岩石理化指标等地质资料分析，钻井液体系和性能更加完善。前端设计引入即时封堵、有机盐、油基钻井液等新体系，在钻遇复杂地质情况时，以高性能钻井液保障重点井、风险探井和复杂地质井段的优快钻进。针对川渝页岩气威远、黄金坝区块断层发育、岩石脆性指数高、地层承压能力低等难点，结合一体化研究成果完善高性能钻井液技术；根据自贡区块地质条件，形成高密度强封堵抗高温油基钻井液技术；根据邻井录井资料，对双鱼石深井小井眼栖霞剥蚀井段成功治理，其中双鱼001-X3井采用优化的有机盐聚合物技术及抗高温油基钻井液技术创造中国陆上水平井完钻井深最深8600米纪录（刷新双探6井的8305米纪录），同时刷新川渝地区井深最深、双鱼石区块最高日进尺731米、"四开"首次下入直径196.85毫米套管等多项纪录。在高石梯—磨溪区块，形成灯影组四段井漏治理新工艺，灯影组三段防垮新工艺，首次钻至灯影组二段，解决深部地层"漏垮同存"的钻井施工难题。在长庆地区，根据地层特点分区使用CQSP-2、CQSP-3、CQSP-4系列钻井液体系，完善CQSP-RH水基钻井液体系，完成致密气水平井3口，2口井水平段超过4000米，其中桃2-33-8H2井完钻井深8008米，长水平段长4466米。

【钻井液模块化技术运用】 2020年，川庆钻探工程公司在页岩气区块以六开六完、"650"钻井科技示范工程为提质增效新目标，优化工厂化区块技术模板，区块模版运用符合率大于70%。采取油基钻井液多元封堵与即时封堵相结合的页岩防塌技术、筛选油膨堵漏剂与LCM随堵、ZR-31桥堵、WNDK刚性填充的破碎性页岩水平段井漏综合治理技术，页岩气区块故障发生率持续降低，一次堵漏成功率从2019年的46%提高到62%，区块万米进尺漏失量明显降低。助力11井次打破区块钻井纪录18个，创中油油服竞赛纪录3个；在6家竞赛的专业化公司服务队伍中，川庆钻探工程公司钻井液服务队伍保持领先。泸州区块的泸203H2-1井和泸203H2-2井分别以65.81天、64.93天连续刷新深层页岩气最快完钻纪录；自贡区块的自201H2-5井水平段长突破1800米，自201H1-8井安全延伸至2000米，储层钻遇率首获100%；威远区块的威204H45-4井水平段机械钻速首次突破20米/时大关，达到21.6米/时，威204H48-4井"油替水"转换时间缩短至2.5小时，提速提效显著。在长庆地区，探索大井丛效益建产模式，开展"超小井场、超大井丛"钻井液技术攻关，采用增强抑制、提升护壁、压力平衡等创新技术，先后完成华H60井、华H40井、盐X6平台的钻井液服务。

【川渝地区钻井液服务】 2020年，川庆钻探工程公司在川渝地区坚持"区域技术模块化、服务保障一盘棋"的思路，以风险探井、高石梯—磨溪区块、页岩气为重点，开展钻井液服务。优选、配套超深井、风险探井钻井液主体配方和现场工艺，形成以空气钻、有机盐聚合物（有机盐聚磺）、JFS、油基钻井液为主的钻井液体系，助力高难度深井、超深井提速提效、降控钻井复杂故障。

龙岗062-H2井采用有机盐聚合物钻井液体系钻至井深3722米，裸眼段长3288米，解决超大、超长井眼垮塌、井眼净化、井壁水化膨胀、岩屑分散造浆、750立方米超大钻井液循环量等问题。剑探1井使用特色JFS水基钻井液，解决膏盐层蠕变、高温、高密度、超长裸眼、酸性气体污染、多套压力系统的喷漏同层等复杂难题，在接近180℃的井底温度下，2.13克/厘米^{3}的高密度钻井液保持良好流变性能，在小井眼钻进中泵压不高，高温稳定和良好封堵性能保障井壁稳定和起下钻畅通无阻卡。

高石梯—磨溪区块实施钻井液"体系和指标"双升级，在直径311.2毫米井段氯化钾含量由原来的5%—7%提升至10%—12%，提升体系抑制性，水基钻井液滚动回收率由50%提升至75%以上，为直径215.9毫米井段"多聚少磺"转化打下基础，关键井段高温高压滤失量降低30%以上，降低故障复杂。直径149.2毫米井段推广使用JFS钻井液体系，采用"DRF（超细钙+沥青类+纤维类）胶结封堵法"，结合"及时"封堵工艺技术，填充地层微裂缝，有效预防灯影组破碎地层垮塌。磨溪146井创215.9毫米井眼钻井周期最短、趟数最少、纯钻时率最高、单只215.9毫米复合钻头进尺最长、纯钻时间最高，龙王庙以下井段单只215.9毫米PDC钻头进尺最长、纯钻时间最高、穿越层位最多、定向段用时最短等9项钻井新纪录。

页岩气区块落实中油油服《川渝页岩气水平井卡钻防治工作手册》和《页岩气水平井段卡钻预防与处理技术规范》要求，执行页岩气水平井区块作业"规范性"动作，严格管控固化模版，区块模版运用符合率大于70%。重点在表层井漏治理、造斜段、水平段体系选择等方面，分区块、分平台细化措施，突出钻井液低密度、低黏切、高润滑、强抑制、强封堵等指标，通过采取油基钻井液多元封堵与即时封堵相结合的页岩防塌技术，筛选油膨堵漏剂与LCM随堵、ZR-31桥堵、WNDK刚性填充的破碎性页岩水平段井漏综合治理技术，页岩气区块故障发生率降低，一次堵漏成功率从2019年的46%提高到62%，区块万米进尺漏失量明显降低。

在下川东区块，优化技术模板，开展开钻前技术交底、体系转换试验支撑、中完作业及定向作业期间性能跟踪、节假日升级管理工作，确保关键节点工作处于受控状态。峰探1井创下川东"三开"455毫米井眼段最深3 441米、裸眼段最长2 644米、钻井周期最短65.24天、单只钻头进尺最长558米、平均机械钻速最高3.82米/时、须家河起下钻趟次最少6项新纪录。

【长庆地区钻井液服务】 2020年，川庆钻探工程公司在长庆地区结合超长水平段井水平段降摩减阻、泥岩防塌、ECD管控等技术问题，根据区域的不同地层特性，细化CQSP体系配方，制定井组范围内的钻井液体系。细化致密气配套钻井液技术方案，完成水平井33口，在平均水平段延长226米的情况下实现提速；完成井平均钻井周期34.18天，同比缩短1.92天。聚合物井段延长中下部至刘家沟中部，控制失水12—15毫升，弱化大排量对易塌地层的冲刷。聚合物体系提升KCl加量至3%—5%，抑制造浆、黏度失水低、固相低，转化体系前比重控制在1.04克/厘米^{3}以内。斜井段通过强抑制、强封堵、低黏高切，实现低密度入窗，"一趟"钻比例51.61%，与2019年持平，其中靖72-68H2井和靖49-51H1井以比重1.22克/厘米^{3}入窗。水平段通过强封堵、适当抑制、适当密度、起下钻重浆补偿实现泥岩防塌。减少提黏降失水剂的加入量，控制水平段黏度在60—65秒；增强体系封堵性能，控制失水3—4毫升，增强体系防塌能力，降低整体比重；加入足量的润滑剂预防黏卡及滑动托压。

【新疆地区钻井液服务】 2020年，川庆钻探工程公司在新疆地区开展钻井液工艺技术攻关，助力钻井提速提效。细化防阻卡钻井液配套措施，采取主动防漏、深部井段高温恒流变降低环空压耗等措施，解决富源区块超深井起下钻阻卡、井漏等制约钻井提速难题。富源210-H3井三开中完较设计周期节约23.33天，钻井液成本节余100万元，实现长裸眼零阻卡、二叠系零漏失、深部井段零事故。在库车山前博孜902井、博孜302井、博孜3-K2井开展以强抑制、强包被、强封堵为核心的CQ-MHPS钻井液体系研究与应用，取得重大技术突破，其中博孜 3-K2 井在与博孜 3-K1 井同台竞技中，以优质的钻井液体系、高效的井眼净化工艺、科学的井壁稳定技术为该井前"三开"钻井安全提速提供技术保障。在南缘区块高泉 5 井、乐探 1 井和高 103 井，采用超高密度强封堵油基钻井液技术和油基钻井液 LCM 堵漏技术、新型油膨胀堵漏剂 DHF 两项专有堵漏技术，以及多元多级复合封堵胶结的井壁稳定技术，解决南缘断层、破碎性地层井壁稳定问题和油基钻井液堵漏两大技术难题，其中乐探 1 井在 273.1 毫米井段使用 2.67 克/厘米^3 的超高密度油基钻井液，解决上盘清水河组异常高压盐水层、气层的问题，钻井液各项性能指标优异，获 1 437 米进尺，创中国石油现场使用油基钻井液密度最高纪录。

【土库曼斯坦钻井液服务】 2020 年，川庆钻探工程公司在土库曼斯坦开展钻完井液技术服务 7 口井（钻井液服务 5 口井、修完井液服务 2 口井），完成钻井液服务 3 口井，完井液服务 2 口井，服务进尺 12 441.98 米，价值工作量 603 万美元。刷新土库曼斯坦钻井纪录 8 项，处理恶性井漏 4 井次。重复利用平均密度 1.82 克/厘米^3 的钻井液 2 712 立方米，节约钻井液费用约 108 万美元。完成技术服务的 Wjor-101D 井具有储层厚、发育好、孔隙裂缝多、产量大、气源能量充足等特点，产层钻进面临断层大裂缝带、漏喷转换迅速而频繁、压力敏感性高、钻井液比重窗口窄、压力系数大、井控风险高等难题，漏失段长，漏失量大，漏失层位多达 10 个，发生井漏 12 次，堵漏 16 次，漏失钻井液量近 1 000 立方米，使用优选尺寸的纯核桃壳、刚性堵漏剂等大颗粒、高强度特殊堵漏材料，以及雷特纤维、柔性网状纤维等非常规堵漏材料，优化组合堵漏剂种类、比例、数量，该井堵漏取得良好效果。Drt-101D 井和 Ehojg-102D 井表层存在大段胶结强度低的散沙夹杂砾石层、造浆性强的泥岩段以及可钻性差的云岩及石膏夹层，井壁稳定性差，660.4 毫米井眼钻进中憋跳严重，易形成台阶，下 508 毫米套管极易发生黏附、沉砂卡钻事故等技术难点，两井运用抑制性和携砂性能强的钻井液，增强抗石膏污染能力，采取稠浆举砂及垫润滑钻井液等措施，两口井表层套管顺利下入到位，其中 Drt-101D 井创阿姆河气田东部 4 000 米以上定向井最短周期 135.73 天、定向井最短产层钻井周期 13.15 天和阿姆河气田东部井最快钻机月速 848.6 米/（台·月）等 6 项钻井纪录。在全面分析总结邻井探井 Gok-21 井施工资料基础上，Gok-101D 井二开采取主动防漏、堵漏、防塌技术措施，取得理想施工效果，电测一次到底，平均井径扩大率仅 3.8%。

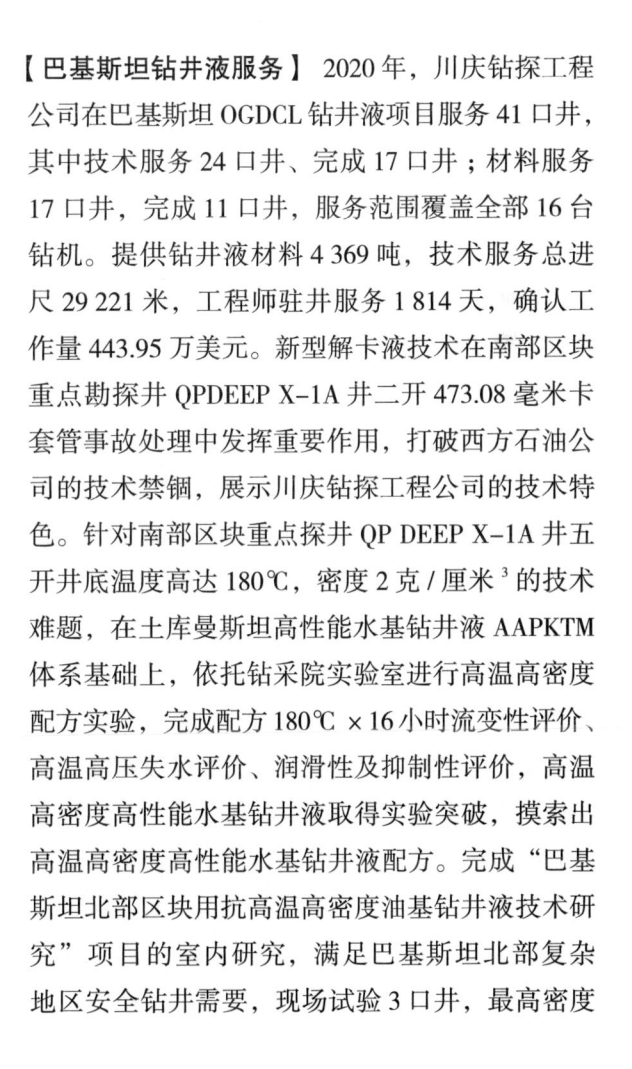

【巴基斯坦钻井液服务】 2020 年，川庆钻探工程公司在巴基斯坦 OGDCL 钻井液项目服务 41 口井，其中技术服务 24 口井、完成 17 口井；材料服务 17 口井，完成 11 口井，服务范围覆盖全部 16 台钻机。提供钻井液材料 4 369 吨，技术服务总进尺 29 221 米，工程师驻井服务 1 814 天，确认工作量 443.95 万美元。新型解卡液技术在南部区块重点勘探井 QPDEEP X-1A 井二开 473.08 毫米卡套管事故处理中发挥重要作用，打破西方石油公司的技术禁锢，展示川庆钻探工程公司的技术特色。针对南部区块重点探井 QP DEEP X-1A 井五开井底温度高达 180℃、密度 2 克/厘米^3 的技术难题，在土库曼斯坦高性能水基钻井液 AAPKTM 体系基础上，依托钻采院实验室进行高温高密度配方实验，完成配方 180℃×16 小时流变性评价、高温高压失水评价、润滑性及抑制性评价，高温高密度高性能水基钻井液取得实验突破，摸索出高温高密度高性能水基钻井液配方。完成"巴基斯坦北部区块用抗高温高密度油基钻井液技术研究"项目的室内研究，满足巴基斯坦北部复杂地区安全钻井需要，现场试验 3 口井，最高密度

2.12 克/厘米³,最高温度 200℃。

【钻井液科研攻关】 2020年,川庆钻探工程公司钻井液业务首次牵头开展中油油服统筹项目"钻井液提速提效配套关键技术研究",主要内容包括深井高密度油基钻井液性能调控研究,环境友好型水基钻井液性能优化、除硫技术以及 pH 稳定技术研究,低成本生物柴油润滑剂的高温稳定性研究及生产工艺优化,钻井液参数自动测量仪原理及装置研发等4大专项内容,形成深井高密度油基钻井液技术、环境友好型水基钻井液技术,研制出低成本生物柴油润滑剂、钻井液参数自动测量仪,为非常规油气资源的规模效益开发提供技术支撑。成果(深井高密度油基钻井液)在川渝、新疆地区应用13口井,其中乐探1井油基钻井液密度 2.68 克/厘米³,创集团公司现场油基钻井液密度使用最高纪录;环境友好型水基钻井液现场应用21口井;生产生物柴油润滑剂10吨;钻井液自动检测仪实现20余种参数的自动测量。项目申请专利4件,提交论文2篇。参与集团公司项目一"重点上产地区钻井液评估与技术标准化有形化研究"和项目二"南缘山前构造下组合超深井安全钻完井技术攻关试验"两项课题。其中,项目一开展油基钻井液处理剂和体系现场试验,研究制定集团公司统一的处理剂标准和现场技术规范,形成适合各个区块的统一油基钻井液体系,解决长水平段井壁失稳、高温沉降稳定等重大技术难题,为集团公司重点上产地区勘探开发提供技术支撑;项目二主要针对南缘超深复杂井存在巨厚泥岩、纵向多压力系统并存、高地应力、地层破碎易垮易漏、井底高温压等问题,开展"抗高温高密度油基钻井液体系""油基钻井液防漏堵漏技术研究及试验""高密度钻井液体系"等方面研究,针对性解决新疆准噶尔盆地南缘的钻井液技术难题。

【钻井液技术信息化研究】 2020年,川庆钻探工程公司梳理历史井漏数据,开展"川渝地区钻井防漏堵漏数据挖掘技术研究与应用"课题研究,建立防漏堵漏数据平台,确定表征井漏性质和原因的关键技术参数,构建井漏分析模型,开发适用于川渝地区的钻井防漏堵漏决策平台,指导现场堵漏施工作业,减少井漏损失。针对钻井液公司生产技术、运行调度方面缺乏信息化管理手段等问题,开展"生产运行管理系统设计与开发"课题研究,设计和搭建网络信息化管理平台,标准化已有基础资料表单,固化业务操作流程。基础资料涉及113个作业队450余口井次。该平台实现部分基层数据及时录入、报表自动归位,逐步消除基层纸质资料,作业现场汇报资料填报时间和相关模块的后辅单位统计资料时间缩短,为钻井液技术信息化管理奠定基础。

【钻井液转运站建设】 2020年,川庆钻探工程公司以技术标准化为依托,推行"区域专打、层位专打、体系专打",选取作业相对集中的高石梯—磨溪、页岩气、双鱼石等区块建立钻井液转运站,构建川渝地区钻井液综合利用网络。建成双鱼石钻井液转运站、高石梯—磨溪钻井液转运站并投入运行,开展宣汉、梁平钻井液转运站的前期准备工作。截至2020年底,在用钻井液转运站6个,总容量近2万立方米。

【钻井液服务提质增效专项行动】 2020年,川庆钻探工程公司完善高石梯—磨溪、双鱼石等5个区块15个钻井液提速模板,编制《划眼作业防卡指南》《承压堵漏作业指导意见》等11项工艺规范,形成《大尺寸井眼长裸眼段高压差防卡措施》等5项技术措施,指导现场作业。每周组织故障复杂专题分析会,完善复杂故障三级预警管理体系和专家远程技术支撑系统。成立井漏治理攻关小组,开展9项井漏防治新技术和4项堵漏新产品攻关，编制完善 11 项堵漏相关技术规范和指导意见，规范现场防漏堵漏作业施工，提高防漏堵漏效率。针对川渝地区漏层渐深、井温更高情况，推广高失水+刚性、LCM+膨胀堵漏为代表的 8 项主要堵漏技术，实施井漏治理 808 井次，承压堵漏 37 井次，损失水基钻井液 76 679 立方米、油基钻井液 8 452 立方米，一次堵漏成功率同比提高 11.6 个百分点，达到 51.7%，同比减少井漏损失 1 218 万元，助推提质增效。利用区域钻井液场站的支撑保障，在站内按照成熟方案预配完井液，缩短完井液准备周期。与建设方沟通重点井试油设计，采用 3 项完井液新技术，保障工具下入、工序无缝衔接和储层保护，推广无固相完井液体系 23 井次。在水基、油基完井液中推广使用超微重晶石，提高完井液长效沉降稳定性。

【钻井液质量抽检】 2020 年，川庆钻探工程公司完成钻井液抽检 120 井次，其中 87 口井为水基钻井液、33 口井为油基钻井液，钻井液抽检符合率 100%。钻井液抽检对象主要为正钻深井、定向井、水平井、事故复杂井、深井段及复杂井段，检测的钻井液体系主要为氯化钾聚合物、双盐聚合物、JFS、聚磺、钾聚磺、有机盐—钾聚磺、油基钻井液体系，各井钻井液主要性能（流变性、滤失性能，润滑性、固相含量、油水比、破乳电压即电稳定性等）符合《钻井工程设计要求》，按检验项目统计设计符合率 100%。　　（李晓阳）

固　井

【概述】 2020 年，川庆钻探工程公司固井工作推行分类分级区域模块化风险控制，重点优化水泥浆体系配方及固井工具研发应用，解决油气井后期环空带压、长裸眼低压漏失层水泥浆返高不足、多压力层系尾管封固段固井质量不稳定、复杂井况井筒完整性不足等技术难题；完善"三高、三低"、深井超深井、多压力体系系统、大斜度井、水平井固井工艺技术，推广应用精细控压固井、储气库固井、膨胀管固井等特色工艺技术；开展页岩气水平井油基钻井液固井配套技术攻关，安全组织施工作业，固井质量稳步提高，为钻完井生产作业提供技术保障。

【工作量完成情况】 2020 年，川庆钻探工程公司完成各类固井施工 11 204 井次，其他注水泥浆作业 4 707 井次。其中，井下作业公司完成各类固井及其他注水泥浆 1 878 井次、同比下降 29.69%，注入水泥量 127 852.15 吨、下降 28.26%。固井质量测井评价 296 井次，评价段长 657 054.71 米，合格率 83.1%，优质率 61.2%，分别同比下降 0.4%、4.7%。长庆固井公司完成各类固井施工 9 326 井次，其中固井 5 374 井次、二次固井及技术措施井 1 946 口（3 952 井次）。2020 年，固井作业使用油井水泥、外掺料及外加剂 38.7 万吨，固井质量一次合格率 100%。

2020 年 10 月 19 日，长庆固井公司完成长庆油田储气库项目 2020 年部署的第一口井的固井作业　　（郭旭亮 摄）

【重点工程】 2020 年，川庆钻探工程公司在蓬深 1 井 444.5 毫米井眼下 374.65 毫米套管固井，套管下深 3 980.10 米，管柱总悬重 647 吨、浮重 505 吨，创川渝地区下套管作业悬重最大纪录。在角探 1 井回接套管固井施工中，采用 219.08 毫米 +206.38 毫米管柱组合，管柱长 5 004.48 米，悬重 540 吨、浮重 410 吨，创川渝地区回接套管最长、悬重最大纪录。在云安 012-X16 井采用 139.7 毫米 +184.2 毫米 +177.8 毫米复合套管悬挂固井，使用自主研发低密度水泥浆体系完成注水泥作业，经电测 3 745—6 874 米固井质量优质，其中一界面优质率 91.57%、二界面优质率 95.63%，为下川东地区盐下气藏超深复杂井固井储备技术措施。在大斜度井双鱼 001-X3 井采用 196.85 毫米尾管封固 3 602—7 623 米井段，创国内该尺寸套管固井最深纪录，油基钻井液条件下采用精细控压固井技术，优质率 57.92%，电测合格率 87.20%。在自 201H3-3 井下 139.7 毫米油层套管施工准备时，采用近钻头单扶、三扶通井工艺，在斜井段主动划眼，全程采取 FRANK/S 工具旋转下套管，克服下套管摩阻、狗腿度大等不利因素，保障套管一次性下到位并完成固井。桃 2-33-8H2 井 4 466 米水平段固井，创亚太地区陆上最长水平段固井作业纪录，固井井深 8 008 米，刷新长庆油田公司固井最深纪录。

【新工艺试验与应用】 2020 年，川庆钻探工程公司针对克深 8 区块高压盐水层、薄弱层常规固井极易发生严重井漏、固井质量差等技术难题，与塔里木油田公司对接，在总结前期两口井控压固井成功经验后，根据克深 8-13 井单井特点，组织多次论证研讨，采用精细控压固井技术方案，解决克深 8 区块超窄安全密度窗口地层固井难题。针对页岩气水平井段长、摩阻高、轨迹调整频繁，以及和部分上倾井下套管困难的情况，长宁 H15 平台井、自 201H21-8 井和泸 209 井采用旋转下套管技术将 139.7 毫米油层套管下入到位。泸 209 井 215.9 毫米井眼钻至井深 6 400 米完钻，水平段长 2 110 米，采用近钻头单扶、双扶通井工艺，在斜井段主动划眼，裸眼段采用吨 TESCO 工具旋转下套管，配合使用 70 兆帕高压差套管附件，克服下套管摩阻大、狗腿度大、追求油层钻遇率的井眼轨迹频繁调整的不利因素，保证套管一次性下到位并固井成功，为深层页岩气钻井、固井技术配套积累宝贵经验。

【新材料试验与应用】 2020 年，川庆钻探工程公司自主研发韧性水泥浆在储气库大尺寸技术套管固井成功应用 5 井次，降低固井成本，为大尺寸井固井积累经验，标志国产韧性水泥浆体系替代进口水泥浆体系成为可能。拓展抗污染隔离液应用性能，形成耐温 180℃ 的水基钻井液和油基钻井液用的成套隔离液体系，推广应用 73 井次；升级适用于不同水基钻井液体系的高温、高密度抗污染隔离液性能，在剑探 1 井最高实际入井温度 174℃；在高石 001-X42 井 177.8 毫米尾管固井时，验证新型抗污染隔离液的有效性，合格率 87.3%，优质率 57.3%。研制水泥添加剂及外掺料吨袋卸料装置，实现库房内快速装卸，提升干混站混拌效率。采用"气动 + 机械"混拌方式，研制低密度干混装置，解决低密高强水泥混拌均匀度问题，提高混拌质量和混拌效率。该装置在定边、庆阳干混站安装使用。

【新工具试验与应用】 2020 年，川庆钻探工程公司在宁 209H33-3 井 215.9 毫米井眼经 3 次扩眼作业后，下入 194 毫米 ×11 毫米膨胀管 756.14 米，封堵取得成功，完成国家重点试验项目——膨胀管裸眼封堵，创中国单次膨胀管裸眼封堵最长纪录，为研究等井径膨胀套管高端技术提供施工数据基础。完成直径 127 毫米抗 200℃ 悬挂器和直径 127 毫米抗 240℃ 耐冲蚀浮箍研发，密封材料研究、密封结构设计、小样试制以及性能测试等均达到设计要求，并进行整机结构设计和样机加工。完成40兆帕顶部封隔器座封和常温、高温封隔性能试验，完成300吨抗拉强度性能试验和第三方检测，完成90兆帕高压高强度内部连接扣密封性能试验，分析液缸密封结构提前渗漏原因，设计新结构、新材料的挡圈辅助密封液缸高压密封结构，开展室内性能试验和第三方检测。完成90兆帕、3000千牛、178毫米高压重载尾管悬挂器和70兆帕、2000千牛、273.5毫米×177.8毫米机械封隔式高压尾管悬挂器，两种尾管悬挂器的"四新"（新技术、新材料、新工艺、新设备）论证工作；开展90兆帕、3000千牛、273.5毫米×177.8毫米机械封隔式高压尾管悬挂器研制；配套工具140毫米钻杆胶塞开展2井次现场应用试验，效果良好；创新设计浮动平面密封的抗回流装置，密封可靠性得到提高。　　（唐佳伟）

2020年12月7日，川西钻探公司50043队承钻的宁209H33-3井，创我国单次膨胀管裸眼封堵最长纪录　（李双材 摄）

钻井技术服务

【概述】 2020年，川庆钻探工程公司有从事钻井生产的欠平衡（控压）钻井技术服务队62支、气体钻井技术服务队6支、定向井水平井技术服务队41支、固井技术服务队5支、取心技术服务队14支、钻井液技术服务队16支。欠平衡（控压）钻井技术服务的主要设备有精细控压钻井系统17套、自动节流控制系统17套、旋转防喷器壳体79台、旋转总成127只、液气分离器19套。常规控压钻井系统30套。专用节流管汇8个、旋转防喷器壳体28个、旋转总成68个。空气钻井技术服务的主要设备有空压机组85台（套）、增压机组39台（套）、膜制氮机组11台（套）、雾化泵6台（套）。定向井技术服务的主要设备有旋转导向系统36串、LWD24串、MWD67串、EMWD3串、陀螺测量仪7串、多点测斜仪45串。钻井液技术服务的主要设备有甩干机2台（套）、重晶石加重罐2台（套）、立式泥浆罐15台（套）、卧式泥浆罐2台（套）、储油罐8台（套）、实验室9套、值班室3套，各类分析实验仪器500余台（套）。取心技术服务的主要设备有常规取心工具34套、高强度取心工具16套、密闭取心工具12套、保形取心工具10套、绳索取心工具2套、加压式取心工具1套、各类取心钻头200余只。钻头技术服务的主要设备有各类井眼尺寸钻头近100只。主要专业装备完好率100%，利用率91%。

2020年，川庆钻探工程公司完成钻井完井工程设计55 842井次，定向井水平井技术服务223井次，气体钻井技术服务44井次，欠平衡/控压钻井技术服务190井次，钻井液技术服务137井次，取心技术服务134井次，固井技术服务54井次，压裂技术服务305层次，带压作业38井次，工信中心信息化服务1 396井次。

【重点区域】 川渝地区页岩气区块。2020年，川庆钻探工程公司成立"钻采院驻蜀南气矿技术支撑小组"和"钻采院驻川页司技术支撑小组"两个技术支持团队，各单位加大设备人员投入，其中定向井投入设备38套，同比增长35.7%；欠平衡投入设备8套，增长60%。7口井311.2毫米井眼段采用震荡螺杆+个性化PDC钻头钻进，解决定向钻进托压、钻速慢等难题。完成钻井液地面降温装置阶段性试验，12口试验井采用地面降温系统后，钻井液温度从50—70℃左右降至35—52℃左右。形成"旋导+螺杆+个性化PDC+地面降温+欠平衡"适合深层页岩气储层段地质特点的定向钻井技术。升级欠平衡服务，采用旋转控制头+大通径节流管汇的方式，提升欠平衡钻井作业安全性和应用范围。宁209H33-2井311.2毫米井眼采用常规控压钻进方式，钻井液密度大幅降低，井漏复杂减少，有效提高钻井速度，缩短钻井周期，控压钻进进尺952米，机械钻速14米/时，用时7天完成三开钻进任务。高石梯—磨溪、双鱼石等构造完成精细控压钻井现场技术服务65井次、精细控压固井22井次，解决震旦系灯影组裂缝性储层喷、漏、卡，难以钻达地质目标的难题，比常规钻井液平均漏失量减少75.13%；平均复杂处理时间仅为59小时，比常规钻井下降82%。

2020年4月23日，钻采院技术研发人员进行技术实验，优化钻井液性能　　　　　　　　　　　　　　（邓斌摄）

长庆地区。2020年，川庆钻探工程公司编制《2020年长庆油气田产能建设钻采工程方案》《2020长庆千口气井挖潜工程计划部署方案》《2020年万口油井评价挖潜工程方案》《小井距丛式水平井簇钻井方案》等15个油气田重大部署方案。选派技术骨干与油田公司共同组建现场技术支撑团队，承担勘探部、万口油井、千口气井、侧钻与套损井治理等13个油田重点工程建设项目现场技术管理和支撑，"万口油井"支撑项目组累计编制1954口井方案，增油7.53万吨；形成井口回压自动控制配套技术，试验10口井，解决试验井溢漏同层钻井难题。

塔里木地区。2020年，川庆钻探工程公司在博孜区块巨厚砾石层开展气体钻井提速服务3口井，累计进尺4176.99米，平均钻速4.83米/时，刷新国内直径311.2毫米井眼气体钻井施工井最深5015米、塔里木油田气体钻井单开次进尺最长2180米、单井进尺最长2180米、博孜区块气体钻井单趟进尺最长901米4项纪录；推广应用空气连续循环钻井技术3井次，连续循环钻井系统运行868小时，入井连续循环阀65只，解决深井大尺寸井眼砾石层钻井沉砂难题。

海外地区。2020年，川庆钻探工程公司在南美高环境敏感地区，环保钻完井液、定向井、固井等技术累计服务61口井。其中厄瓜多尔钻井液技术服务30口井；秘鲁完成14口井，平均完井周期为6.59天；巴基斯坦安第斯东部区块完成钻井液技术服务5口井，平均钻井周期11.5天，平均完井周期13.4天，其中DORINE 90井钻井周期9.3天，成为该区块作业时效最快定向井。

【新工艺新技术研究试验与应用】 2020年，川庆钻探工程公司在四川完成的8口页岩气水平井和8口致密气水平井全井段应用旋转导向钻井系统，在造斜能力、工程技术适应性与稳定性方面取得突破，累计进尺27061米，储层钻遇率均100%，满足非常规油气开发需要。垂直钻井系统"Power-V"在川渝地区首次亮相，在4口井实验中防斜打快效果突出。其中双探107井241.3毫米井眼单趟钻进尺1480.86米，行程钻速185.7

米/日，较设计节约钻井周期10天以上，创双鱼石—双探区块行程钻速最快、同层位平均机械钻速最快纪录。开展老井复产关键技术攻关，研发气井解堵解水锁产品2项，在苏里格气田开展现场应用5口井，措施后平均单井日增产量超过4000立方米。研发G140-80高强度取心工具，在博孜8井8077—8085.50米取心一筒次，取心进尺8.5米，收获率100%，为解决深井眼取心提供新途径，成为塔里木地区超深井复杂井小井眼取心利器。中国石油工程作业智能支持系统全面推广应用，提升对现场管理与技术支撑能力，2020年在川渝地区辅助应急抢险33井次，应急处置效率得到提升。（戴丽衡）

录　井

【概述】 2020年，川庆钻探工程公司录井专业有序推进复工复产，跟踪重点井、重点施工井段，协调保障钻井生产。与西南油气田公司重庆气矿、川东北气矿、蜀南气矿等业主方进行录井技术和地质导向工作交流，各类业务平稳运行。截至2020年底，完成国内外录井进尺309万米，录井施工912口井，同比下降26.33%；发现油气水漏及工程异常8134次、完成地质导向136口、地质设计1654口、单井跟踪解释评价105口、油化施工7万余井次、远程技术支撑705井次。

【市场服务】 2020年，川庆钻探工程公司录井业务为苏里格区块连续10年稳产18亿立方米提供技术支撑，在3个高含水区块相继获3口超100万立方米高产井，其中鄂46X1井获日产气242万立方米，创同类井最高纪录；排水采气平均单井增气54万立方米。助力威远页岩气提前完成25亿立方米产建任务，49口井平均日产气29.7万立方米，创历年新高。建成国内第一个超400万立方米平台，威204H34-4井获日产气80万立方米。厄瓜多尔P油田完成9口新井，地质成功率100%，连续3口井日初产超1000桶并持续稳产，在少钻1口新井、少投产2口新井基础上，提前完成全年产量计划，项目启动以来产量和当年产量均突破100万桶。

2020年3月19日，地研院实验研究中心员工进行油水饱和度分析测量　　　　　　　　　　　（王姝童 摄）

【新工艺新技术研究试验与应用】 2020年，川庆钻探工程公司在川西北双鱼石构造、川中高石梯—磨溪地区、页岩气项目以及其他重点（复杂）井，开展岩屑元素和自然伽马能谱录井技术研究应用，利用元素录井技术开展"四川盆地二叠系火成岩录井解释技术研究"，提高岩性鉴定、分层卡层以及储层识别与评价的准确性。开展"探井实时跟踪一体化管理平台推广应用"和"录井资料采集处理解释系统深化研究"，建立包括元素录井、自然伽马能谱录井等资料统一接口自动采集和传输模块，实现数据共享，互联互通。参与"基于地质录井数据的钻井工程风险预警软件开发"和"精细控压钻井条件下录井参数采集与评价技术研究"，在长庆地区业务开展定量荧光、地化、核磁共振等技术推广应用。推进电子档案管理，新增科技档案 180 件。申请专利 46 个（发明专利占比 91%）、软件著作权 12 件，获省部级科技奖 2 项、局级 4 项，科技成果推广应用完成率 225%。在研项目 78 项，其中局级以上项目占 68%，创历史新高。22 项技术成果应用于川庆钻探工程公司自营区块及海外油气田。建成地质勘探开发综合平台，信息化建设取得进展。

（李　斌）

油气合作开发与综合地质研究

总　述

大事记

井筒工程

油气合作开发与综合地质研究

生产服务

国际合作与外事工作

科技与信息

改革与管理

党建工作

群团工作

机构与人物

二级单位概览

附　录

苏里格风险作业

【概述】 2020年，川庆钻探工程公司苏里格风险作业围绕"提速、降本、增效"工作要求，开展"战严冬、转观念、勇担当、上台阶"主题教育活动，产能建设平稳有序，天然气持续稳产，提前40天完成提质增效目标。苏里格合作区块开钻86口井，完钻井83口，完井83口，完成进尺32.03万米。试气结束井73口，Ⅰ类+Ⅱ类井比例63.01%。新建年产能4亿立方米，区块天然气产能达到20亿立方米，配套年产能19.49亿立方米。新建单井站41口，建成输气管线75千米。生产天然气18.57亿立方米、凝析油14 081立方米。

【主要成果】 2020年，川庆钻探工程公司针对苏里格西区富含水、气水关系复杂、预测难度大等难题，坚持地震地质工程相结合，为井位部署、气田稳产提供支撑。按照优选"甜点区"避水部署开发井位思路，在接替资源里"夹缝中找甜点"，其中苏46区块鄂46X1井盒8段测试获日无阻流量242.2万立方米，是苏里格风险作业区块在西部富含水区上古生界首次获无阻流量超200万立方的高产气井，也是苏里格气田上古生界测试无阻流量最高的直丛井。苏5区块南部富集区带内针对盒7段部署的水平井苏5-14-23AH井测试获日无阻流量78万立方米，是该区块第一口以盒7段为目的层位的水平井，展示了富集区带内盒7段良好含气性，为区块东北部针对盒7段进行水平井部署开发提供依据。结合古地貌、微幅构造等研究成果，针对下古马家沟组部署的苏5区块苏5-16-35AX1井，在马五5段测试获日无阻流量75万立方米，揭示该区域马家沟组良好含气性。苏59区块新发现山西组面积约6平方千米的油气富集区，其中苏59-15-38井日无阻流量32.8万立方米，苏59-16-40H井开展山西组水平井试验，该井砂体钻遇率93.92%，储层钻遇率80.31%，测试日无阻流量22.5万立方米。该油气富集区的发现为下一步山西组水平井部署奠定基础。开展桃7区块气藏精描，精细刻画有利储层空间展布及连通关系，描述剩余未动用储量分布，开展加密井实施可行性分析，优选加密试验区，结合气藏动态和生产测井资料，考虑目标潜力及动用情况，明确有利加密目标分布模式及优选思路，论证加密井位14口，目前已实施5口井，静态Ⅰ类+Ⅱ类比例100%。

2020年11月23日，地研院在成都召开苏里格风险合作区块2020年工作汇报会 （王姝童 摄）

【区块生产管理】 2020年，川庆钻探工程公司根据苏里格合作区块全年产量目标，科学组织生产，以指标分解方式实行"任务倒逼"，有计划推动开发工作。系统全面分析集气站设备设施和管网处理能力，根据生产情况及井位部署计划，降低采气管线输气压力和增加集气站气田水存储能力，提升地面集输系统处理能力，日增产气量11万立方米。桃7-5站新增压缩机后，集输系统压力下降0.8兆帕，日均增产8万立方米；苏59-1站新增压缩机后，进站压力下降0.8兆帕，日增产量1.5万立方米；桃7-5站的2条管网实施串接分流后，集输系统压力下降0.3兆帕，日增气量1.8万立方米。

【数字化气田建设】 2020年，川庆钻探工程公司在苏里格合作区块引入智能减压、紧急截断控制等功能的集成控制阀，实现气井智能远程开关管理。利用机械化设备，调整注入频次、药剂浓度等参数，开展自动注剂精细化扩大试验，降低用工规模和工作强度。推行电子巡检和智能柱塞应用，以无人值守井站运行模式及巡检标准为载体的电子巡检系统，实现巡检业务流程规范化、信息化管理。开展智能柱塞控制系统优化设计，在原有的控制系统中添加压力、定时器、计时器、平分定时等控制模式和远程控制模块，结合可记录式柱塞，实现自动计算气井的压恢速率、油套压差、液面变化和产量，及时优化气井生产制度。推进采输业务标准化，规范现场管理，17 座集气站全部实现无人值守。

【科研及新工艺新技术推广应用】 2020 年，川庆钻探工程公司针对该类储层加砂压裂难题，结合储层特征、前期压裂特征，建立适合于致密薄层的"40/70 目小粒径陶粒、阶梯段塞、控砂比连续加砂"防砂堵压裂工艺，实施工艺后，薄层砂体压裂成功率 100%。为降低压裂改造过程中对储层的伤害，全面推广低浓度胍胶压裂液，应用 76 井次 60 400 立方米。为提升压裂后井筒完整性，在苏 5-14-23AH 井开展电缆可溶桥塞射孔联作压裂工艺。该井目的层盒 8 段，采用水平井套管完井，桥塞+分簇射孔工艺技术分 5 段压裂，注入压裂液 2 692 立方米、砂量 360 立方米，每分钟排量 8—10 立方米，压后测试获日无阻流量 76.59 万立方米。在苏 59-16-34H 井开展无限级套管滑套分段压裂工艺，验证该工艺的适应性。在 4 口井开展小井眼钻完井现场试验，进一步降低单井钻完井成本。在前置液阶段提出"支撑动态裂缝"思路，在高挤前置液半个井筒容积之后，按照"低浓度段塞+高挤前置液"模式进行造缝，以支撑剂有效支撑动态裂缝，该措施在 5 口水平井实施效果明显。推广暂堵剂/暂堵剂+暂堵球转向压裂工艺，现场应用 17 井次，投入暂堵剂 8.36 吨，暂堵后压力平均上涨 2—4.1 兆帕，平均单井测试日产量 2.6 万立方米，日平均无阻流量 18.7 万立方米，取得较好效果。

（王 嘉）

威远页岩气风险作业

【概述】 2020 年，川庆钻探工程公司威远页岩气风险作业项目紧盯年度任务目标，以提质增效为抓手，统筹推进新井上产、老井稳产、措施增产工作，各区块产量均创新高。开钻 43 口井，完钻 36 口井，完成压裂 41 口井；投产集气站 1 座、正式流程平台 2 座、临时平台 16 个，新建采气管线 4 条 157 千米；新投产井 44 口，生产井数 183 口，年产气 24.15 亿立方米。

【主要成果】 2020 年，川庆钻探工程公司在威远页岩气风险作业区块按照整体部署、接替稳产、开发评价相结合的总体思路，完成区内龙马溪组压力系数大于 1.2 区域内井位的总体规划，落实威 204 井区以东 12 个平台 87 口井，完成三维区内井位规划部署，增加井位储备深度。基于连片资料处理，评价井资料重新解释，采用古地貌恢复、地震属性分析技术，初步刻画威 205 低隆分布范围，识别威 204H45 井—威 208 井发育次级洼陷，通过一体化部署和调整威 204H45 井和威 2020H28 井等 5 个平台，有利建产区增加建产井位 39 口。攻关的"选好区、打准层、钻长段、压好井"页岩气高产培育技术进一步成熟，完成测试井 46 口，平均单井获测试日产量 30.4 万立方米，较 2019 年 24.5 万立方米提高 24.1%；平均单井 EUR1.23 亿立方米。有 3 个平台半支 4 口井测试产量超 100 万立方米；威 204H34 平台 8 口井获测试日产量 475 万立方米，为国内第一个测试产量超 400 百万立方米的平台，其中威 204H34-7 井测试获日产量 80.4 万立方米。推进数字化建设，建成阴极保护电位自动监测、自管流程数据远传、激光云台式可燃气监测和主动消防系统，推广智能转水系统和压裂现场自动转供水系统。智慧作业区平台优化升级，优化和新增功能19项，采输作业标准化管理水平进一步提升。

【精细开发管理】 2020年，川庆钻探工程公司在威远页岩气风险作业区块推行精细开发管理机制，助推助推页岩气藏科学开发。规范气井动态监测，推广气液两相流量计，改进设备性能，提升计量精度，降低设备故障率。规范气藏动态分析，跟踪研究气井递减规律，完善EUR计算方法，为优化调整开发策略提供支撑。细化现场设备管理制度与操作规程，强化生产组织与现场维保，保障现场设备安全、稳定运行。加强管线防腐研究、监测和应用，试验第二代杀菌剂体系，平台管线得到有效防护。推进智能清管内检测和内腐蚀减薄点的更换，开展人工+无人机巡线超过1万千米，保障平台安全正常运行和管线本质安全。开展下倾井水平段油管下深加深试验，提升气井低产阶段稳产能力，实施排水采气措施910井次，老井增产气量1.1亿立方米。

【新工艺新技术新工具推广应用】 2020年，川庆钻探工程公司在威远页岩气风险作业区块加强钻井新工艺、新技术、新工具的比选和现场应用。开展"高强度微珠水泥固井防套变技术"试用，在6口井应用取得良好效果。推广使用"旋转导向+井下动力钻具"，钻井速度大幅提高。优化射孔管串，提高射孔效率。在威204H36-5井连油射孔采用改良射孔工具，一趟射孔最多射12簇，打破连油一趟最多射孔簇数纪录，提高连油射孔作业效率。在威204H36平台成功应用一次性桥塞坐封工具30余段，坐封成功率100%。开展现场石英砂替代陶粒试验，优化石英砂比例和加砂强度，石英砂比例从2019年的35%提升到60.8%，有效降低支撑剂成本。试用电驱高压压缩机循环注气"四新"工艺，提高气井排液效率。测试井口一体化装置，实现井口电动油嘴远程手动调节及根据外输压力、流量自动调节。引进外检测技术对管道缺陷状况进行检测评估，提高管道综合评估效率。

（王 嘉）

综合地质研究

【概述】 2020年，川庆钻探工程公司地质研究专业设有4所5中心，分别为地质研究所、岩石物理所、开发研究所、工艺技术研究所，以及录井研究中心、地质导向技术中心、页岩气技术中心、信息处理中心、实验研究中心。主要从事油气田油藏地质研究、油气田勘探开发方案编制与研究、井位论证及地质设计、特殊油气藏研究、综合录井、排水采气工艺技术、地质导向、分析实验、试井、远程数据传输、单井跟踪评价等技术服务及施工作业。同时，中国石油海外天然气技术中心依托于地研院，是中国石油海外勘探开发公司"一院十四中心"之一，具有承担海外大、中型油（气）田开发方案编制资质的两家单位之一。从事科研工作技术人员300余人，其中博士研究生38人、硕士研究生145人；正高级职称4人、副高级职称126人、中级职称373人；企业技术专家2人、一级工程师7人、二级工程师10、三级工程师32人。通过大力推动创新创效，科技投入的产出质量和效率大幅提高，地质勘探开发配套技

2020年6月2日，地研院与电子科技大学资源与环境学院在成都举行联合培养实践基地签约揭牌仪式 （许晓天 摄）

术实力不断增强。创新水平、支撑能力和竞争实力，正在从量的积累转向系统提升。

【土库曼斯坦阿姆河项目】 2020年，川庆钻探工程公司完成7个气田的开发（试采）方案、26个气田 SEC 油气储量价值评估，4个气田资源国储量上报、现场技术支撑，1个境外管理费科研项目，12口井井位论证，26个气田地质动态跟踪等工作。完成科研报告40余本，成果多、效益好、甲方满意度高。对萨曼杰配小层进行精细解释，完成小层内薄储层预测和评价。完成阿盖雷气田缝洞预测研究，在分析缝洞储层地震响应特征的基础上，首次提出缝洞预测方法，预测结果与井吻合，为阿盖雷气田开发奠定基础。完成B区东部新处理资料2个层位的构造解释及成图；完成麦杰让、基尔桑、捷列克古伊、伊拉曼、桑迪克雷、布思鲁克、奥贾尔雷、阿盖雷、阿克库拉姆9个气田试采（开发）方案的物探及测井工作。完成B区西部、东部8个气田12口井多轮次的井位论证，建议井位全部被甲方采纳；完成4口新完钻井的跟踪及测井处理解释，显示良好。针对145口老井资料、解释成果、地层分层复查、多井对比精细解释及储层气水特征分析，储量计算中测井储层参数计算模型、方法对比分析及讨论等，开展测井数据、成果图、成果表的整理、复查及储量计算中所需孔、渗、饱参数统计，及时为储量计算、方案编制提供测井数据。

【伊拉克艾哈代布项目】 2020年，川庆钻探工程公司完善伊拉克艾哈代布项目碳酸盐岩油藏水平井注水开发技术，开展油田潜力层评价工作，完成潜力层测试跟踪分析，编写试油总结评价报告；开展油藏潜力评价，完成85口井测井解释，提交测试井位优选建议。开展油田2020年开发调整方案研究，进一步论证7个油藏的油水层判别标准、油水界面及有效储层下限标准；配合地质建模及油藏数模，进行多轮次含水饱和度模型调整优化，重新对416口井的测井资料进行处理解释。

【厄瓜多尔 Parahuacu 油田增产服务项目】 2020年，川庆钻探工程公司深化三维地震解释研究，解锁储层预测难题，完成5套目层共12轮次构造跟踪研究；完成480平方千米时间域和深度域古地貌图2张，叠前深度域地震正演1套，叠前CRP道集预处理一套，角道集叠加体3套，多轮次新井部署9口。厄瓜多尔项目完钻新井1口，在主力油藏投产初期日产上千桶，创项目启动以来主力产层单井历史最高纪录，为全油田开发史上第二高产井；在油田中北部取得3项重大地质重大突破，实现致密油藏成藏模式新突破。项目在少钻1口新井、少投产2口新井的情况下，超计划完成任务，提质增效成果明显。

【哈萨克 KAM 项目】 2020年，川庆钻探工程公司完成《2020年度哈萨克斯坦 Konys&Bektas 油田和伊拉克艾哈代布油田储量评估》。完成杰瑞 Mansuriya 油气田评价，开展地震、测井资料处理、解释。完成主要目的层地震层位解释。完成合同区5条断层解释，得到2层深度构造图。开展测井资料标准化、预处理、参数解释模型建立、流体类型判别等研究，处理解释4口井，为油田评价提供准确单井储量参数、油水界面及精细构造图。

【页岩气项目】 2020年，川庆钻探工程公司支撑威远页岩气成效显著，提前完成24亿立方米产建任务，49口井平均产量创历年新高。建成国内第一个超400万立方米平台，威204H34-4井获日产78万立方米，刷新中国石油纪录。在威远、长宁、四川公司及重庆页岩气区块累计完成各类地质支撑服务1 127井次。其中威远区块完成井位部署160井次，核心建产区资源动用率85%以上，地质导向31口井，小层识别、划分符合率100%，单井平均优质页岩钻遇率98.4%，小层钻遇率96.4%；完成试油及直改平方案（论证）52井次、各类地质设计129井次，开发动态跟踪177口井，提出措施建议522井次，增产天然气0.66亿立方米。

【陇东页岩油项目】 2020年，川庆钻探工程公司组建综合性研究与设计团队，完成4个平台所在区块资料收集、区域地质研究、油藏描述研究及其中2个平台的三维地质建模。加强与甲方的合作，地质设计靠前支撑，地质设计人员常驻长庆油田勘探开发研究院，与页岩油研究室共同完成项目地质设计。

【苏里格自营区块】 2020年，川庆钻探工程公司强化"地质参谋部"角色，坚持"产量为王，地质先行"，开展精细地质综合研究，统筹地质"甜点"，落实苏46区块、苏5区块、苏59区块等有利建产区，推进地质研究和工艺技术一体化服务，做好老井挖潜和剩余气分布规律研究，在3个高含水区块相继获3口超百万立方米高产井。应用"致密砂岩气藏开发中后期老区综合挖潜技术""致密砂岩富水气藏富集区筛选及井位优选技术"等技术成果，指导部署井位近100口，指导老井挖潜和排水采气共387井次。加强油田关键技术应用研究，技术与方法在苏里格"西进"取得明显成效。完成"桃7区块致密砂岩气藏精细描述技术服务""苏5、桃7区块下古马家沟组气藏资源潜力评价技术服务""苏里格气田苏59区块地震多参数气水识别技术研究及应用"等研究。完成钻井地质设计审批122口井次，试气地质设计审批90口井次，全年试气方案汇报90口井；开展现场地质跟踪技术支撑，跟踪新完钻井83口；完成5个合作区块老井复查、储量复算、砂体刻画等基础研究；完成桃7区块第一批加密井部署论证，优选加密井位14口；参与完成各区块井位部署相关工作；配合完成产能建设相关地质工作。苏里格西区取得新的成藏认识，提出井位部署新思路，开展高含水致密砂岩气藏成藏主控因素、富集规律及井位优选技术研究，利用三维地震资料对苏46区块原部署井位进行地质目标调整，取得良好效果。苏46区块完钻3口井，静态Ⅰ类+Ⅱ类井比例100%，试气完成3口井，动态Ⅰ类+Ⅱ类井比例100%。在北部有利构造内部署完钻的E46X1井测试获日无阻流量242万立方米，创苏里格气田直井最高产量纪录；苏59-14-49X1井测试获日无阻流量103万立方米；苏5-16-35AX1井测试获无阻流量75万立方米。纵向层位立体开发取得突破，在苏5区块南部富集区带内部署的水平井苏5-14-23AH井测试获日无阻流量78万立方米，展示苏5区块富集区带内良好的含气性，为苏5区块东北部水平井部署开发提供依据。对363口气井累计泡排措施32 316井次。助力川庆钻探工程公司油气合作业务稳健发展，连续10年稳产18亿立方米。

【科技创新及成果应用】 2020年，川庆钻探工程公司综合地质研究知识产权质量与数量齐头并进，推进电子档案管理，新增科技档案180件。申请专利46个（发明专利占比91%）、软件著作权12件。科技成果推广应用完成率225%。高级别项目达78项，局级以上项目占比68%，创历史新高。22项技术成果应用于川庆钻探工程公司自营区块及海外油气田，科技成果支撑发展成效显著。研发形成海外复杂碳酸盐岩油气藏3 800万吨级高效勘探开发技术。针对多学科多专业高度融合，开展苏里格高含水致密砂岩气藏成藏主控因素、富集规律及井位优选技术研究，取得新的成藏认识，提出新的井位部署新思路，创造苏里格气田直井上古生界最高产量纪录。厄瓜多尔项目利用沉积古地貌与优势相带预测技术、多因素地震储层预测技术进行井位部署，地质成功率100%。建成地质勘探开发综合平台，信息化建设取得进展。川庆钻探工程公司分别与电子科技大学成立"研究生联合培养实践基地"，与西南石油大学签订"西南石油大学实习基地"协议，成立产教融合创新基地。

（黎　田）

生产服务

总述

大事记

井筒工程

油气合作开发与综合地质研究

生产服务

国际合作与外事工作

科技与信息

改革与管理

党建工作

群团工作

机构与人物

二级单位概览

附录

管 具

【概述】 2020年，川庆钻探工程公司从事钻井修井作业的单位有川东钻探公司、川西钻探公司、长庆钻井总公司、新疆分公司、国际工程公司和试修公司6家单位，从事定向钻井技术服务的单位有钻采工程技术研究院。川东钻探公司、川西钻探公司和长庆钻井总公司所用钻具均为自主购买、自主管理、自主使用，各单位工程技术管理部门负责钻具技术管理，生产运行部负责钻具运行管理；下属钻具井控（管具）公司负责具体的钻具使用管理工作，负责在用钻具维修、送井、回收及管理。川东钻探公司和长庆钻井总公司由所属钻具井控（管具）公司对所用钻具进行检测。新疆分公司在塔里木油田作业的钻井队所使用的钻具，由塔里木油田公司（山前）及西部钻探工程有限公司（台盆区）提供，自有钻具的维修检测主要采用外包服务方式进行。国际工程公司海外作业使用自有钻具，钻具的管理由下属分公司自主负责，钻具检测和维修委托项目所在国的专业化钻具服务公司负责。试修公司所用钻具全部从钻探公司租赁使用。钻采工程技术研究院所属定向井技术服务公司自主管理使用的无磁钻具、接头等钻具，维修检测采用外包服务的方式进行。

【钻具管理】 2020年，川庆钻探工程公司加强钻具使用管理制度建设，强化基础工作管理，各钻井作业单位和管具管理单位开展《川庆钻探工程有限公司钻具技术管理规定》的宣传贯彻、学习，进一步加强钻具使用管理，优化完善钻具采购技术条件和使用注意要求，提升钻具技术管理水平。各钻井作业单位和管具管理单位根据各自作业区域钻具使用特点，完善本单位钻具使用管理规定。同时，完善基础资料、实物管理台账，规范钻具检修、检测模式、检测程序。注重外包检修钻具的质量控制与管理，建立、完善钻具失效资料库，开展钻具失效原因分析，不断完善预防钻具失效措施。

钻具使用管理。开展钻具组合优化，在大尺寸井眼段推广应用减震器，水平井推广使用加重钻杆、加厚钻杆替代钻铤，页岩气井推广应用旋转导向钻井技术，改善钻具作业工况，减少钻具失效和井下复杂情况发生。严格执行新钻具入库验收及钻具出场检验、检测制度；开展钻具分类分级检测，确保送井钻具质量满足钻井作业要求。推广应用自动化清洗、除锈、钻具螺纹快速清理、探伤检测仪，快速、有效检测钻杆管体，采用超声波、磁粉探伤技术检测接头螺纹，配备便携式钻杆杆体电磁检测、钻杆加厚过渡带超声相控阵检测及荧光磁粉缺陷检测设备等，及时发现缺陷钻杆。加强钻井现场钻具使用管理，严格执行入井钻具定期检查、倒换使用规定。执行钻铤、接头、扶正器等钻具的强制使用检测、维修周期规定，对钻铤损坏螺纹采取切头新车扣方式处理，减少钻具疲劳损伤发生概率。

钻具失效机理及预防技术研究攻关。川庆钻探工程公司工程技术处组织，安全环保质量监督检测研究院牵头，川东钻探公司、川西钻探公司、新疆分公司参与，开展钻具失效机理及预防措施研究。针对川渝地区、新疆地区深井、超深井、页岩气水平井钻具失效多发、损失时间较多的情况，开展现场调研，从钻井设计、井筒工况、地质情况、现场工作参数和钻井液性能等方面入手，收集整理分析钻具失效原因，提出整改措施并督促实施。组织开展钻具使用技术交流，参与专业管具研究检测机构主办的培训，学习国内外钻具制造、检测维修管理标准，重点是 NS-1TM、DS-1TM 等标准，交流、学习国内外工程技术服务公司钻具管理、使用经验，提出钻具管理改进意见和建议，提升钻具管理水平。邀请国内外专业管具研究机构、主要的钻具生产厂家进行技术交流，了解钻具技术发展状况。

钻具信息管理和优选评价。优化改进钻具管理信息系统，重点加强基于RFID的钻井作业现场钻具信息管理、钻具公司管理数据库的建设管理。开展各类钻井工具现场使用的总结、评价，完善钻井工具使用信息库。开展钻井工具优选评价和技术经济指标综合评价、排序工作，优选钻井工具，停止使用技术经济指标较低或出现过质量事故的工具，确保井下安全。

钻具使用管理工作检查。按照《川庆钻探工程公司钻具技术管理规定》，重点检查钻具检测维修、上井钻具出场检测管理情况、钻井作业现场钻具使用管理。结合各类现场检查，对钻井队现场钻具管理规定执行情况进行检查，重点检查钻井队钻具探伤制度的执行情况。同时，针对钻井作业中强化钻井参数对钻具使用的影响，抓好钻具倒换使用、入井工具强制检测维修周期的执行，促进现场钻具使用管理。

2020年4月27日，川东钻探公司钻具井控公司员工检查钻具
（何伟 摄）

完善非API标准钻具采购技术规格书。统一川渝地区非标钻杆的技术指标，修订川庆钻探工程公司非API标准钻杆采购技术规范，编制钻铤采购技术规范。开展在用钻具检测降级、报废管理工作，严格按钻具报废技术标准评定钻具，加大待报废钻具的检测、定级工作，推进钻具报废申报，严格执行钻具报废程序，及时进行审批。

【检测与维修】 2020年，川庆钻探工程公司加强钻具检测与修理管理，确保检测与维修工作有效进行。川东钻探公司、长庆钻井总公司的钻具检测与修理管理由下属的钻具公司负责，川西钻探公司少数钻具、塔里木工程公司所有钻具由具有资质的专业钻具服务企业负责检测与修理。厄瓜多尔、巴基斯坦等海外地区由国际工程公司委托国内外钻具维修公司在作业区域的维修站点对使用钻具进行检测修理，土库曼斯坦的钻具检测由川庆钻探工程公司有资质的人员进行检测，作业区域的维修站点对使用钻具进行修理。加强钻具检测与维修设备的配备，提高钻具周转率。川渝地区、长庆区域加大推广使用钻杆无损检测和全自动清洗系统，增加无损检测探伤设备配备数量，钻具管理单位配备齐全超声波标准试块和实物刻槽试样，提高超声波检测精度，有效提高钻具检测效率。钻井队配备便携式超声波探伤仪，加强钻井队人员操作培训，提高现场钻具无损检测人员技能，促进钻井修井作业现场钻具使用管理。推广应用钻具螺纹加工自动输送线、立体智能仓库，全面提升设备设施的自动化水平和机械化程度，减轻员工劳动强度，提高效益效率。2020年，川渝地区检测、发送钻具194.12万米。严格执行钻具回场检测定级管理制度，规范钻具、钻井工具检测、定级、维修和送井程序，严格执行清洗、外观、校直、探伤、修扣、磷化、喷焊、分级等作业工序，完善钻具、钻井工具出场送井程序，确保送井钻具、钻井工具"无损检测、螺纹检验、出厂检验证"齐全，未发现不合格钻具出场投入使用。加快信息化建设，强化钻具信息化管理系统的应用，推进钻井工具信息化管理系统的应用，规划物料仓储管理系统的建设，构思系统整合，提高管理水平。

（江 川）

钻前工程

【概述】 2020年，川庆钻探工程公司从事钻前工程业务的单位为四川蜀渝石油建筑安装工程有限公司（简称蜀渝公司）。蜀渝公司具有建筑工程施工总承包一级、公路工程施工总承包二级、石油化工工程施工总承包二级、市政公用工程施工总承包二级、地基基础工程专业承包一级、防水防腐保温工程专业承包一级、消防设施工程专业承包二级、钢结构工程专业承包二级、建筑装修装饰工程专业承包一级、建筑幕墙工程专业承包二级、电子与智能化工程专业承包二级、环保工程专业承包二级资质。同时有中国防腐蚀施工资质贰级、特种设备安装改造维修许可证［压力管道安装GB1、GB2（2）、GC2］和四川省环境污染防治工程登记确认证书乙级证书（固体废弃物处理处置甲级、水污染资料乙级）。有各类生产设备586台（套），原值0.89亿元，新度系数0.28。其中：大型施工机械设备74台（套），包括挖掘机36台，装载机17台，压路机21台，天泵车1台；激光整平机3台；其他各类设备508台。施工机械设备综合利用率77.91%，关键重点设备完好率98.55%，设备故障停机率0.87%。

【工作量完成情况】 2020年，川庆钻探工程公司施工钻前工程144个，其中新开工125个，具备搬家安装条件135个，工作量同比减少44%。其中，川渝地区钻前工程新开工数减少54%，苏里格地区钻前工程新开工数增长27%，新疆、土库曼斯坦无钻前工作量。资源化利用工程，施工89个项目，完工63个项目。收集、转运水基岩屑84252.19立方米，同比减少63%；收集转运废水1599立方米，减少53%；处理岩屑96028立方米，减少60%；生产烧结砖10606.7万匹，减少64%。

【重点工程】 2020年，川庆钻探工程公司承担多项重点工程。

磨溪131井钻前工程。现场采用流水作业、"白+黑"两班倒工作制度，优化施工方案，合理安排机械设备，科学组织施工。新建公路0.23千米，改建公路0.23千米，维修公路1.7千米，修建100米×42米井场1座，钢筋混凝土应急池500立方米，挖填土石方38053立方米，安砌773立方米，浇筑混凝土5220立方米。工程于2020年4月2日开工，4月30日具备搬家安装条件，历时19天，创区域工期最短纪录。

宁209H38平台钻前工程。通过优化施工组织、现场指导、远程督促等手段，克服长宁地区高山降雨多、地质条件复杂、工程量大等问题。改建公路0.77千米，修建110米×82米井场1座，钢筋混凝土应急池1000立方米，挖填土石方52006立方米，安砌5387立方米，浇筑混凝土5111立方米。工程于2020年10月28日具备搬家安装条件，入选川渝页岩气前指勘探开发基建标杆榜。

宁209H42平台安全隐患治理工程。工程属于典型长宁喀斯特地貌，地下溶洞及暗河丰富，平台土层覆盖厚度40米，在施工过程中极易出现塌孔、缩径、漏浆等风险，平台桩基作业深度达

2020年7月2日，蜀渝公司工作人员正在宁209H72平台进行现场测量 （向晓洁 摄）

54米，普通旋挖钻机无法满足施工需求，首次引进"全回转跟进护筒施工工艺"，桩基作业平均进尺每小时4.78米，平均成桩时间16.6小时，25天完成桩基作业，缩短工期29.6%，节约直接成本6.3%。

【新工艺新技术推广应用】 2020年，川庆钻探工程公司推广应用新工艺新技术。自主研发形成水基岩屑制备烧结砖技术、水基岩屑制备免烧砖（砌块）技术、高填方填筑技术、钻前工程装配式组合技术和软土路基处理技术等5项新技术。其中高边坡防护技术、大直径钢筋直螺纹连接技术、预拌（砂浆）耐火砂浆技术、预制装配式整体结构施工技术、工业废渣及砌块技术和施工现场远程监控管理技术符合国家住房和城乡建设部推广的新技术。开展钻前工程装配式应用研究，缩减场面养护时间，减少复垦破碎工作量，形成绿色循环经济。在威远区块从预制加工、运输、安装等环节先试推广应用。开展饱和土石化应用研究，解决雨季和饱和土承载力和变形，减少路基雨水后的时间间歇，加快钻前工程施工进度。成品耐火材料供应118井次1 500吨。推广水坠施工技术48 000平方米，实现经济效益58万元。资源化利用生产86个项目，处理岩屑约88 082立方米，生产烧结砖约9 839.07万匹，实现经济效益224万元。

"陆上油气全过程绿色钻井关键技术与应用"获四川省科学技术进步奖二等奖，"降低钻前工程场面混凝土有害裂缝发生率"获四川省优秀QC成果。"一种脱油岩屑用于沥青混凝土道路面层的应用方法""一种页岩气钻前工程高填方土体压实施工方法""一种模块化方井的装配方法"和"一种模块装配式方井"等完成专利申请，"石油钻前工程轻型支挡结构"（专利号2019221041921）获实用新型专利授权。

（朱可）

运　输

【概述】 2020年，川庆钻探工程公司有车辆2 634辆，其中运输车974辆、吊车140辆、油田专用作业车914辆、载人车辆606辆。重庆运输总公司是川庆钻探工程公司下设专业化运输公司，经营范围包括普通货运、危险品运输、大件运输、吊装作业、天然气净化回收、仓储服务、国际国内货运代理、汽车修理服务、汽车驾驶技术及职业技能培训等。2020年，重庆运输总公司下设成都、遂宁、渝运、渝安和汽车服务分公司5个分公司，以及重庆安齐盛实业有限公司和长庆运输事业部、新疆运输事业部、青海运输事业部。其中，遂宁分公司负责川渝地区钻机、修井机的搬迁安装，大宗物资、钻井液、抢险物资和设备的运输，地面建设、重点工程项目建设物资运输任务和驾驶员、修理人员技能培训。渝安分公司负责酸液、液氮等危险物品和气田水运输。成都分公司主要利用社会物流车辆运作油田内部运输项目。汽车服务分公司负责重庆运输总公司各区域载人车辆管理。渝运分公司负责保障长宁、威远地区页岩气钻机、修井机搬迁和物资运输。安齐盛实业有限公司负责成品油、凝析油运输和利用

2020年8月9日，重庆运输总公司钻机搬迁车辆前往宁233井场

（唐阳睿 摄）

社会物流车辆进行油田外部市场开发、内部市场补充保障和雪佛龙罗家寨净化厂硫黄运输任务。在苏里格地区设长庆事业部，负责陕西、甘肃、宁夏、内蒙古地区的钻机、修井机和大宗物资运输任务；在新疆地区设新疆运输事业部，负责新疆地区钻机、修井机和大宗物资运输任务；在青海地区设青海运输事业部，负责青海地区钻机、修井机、大宗物资运输任务和南翼山、平台站、尖北站天然气净化回收业务。

【主要工作情况】 2020年，川庆钻探工程公司完成钻机搬迁273台（次），同比减少50台（次），下降15.48%。平均周期3.85天/台（次），同比缩短0.24天/台（次），平均运距181.74千米，增加20.34千米。其中，川渝地区161台（次），平均周期4.12天，同比减少0.13天；平均运距185.79千米，增加7.71千米。试油队搬迁509队次，同比减少107队次，下降17.37%。其中：川渝地区131队次，同比减少16队次，平均运距152.85千米，增加13.14千米，平均周期1.44天，增加0.01天；外项目部378队次，减少91队次。完成货运量787.22万吨，同比增加3.26万吨，增长0.42%；完成货物周转量14.35亿吨·千米，同比减少2.73亿吨·千米，下降15.98%；吊车作业56.96万台·时，减少5.41万台·时，下降8.67%。里程利用率53.48%，同比提高1.14%；出勤率71.29%，减少1.07%，安全行驶里程2523万千米。2020年，川庆钻探工程公司严格执行车辆报废审查和更新规定，全年报废车辆165辆，更新各型车辆56辆。 （袁 政）

物资采供

【概述】 2020年，川庆钻探工程公司将采购供应合规性及采购质量、效益、效率作为重点，明确物资、工程、服务采购及仓储管理提质增效工作目标，系统部署、精准调价、抱团取暖，多措并举战疫情、促保供、降成本、提效益。推进集中采购，严控采购质量风险，提升采购供应管理水平，完成集团公司下达的采购管理绩效考核指标和提质增效目标。

【主要工作】 2020年，川庆钻探工程公司采购物资117.02亿元，同比减少20.32%；对外签订工程和服务采购合同金额188.01亿元，减少15.06%。实施两级集中采购物资117.01亿元，两级集中采购度99.99%，完成集团公司下达的98%考核指标。工程、物资、服务招标率91.48%，完成集团公司下达的75%考核指标。年末库存物资4.61亿元，比年初下降15.36%；库存周转次数18.6次，完成年末库存降低率5%以上或库存周转次数10次以上的采购管理和提质增效考核目标。积压物资处置率36.62%。完成物资、工程与服务调价及新采项目5547个，节约采购资金24.18亿元，采购资金节约率12.17%，完成物资、工程、服务采购价格下降10%提质增效目标。

【招标实施】 2020年，川庆钻探工程公司在物资管理部设招标项目管理科，从项目委托、招标文件的编制确认到招标文件购买、开评标、中标候选人公示、结果反馈、异议处理、投标保证金退还等8个方面，制定川庆钻探工程公司集中采购项目委托招标工作流程，在A8系统建立集中采购项目委托招标业务线上审查审批程序，基本实现无纸化办公。收集编制年度招标计划，印发《关于编制上报2021年招标工作计划的通知》，收集所属各单位招标工作计划，整合优化形成川庆钻探工程公司2021年度招标采购计划。清理投标保证金，实时跟进督促西南招标中心在招标项目结算后，按照国家相关政策法规及招标文件约定，及时退还投标人的投标保证金；印发《关于清理未退还投标保证金工作的通知》，所属各单位均按通知要求进行清理退还工作。做好评标专家管理，编制《招标方案评审工作流程》，强化对招标方案评审专家推荐，对专业性不强、工作不负责任不予推荐为评审专家；配合集团公司评标专家库建设。对各单位上报集团公司评标专家库的专家，从学历、专业、工作履历等严格审核后上报集团公司。开展无效异议及投标造假投标人统计管理及处罚工作，对招标过程全程跟踪，对招标过程中投标人提出的异议综合分析，统计并记录，对不符合相关法律法规并影响招标工作进程的异议备案，依规限制相关投标人参与投标。对招标工作中投标人违规行为按照规定进行处理。

【物资集中采购】 2020年，川庆钻探工程公司完成2 403个物资采购项目调价及新采，物资采购资金节约率13.88%，完成集团公司下达的物资采购资金节约率10%和川庆钻探工程公司制定的提质增效目标。川庆钻探工程公司作为集团公司工业白油集中采购授权组长单位，牵头组织实施工业白油调价，经多轮次谈判，最终工业白油平均降价22%。选派专业人员，配合集团公司授权采购组长单位完成钻机、压裂车、钻杆、油套管、重晶石粉、陶粒等一级物资采购方案编制、审查以及招标采购工作，向集团公司提出价格调整及采购策略优化建议，参与集中采购的一级物资价格同比平均下降15.91%。按照中油油服安排，牵头组织完成酸化用稠化剂和压裂用破胶剂集中采购；配合完成油井水泥用外掺料、空心微珠、减阻剂等项目协同采购。

动态调整"三集中"采购目录，印发《集团公司、川庆钻探工程公司两级"三集中"采购目录（2020版）》，将能形成批量优势和关系到安全生产的物资纳入目录实施集中采购管理。编制2020年度川庆钻探工程公司物资采购计划，提前部署全年集中采购工作，制订集中采购运行大表，对每批"三集中"物资采购启动时间和完成时间进行统一安排。年初、年末分两批次集中开展"三集中"采购，完成降滤失剂、堵漏剂、除硫剂、钻具稳定器、套管稳定器、防喷器配件等"三集中"采购项目，并带动其他物资集中采购有序实施。通过实施"三集中"采购扩大目录式采购范围，减少"一单一采"采购。2020年川庆钻探工程公司目录式采购占总采购金额的73.62%。

为应对低油价、新冠肺炎疫情带来的生产经营压力，按照《川庆钻探工程公司物资、工程、服务采购及仓储管理提质增效专项行动实施方案》，开展物资集中采购提质增效专项行动。对新采项目按性价比最优原则，合理设置资格条件和技术要求，在满足生产和工艺前提下，通过整合技术要求，减少个性化需求，实施集中招标采购，实现采购资源和信息共享，形成规模优势。采取以上年采购价格平均下浮10%作为限价，增加价格权重，同质低价优先，价格与工作量联动等方式，编制采购方案。物资新采项目采购价格同比平均下浮15.42%。对即将开标或谈判的项目暂缓开标或谈判，开展近3年价格分析，进一步分析成本构成及变化，重新评估、更新招标控制价格，优化评分办法和授标原则，引入市场竞争，该类项目均实现价格控制目标。对已形成采购结果但未签订合同的项目做好市场价格调研，与供应商沟通协商，暂停合同签订，启动调价程序，以市场低价为基准进行降价，完成调价后签订合同，该类项目采购价格处于市场低价位。对已签订采购合同或框架协议但未履行完毕的项目暂停执行合同中未执行部分或暂停下达采购订单，逐项梳理，开展需求和市场调研，依法合规与合同相对人协商达成一致后，完成采购合同或框架协议变更。调价工作启动后，暂停执行重晶石粉、陶粒、石英砂等大宗物资框架协议，配合集团公司开展价格调整，公司相关单位依据调整后的价格完成合同变更。

【工程与服务采购】 2020年，川庆钻探工程公司完成3 144个工程、服务采购项目调价及新采，采购资金节约率10.67%，完成公司制定的提质增效目标。

首次组织编制工程、服务年度采购和招标计划，包括《川庆钻探工程公司2020年工程与服务项目采购计划》和《川庆钻探工程公司2020年工程与服务项目招标计划》，统计21家单位80万元以上采购计划共1 158项，招标计划442项，并对所有项目进行分类、排序、整理和分析，将需求同类项归类整合，结合历史采购情况，提炼出四类集中招标采购项目。

启用川庆钻探工程公司A8系统工程与服务采购管理模块，详细规范采购流程及上报资料；推行工程与服务招标方案模板，形成统一标准、要求，优化招标方案中市场调研、价格体系、评委选择等要素，实行过程考核；开展"页岩气压裂拼装式大型蓄水罐技术服务"等重大招标项目集中方案评审会议，对关键条款进行重点审核。

根据采购招标计划和历史采购数据，编制《2020年工程与服务三类及以上项目招标指导计划表》，采取由组长单位牵头，项目单位参与，共同编制招标方案，组织实施"旋转导向钻井技术服务""螺杆钻具技术服务""PDC钻井技术服务"和"页岩气井压裂井口阀门技术服务"4类集中招标采购项目，形成规模优势，服务商关注度高，市场竞争充分，在技术要求大幅度提高，潜在服务商相对稳定的情况下，实现采购成本大幅下降的目标。

分析2020年对标数据，发现工程、服务采购管理中的短板和瓶颈，召开专题研究会，找准症结所在，研究制定具体改进计划和改进目标。积极宣贯政策、沟通交流，对跟岗轮训人员和基层业务人员进行业务培训，提高业务人员素质。

按照《川庆钻探工程公司物资、工程、服务采购及仓储管理提质增效专项行动实施方案》，开展工程、服务采购提质增效专项行动。对已经实施的三类及以上工程与服务项目进行整体协调、安排部署，制订调价方案，根据市场调研和需求分析，逐项梳理，依据川庆钻探工程公司《关于做好合同调价法律风险防控工作的通知》，依法合规启动价格调整机制，按"一物一策"原则制定调价方案，与承包商进行协商谈判，确保调价过程法律风险可控，力争采购价格处于市场低价位。印发《川庆钻探工程公司工程与服务已实施采购项目调价谈判方案（模板）》，作为示范性引导，组织"水力振荡器技术服务""钻机动力技术服务"和"2019年顶驱设备租赁服务"3个集中采购服务项目的调价工作，以便各单位参照实施。对已签订采购合同或框架协议但未履行完毕的项目，制定《工程和服务采购项目调价工作安排表》，要求各单位暂停执行采购合同中未执行部分或暂停下达采购订单，逐项梳理，开展需求和市场调研，依规启动调价机制，与合同相对人协商达成一致后完成采购合同或框架协议变更。对尚未实施的项目，采取最高限价、低价优先、更新权重、价格与工作量联动等方式，优化采购方案，激励承包商降价，强化采购结果执行，对于有多个中标人的项目，采取优先选择价格低的中标人，根据生产实际需求，合理选择采购时机，按需签订采购合同。

加强内部集约采购，及时终止"长庆地区40型及以上钻机服务业务外包""气井下完井管柱作业服务""随钻震击器工具服务"3个三类及以上采购项目；在依法合规前提下，优先采购集团公司内部企业产品和服务，对优势目录内能满足要求的服务应采尽采。

【物资仓储管理】 2020年，川庆钻探工程公司年末库存物资比年初降低15.36%，库存周转次数18.6次，完成年末库存降低率5%以上或库存周转次数10次以上的采购管理和提质增效考核目标。积压物资处置率36.62%。

制定《物资仓储目视化管理规范》，明确仓储场所标识、标记，促进仓储现场管理水平提升。

开展川渝区域钻井队"集中储备+区域共享"、拓展长庆区域"联合储备共享"的仓储共享管理模式，调整区域内各作业单位物资领用方式，减少重复建设、重复采购。川渝区域钻井业务将原有的分散自行保障，调整为"集中+共享+配送"辅以少量自提为主的"2小时共享圈"保障模式，提高仓储资源利用率。长庆区域整合仓储资源，整理出涉及12个大类通用性物资，分别指定储备责任单位，其他单位直接领用，不再储备，以联合协作方式实现长庆区域内通用型物资的储备共享。分析近三年所属各单位库存金额、库存结构、分类占比及积压物资降低率等数据，结合当年生产运行情况，向各单位差异化下达仓储管理考核指标。重点跟踪指标完成进度，形成《库存物资月度分析报告》，对存在问题和指标完成困难的单位及时沟通交流提示。组织各单位开展半年、年终清仓查库，摸清家底，掌握库存情况，向库存结构较差的11家单位下发《采购管理考核风险预警函》。2020年底，国内库存1年及以下物资占比由83.73%提高到90.65%。与集团公司内部单位协同配合，采取"工厂到现场"的服务方式，整合配送需求，推动采购综合成本下降。与宝鸡石油钢管有限公司协商制定直达配送业务实施方案，降低油套管运输、仓储费用，采购综合成本下降10%。挖掘自有仓储资源、社会仓储资源、供应商仓储资源等，对货源充足、供应稳定可即采、即用、即结的物资，通过自有库房代储、供应商靠近生产区域自建库房实施自行管理和储存、与供应商共享仓储资源合作储存、供应商物资直达等多种方式开展代储代销。将物资当期出库的及时率，作为衡量代储代销情况的工作指标，通过电话沟通、季度通报等方式，对当期出库及时率低、库内滞留物资较多的单位进行督导。所属单位梳理所需生产物资类别和供货方式，结合自有及供应商仓储资源，形成代储代销清单，按"一物一策"制订代储代销措施，对部分物资类别试行"零库存"管理，多措并举开展代储代销工作。国内主要生产单位代储代销率86.57%。成立联合监督检查组对川东钻探公司、川西钻探公司、井下作业公司、长庆钻井总公司、长庆井下公司、长庆固井公司、钻采院等7家单位13个库房的仓储管理工作进行联合监督检查。主要检查库存规模控制、物资验收、实物管理、应急和危化品安全管理、条码系统应用等工作开展情况。

【供应商管理】 2020年，川庆钻探工程公司严格准入和开通临时交易权限供应商资质审查，开展供应商现场考察，从源头上管好供应商。2020年，新增准入供应商4家，转入供应商13家，转出供应商27家，恢复供应商交易权限58家，新增产品准入2779个；开通供应商临时交易权限50家，开通产品临时交易权限112家891个。完成2020年度物资供应商考核评价工作，对2020年与川庆钻探工程公司发生过物资到货业务的917家库内一、二级采购物资供应商进行考核评价，并按考核业绩将合格供应商划分为A、B、C三个等级，其中A级供应商40家，B级供应商84家，C级供应商793家。开展连续3年无交易供应商清理，对川庆钻探工程公司管理的连续3年无交易二级供应商，逐一核实，上网公示，根据最终清理结果，在电子采购系统2.0中暂停98家二级供应商交易权限。完善以黑名单为主的供应商失信惩戒机制，严格产品抽查不合格供应商、各类违规供应商的处理，引导供应商持续改进产品和服务质量，全年冻结产品质量抽查不合格、油化剂资质过期等问题供应商147家，纳入黑名单管理供应商21家。

【物资采购信息化建设】 2020年，川庆钻探工程公司推广运用ERP、电子采购信息系统，线上采购率97.89%，比2019年同期的97.05%提升0.84个百分点。完成川庆钻探工程公司所属试修公司ERP系统、电子采购系统2.0、电子招标投标交易平台上线初始化设置，2020年6月正式上线运行。依托ERP系统和电子采购系统，开展物资采购大数据分析，为两级"三集中"采购目录调整、集中采购策略制定、审计检查、绩效考核等，提供数据参考和有效支撑。优化ERP系统中的采购流程7个，新增配置库点109个，权限角色派生603个，开发完善报表15个；在电子采购系统中维护审批流217个，维护电商结算主体19个，搭建电商订单审批流19个，新增和修改账号378个，分配权限2 529次；在电子招标投标平台维护审批流69个，维护创建账号1 428个，新增角色20个，分配权限780个。处理各类系统问题2 411个。ERP、电子采购系统运维单位实施7天×24小时支撑服务，为抗疫物资及生产物资采购提供保障。组织各上线单位对电子采购系统2.0中错误、废弃单据进行清理，清理错误、废弃单据1 660条。审核物资编码申请，向集团公司MDM平台报审。全年审核物资编码12 395条，核准新增7 539条，分发3 152条。2020版两级"三集中"采购目录调整后，及时将目录维护进ERP系统，确保物资采购工作顺利开展。　　（谷达竹）

监督检测

【概述】　川庆钻探工程公司安全环保质量监督检测研究院是全国石油行业唯一集安全环保监督服务、技术检测评价服务、安全环保工程服务为一体的科技型企业。有9大配套特色技术，即"三高"复杂井安全环保评价与监督技术、防喷器性能验证试验技术、超高压气密封检测技术、井控井口装置声发射检测技术、在用油气管道检验及完整性评价技术、节能监测与评价技术、石油钻、修井机综合测评技术、钻井污水深度处理技术、井控装备测控技术。获CNAS检验机构认可证书、CNAS实验室认可证书、检验检测机构资质认定证书、API SpecQ2、BV ISO 9001质量管理体系认证、BV ISO 14001环境管理体系认证、国家安全生产检测检验、中国特种设备检验检测机构核准证（综合检验机构）等30余项国际、国家或行业资质。有国际标准化组织石油和天然气工业用材料设备和海上结构钻采设备中国技术归口单位、国家安全生产石油井控和钻采设备检测检验中心、石油工业井控装置质量监督检验中心等9个全国或行业性冠名机构。业务遍及国内各大油气田以及伊拉克、古巴、土库曼斯坦、伊朗等国家。

2020年4月26日，疫情期间，安检院员工在伊朗MIS油气处理厂坚守工作岗位　　（蔡科涛　摄）

【安全监督】　2020年，川庆钻探工程公司安全环保质量监督管理围绕"严管理、强考核、重惩罚、抓执行"监督工作思路，优化完善安全监督管理制度，严格业绩考核，强化履职尽责，确保新冠肺炎疫情期间安全监督工作有序开展。成立井控巡检督察组，配备无人机精确测绘井控设施布局，完成井控重点井巡检309井次，排查井控隐患810项，处罚井控违章326起。组建搬家安装监督组，加强搬家安装环节高危作业风险管控，减少管理资源占用，完成122口常规井及9口套搬井的搬家安装监督工作，全年未发生监督有责井控和搬安伤害事故事件。修订绩效考核实施细则，将井筒、地面安全监督纳入统一考核范畴，简化考核程序，采取分级考核方式，突出实用性，差异化制定考核条款。严格贯彻落实安全生产能力考评年活动要求，制定安全监督履职能力评估方案、模拟安全提示、现场查患纠违、绘制井控草图、实操空呼检查穿戴，对2018年以前参加监督工作人员开展履职考核，覆盖率达100%，对评估结果有效应用，淘汰评估不合格监督5名。全年钻（修）井现场派驻监督1 467人次，其中搬安井270人次、双监督井284人次、重点井556人次、地面建设现场派驻监督216人次，监督派驻覆盖率100%。累计排查整治隐患200 616项，其中地面建设5 754项；辨识纠正违章共16 336起，其中地面建设493起；扣绩效1 919 700元，扣积分25 858分，违章处罚率100%。

【工程监督】 2020年，川庆钻探工程公司优化管理组织机构，探索建立QHSE一体化监督管理模式，在安检院工程监督中心成立新疆监督管理部，梳理监督派驻等10个节点38个细节，明确具体管理内容、负责岗位人员、可能涉及的风险及风险控制措施。探索甲乙方一体化工程监督管理模式，与甲方两条线对现场进行巡检、技术指导。强化各专业协同的工程监督模式，联合甲方对同时在井的钻井监督、地质监督、试油监督进行专业协同。从严把控井控风险，编制井控"知责、明责、履责、考责"四责管理清单，从中心、项目部、井控专职岗及现场监督等4个层级逐级分解落实井控管理责任，明确具体电话跟踪提示清单、现场图片验证清单、工作记录仪视频验证清单、记录查验清单及专项督察清单。加强井筒质量巡检，制定井筒质量巡检督查工作方案及实施计划，利用现场巡查机会，主动与相关方交流井筒质量管理相关问题，推动井筒质量管理工作向科学化、规范化、精细化方向迈进。全年查找涉及井筒质量方面不符合项1 064项，其中井控隐患321项；开具备忘录10份，下达责令限期整改通知书207份，监督以"井筒质量全过程管控"为重点的复杂井243井次。

【环境监测】 2020年，川庆钻探工程公司制定页岩气开发环境保护标准和环境监测方案，从标准上、方案上规定开发过程中必须开展的环境监测内容。开展物联网远程监测，以及无人机监测探索，初步规划无人艇采样、页岩气勘探开发过程中环境遥感监测等课题。环境监测信息系统与生产系统、设备管理系统进行对接，共享水质、空气、噪声、土壤及固废五大类监测数据，实现平台内多系统共连、共享，使环境监测工作更加简洁化、信息化。利用无人机照相和卫星地图收集固定场所监测点位图片和资料，在报告编制中完善现场信息。参加国家市场监管总局、中实国金等组织的能力验证（测量审核、实验室比对）活动，申请水中pH值、氨氮、总磷、石油类、总硬度、高锰酸盐指数等，土壤中铅、镉等，空气中二氧化硫共20个项目44项次。全年出具环监报告4 031份；完成川庆钻探工程公司指令性任务环境监测点位5 367点、西南油气田分公司环境监测点位18 900点；甲烷检测8个作业区105个站室。川渝地区环境应急监测处置3次，页岩气应急监测活动150趟次。

【技术检测】 2020年，川庆钻探工程公司开展"石油和天然气工业用碳钢和合金钢螺栓连接""石油天然气钻采设备钻井井口控制设备及分流设备控制系统"等标准制定、修订4项，"气密封试验""防喷器型式试验""站内管道检验"QHSE作业指导书整合3项，"FPQ66140-25防喷器试验装置"设备操作规程制定、修订1项，"井控车间三标一规范""材料实验室三标一规范""技能鉴定实验室三标一规范"现场标准化建设巩固3项，为各检测现场作业流程规范化、标准化升级提供理论支撑。开展自动化建设项目4项，其中"气密封升降平台项目"和"防喷器翻转器项目"两个项目完成方案设计；"井口装备热成像检测技术项目"已在塔里木油田推广应用，"漏磁自动化检测设备项目"完成样机调试，各项指标达到预期值。通过CNAS、API Q2审核及防雷资质审核,为后续检验检测业务拓宽通道。搭建检验检测报告数据库,进行数字化管理平台检验检测模块建设、优化及推广应用。全年压力管道业务完成超声C扫描2 360处,超声B扫描2 190处,管道检验1 232条,走线1 911.418千米,焊缝检测1 474条,RBI评价448条,导波检测382处,开挖检测1 291处,井口检测62处,通断电电位测试1 505处,杂散电流测试175处,CIPS测试33.5千米,防腐层PCM走线196.13千米,土壤电阻率测试150处,土壤质地检测150处,阴保故障排查57.1千米,焊缝无损检测43处。容器检测业务完成无损检测56 620件(套),压力容器3 970台,安全阀996台,防喷器35台,声发射23台,液气分离器59台。产品性能检测业务完成井口气密封326套,防喷器118台,井控装置水压/气密封试验594套,阀门1 232只,储能器693只,井口、采油树、节流压井管汇等声发射检测57套,零星检测187套,防喷管25根,功能试验18套。海上平台综合检测完成钻机8大件检验71平台,仪表检测98平台,消防火气系统检测70平台,压力容器检测65平台,安全阀校验68平台,井控装置检测236台套,井口工具检测5 000件,电气设备检测48台套,润滑油检测2 500瓶。

(刘瀚琳)

国际合作与外事工作

总　述

大事记

井筒工程

油气合作开发与综合地质研究

生产服务

国际合作与外事工作

科技与信息

改革与管理

党建工作

群团工作

机构与人物

二级单位概览

附　录

国际合作业务

【概述】 2020年，川庆钻探工程公司在海外资源国具备油气田勘探开发生产建设一体化服务的能力和优势，并在有关国家设有分公司、项目部等机构，有专业技术研究和管理支撑团队以及各类配套设备和操作人员，本地化员工程度高。开展出国人员健康体检评估、防恐培训等工作，为海外项目提供全方位支撑服务。

【海外项目】 2020年，川庆钻探工程公司海外市场主要分布在土库曼斯坦、巴基斯坦、厄瓜多尔、伊拉克、吉尔吉斯斯坦、秘鲁、伊朗、阿联酋、刚果（布）等国家；设立土库曼斯坦、巴基斯坦、厄瓜多尔、中东、阿富汗、吉尔吉斯斯坦、玻利维亚、秘鲁、伊拉克、伊朗10个海外分公司，1个海外子公司（厄瓜多尔热带雨林公司）。有海外施工队伍76支，其中钻井队23支、修井队11支、录井队15支、固井队3支、定向井队2支、钻井液队伍19支、测试队1支、酸化压裂队1支、连续油管队伍1支。综合地质研究业务主要分布在土库曼斯坦、厄瓜多尔、哈萨克斯坦、伊朗、伊拉克等国家，国际贸易以迪拜为中心，辐射到南亚、中东、中亚等地区国家。

土库曼斯坦市场。2020年，扩大土库曼斯坦阿姆河市场份额，首次独家中标第六轮修井项目；签订酸化以及第五轮钻修井合同补充协议；固井、测试服务合同实现延续；排水采气和防腐检测项目取得实质性进展。同时，密切跟踪阿姆河套管检测、天然气康采恩管道检测、天然气康采恩地面管材及套管头等设备采购、海湾石油天然气公司3口续钻井等一批重点项目。

厄瓜多尔市场。2020年，新签合同额1.8亿美元。PAM公司TAMBOCOCHA油田第三期钻完井总包合同续签，合同金额1.48亿美元，成为海外业务的压舱石。签订安第斯钻井日费、固井、泥浆服务合同；中标PAM两年期修井和秘鲁固控服务项目。安第斯公司组织线上庆祝活动，对川庆钻探工程公司CCDC25队取得连续2 000天无损工工时的成绩进行表彰。

2020年2月，厄瓜多尔分公司中外员工为国内抗击新冠肺炎疫情加油
（郭永歧 摄）

巴基斯坦市场。2020年，有2部钻机再获巴基斯坦国家石油公司（OGDCL）日费服务合同，钻井液技术服务得到认可，甲方主动追加工作量并增加合同预算420万美元。参与日费钻井外的项目投标，密切跟踪OGDCL钻头服务、钻机检测服务、POL钻井液服务项、取心服务等系列项目。

中东和非洲市场。2020年，签订伊拉克哈法亚油田腐蚀预测和预防管理服务、艾哈代布油田检测服务等合同6个，总金额1.78亿元。推介钻机检测、井控应急救援等特色技术，通过多次交流座谈，川庆钻探工程公司与中海油服（COSL）

签订全球战略合作协议,通过中国海油乌干达钻井总包项目技术标,排名第一。刚果布佳柔油田压裂服务项目全部结束,人员撤回国内。

【国内反承包项目】 2020年,川庆钻探工程公司国内反承包市场分布在道达尔苏里格南项目、壳牌长北项目、雪佛龙川东北项目等。业务涵盖钻前施工、钻井、录井、固井、泥浆、井下压裂、试气等。新签合同额5.33亿元,同比增长37.3%;完成产值4.69亿元,同比下降2.9%,其中长庆井下公司道达尔苏南项目完成产值2.27亿元,长庆钻井总公司壳牌长北项目完成产值1.52亿元。

苏里格南天然气开发项目。2020年,开钻7口井,完钻7口井,进尺2.72万米,压裂试气作业完成83口井,速度管柱作业完成14口井。长庆井下公司续签苏南道达尔项目压裂一体化服务合同,合同金额2.25亿元,并创造10年无LTI损工工时新纪录。

壳牌长北二期项目。2020年9月成功中标两部5000型钻机,2020年11月20日开钻,合同金额2.1亿元,钻井市场份额75%,井下作业服务100%。7000型钻机开钻3口井、完钻3口井、进尺1.79万米。长庆钻井总公司70210钻井队获壳牌全球钻机承包商KPI业绩亚太区HSE绩效排名第一。

其他工程项目。雪佛龙川东北钻井系列项目启动招标,钻采院签约定向服务、钻井设计项目。

【国际贸易】 2020年,川庆钻探工程公司出口贸易额1448万美元,主要是钻机配件、其他消耗材料、有关配套临时设施等。

【商务运作】 2020年,川庆钻探工程公司对外合作和市场开发处主要负责公司海外新开项目的立项、申报备案工作,审查完善上报项目安保方案等;国际工程公司、安检院具体负责项目投标、项目运行管理等工作,所属相关单位密切配合支持海外项目运行,机关各部门组织做好海外出国人员的健康体检评估、防恐培训、出境立项、手续办理、外事教育、报关清关、商务谈判、物资采购发运、经营管理、资金运作和财务结算等管理协调工作。

【防恐安全】 2020年,川庆钻探工程公司组织参加集团公司海外防恐安全线上培训25期(次),培训342人(次),其中管理人员培训60人(次)。因公出国(境)团组和海外项目人员防恐安全培训率100%。组织海外社会安全管理体系远程视频培训,培训海外项目30人,有效提升海外项目社会安全管理水平。

【HSSE管理】 2020年,川庆钻探工程公司严格落实《集团公司国际业务社会安全管理五维绩效考核暂行办法》要求,组织开展五维绩效考核资料、社会安全体系和预案审查资料收集和预审查工作,完成线上系统上传。在集团公司2020年五维绩效考核中,川庆钻探工程公司以93.5分获集团公司涉外企业排名第六,成为9家"卓越级"单位之一,可以进入集团公司评定的任何风险地区市场领域作业。川庆钻探工程公司涉外社会安全突发事件应急预案和巴基斯坦项目(极高风险Ⅲ级)社会安全突发事件应急预案通过集团公司备案审查,厄瓜多尔项目(高风险Ⅰ级)的安保计划通过集团公司社会安全管理体系备案审查。

识别社会安全风险。根据集团公司项目备案及核准规定，审查巴基斯坦、伊拉克、厄瓜多尔等海外高风险国家项目安保方案16个，做到"一项目一方案"，有针对性地识别社会安全风险，并督促措施落实。

发布安全预警。密切关注各项目所在国政局、外交和各种社会复杂情况等动态信息，加强信息收集和研判，及时获取，准确分析。针对项目各地频发社会安全事件的严峻形势，及时向伊拉克等项目发布安全预警1次，督促海外项目采取安全防范措施，保证人员安全。

海外社会安全和HSE体系审核。按照中油油服要求，及时编制审核方案，对国际工程公司机关所有科室和3个基层单位进行审核，督促各海外项目开展自检自查。审核发现问题228个，全部完成整改，并向中油油服提交审核报告。

完善应急预案。根据川庆钻探工程公司应急预案（F版）修订工作安排，修订完善公司级涉外社会安全突发事件专项应急预案、涉外公共卫生突发事件专项应急预案。组织厄瓜多尔项目进行海外社会安全突发事件应急桌面演练，磨合国内与海外项目之间的协调联动机制，提高海外现场各岗位的应急处置能力。

新冠肺炎疫情防控。2020年，新冠肺炎疫情在全球暴发，川庆钻探工程公司海外有中方人员的项目分布在8个国家，除土库曼斯坦未公布确诊病例外，其余7个国家均先后发现疫情，且呈持续快速蔓延之势。面对严峻形势，川庆钻探工程公司完善国际业务疫情防控工作机制，突出各类风险管控，始终把"提前分析，提前预警，提前部署，提前行动"和"早发现、早报告、早隔离、早治疗"作为疫情防控最重要的工作原则，编制《川庆钻探工程公司国际业务新型冠状病毒感染肺炎疫情防控领导小组的方案》，构建川庆钻探工程公司、涉外单位、驻外分公司（项目部）三级联防联控机制；严格执行疫情日报制度和零报告制度，组织出国人员自愿参加新冠肺炎疫苗应急接种。截至2020年底，国际工程公司自愿接种疫苗537人，海外项目中外方人员未出现疑似病例或确诊病例。密切关注项目所在国和周边国家疫情，参与集团公司国际业务新冠肺炎疫情防控工作指导意见修订。牵头组织涉外单位和海外项目根据现场实际，结合集团公司要求，完善8个海外项目疫情防控方案和应急处置预案并督促落实，同时参与中油国际等单位所属10个海外项目疫情防控方案的评审和修订，推进海外疫情防控工作平稳受控。组织涉外单位和海外项目参加3次集团公司海外疫情防控视频巡检，并督促整改问题8项；督促涉外单位和海外项目完成疫情防控视频巡检194次，整改问题99项，完成疫情防控培训43次，培训23 960人次，实现在岗中外员工疫情防控培训率100%。督促海外中方员工在海外风险预警App如实更新健康信息，实现100%健康在线监测。

【重点工程】 2020年，川庆钻探工程公司厄瓜多尔P油田增产服务项目年钻井2开1完、试油1开2完，项目钻井9开8完、修井1开1完、试油8开8完。投产7口井，日产3 500余桶，平均单井产量好于预期。截至2020年底，产油112万桶，累计产油150万桶。

巴基斯坦OGDCL公司钻井液服务项目。巴基斯坦北部和中南部两个合同区块开展钻井液技术服务22口井，完成16口井；开展材料服务17口井，完成10口井。服务范围覆盖OGDCL钻机16台。

（张优禄）

外事管理

【概述】 2020年，川庆钻探工程公司围绕年度工作目标，融入集团公司"一带一路"发展战略，坚持"严格管理、协调联络、全力保障、融合和谐"外事工作目标，推动川庆钻探工程公司对外合作与交流，促进国际业务高质量稳健发展。

【外事教育】 2020年，川庆钻探工程公司在常规外事教育基础上，增加出国人员新冠肺炎疫情防控和党的建设等方面的培训，并督促相关单位建立健全外事培训记录。推进外事教育在线考试，所有出国人员必须通过考试才能进行出国申报，出国人员在线考试率100%。执行临行外事教育，重点突出外事纪律以及旅程安全、沟通交流、行为礼仪、保密等内容，收集典型案例，丰富内容。

【涉外管理】 2020年，川庆钻探工程公司推进海外项目人员有序倒班，为海外业务安全平稳发展提供服务保障。严格执行"外语考试合格、防恐培训合格、健康评估合格"选派出国（境）人员，对不符合要求人员不再立项、不再派出。截至2020年底，到境外执行项目团组42个，出国立项人员532人。近20名人员通过外语考试。安排、协调1名到意大利培训人员回国前的物资准备、乘机安排、中转防疫、航班衔接、回国隔离联系等面，确保人员顺利回国。

针对因新冠肺炎疫情导致海外项目人员倒班困难的情况，统筹国内和海外各项管理要求，督促各单位拟定现场倒班计划。按照集团公司《中国石油国际业务新冠肺炎疫情常态化防控工作指导意见》要求，梳理各项工作办理流程，加快办理海外人员出国和回国前置审批。关注海外商业航班复飞和集团公司包机，及时了解航线动态、多渠道购买回国机票。配合做好人员出入境各项手续事宜。高效办理健康体检评估、外语考试和外语认定、出境证明、倒班签证等。全年海外轮休437人次，年底在岗海外人员311人。巴基斯坦、厄瓜多尔、伊朗项目人员完成100%倒班，刚果（布）3名项目人员全部回国。

利用证照管理平台，定期对川庆钻探工程公司因公护照的办理、使用、入库情况进行清查，并按要求做好出国人员回访。对载有有效签证的失效护照进行集中保管，严格做到回国人员护照回缴率100%。针对受新冠肺炎疫情影响的海外项目人员无法正常倒班回国换发护照的情况，川庆钻探工程公司积极沟通协调，外交部发函为土库曼斯坦分公司、巴基斯坦分公司、厄瓜多尔分公司7批次45人在境外换发因公护照，确保境外人员持有有效证件，保证通行。用不到24小时间紧急为厄瓜多尔分公司1名护照到期员工（因使馆暂缓境外换发）协调办理旅行证，并赶在疫情防

2020年7月7日，国际工程公司在成都召开海外员工家属座谈会
（王轶林 摄）

控"双阴"检测政策实施前"窗口期"回国。

建立川庆钻探工程公司与国外石油公司之间沟通交流机制,借助国际先进技术和管理理念窗口,搭建国际化交流平台,为树立公司国际化形象奠定坚实基础。

(周　薇)

科技与信息

总　述

大事记

井筒工程

油气合作开发与综合地质研究

生产服务

国际合作与外事工作

科技与信息

改革与管理

党建工作

群团工作

机构与人物

二级单位概览

附　录

科技进步

【概述】 2020年，川庆钻探工程公司坚持问题导向与需求导向相结合，突出生产技术瓶颈攻关，开展提质增效和创新提升年专项行动，严控经费使用，落实科技激励，发挥科技基础条件平台支撑作用，保障知识产权体系有效运行，超额完成年度工作目标。实施川庆钻探工程公司级及以上科研项目311项，其中承担（参与）国家级科研课题25项、集团公司项目（课题）35项、中油油服项目15项、公司级科研项目236项。将二级单位自立项目纳入统一管理，新开项目230项。川庆钻探工程公司下达科研项目经费43 059万元，其中转拨国家专项经费1 571.21万元，转拨集团公司科研项目经费17 433.73万元、中油油服科研项目经费2 690万元，下达公司级科研项目经费21 364.13万元。

2020年7月9日，川庆钻探工程公司党委书记、总经理李爱民（左三）到西安调研，听取长庆钻井总公司关于强化技术集成创新、推进科技进步的汇报，并与技术专家和技术带头人座谈交流
（杨增亮 摄）

【技术创新】 2020年，川庆钻探工程公司坚持科技创新引领，瞄准市场方向和需求，着力科技攻关，解决生产技术难题，推进新技术、新工艺集成应用，突出开展深井复杂井、页岩气井及重点区块、重点层位提速降本增效，全面完成各级科研项目年度科技计划任务，初步形成以解决现场难题为核心、基础应用研究为支撑、专业协同攻关和开放联合研发为两翼的科研工作格局，在钻井工程、油气田开发工程、地质工程、安全环保技术、信息技术5个方面取得新的发展和突破。

钻井工程技术。2020年，川庆钻探工程公司在复杂深井、非常规油气水平井钻完井技术方面，扎根川渝、长庆、塔里木、苏里格等作业区域，开展提速提效、降低复杂事故等技术攻关，形成一批重大标志性成果。攻克零、负窗口钻完井系列难题，研究形成"钻—测—固—完"全过程精细控压钻完井6类15项技术，成为深井、超深井勘探开发的必备利器；基于旋转导向、油基钻井液等技术，创新形成页岩气长水平段水平井优快钻井技术、页岩水平井防卡、长水平段降摩减阻技术，有效提高机械钻速，缩短钻井周期。在钻井技术与装备方面，攻关形成以钻柱扭摆、高效PDC钻头为核心的深井、超深井钻井提速技术与装备，进尺比例从60%提高至97%，深井超深井钻井速度由2.27米/时提高到3.73米/时，成功钻成中国石油陆上最深水平井；形成满足页岩油气、致密油气快速开发的核心装备CG STEER旋转导向系统，攻克六大核心技术瓶颈，完成15口非常规油气水平井现场工业化应用。在钻井液方面，自主开发关键核心处理剂，形成页岩气油基钻井液技术，全面替代国外进口产品；创新研发的AKUAFAST环保钻井液体系解决上部井段松软地层造浆严重及钻具泥包等问题；研究开发出高密度复杂深井钻井液系列，包括多元强吸附抗高温聚合物钻井液体系、多氢键强吸附螯合抗高温聚璜钻井液体系，最高密度

2.38 克/厘米³，适用井深最深 8 060 米，最高井底温度 191℃，保障深井安全钻进。在固井技术方面，形成深井超深井固井技术，研发高压/封隔式尾管悬挂器、固井用裸眼封隔器等固井工具，有效解决高压气井喇叭口异常窜气问题，同时研发出宽温带高温缓凝剂、韧性剂、柔性防窜剂等关键性外加剂，开发形成韧性微膨胀等水泥浆体系，保障高压深井气井井筒完整性；形成底水油藏固井技术，以提高颗粒黏滞力和溶蚀作用为手段形成强触变膨胀胶乳水泥浆体系与复合酸性前置液体系，实现底水油藏高质量固井。针对完井试油环节，形成"三高"井完井试油成套技术与装备，突破井下高温、高压完井试油装备、工具与工艺技术瓶颈，具备 200℃、140 兆帕的完井试油作业能力，对应指标开发出成套装备与井下工具，形成配套工艺技术。

油气田开发技术。2020 年，川庆钻探工程公司形成页岩气工厂化作业技术，以集约化布井、批量化钻井、拉链式压裂、清洁化生产为核心，有效降低生产成本，提高作业效率，加快资源动用进程。在储层改造方面，页岩气水平井体积压裂技术取得重大创新和突破，形成压裂优化设计、水平井砂塞分段体积压裂、高效抗盐降阻压裂液体系、工厂化压裂作业、连续油管复杂处理作业等关键核心技术，开发页岩储层水平井多级压裂优化设计决策系统；形成以深度酸压、高温工作液和水平井裸眼分段压裂酸化为核心的高温深井储层改造技术，提升高温深井碳酸盐岩储层改造力度，配套研发出高温低摩阻工作液、高温压裂液、高温加重压裂液、高温稠化酸以及水平井裸眼工具，应用到高石梯—磨溪、川西、川东深层 200 余井层。在配套工艺方面，创新形成致密气大丛式井平台配套工艺技术，包括致密气水平井桥塞分段精细化压裂技术、大丛式平台井工厂化压裂模式、桥塞分段压裂标准化作业模板；开展二氧化碳压裂工业化配套应用，创新设计制造液态二氧化碳氮气地面增压装置和供液系统、优化配套二氧化碳地面循环冷却装置及专用储罐，提高作业效率与二氧化碳利用率。在增产技术方面，形成以"压裂施工—闷井蓄能—油水置换"为思路的长庆低渗透油田驱油压裂液施工工艺技术，开发 2 套新型驱油压裂液体系；攻关形成适合长庆油田高压欠注水井的精细调剖降压增注技术，有效缩短施工周期，降低作业成本，提高措施有效率，降低安全环保风险。

地质工程技术。2020 年，川庆钻探工程公司攻关形成国际领先的高精度页岩储层预测识别技术，微裂缝预测符合率由 60% 提高至 75% 以上、储层预测符合率由 55% 提高至 67% 以上，实现核心建产区资源动用率 90% 以上，页岩气储层解释符合率超过 90%；形成苏里格高含水致密砂岩气藏有利区优选技术，突破传统认识首次提出"近源成藏、断砂疏导、高点聚集"的成藏新模式，完善苏里格气田成藏地质理论，攻克因复杂近地表条件导致的地震资料成像精度低的技术难题，为合作区块的持续稳产提供重要保障。

安全环保技术。2020 年，川庆钻探工程公司创新形成井喷失控着火抢险救援关键技术与装备，针对井喷失控着火的特殊性、复杂性和危险性，研制适用于高压高产井抢险的成套井控应急救援特色装备，成功处置国内特高压、高产的井喷失控险情。

信息技术。2020 年，川庆钻探工程公司重点围绕工程信息一体化平台和智能化钻完井等方面开展项目攻关，在工程作业数据采集、信息数据集成应用、专家支持系统等方面取得重要进展。自主研发的二氧化碳压裂远程集中控制系统、页岩储层水平井多级压裂优化设计决策系统实现工业化应用；形成基于大数据平台的井筒作业全产业链生产运行系统，在一体化平台的基础上开展生产运行相关业务数据采集、应用研究，开发国内首个井筒工程全专业链生产管理平台，建立基于工作流程的井筒作业订单式生产管理模式，搭建基于井筒大数据与生产应急资源融合的井控应急抢险平台，形成国内最全面的井筒作业智能生产报表系统，促进生产管理模式数字化转变。

【科技平台建设】 2020年，川庆钻探工程公司规范化管理实验室和试验基地，保障科研基础条件平台有效运行，完善科技基础条件平台功能，提升科技创新能力。围绕生产和技术服务、科学试验研究需求，新增仪器设备5台（套），依托基础条件平台开展185项各级科研项目，分析测试样品11 786件，开发新试验功能16项，616人次进入实验室开展各项研究，创新支撑保障能力显著增强。

【科技管理】 2020年，川庆钻探工程公司开展生产技术瓶颈攻关，持续推进复杂深井油气藏工程技术中心、页岩气工程技术中心、致密油气藏工程技术中心3个工程技术中心建设。组织多轮次企校合作研讨，与中国石油大学（北京）、重庆科技学院签订战略合作框架协议，企校合作创新联合体构建基本成型。开展提质增效和创新提升年专项行动，健全科技决策制度，全面落实党委联系服务技术专家工作机制，健全完善技术专家岗位责权划分。优化科技创新制度，严控经费合规使用，落实科技激励政策，全面完成集团科技绩效考核指标和年度工作任务。围绕科技创新综合能力提升，推进科技管理量化年度审核，对所属17家研发单位开展科技创新量化审核，开展科技创新管理综合评估，推动各单位科技创新体系化、系统化。全面推进科研"全成本"管理，科研支出应归尽归，确保研发费加计扣除及高新技术企业投入达到要求，协助国务院国资委检查组对承担的10个项目进行抽查，完成问题整改。

2020年11月25日，川庆钻探工程公司与航天集团三十三所在成都开展工作交流座谈　　　（王　敏　摄）

【成果推广应用】 2020年，川庆钻探工程公司开展自主创新的新技术新产品科技成果推广应用，增强科技创效水平，全面服务生产经营。组织所属单位实施科技成果转化推广应用项目148项，创效99 800万元。其中，中油油服绩效考核5个推广项目完成推广目标。

【专利与知识产权保护】 2020年，川庆钻探工程公司从资源管理、基础管理、实施与运行等管理要素出发，提升知识产权的获取、维护、运用和保护水平，促进生产经营活动中各环节知识产权管理活动规范化。修订《川庆钻探工程公司知识产权管理实施细则》，举办知识产权宣传培训，培育重视知识产权保护的企业文化。按照"激励创造、依法保护、有效运用"原则，依托各级科研项目，以创新成果为保护对象，采取以专利为主，计算机软件著作权、企业技术秘密为辅的策略，开展知识产权组合保护。全年组织申请专利459件（其中发明专利267件），有215件专利获国家授权（其中发明专利41件），软件著作权登记63项。完成1 160件专利权属变更工作。

【年度获奖项目】 2020年，川庆钻探工程公司围绕关键技术难题，重点加大科技投入，在工程技术服务领域取得一批重大科技成果，有力地推进油气田建设。获省部级以上科学技术进步奖14项（牵头申报6项、联合申报8项），其中特等奖2项、一等奖3项、二等奖6项、三等奖3项（表1）；获省部级技术发明奖1项（表2）。评出公司级科学技术进步奖26项，其中一等奖5项（表3）、二等奖13项、三等奖8项；技术发明奖1项，其中一等奖1项（表4）；基础研究奖3项，其中二等奖1项，三等奖2项；科技创新团队3个。

表1 2020年川庆钻探工程公司获省部级以上科学技术进步奖项目一览表

项目名称	主要完成者	等级	授奖主体
川南3500米以浅页岩气规模有效开发理论、技术及应用	伍贤柱 张 庆 戴 勇 邓 乐	特等奖	集团公司
鄂尔多斯盆地源内非常规庆城大油田勘探突破与规模开发	李晓明 孙 虎	特等奖	集团公司
川渝页岩气钻完井关键技术与工业化应用	韩烈祥 钱 斌 李 维 张德军 冉启华 张永强 吴春林 谭 宾 李跃纲 谢 意 连太炜 曾小军 周长虹 欧阳伟 李洪兴 李玉飞 万 伟 吴 朗	一等奖	集团公司
非常规油气钻井用抗高温长寿命螺杆钻具	罗西超 郭添鸣 何 军 李显义 屈 刚 王洪涛 晏 凌 钟 伟 张昕冉 郭 晨 周家齐 刘 凤	二等奖	集团公司
精细控压安全钻井成套技术及工业化	李枝林 梁海波 肖润德 王治平 陆灯云 谢永竹 江迎军 唐国军 聂世均 古光平	一等奖	四川省
陆上油气全过程绿色钻井关键技术与应用	刘 石 贺吉安 黄 敏 肖洋峰 谭树成 蒋学彬 谢海涛 许志斌	二等奖	四川省
川西地区大型碳酸盐岩气藏超深井钻完井关键技术	韩烈祥 刘 伟 姚建林 杨博仲 陈 作 付建红	三等奖	四川省
川渝页岩气2500型压裂机组研制及工厂化作业示范	黎宗琪 张增年 刘有平 席建秋 樊春明 孟 军	三等奖	四川省
环保型钻井液材料及其废弃钻井液处置研究与应用	张 洁 陈 刚 杨 斌 汤 颖 顾雪凡 张建甲 张 黎 都伟超 陈 东	二等奖	陕西省
页岩油气开发远程控制大功率压裂机组研制及工程应用	戴启平 张 斌 李华川 刘润才 郑家伟 张仕民 董富强 张铁军 张正祖	二等奖	陕西省
高难度复杂井试油与完井油套管柱安全评价与控制技术及应用	窦益华 曹银萍 秦彦斌 李明飞 王治国 王祖文 马文海 崔 璐 于 洋	二等奖	陕西省
CQ-ECAT环保清洁密闭在线酸化工艺技术	张 冕 高 燕 兰建平 邵秀丽 景志明 柴 龙 樊 炜	三等奖	陕西省

续表

项目名称	主要完成者	等级	授奖主体
空心微球新材料工业化技术开发与应用	许传华 刘亚辉 李 波 汪 俊 周仕明 宋茂林 邢鹏举 汪光辉 宋维凯 杨广国	一等奖	安徽省
复杂地层长水平段页岩油气安全高效钻井关键技术与应用	张菲菲 王越支 罗春芝 冉小丰 于志强 王怡迪 严 忠 薛让平 王 茜	二等奖	湖北省

表2　2020年川庆钻探工程公司获省部级技术发明奖项目一览表

项目名称	主要完成者	等级	授奖主体
非常规油气高效开发纳米复合减阻剂的研究与工业化应用	余维初 WU JUN 李 嘉 李 平 李建申 胡 光	二等奖	湖北省

表3　2020年川庆钻探工程公司科学技术进步奖一等奖项目一览表

成果名称	主要完成单位	主要完成者
CG STEER-01旋转导向系统研制与应用	钻采工程技术研究院、页岩气工程项目部、页岩气勘探开发项目经理部、川东钻探公司、川西钻探公司	陆灯云 白 璟 韩烈祥 孙海芳 岳砚华 张德军 付 强 干建华 唐晓明 王新建 肖占朋 张继川 高 林 刘 伟 谢 意 张 庆 谢祥锋 连太炜 郑超华 廖 冲
威远页岩气高产井培育技术与规模化应用	页岩气勘探开发项目经理部	王治平 张 庆 刘子平 李宜真 陶建林 李彦超 肖剑锋 何 封 刘 琦 周一博 沈建国 邓 才 李 荣 姜 巍 屈 玲 冯 强 李经伟 杨亚东 任晓海 王 华
复杂深层精细控压钻完井技术及规模化应用	钻采工程技术研究院、工程技术处、川西钻探公司、川东钻探公司	杨 玻 左 星 江迎军 谭 宾 陆灯云 干建华 李 照 王明华 谯抗逆 古光平 钟 元 魏 强 高如军 刘小玮 蒋 林 袁志平 梁玉林 雷 雨 黎 凌 向朝纲
井喷失控着火抢险救援关键技术与装备	钻采工程技术研究院、工程技术处	晏 凌 罗 园 卿 玉 罗卫华 王 勇 王留洋 李玉飞 刘俊男 胡旭光 谢意湘 刘贵义 李红兵 胡光辉 赖向东 周文彬 杨 宁 钱卫斌 刘 伟 曾国玺 宋来阳
二氧化碳压裂新装备、新材料研发与工业化配套应用	钻采工程技术研究院、长庆井下技术作业公司、低渗透油气田勘探开发国家工程实验室、中国石油油气藏改造重点实验室—二氧化碳压裂增产实验室	宋振云 王祖文 杨延增 兰建平 章东哲 李 勇 夏玉磊 周 然 郑维师 叶文勇 詹 勇 苏伟东 聂 俊 孙 虎 郭春峰 刘广春 魏小房 方晓军 叶 赛 王兴建

表4　2020年川庆钻探工程公司技术发明一等奖项目一览表

成果名称	主要完成单位	主要完成者
油水井套管阴极保护智能化新技术	钻采工程技术研究院、低渗透油气田勘探开发国家工程实验室	高宝元 陈在君 李昭辉 张新发 贺艺军 郭 亮 吴保玉 曲先伟 陈小荣 王 玉

(毛　斌)

信息化建设

【概述】 2020年,川庆钻探工程公司信息化工作坚持集团公司信息化"六统一"原则,围绕数字井筒、数字油气田两大核心业务,推进数字化、可视化、自动化、智能化发展,开展工程技术一体化平台、ERP2.0经营管理系统和综合协同办公3个平台应用研究,为工程技术、生产运行、经营管理、综合办公提供保障,为川庆钻探工程公司"防疫情、保发展",建设特色鲜明、领先发展的油气工程技术综合服务商作出积极贡献,为推动集团数字化转型升级做好技术支撑。2020年,川庆钻探工程公司获中国信息协会颁发的中国能源企业信息化管理创新奖、中国西部企业信息化峰会组委会颁发的"中国西部企业数字化转型优秀实践单位"称号,完成国家、四川省护网攻防演练行动,9人获集团公司先进个人。川庆钻探工程公司攻击队组队参加国家公安部举办的第二届"网鼎杯"网络安全大赛,其中"石油工人"队以"朱雀组"(金融、能源、政法等行业)第15名、全国第18名的优异成绩进入线下赛。

【基础设施建设】 2020年,川庆钻探工程公司夯实信息化基础服务建设,保障信息化建设开展。完善和扩充云平台,实现可靠安全的基础架构云平台。利用云平台基础架构,以构建可靠、弹性、安全的基础架构平台为目标,更新业务支持服务器,运用网络虚拟化技术,实现池化管理的细粒度安全管控和网络资源的自动化管理,满足2.0对于云平台内部安全的要求。构建统一云门户,快速、便捷地管理和使用分布在不同物理位置的云资源,合理调配不同云平台资源,达到资源利用最大化。构建统一通信系统,为即时通信赋予新功能。员工通过统一通信拨打桌面电话,随时随地召开视频会议、电话会议、发送文件等,广泛应用于员工日常办公、生产指挥和应急抢险等方面,实现个人移动通信、传统电话、IP电话、即时通信、现场对讲互联互通,开创集团公司统建项目在地区单位推广应用的最佳实践。升级优化中心机房物理环境,通过对中心机房的安全整改,解决中心机房空调系统、UPS系统长期积累的问题,改善机房的配电、装饰、照明、消防等辅助性系统问题,系统总体恢复正常,机房动环运行条件得到极大改善。开展信息安全工作,完成集团公司终端敏感数据审计系统推广,所属二级单位完成全覆盖。完成安全管理平台(二期)项目建设,进一步提升信息安全"可视、可管、可控"能力。

【应用系统建设】 2020年,川庆钻探工程公司深化ERP大数据融合治理与分析,发挥决策支持服务作用。财务集成比率持续上升,2020年ERP财务集成凭证量比重约77.77%(2019年为76.25%),集成性趋于上升,资产平台生成转资及折旧凭证15 112张。财务集成比率的持续上升意味着财务数据与其他业务数据(如采购、生产等)的集成程度更高,数据一致性得到提高,有助于提高决策质量,优化资源配置,增强风险控制能力。物资、设备和项目管理集成度持续提升,2020年入库单据140 025条,出库单据407 154条;入库金额63.62亿元;出库金额63.42亿元;结余库存2.99亿元,库存减少;维护设备台账45 860条,新增设备10 965台,报废设备67台,处理设备维修2 605项,设备台账全部纳入ERP,维修业务逐步纳入ERP管理。创建项目7 974

个，科研项目730个，投资项目496个，单井项目6 000个，财务类项目748个。物资管理集成度的提升，在库存优化方面提供更精准的库存管理，减少库存积压和缺货风险，同时能够更好地监控物资采购、存储、使用和处置等环节的成本，从而实施有效的成本控制措施，降低运营成本；设备管理集成度的提升，通过实时监控设备状态，实施预防性维护，减少了故障和停机时间，同时提高设备利用率，减少闲置设备，降低设备投资成本；项目管理集成度的提升，实现实时跟踪项目进度，更有效地协调项目所需的人力、物资和设备资源，并且通过实时成本监控，确保项目成本控制在预算范围内。完成物资模块物资计划流程进行优化和调整，对已有的物资计划流程和平库功能做重大调整，将原有的需求计划、采购计划、采购建议意见调整为需求计划和采购计划，优化计划流程，提高采购效率。试修公司成立后，快速完成ERP系统推广上线工作，ERP业务平稳运行，经营管理信息化水平逐步提高。推动ERP2.0系统市场（销售）模块应用，完善系统内服务收入类合同中的完工测算和竣工结算管理流程，加强结算过程管控和结算数据记录，使项目建设全过程管理主线中数据链条完整，报表数据准确，合同执行状况可实时监控分析，满足精细化管理需求，实现运营监控、经营与绩效分析、有效支持业务决策，最大化资源利用效率。推广川庆钻探工程公司电子采购2.0，设置采购方案、采购结果、供应商管理、框架协议、采购目录等业务流程审批流253个，创建用户账号862个。发布二级采购目录9 254条，接收ERP采购计划8 566行。采购方案3 640条，采购结果6 593条，采购订单7 358条。形成电采采购订单总金额118亿，其中第三方电商1 587万元，目录采购92.7亿元，目录式采购占采购总金额的78.55%，目录式采购比例逐年上升，减少采购环节，提高采购效率，提高系统易用性；电子采购2.0的推广应用，优化了采购流程，确保所有采购活动遵循相同的规则和标准，同时减少手工操作和纸质文档的处理，节省采购过程中的管理成本，为采购活动提供实时记录和追踪，增加采购过程的透明度，还通过对供应商信息的集中管理，包括供应商的资质、评价和交易历史，对选择和评估供应商提供支持。电子招投标交易平台上线以来涵盖机关和各二级单位，维护68个审批流程，创建用户组163个，用户账号1 428个。

2020年12月8日，川庆钻探工程公司信息管理部到试修公司调研指导数字化转型智能化发展工作　　（王　超　供）

开展一体化平台建设与应用，一体化平台升级成为集团公司中油油服EISS信息系统，由川庆钻探工程公司负责推广实施。一体化平台覆盖中油油服3 207支基层作业队、19 492井次，在川渝地区辅助应急抢险33次。系统注册用户超过6 000人，月点击率超过30万次。部署采集器631台，占中油油服自有钻机的56%。实现前后方作业一体化、多专业协同、甲乙方决策一体化。在井筒工程智能决策平台基础上进行定制和个性化设置，满足不同用户业务和区块作业需求，定制3个不同平台版本分别服务于钻探企业、西南油气田公司和页岩气项目部。川庆钻探工程公司与西南油气田公司建立同构数据库，应用数据同步技术，实现甲乙方数据共享，同时向A1、A5、A7、A12等统建系统推送数据，实现数据资源价值最大化和甲乙方决策一体化，得到甲方高度认可，助力西南油气田工程监督中心被集团公司评为先进监督中心。井筒工程智能决策平台服务于川庆钻探工程公司和西南油气田公司西南片区局级和处级EISC中心10个，实现基地对井场作业全程视频和数字化监控，提高对作业现场监督和指挥能力和多学科跨专业技术支持与服务。

【技术应用与研究】 2020年，川庆钻探工程公司围绕智能钻完井信息平台开展"一体化平台钻井工程计算系统集成应用研究""钻井实时故障复杂处理专家系统构建研究"和"试修复杂处理辅助决策系统（V1.0）研究"等科研项目，整合井筒工程优秀算法，为工程技术提供统一支撑，为开展钻井作业专家远程管理试点提供可靠工具。研究建立公司级数据仓库及决策支持平台。通过平台实现生产管理过程、数据与经营管理过程实时交互，建立数据管理体系，为经营与生产数据全面融合提供底层技术平台支持。实现工程技术ERP2.0为核心的经营管理数据与工程技术一体化为主体的生产过程数据融合，新增与条码系统、统计评价系统、设备系统、灰库系统、科技系统集成，信息共享范围不断扩大，逐步实现生产、经营、管理系统数据深度集成。建立决策支持平台，可视化显示经营管理状态。通过决策支持平台满足管理架构决策支持需求，灵活查询与分析展示，为生产经营管理者提供决策支持参考。在此基础上，开展大数据技术研究，抓好数据整合分析，探索数据深化应用，为经营管理决策提供信息化保障。

【系统维护与管理】 2020年，川庆钻探工程公司保障电子公文、邮箱、视频会议等集团公司统建办公系统稳定运行，在新冠肺炎疫情期间保障各级员工开展移动办公。电子公文系统发文15 578个、收文305 887个。各部门、各单位现有8 581个流程、1 532个红头模板、1 094个电子签名、1 403个电子公章，保障各项工作不受疫情影响顺利开展。深化视频会议系统应用，为疫情期间居家办公提供支撑。召开视频会议1 162次，同比应用量提升73%，其中接收集团公司视频会议133次，自主召开局级到各二级单位视频会议69次、二级单位到各所属科级单位视频会议650次、科级单位到各钻井队现场视频会议310次。

【信息化管理与服务】 2020年，川庆钻探工程公司建立运维管理体系，提升信息服务质量。建立信息资源管控平台，对信息化项目实现全过程管控和全生命周期管理，实现IT资产、服务全生命周期管理，由传统事后管理转变为事前预防，由人工应急转变为智能管理。完成平台的项目立项、实施方案确定、制度梳理7项和流程梳理38项。完成信息代码管理系统建设，确保信息系统开发及核心知识产权严格受控。2019年以来的所有科研立项开发类全部要求代码测试入库，完成系统原型开发，完成3个项目入库工作，完成5个项目运行。

加强信息化队伍建设，根据《2019—2020川庆钻探工程公司三项制度改革（信息化试点）工作总体方案》《川庆钻探工程公司信息技术共享中心（信息化试点）方案》，优化并调整信息管理部职能。

整合各二级单位信息化力量开展信息化建设和运维工作，实现大部分信息系统的运维工作由内部运维单位承担。完成工程技术信息化开发队伍和信息安全保障队伍组建，有国家注册信息安全工程师12人、国家注册渗透测试工程师12人、集团公司网络安全注册红客8人，具有较强的网络攻防实战能力。加强信息技术培训，开展ERP2.0系统投资项目、科研项目模块专项培训、身份管理与认证2.0平台与信息安全意识培训、网络攻防实战培训（网鼎杯赛前集训）、钻井采集系统及设备管理信息系统井队填报培训。完善信息化工作制度，为数字化转型智能化发展保驾护航。

（王　雷）

改革与管理

总　述

大事记

井筒工程

油气合作开发与综合地质研究

生产服务

国际合作与外事工作

科技与信息

改革与管理

党建工作

群团工作

机构与人物

二级单位概览

附　录

企业改革与管理

【概述】 2020年，川庆钻探工程公司主动识变应变，聚力大变大考，面对新冠肺炎疫情蔓延、国际油价断崖下跌、市场工作量紧张等诸多难题，全面落实党中央、集团公司党组精神，以提质增效为主线，开展改革创新、法治建设、采购监管、承包商管理、基层减负、内控风险等重点工作，推进治理体系治理能力现代化建设，川庆钻探工程公司综合实力和核心竞争力全面提升。2020年，川庆钻探工程公司在四川省企业100强中排名第22位，在成都市企业100强中排名第13位，连续8年获四川省"守合同重信用企业"称号。

（肖 磊）

【改革调整】 2020年，川庆钻探工程公司组织制定改革三年行动实施方案，明确未来三年改革目标、重点工作、实施路径和措施。制订业务归核化发展方案和年度工作计划，将优势资源向主营业务、高价值业务集中。推动高科技产品产业化，加强与中国航天科工集团第三研究院的合作，主动参与产业化推进方案讨论，与其就旋转导向专业化公司的注册资金、业务范围、运营方式等事项达成共识。与华油集团签订北京蓉驿致家酒店委托经营管理协议，完成北京蓉驿致家酒店经营管理权移交。研究建立对标世界一流管理提升行动计划、指标库和工作清单，制订对标行动实施方案。与宝石花人力资源有限公司等合作伙伴开展谈判，讨论完成越盛油服混改方案。组织油气产业链一体化协同机制研讨，梳理上报集团公司油气产业链一体化协同发展存在的10个突出问题和16条发展建议。

（向小兵）

【管理创新】 2020年，川庆钻探工程公司总结提炼的管理创新经验《地震+地质+工程，三位一体，产业联动促高产》首次登上集团公司门户网站管理创新专栏，4篇被中油油服采用并发文分享。组织所属单位向集团公司、中油油服和各级石油企协申报管理创新成果和论文，有9项成果和39篇论文获奖。其中《长庆区域"三化"驱动提速模式构建与实践》《推行"七化"问题管理，促进合规水平持续提升》2项成果获集团公司管理创新成果奖三等奖，《石油钻探企业推进自动化建设创新实践》获中油油服管理创新成果奖二等奖，获专项奖励150万元。

（肖 磊）

【内控与风险管理体系建设】 2020年，川庆钻探工程公司编制《内控与风险管理手册（2020版）》，修订流程35项，新增流程3个，修订风险控制文档4个，新增风险控制文档2个。《内控与风险管理手册（2020版）》有末级流程458个、风险控制文档194份、风险点335个、关键控制措施376条。承担集团公司管理创新课题研究，作为集团公司首个开展海关高级认证体系研究与认证实践的项目，研究获国家海关总署、集团公司改革企管部的高度评价和肯定。组织所属单位开展自我测试工作。测试检查8 964个样本，涉及1 401个流程、3 655个关键控制点，实现内控流程与关键控制点100%覆盖。机关处室评估重大风险26项，二级单位评估本单位重大风险100项，形成川庆钻探工程公司级重大风险126项。研究内控风险管理在实践中的运用，《创新风险管理模块数据化，护航四川页岩气国家级气区高质量发展》获2020年度石油石化企业管理现代化创新优秀成果奖三等奖。《探索钻机服务业务外包风险管控模式推动油服企业转型升级》《以高压管汇风险管理为契机助推页岩气勘探高质量发展》获四川省石油企协创新成果奖一等奖。

（雍 幸）

【制度建设】 2020年，川庆钻探工程公司加强制度建设，优化审核流程，首次在电子信息A8系统个人模板中植入线上制度审核流程，工作程序更加严谨，审核效率明显提高。结合体系融合工作，系统开展规章制度适应性评价，发布2019年规章制度建设情况通报和失效目录，完成2020年计划内的规章制度制修订工作，新建川庆钻探工程公司级规章制度5项，修订16项，废止18项。编制发布《综合管理体系手册》，组织所属各单位进行业务能力架构搭建、制度文件梳理、综合管理信息平台初始化，指导体系管理工作线上实施，通过集团公司体系融合检查验收。

【合规管理】 2020年，川庆钻探工程公司加强工商事务服务，针对所属单位经营业务需要，完善钻采院等6家单位的经营范围。根据集团公司法治考核的指标要求，及时提出章程调整和增加经营范围建议，确保依法合规经营。梳理完善合规管理平台用户信息，全面开展合规培训，完成率100%。

（杨与嘉）

【基层建设】 2020年，川庆钻探工程公司深化基层减负，结合信息化建设大环境下基层管理模式的变化，在连续两年开展资料减负的基础上，对电子平台可查询、填报方式有交叉、报送频次密集的资料，组织11家所属单位进行精简优化，形成34个涵盖全部基层队站的基础资料目录，总体资料数量同比下降42.39%。对国内所属277支钻井队迎检情况及1398名队干部休假情况梳理分析，形成调研报告和指导意见，规范基层队站迎检数量多、员工休假难等具体民生问题，推动相关单位基层减负工作的落实。开展基层管理者标杆选树，10人获2020年度"四川省企业优秀基层管理者"称号。

（肖 磊）

【采购监管】 2020年，川庆钻探工程公司推进招标采购监管工作，制定《川庆钻探工程公司新冠肺炎疫情期间招标采购暂行规定》，采取延长前期采购结果、线上谈判等方式实施采购。针对新疆地区疫情防控要求，对新疆分公司招标采购实施差异化管理政策，并根据新冠肺炎疫情防控情况及时终止相关政策，确保生产经营正常运行。完成中央巡视反馈招标投标专项整治自查评估工作，自查自纠发现的招标投标5大类117个问题全部整改销项。首次采用远程方式开展采购监管联合监督检查，抽查采购项目621个，累计金额54.1亿元，就采购过程不规范、招标文件编制不规范等问题出具工作底稿35份。对涉嫌招标违规情况进行调查处理，将涉嫌串标、资料造假的4家供应商列入黑名单。对24家供应商、服务商作出停止市场准入、限制新业务往来处理。 （黄 涛）

法律事务管理

【概述】 2020年，川庆钻探工程公司按照集团公司法律工作部署安排，突出法律风险防范，强化制度规范，夯实管理基础，统筹普法宣传教育、合同管理、纠纷案件诉讼等重点工作，推动法律工作取得新进展，实现"抓合规、促规范、控风险、促效益"的目标。

【合同管理】 2020年，川庆钻探工程公司全面推进合同管理2.0系统实施运用，开展线上问题解答和部分单位合同承办人员培训，及时处理发现

2020年9月8日，川庆钻探工程公司在川西钻公司承钻的双探107井召开钻井队安全文化建设现场交流会 （张 玥 摄）

问题，实现新老系统平稳对接。严格执行集团公司和川庆钻探工程公司示范文本规范，制定合同编写规范和自用合同示范文本，严格合同审查，进行统一和规范合同管理。开展法治建设暨合同管理检查，重点抽查单位13家，对发现的共性问题和有重大问题的单位进行通报。

【法律风险防控】 2020年，川庆钻探工程公司开展法律风险清查，印发《关于做好特殊时期法律风险防控工作的通知》，做好合同调价、外部债权清收的法律风险防控，通过合同调价，节约成本费用约1.37亿元，实现提质增效的总体目标，有效控制新发法律纠纷。针对新冠肺炎疫情、企业微信运营使用，发出《法律风险提示书》2份，对重点法律风险进行警示。

【普法宣传与教育】 2020年，川庆钻探工程公司开展全员法制宣传教育年主题活动，在门户网站开辟"法治川庆"专栏，编制、印发《典型纠纷案例汇编》《员工普法知识读本》等学习资料1500余册。组织国家宪法宣传周普法活动，对《中华人民共和国宪法》《中华人民共和国民法典》和新冠肺炎疫情防控相关法律法规进行重点宣贯，干部员工学法、用法的氛围更加浓厚。举办《中华人民共和国民法典》培训视频讲座，两级机关约350人参加学习。开展法律职业资格考试集中培训、取证人员跟岗锻炼，法律队伍业务水平提升。

2020年10月12日，川庆钻探工程公司在成都召开党委理论学习中心组会议，专题学习《中华人民共和国民法典》
（卢 宏摄）

【纠纷案件诉讼与管理】 2020年，川庆钻探工程公司按照集团公司安排，制订纠纷案件处置年度工作计划，扎实推进案件处置，按照结案计划，2019年4月25日后的新发案件8件，结案6件，避免经济损失1500余万元，新发案件结案率75%，完成集团公司指标要求。完成盛业（大沙漠）公司大额欠款案件，收回全部欠款1.38亿元。参加集团公司典型案例编写工作，获集团公司法律事务部书面表扬。

【法律队伍建设】 2020年，川庆钻探工程公司开展国家法律职业资格考试培训，4人通过考试，取得职业资格。组织取证人员到上级机关交流培训，3人到机关处室跟岗锻炼，相关人员的法务工作水平显著提高。

（熊 伟）

行政综合管理

【概述】 2020年，川庆钻探工程公司围绕总体部署，立足参谋助手、运转中枢、服务表率"三个定位"，以打好业务升级、方式转变、能力提升"三场硬仗"为主线，履行职能职责，各项工作取得新成效，办公室被集团公司评为政策研究、档案及年鉴工作先进集体，信息、公文、保密等工作继续走在集团公司前列。

【秘书工作】 2020年，川庆钻探工程公司围绕加强党的全面领导，修订《党委工作规则》《"三重一大"决策制度实施细则》，完善党内制度体系。制订《关于进一步明确所属单位决策"三重一大"与其他重要经营管理事项的指导意见（试行）》，完善"三重一大"决策制度体系。组织完成党委会22次，决策事项92项，为科学高效决策和规范运行提供有效保障。牵头组织"三会"等重大会议10余次，协调完成上级领导调研检查，相关油田公司、业主、高校院所等单位、地方政府工作交流40余次。抓好规范运行管理，制定《川庆钻探工程公司公务用车管理办法》，施行公务用车与生产经营用车分开管理，从严加强公务用车管理，规范车台账，严控公务用车数量、标准，加强内部资源整合，压减公务用车费用。严格会议管理，视频会议占比提高49%。规范商务招待管理，明确业务招待标准和相关要求，发生费用持续下降。规范领导干部因公因私外出有关请示报告工作，严格执行请示报告制度，严格领导干部请销假程序，完成登记报审318人次。面对新冠肺炎疫情，第一时间落实疫情防控领导小组要求，制订科研综合楼疫情防控方案，明确责任分工、细化防控措施，开展疫情防控专项督办；主动联系驻地政府部门，及时沟通了解疫情信息，争取相关政策支持，协调疫情防控物资，办理复工审批及特殊作业生产车辆通行证，有序推动复工复产；统筹安排值班值守，配合相关部门建立机关弹性工作制，推行网上办公，制定"居家办公"14项保密措施，利用中油易连等视频会议平台组织各类重要会议，有效保障企业整体正常运行。

（梁治国）

2020年7月1日，川庆钻探工程公司党委书记、总经理李爱民，以普通党员的身份参加总经理办公室（党委办公室）党支部活动，并为党支部全体党员讲授党课　　　　　（卢宏摄）

【督办工作】 2020年，川庆钻探工程公司督办重点工作任务149项，季度通报工作推进情况。督促研究办理职工提案建议87项。督办落实领导检查调研时收集的问题建议和提出的工作要求235项。明确领导工作例会议定事项的督办范围，督办领导工作例会、党委会等会议安排的重点工作231项。开展新冠肺炎疫情防控、复工复产等专题督办。完善"办公室归口管理，机关部门各行其责"的督办工作网络。全年督查督办重点工作717项。

（朱杰）

【文书机要】 2020年，川庆钻探工程公司发挥服务保障职能，紧抓拟文、发文、办文三条主线，严把规范、质量、效率三大关口，确保政令畅通，完成公文、印章、机要各项工作任务。强化流程规范，修订完善《川庆钻探工程公司公文处理办法》，夯实公文管理基础。发挥总文书总调度功能和各处室文书中转功能，优化公文办理流程，提升办文效率。坚持少而精的原则，严格执行集团公司精简公文"六不发"要求，坚决做到确有必要才发文，全年总体发文数量同比下降1.07%。树立精品意识，强化公文审核质量把关，杜绝不规范公文，实现上报公文"零退文"。严守机要工作纪律，细化机要文件签收登记、传阅追踪记录、定期督促回收、安全保存管理等各环节工作，确保文件安全运转。坚持24小时应急值守，保持与集团公司、四川省委机要渠道畅通，接收处理各类文电，确保机要文件高效运转。强化印章管理，严控印章使用流程，确保印章使用符合程序规范。全面清理所属各单位、机关处室（直属单位）的印章管理人员情况，严格履行审核审批、人员政审程序，确保印章安全管理。

（王涛）

【政策研究】 2020年，川庆钻探工程公司办公室撰写重要会议、汇报材料、工作总结、交流材料等重要文稿100余篇40余万字。根据集团公司提质增效专项行动总体部署，在党委班子成员前期调研的基础上，收集整理汇总市场开发、生产运行、经营管理、技术创新、风险防控以及体制机制等方面问题13项，深入分析原因，研究制定6个方面25项措施，为领导决策提供参考。完善资料库、数据库、图书库、图片库，实现各项资料内部共享。

（汪亚军）

【信息管理】 2020年，川庆钻探工程公司围绕集团公司工作部署和企业中心工作，精准把握信息定位，注重信息质量时效，完善4个载体，信息工作再上新台阶。收到各单位、各部门编报信息2 365篇，采用2 164篇。编印《公司信息》235期、《领导参阅》19篇，向集团公司报送《川庆要情》156篇，信息采用量位列集团公司所属企事业单位第七名，获集团公司"信息工作先进单位"称号。第一时间做好应急信息报送，参与成功处置双探108井和双鱼001-X9井溢漏等13起突发事件。

【值班与应急工作】 2020年，川庆钻探工程公司制定《值班工作优化方案》，规范值班分类、值班工作要求，规范接警流程，严肃工作纪律，落实保障措施，优化值班运行，实现节假日值班集中一体化。接听和处理来电3 000余个，处置重要事项60多件，确保全国"两会"、十九届五中全会、元旦春节等重要特殊时段信息传递快速通畅。

（苏志刚）

【志鉴编纂】 2020年，川庆钻探工程公司完成《川庆钻探工程有限公司年鉴（2019卷）》编纂发行工作。完成《中国石油天然气集团有限公司年鉴2019》《四川年鉴2019》的征订工作。上报《中国石油天然气集团有限公司年鉴2020》《中油油服年鉴2020》《四川年鉴2020》《四川油气田年鉴2020》供稿。

（汪亚军）

【保密工作】 2020年，川庆钻探工程公司贯彻落实集团公司和本级保密委各项工作部署，坚持总体国家安全观，防范杜绝重大风险，全年未发生失泄密事件。党委中心组专题学习保密工作法规和上级保密工作会议精神，将保密工作开展情况纳入企业绩效考核体系，保障保密工作人员、经费、责任落实。组织领导带队到四川省保密教育实训平台进行培训。编制川庆钻探工程公司国家安全人民防线建设工作要点，获四川省国家安全调研组现场调研好评。修订《保密工作手册》。开展涉商密岗位、人员审核认定工作，编制《特定涉商密岗位分类指导明细表》。完成集团公司《商业秘密解密工作指南》企业标准编制立项，加强机要文件全生命周期安全管控。多措压减保密运维等日常费用27.5%。抓好新冠肺炎疫情下移动办公和视频会议保密管理，出台居家办公保密措施12条。推进桌面云终端敏感数据审计科研项目，完成商业秘密保护管理体系试点工作。保密管理信息系统成为集团第一批获许可上线运行的商密系统，四川恒溢石油技术服务有限公司入围集团公司商业秘密信息系统测评机构目录。开展保密技术检查、涉密载体印制管理专项检查、保密密码工作自检等工作，处理失泄密隐患60余项，清理敏感文件1 800余份。开展保密管理业务培训班，组织保密宣教周等活动。获集团公司保密视频课件评比活动二等奖1个、优秀奖3个。

（张 宇）

【档案管理】 2020年，川庆钻探工程公司学习宣传贯彻《中国石油档案管理手册（2020版）》，严格归档范围确认制，接收档案26 213卷、57 537件，电子档案230.47吉字节，其他载体档案264件；提供利用档案2 911人次，48 414卷（件）次。按照川庆钻探工程公司财务资产处文件要求，清理移交撤销单位北京办事处的会计档案1 970卷；利用门户网站、LED显示屏宣传《中华人民共和国档案法》；狠抓档案安全管理，全年无事故；组织各单位编写档案利用事例，上报集团公司党和国家领导人及知名人士有关中国石油文献档案史料6件，组织编写档案故事2个，组织编写档案工作创新案例《川庆钻探工程公司勘探开发档案与信息化技术融合探索》，被国家档案局确定为有一定推广价值案例；组织完成川东钻探公司渝北生产与技术研发基地建设项目档案专项验收；组织所属单位78名档案人员参加国家档案局《档案法》在线培训。2人获集团公司"档案工作先进个人"称号。

（范淑清）

【机关事务管理】 2020年，川庆钻探工程公司推进机关事务工作标准化、规范化、信息化，履行"服务、保障、管理、协调"职责，一手抓新冠肺炎疫情防控，一手抓办公楼节能降耗提质增效，推进节约型机关建设，全力保障办公楼安全、平稳运行，工作成效明显。落实中央、地方政府和川庆钻探工程公司疫情防控应对领导小组有关文件精神和工作要求，及时做好疫情防控知识宣传、机关人员信息摸排和"日报告""零报告"等工作，实行错峰上下班、分时分隔就餐、场所及空调消杀、区域门禁管理等，安排出差员工核酸检测114人次，出国人员接种新冠肺炎疫苗6人次，排查人员是否进出中高风险地区289 761人次，发放口罩16.8万只，多措并举开展防控工作，实现全年机关员工及家属无确诊、疑似病例。制定《创建节约型机关实施办法》和具体措施26条，推进节约型机关、节约型办公楼建设，切实发挥总部机关表率作用。缩减涉及办公楼日常运行、升级改造、设备购买等方面16项预算，提质增效成绩显著。办公楼能耗指标下降24%，节能降耗成效明显。安全监督检查常态化，开展各类安全检查79次，发现问题并销项865个；288人次参与电梯困人、防洪防汛、车辆着火、办公室着火、应急疏散、灭火器材实操等应急演练，修订应急预案4个、处置程序8个；292人次参加消防知识学习。邀请中国测试技术研究院定期开展员工餐厅食材检测，检测88批次，合格率100%。定期开展物业、安保、文印服务等质量考评，提升员工满意度；加强后勤管理信息化，线上办理门禁、停车、办公用房、云终端申领及餐券申请等业务3 795项。

（刘文涛 李兵）

2020年11月6日，川庆钻探工程公司在成都科研综合楼开展消防应急演练 （关东海 摄）

【专项工作】 2020年，川庆钻探工程公司整治形式主义、官僚主义。制订《川庆钻探工程公司党委关于持续解决困扰基层形式主义问题为坚决打赢疫情防控阻击战和效益实现保卫战提供坚强作风保证的意见》《进一步改进会风文风"十四条措施"》，为基层减负。开展"四风"问题专项整治。重新核定公务用车数量，综合利用闲置车辆，核减公务用车19台。开展贯彻落实中央八项规定精神联合监督检查，发现并督促整改问题32项。督促相关单位巡察、审计发现问题整改，逐一核实13家单位223项巡察问题、8个审计问题，并督办指导按期整改销项。

【队伍建设】 2020年，川庆钻探工程公司办公室（党委办公室）把学理论、学政策、学制度摆在突出位置，以理论武装、结构调整、培训交流为抓手，促进队伍战斗力凝聚力提升。以"战严冬、转观念、勇担当、上台阶"主题教育为契机，加强支部自身建设，开展专题研讨活动，执行民主生活会、组织生活会、谈心谈话等组织生活制度。全面推行支部主题党日活动，与钻采工程技术研究院联合开展"岗位建功新时代、党旗飘飘迎百年"活动，在与基层联动、丰富党建联盟实践、加强纵向交流上探索新的路径。建立健全办公室学习制度，举办川庆钻探工程公司办公室主任会议，培训相关业务，选派人员参加集团公司业务培训，抽调8人到办公室跟岗锻炼，建立内部上下人员交流机制。

（梁治国）

市场开发与管理

【概述】 2020年，川庆钻探工程公司召开市场工作会和市场营销工作会，贯彻落实集团公司市场营销会议精神，克服新冠肺炎疫情和国际油价大幅下跌的双重影响，坚持以市场为导向、效益为中心的市场开发工作思路，优化市场布局，开拓新兴市场，发挥地质工程一体化服务优势，以特色技术、一体化服务模式为抓手，与大庆油田、青海油田签订战略合作框架协议，保障油气田增储上产。国内市场新签合同金额278.7亿元，国外市场新签合同金额5.1亿美元，整体实现稳健效益发展。

【国内市场开发】 2020年，川庆钻探工程公司国内新签合同金额278.7亿元，其中川渝市场103.7亿元、长庆市场144.6亿元、塔里木市场12.6亿元、集团公司内部3.7亿元、集团公司外部市场8.8亿元、反承包市场5.3亿元。国内市场完成钻井进尺563万米，同比下降34.8%。在川渝地区，跟踪双鱼石、高石梯—磨溪等重点区块和重点项目的勘探开发规划，实现西南油气田公司常规井市场占有率100%。页岩气市场重心向深层页岩气转移，在争取长宁页岩气工作量的同时，拓展深层页岩气市场，与西南油气田公司蜀南气矿、开发事业部签订深层页岩气钻完井合同总额近20亿元，2台钻机中标四川页岩气公司2020—2021年钻完井总包项目，签订阳101H1平台、泸203H79-4井等试油压裂工程合同。在长庆地区，与长庆油田公司对接，完成钻井进尺426.64万米，钻井市场占有率37.3%；完成水平井进尺177.32万米，市场占有率70.4%。在长庆致密油气市场投入钻机超过50台，完成钻井进尺88.4万米，致密油和致密气市场占有率分别达到87%和57.1%；投入压裂机组12套，完成压裂2853层次，致密油和致密气市场占有率分别达到95%和100%。在塔里木地区，全力保障塔中—塔北原油和库车天然气上产，完成钻井进尺15.8万米，同比下降50.2%，市场占有率21.4%；介入库车新区和塔西南山前勘探钻井项目，取得新突破。在国内反承包市场，新签合同额5.33亿元，同比增长37%，其中长庆钻井总公司于9月新签壳牌长北项目两部5000型钻机钻井一体化服务合同，合同额2.1亿元；长庆井下公司续签苏南道达尔项目压裂一体化服务合同，合同额2.25亿元。全年完成产值4.69亿元，其中长庆井下公司道达尔苏南项目产值2.27亿元，长庆钻井总公司壳牌长北项目产值1.52亿元。雪佛龙川东北钻井系列项目启动招标，钻采院顺利签约定向服务、钻井设计项目，钻井液公司参与钻井液服务项目招投标。苏里格南天然气开发项目开钻7口井，完钻7口井，完成进尺27195米，压裂试气作业完成83口井，速度管柱作业完成14口井。

2020年7月7日，川庆钻探工程公司与宝鸡石油机械有限公司在成都开展工作交流 （卢宏摄）

【国外市场开发】 2020年，川庆钻探工程公司国外市场新签合同金额5.1亿美元，实现收入17.16亿元，完成考核利润8706万元。完成钻井46开48完、进尺13.9万米，试修井98开96完，Parahuacu油田增产服务项目全年产油112万桶，超额完成104万桶的考核目标。积极抢占市场先机，高效完成海外项目备案，跟踪评估项目38个，上报集团公司备案34个，获批20个，获项目核准13个，签订包括巴基斯坦国家石油公司（OGDCL）钻机日费服务项目、厄瓜多尔TAMBOCOCHA钻完井总包延续项目在内各类合同18个。在土库曼斯坦市场，进一步扩大市场份额，首次独家中标第六轮修井项目；签订酸化以及第五轮钻修井合同补充协议；固井、测试服务合同实现延续；排水采气和防腐检测项目取得实质性进展。同时密切跟踪阿姆河套管检测、天然气康采恩管道检测、天然气康采恩地面管材及套管头等设备采购、海湾石油天然气公司3口续钻井等一批重点项目。在厄瓜多尔市场，获TAMBOCOCHA油田钻完井一体化三期工程；签订安第斯钻井日费、固井、钻井液服务合同；中标PAM两年期修井和秘鲁固控服务项目。川庆钻探工程公司厄瓜多尔CCDC25队取得连续2 000天无损工工时的佳绩。在巴基斯坦市场，有2部钻机再获OGDCL日费服务合同，钻井液技术服务得到认可，甲方主动追加工作量并增加合同预算420万美元，OGDCL新一轮钻机日费服务开标，巴基斯坦分公司6部钻机全部通过OGDCL技术标，商务标排名靠前。参与日费钻井外的项目投标，跟踪OGDCL钻头服务、钻机检测服务、POL钻井液服务、取心服务等系列项目。在中东及非洲市场，签订伊拉克哈法亚油田腐蚀预测和预防管理服务、艾哈代布油田检测服务等合同6个，总金额1.78亿元。川庆钻探工程公司与中海油服合作投标乌干达钻井总包项目，技术标排名第一。同时以中国海油乌干达钻井总包合作为契机，川庆钻探工程公司与中海油服（COSL）签订全球战略合作协议，期望进入中国海油及中海油服的海外区块服务市场。刚果布佳柔油田压裂服务项目全部结束，人员撤回国内。　　　　　　　（周　薇）

【承包商管理】 2020年，川庆钻探工程公司经承包商申请、所属单位初审推荐、HSE审查、专业审查、公司领导审批、网上公示等程序，批准新增准入工程建设三类承包商31家。利用"川培在线"App软件开展承包商常态化HSE培训，201家承包商的261名主要负责人参加培训。加强承包商业绩管理，完成439家承包商业绩考核评价工作，其中考核结论为"合格"以上的承包商412家，"观察使用"承包商5家，不合格承包商22家；依据考核评价结果和年度交易量情况，对合格承包商实施分类管理，对出现不良业绩的27家承包商做出相应处理。

【业务外包管理】 2020年，川庆钻探工程公司按照集团公司钻机服务业务外包有关规定，规范钻井业务外包管理制度。4月，按照中油油服有关要求，启动钻机服务业务外包管理专项检查，第一阶段由所属单位自查，第二阶段由川庆钻探工程公司机关部门组成检查组对川东钻探公司、川西钻探公司和长庆钻井总公司3家单位钻机服务业务外包管理工作进行抽查检查，并现场验证第一阶段自查情况。　　　　　　　（常　友）

【工程项目管理】 2020年，川庆钻探工程公司聚焦单机单队创效能力提升，推动管理重心由生产型向经营型转变。指导各单位开展单井创效，明确创效目标，制定创效措施，严格过程管控，各单位创效工作均取得好的成绩。开展工程项目联合监督检查，督促各单位全面落实单井创效计划，及时进行纠偏和管理提升。选取威远页岩气和长庆致密气项目进行单井创效课题研究，取得良好效果。根据管理实际，编制项目管理课件，进行网络培训和管理赋能，全面提高各级管理人员管理水平。

【基础管理】 2020年，川庆钻探工程公司按照《川庆钻探工程公司市场开发管理办法》规定，完成长庆井下公司在河南参加中国地质局豫济地1井试气酸化压裂工程总包服务项目、试修公司在重庆参与ZK-2井洗（修）井项目的可行性论证，评定两个项目风险可控，同意参与投标。两家单位中标签订合同，在风险得到有效管控的同时，拓展外部市场，建立良好的客户关系，获得较好经济效果。参与重庆运输总公司青海油田天然气回收项目市场、工艺流程、安全工作的可行性论证，确认该项目运行稳定、收效明显。修订印发《川庆钻探工程公司市场开发管理办法》，明确各级市场开发机构的定位和职责、市场协调管理、市场开发激励机制等内容，对统筹协调市场开发工作、完善上下联动开发机制起到指导性作用。加强市场信息收集共享，收集12家单位上报各类市场信息184条，编制并通报市场信息周报17次、月报3次，跟踪相关项目81个，协调处理相关工作16项，其中8个项目成功中标，建立市场信息共享机制，为川庆钻探工程公司市场开发工作提供坚实基础。对市场业务、项目管理、外事管理、海外社会安全工作实用法律法规和风险管理进行评估；对市场风险和项目风险制定管理措施及解决方案，编制完成本年度风险管理报告。

（周　薇）

生产运行管理

【概述】2020年，川庆钻探工程公司面对全球新冠肺炎疫情和低油价双重压力带来的区域工作量骤降严峻局面，以提质增效专项行动方案和"战严冬、转观念、勇担当、上台阶"主题教育活动为主线，以高质量发展、提升生产服务保障效率为目标，全面落实"协调、深化、提升"工作要求，统筹资源配置，优化生产组织，精益运行管理，突出过程管控，发挥信息化在生产组织中的作用，全力应对低油价风险挑战，基本实现全年生产经营目标。截至2020年底，开钻井1 677口、完成钻井进尺577万米，动用钻机311台。川渝地区开钻井152口，进尺82.7万米。其中：西南油气田公司关联井开钻67口，进尺40.1万米；页岩气开钻井85口，进尺42.6万米。长庆地区开钻井1 403口，进尺445.1万米。新疆地区开钻井26口，进尺15.9万米。国际市场开钻井46口，进尺13.8万米。苏里格地区开钻井50口，进尺19.5万米。受新冠肺炎疫情影响导致停工和动用钻机数量减少、长宁页岩气工作量减少、超深井和复杂井增加等诸多因素影响，西南油气田公司关联井、页岩气开钻井数和完钻进尺均大幅下降。其他与钻井作业相关的钻前、录井、固井、钻井液、试油修井、压裂酸化、运输、钻井技术服务等业务工作量均略有不同程度下降。钻前工程施工井场144个，新开工井场125个，提供搬迁井场135个。录井作业912口1 089井次。固井作业3 543井次，其中井下作业公司完成1 123井次、长庆固井公司完成2 420口井。钻井液服务216口井，其中川渝地区213口、新疆地区3口。试油气1 949层，修井674井次。试修井98口，同比增长21%。其中：原钻机试油65口，同比增长18%；二次试油33口，同比增长21%。试油作业72口，同比增长9%。压裂12 185层，增长4%，酸化496层。钻机搬迁273台次，试油队搬迁509队次，完成货运量

2020年3月17日，川庆钻探工程公司在成都召开安全生产经营月度分析会

（王　敏　摄）

787.22万吨，增加3.26万吨，增幅0.42%；完成货物周转量14.35亿吨·千米；吊车作业56.96万台·时。钻井及试油工程设计3995口井，其他各类设计1847口井；定向井、水平井技术服务223井次；欠平衡及气体钻井技术服务234井次。

【生产组织与协调】 2020年，川庆钻探工程公司在钻井工作量大幅减少、超深井和复杂井增加的严峻形势下，通过统筹资源调配、优化生产组织方式、创新资源共享模式、强化协调配合、注重过程管控，提升智能化管理水平等工作，确保各项生产组织指标有效完成，生产组织综合提速12%。全年井间周期、中完及完井、组停、原钻机试油等主要生产组织指标同口径对比减少2532天，相当于增加7台钻机。其中，钻井组织停工1264天，同比减少1004天，下降44.3%；原钻机试油3065天，同比减少657天，下降17.7%；平均单井中完及完井44.8天，同比缩短1.8天，下降3.9%；平均单井有效井间周期14.6天，同比缩短1.4天，下降8.8%。2020年，川庆钻探工程公司坚持一手抓新冠肺炎疫情防控，一手抓生产运行，做好生产区域复工复产人员和生产所需物资准备，运输疫情防控物资345吨23车次，确保钻井队、专业公司有序复工复产，生产正常运行（新冠肺炎疫情导致70余台钻机停工停产，累计1118天，尤其川渝地区最多停工钻机59台，占总钻机数的24%）。

合理调整各地区设备结构，增强自有保障能力。2020年，川庆钻探工程公司在川渝地区新进深井钻机4台。川渝地区调整5台50型钻机移交长庆钻井总公司，完成移交4台；川西钻探公司在苏里格区块的4台40型钻机移交长庆钻井总公司。川西钻探公司调整1台40型钻机到川东钻探公司。长庆地区全年跨项目组调整钻机39队次，满足长庆油田勘探开发生产需求。逐步入库没有工作量的钻机，减少运行成本。国际工程公司入库2台，川西钻探公司入库3台。清退引进钻机86台，其中川渝地区12台、长庆地区67台、苏里格地区7台，确保自有钻机工作量。国内自有钻机利用率85.5%，同比下降2个百分点。其中：川渝地区95%，同比下降1个百分点；新疆地区86%，同比减少9个百分点；长庆地区71%，同比减少4个百分点。川庆钻探工程公司自有压裂车橇281台（国有238台、集体43台），总水马力61.56万水马力，其中2500型80台车、2500型20台橇，2300型12台车、2000型169台车。压裂高峰期租赁压裂车或橇500余台，120余万水马力，其中川渝地区租赁压裂车200余台、长庆地区租赁压裂车300余台。井下作业公司采取自有设备和租赁设备相结合的方式，保障川渝地区压裂作业施工。在生产高峰期，实现18个压裂平台和2口酸化井同时作业。川庆钻探工程公司有连油机组47套（自有22套、外部25套），采用"固定+机动"模式，确保连续油管设备在常规气、致密气、页岩气等区域高效运行，实现22套连油机组同时作业。川庆钻探工程公司重组川东钻探公司、川西钻探公司、钻采院和地研院的试修测试业务，成立专业化试修公司，有自有和租赁测试流程165套。

优化生产组织方式，助力提质增效。2020年，川庆钻探工程公司优化钻机套搬共享标准和组织流程，全年川渝地区搬迁钻机161部，平均周期4.12天，同比减少0.13天，创效68万元。川渝地区实施11井次21部钻机共享搬迁服务，创套搬安周期8天具备试油开工条件、12天具备开钻条件的纪录，且共享设备、营房和辅助设施632车次，节约运输周期44.18天。长庆地区抽调富余人员组建专业化拆搬安辅助班组23支，完成50支井队112班次工作量，取得7.42天的拆搬安井间运行最高纪录。针对油田超深井部署大量增加的现状，推行"50型+70型"和"70型+80型"钻机组合分段运行模式，全年实施14口井，完成进尺4.81万米；小钻机替换大钻机试油25

口井，缓解深井钻机不足矛盾，加快单井建产进度，满足川渝地区重点探井、产建井、深层页岩气井等勘探开发生产需求。全面推行"准备先行、即到即压、即压即走"压裂提速施工模式，压前准备时间进一步缩短，全年平均压裂前期准备时间19.50天，同比缩短6.6%。其中：井下作业公司14.6天，同比缩短8.2%；长庆井下公司19.74天，同比缩短6.26%。长庆油田公司华H40平台采用双机组工厂化压裂创造集团公司平台井单日压裂18段、泵注液量2.78万立方米、泵注砂量2950立方米最高纪录。蓬探1井获日产气122万立方米的重大发现。采用"纵横结合"模式强化钻前全链条管控，保障钻前施工提速提效。川渝地区钻前工程具备搬迁条件的83个井场，平均有效工期40天，同比提速6.9%。推进钻前施工预制装配模块化，提升工程质量，缩短井场修建周期。预制化方井、场面预制模块化、预制排水沟和生活宿舍区预制人行道在威202H23平台首次成功应用，整体效果得到使用方肯定。推进川渝地区钻具、井控、机修维保共享。2020年7月全面启动共享实施方案，维保共享钻具3595根，节约运费14.57万元；钻机检维修共享11台次55件设备，节约运费14.2万元。优化钻机套搬方案，扩大共享范围，缩短拆搬安周期，减少交通运输安全风险。实施11井次21部钻机套搬，减少设备运输632车次，节约运输周期44.18天，节约运输费用182.18万元。通过移动基墩的共享，提升试修作业地面流程的安装固定效率。推行"一队多点"模式，实现人员共享。实施长庆页岩油大平台设备设施共享，华H100平台共享主体设备、生产用房、生产辅助设施、生活营房及辅助设施四部分共61台（套），ZJ50钻机和ZJ40钻机共同利用3台F-1600泥浆泵作业。

2020年，川庆钻探工程公司加强与中油油服的沟通协调，精准实施上级工作部署。组织并参与中油油服召开的各专业生产保障协调会议，根据上级指示，制定相应的资源部署和保障措施。严格执行周报和月报制度，及时、准确上报所需报表和数据，为中油油服生产服务和科学决策提供可靠依据。在川渝地区与西南油气公司每月固定召开钻井运行和压裂酸化运行对接会，每半年主持召开一次协调会，不定期召开专题协调会、技术方案讨论会等，共同协商解决钻井、试修生产运行中存在的问题。在新疆地区每月定期参加油田协调会。长庆地区各单位在长庆指挥部的组织下经常性与油田公司及采油厂对接工作量，确保甲方重点项目及时上钻。坚持"尊重地方政府，依靠地方政府"原则，加强与地方政府的联系，服从各级地方政府的指导，重点针对油田建设与地方环保要求、当地村民诉求，提前与地方政府部门沟通，以取得地方政府最大配合和支持。重点地区成立外协队伍，严格遵照安全环保、质量、标准要求，最大程度减少环保、噪音等影响，及时协调处理生产过程中出现的问题和矛盾。加强内部施工单位之间的协调配合，加快多工种联合施工作业进度，加大重要环节、重大事项、关键节点配合，杜绝出现专业化等停，实现工序间的无缝衔接。

2020年8月12日，重庆运输总公司驾驶员在中台107-X2井搬迁作业现场捆绑装载货物　　（唐阳睿　摄）

【重点工程保障】2020年，川庆钻探工程公司重点做好西南油气田分公司常规重点井、川东北高含硫井、高石梯—磨溪、双鱼石、九龙山和风险探井等重点项目、长庆油田陇东页岩油总包项目和风险合作区生产服务保障工作，推进生产有序进行。全力保障11口重点井以及博孜3-K2救援井施工进度，逐井编制每周进度计划，密切跟踪施工进度，现场办公督促落实，确保按照进度要求施工。保障川东北高含硫产能建设，提前准备钻机、HH级井口装置、抗硫钻具、技术方案和队伍，纳入运行大表提前安排，从钻机运行、队伍安排和资源保障等方面重点支持。针对高石梯—磨溪、双鱼石、九龙山和风险探井等重点项目，逐井编排进度，优先物资器材和队伍保障，确保总体进度。高石梯—磨溪区块部署钻机27台，进尺14.63万米，开钻17口，完钻32口。抓好长庆油田陇东页岩油总包项目，部署钻机33台（自有28台、合作5台），开钻井127口，完钻井108口，完成进尺49.2万米。做好风险合作区的资源保障，确保完成全年油气生产任务。威远区块引进钻机有序退出，调整9台自有钻机保障，调整苏里格项目的钻井保障单位，由长庆钻井总公司承担钻井任务，并有序清退10台外包钻机。

（肖　霞）

【防灾减灾】 2020年，川庆钻探工程公司修订《应急管理办法》，完善应急管理制度。修订应急预案（E版），形成F版印发执行，并按程序向四川省应急管理厅和集团公司备案。编制《联合作业现场处置（预案）方案》模板，为施工现场联合作业的应急处置预案（方案）编制提供依据。开展以基层作业队"一案一卡"为主要内容的应急培训，各层级、各层次应急培训2519次38 637人次。各单位各层级开展各类应急演练15 277次，参演人数140 216人次，提高员工应急处置和实战能力。编制《野外施工现场自然灾害风险重点排查表》，并督促各单位开展汛前自检自查和隐患排查整改工作，每周上报自然灾害重点问题，建立应急值班值守制度，落实应急值班人员，完善预警机制，储备足量的生产生活应急物资。开展防汛应急演练，确保安全度汛。开展"无人机在油气勘探领域工业化应用研究"科研项目研究，对无人机在应急抢险、输气管网巡检、环境监测、自然灾害普查业务中的应用和融合进行研究，形成企业内部无人机正射影像信息数据库，搭建起无人机数据综合应用平台，并成立自有无人机机巡队伍，为无人机在川庆钻探工程公司生产应急中的应用奠定理论基础。加强中国石油集团井控抢险应急救援中心（即国家油气田井控应急川庆队）和川渝环境监测中心建设，从制度、人员、资金等方面进行全方位支持。依托蜀渝石油建筑安装工程公司和重庆运输总公司的大型基建和大型运输的专业特点，构建兼职救援队伍并投入到相关抢险救援工作中。加强对所属单位应急物资库（站）的建设工作，实现作业队（站）、所属二级单位和三级应急物资的分类分级管理，并按片区建立和完善相应的应急物质储备库。结合实际编制新冠肺炎疫情应对工作方案，确保企业无人感染新冠肺炎。应对油气井Ⅲ级井控突发事件启动应急预案13井次，确保井控安全。

（赵　东）

【基础工作】 2020年，川庆钻探工程公司制订《川庆钻探工程公司生产经营用车管理办法》，清理生产经营外租车辆，压减用车数量，确保完成压减目标。修订《川庆钻探工程公司钻前工程管理办法》，规范钻前工程管理，明确钻前工程管理流程，强化钻前工程管理责任。推动川庆一体化平台生产运行系统数字化应用，提升生产智能化管理水平。在系统模块建设、数据填报考核、人员培训上加大投入力度，使川庆一体化平台从1.0版升级到2.0版。实现生产数据由集团公司A7系统2.0版本向中油油服"工程作业智能支持系统"填报。以川庆钻探工程公司级模块为核心，完善川东钻探公司、川西钻探公司、长庆钻井总公司等10家单位系统模块，开发国际工程公司等9家单位生产运行系统模块，实现川渝、长庆、新疆等地区521个作业队2 184余口施工井全覆盖。

川庆一体化平台基本具备钻井、录井、井下作业等井筒工程全生命周期专业数据统计、远程监控、技术分析及成果展示等20余项功能，实现井场跨专业的数据采集和共享，远程工程信息监测监控、工程预警、远程工程技术支持与决策智能化，并逐步发展为推动生产数据信息和生产任务统筹协调的联动共享平台。中油技服将川庆一体化平台作为油服系统"工程作业智能支持系统"（原Keepdrilling系统）的蓝本进行复制应用，川庆钻探工程公司在生产数据信息化领域领跑油服企业。推进"四化"建设，完成《川渝地区钻机整合基础技术规范》《油气合作产建地面基础建设技术规范》和《钻机拆迁安标准化作业流程》3项标准的制定。开展工厂化钻井和压裂施工，推动大小钻机组合作业、川渝地区钻具、井控、机修供保检维修保障共享、钻机辅助设备设施共享等，钻机搬安专业化服务和压裂专业化服。按照"满足生产需求、总量适度从紧"的原则，开展生产经营用车压减工作，压减车辆318辆，实现压减目标。开展钻前施工周期、井间周期、钻机套搬、中完周期、压裂酸化准备周期、单队组停时效、重点储量井钻完井等8个竞赛项目，严格考核兑现，提高工作积极性。19个钻前工程施工项目部、井间周期竞赛项目19支钻井队伍获奖。中完周期（回接+悬挂）竞赛项目25支（含套搬5支）钻井队伍获奖，12支压裂队伍和8支酸化队伍获奖。参与中油油服工厂化钻井和压裂劳动竞赛，川渝页岩气钻井排行榜前10名，川庆钻探工程公司有7支队伍入选，占70%。其中，50004队7开5完，完成24 605米，排名第一。1—11月，川渝页岩气压裂排行榜前10名中川庆钻探工程公司有6支，占60%。其中，YS49121队完成580段，排名第一。长庆陇东致密油（页岩油）压裂排行榜队伍8支队伍均属于川庆钻探工程公司，YS38128队完成411段，排名第一。

（肖 霞）

人事改革与管理

【概述】 2020年，川庆钻探工程公司全面贯彻新时代党的建设总要求和新时代党的组织路线，落实各项工作部署，坚持"一体两面"强党建，以"一化五型"人才队伍建设为主线，统筹推进党组织建设、领导班子建设、人才队伍建设、自身建设等工作。

【领导班子建设】 2020年，川庆钻探工程公司配合集团公司做好干部管理相关工作，完成3名新提拔副局级领导和1名提拔交流任职正局级领导的民主推荐考察工作，以及1名正局级领导的进一步使用考察工作。川庆钻探工程公司领导班子年度考核评价结果在集团公司排名靠前。制定《企业领导人员选拔任用工作规范》，规范选人用人工作。建立健全领导班子定期综合分析研判机制和干部选拔任用工作信息库。调整配备处级干部168人次。按照"新提拔中层领导人员中40岁以下、40—45岁、45—50岁各占1/3左右"的原则，注重选好用好各年龄段干部，稳步形成老中青梯次配备。截至2020年底，40岁以下处级干部较2019年末增加11人、41—45岁处级干部增加4人、46—50岁处级干部增加5人、51岁以上处级干部减少15人，处级干部梯次配备更加明显，年龄结构得到改善。加大干部监督管理力度，向集团公司上报2019年选人用人工作情况、领导干部个人有关事项报告、"领导人员党纪处分影响期未满，提升党内职务"问题专项整治等有关工作。完成19家所属单位领导班子及领导人员2019年度民主测评，年度综合考评结果总体向好。对连续三年考核排名末位的3名领导人员进行提醒谈话。规范所属单位选人用人工作，印发党委巡察发现选人用人共性问题通报，对7名相关单位组织人事部长进行提醒谈话，要求对照自查整改，杜绝共性问题。对拟提拔的110名处级、科级人员开展政治素质、廉洁从业情况鉴定，发出任职前听取意见函11份；组织完成118人廉洁从业、HSE知识、法律知识测试；完成106人安全环保履职能力评估，发出委托评估函11份。加强优秀年轻干部培养选拔，新提拔40岁以下处级干部13人，占新提拔总数21.67%。2020年底，40岁以下的处级干部16人，占比5.13%，与2019年末相比提升3.51%。推进双向交流实践锻炼，选送24名优秀年轻干部在机关和基层单位之间进行双向挂职交流锻炼，畅通年轻干部成长渠道。举办1期中青年干部培训班，创新采取"测训评改"一体化培训模式，培训41人。截至2020年底，有在岗处级干部312人，其中正处级干部79人、副处级干部233人；正处级干部平均年龄52.28岁；副处级干部平均年龄49.24岁。

【专业技术干部与专家管理】 2020年，川庆钻探工程公司全面总结评估双序列改革运行成效，围绕做实EISC中心建设、推进三大工程技术中心高效运行、带动"四化"建设落地见效、加强安全清洁生产等发展部署，科学梳理和论证专业技术岗位设置，编制《川庆钻探工程公司深入推进建立专业技术岗位序列制度改革方案》。调整规范科研单位专业技术岗位序列制度，将14家主要生产工程技术单位纳入改革试点范围，拓展专业技术人才职业发展通道。开展新一轮专业技术岗位选聘工作，聘任企业首席技术专家9名、企业技术专家31名、一级工程师57名，指导各单位选聘二级工程师37名、三级工程师93名。发挥退职工程技术干部作用，从退职工程技术干部中聘任工程技术专家94名，改善一线重点工程技术干部紧缺和技术管理薄弱现状。2020年底，在岗经营管理和专业技术人员9614人，占职工总数35.28%，其中女员工1827人。硕士研究生以上文化程度939人、大学文化程度6438人、大专文化程度1847人、中专及以下文化程度390人。有正高级职称50人、副高级职称1669人、中级职称5517人、初级职称1863人、未评聘职称515人。

【干部培训】 2020年，川庆钻探工程公司加强领导干部培训工作，完成党的十九届四中全会精神及党建"一岗双责"培训学习，组织二级单位党政正职完成"推动国有企业高质量发展网上专题班""国有企业简史""《习近平谈治国理政》第三卷解读"等专题学习。通过集中培训、"川培在线"网络培训等方式，组织310余名处级干部开展"党的十九届四中全会精神""学党史、新中国史""弘扬爱国奋斗精神、建功立业新时代"等专题学习，实现培训全覆盖。推荐选送5人次参加集团公司第73期党校，第26期中青年干部等培训班。用好集团公司、中油油服等各类培训资源和平台，新冠肺炎疫情期间组织员工参加17个在线培训项目4606人次，推荐集团公司、中油油服线下培训81人次。举办第二期经营管理人员能力提升培训班，培训39人，完善工作坊培训模式，推动"培训"向"培养"转变。

2020年10月29日，国际工程公司在成都召开首次人才工作会
（王轶林 摄）

【出国（境）人员管理】 2020年，川庆钻探工程公司严格出国人员政审管理。做好因公出国政审和因私出国人员的备案工作，强化监督和指导，建立护照管理制度，未发生出国外事事件。严格执行备案人员因私出国（境）证照集中统一保管、分级管理，移交1名局级领导因私出国（境）证

照到集团公司人事部，集中保管证照548本。严格执行出国人员政审管理规定，办理因公出国（境）人员政审363人次，办理登记备案人员因私出国护照领取7人次，申请办理6人次，新增备案手续57人，撤销手续18人。

【职称改革与管理】 2020年，川庆钻探工程公司深化职称制度改革，宣贯职称制度新要求，做好新冠肺炎疫情常态化防控期间职称评审工作，推荐10人参评集团公司正高级专业技术职称，评审通过201人副高级专业技术职称，推荐60人参加集团公司副高级职称委托评审和集中专业化评审。有153人晋升高级专业技术职称，278人晋升中级专业技术职称。

【人才资源开发与管理】 2020年，川庆钻探工程公司增加人才工作在考核指标体系中的权重，并将人才工作作为党建责任制考核评价和党组织书记抓基层党建述职的重要内容。督促14家单位召开人才工作会议，开展贯彻落实人才工作会议精神情况联合监督检查，访谈各单位领导班子成员、业务部门负责人和职工代表等168人次，查阅相关材料374份，强化各级领导干部人才观念和责任意识。坚持党管人才原则，精准培养高层次人才，形成一支由1名"百千万人才工程"国家级人选、6名享受国务院特殊津贴人员、1名集团公司井控抢险首席专家、5名中油油服井控专家、97名公司技术专家组成的高素质专业化专家队伍。推进党委联系服务专家工作，每名党委领导班子成员直接联系2名专家，建立党委领导和专家"分层次、多渠道、全覆盖"的联系服务双向沟通机制，营造良好工作环境。组建专家委员会，让专家人才以团体形式参与决策咨询，发挥好专家作用。抓好高层次人才推荐和选拔，推荐享受国务院特殊津贴专业技术人才2人，推荐参评四川省学术和技术带头人、"中国石油企业协会专家智库"专家22人次，12人入选"成华英才计划"。

开展博士人才队伍调研，访谈9家单位39名博士人才，形成针对性的工作建议，督促落实15名集团公司青年科技英才针对性培养。优化人才资源配置有新提升，突出"高精尖缺"引才导向，引进高校毕业生131人，其中硕士、博士58人；主体专业115人，占引进总数87.7%。通过社会公开招聘渠道引进成熟人才60人，利用越盛公司平台招录282人，缓解基层一线缺员矛盾。构建以公开招聘为主的内部人才余缺调剂机制，所属单位之间人才交流累计164人。支持集团公司外油区业务发展，借聘14名人才到集团公司所属阿姆河天然气公司、国际勘探开发有限公司、塔里木油田工作。

【人事管理基础建设】 2020年，川庆钻探工程公司推进人事管理、人员调配、干部任免、人事档案管理、职称考试报名等各项人事业务在系统内规范运行。加大对各单位人事信息、统计、人力资源系统应用情况监督考核力度，每季度下发考核通报。坚持通过系统定期普检、专项数据检查、对照档案核查等方式加强数据质量检查考核，提升系统数据及时性、准确性。做好人事大数据分析应用，为川庆钻探工程公司决策提供支撑。完成2019年度国务院国资委、中央在川企业人才资源统计报表和集团公司制度、业务报表填报。推进干部人事档案专项审核工作，完成科级及以上干部人事档案专项审核。督促所属各单位在规定的时间节点内完成关键岗位人员人事档案专项审核。做好110名干部任前人事档案审核工作。加强人事档案日常管理，加强对所属各单位人事档案管理工作指导检查，完成川西钻探公司等4家单位人事档案监督检查工作。人事档案转递179人次，查借阅165人次，收集审核归档材料1425份，夯实人事档案管理基础。有序推进组织史编纂，《中国石油川庆钻探工程有限公司组织史资料》2019年总部卷、简明本（2008.2—2020.7）一次性通过集团公司编纂办审核。完成《中国石油川庆钻探工程有限公司组织史资料（2014—2018年）》出版工作。按时上报川庆钻探工程公司组织史企业卷、基层卷（2019年）资料。川庆钻探工程公司获集团公司2020年度"组织史资料征编工作先进单位"称号。

【队伍建设】 2020年，川庆钻探工程公司选好配强组织部部长，落实《所属单位组织人事部门领导任职条件资格及工作要求》，对新提拔到二级单位组织人事部门任职的14人进行一个月的跟岗锻炼。构建常态化学习机制，强化政治学习，开展提升学习政治性、系统性、自觉性、紧迫性、实践性"五性"活动。设立"部门讲堂"，部门领导带头讲体会，把学习与分享、领导讲与人人讲结合起来，营造浓厚学习氛围。把党员主题党日活动做实做活，邀请生产一线人员讲微党课，围绕加强自身建设、提质增效等主题开展研讨。建立每周四定期业务学习研讨制度，以科室为单位每周选取不同主题开展组织人事新政策、新规定、新业务的学习研讨，带头示范推进系统自身建设。推行梯级培训模式，突出培训的针对性、递进性、实践性，举办基层党支部书记、组织人事部门业务培训班3期培训340人。严格年度考核评价，对各单位组织人事业务进行考评排名。强化考评结果应用，建立工作通报制度和工作谈话机制，对党建责任制考核、业务考评排名靠后、被巡察单位组织人事部部长进行工作谈话，落实问题整改，改善和提升工作绩效。川庆钻探工程公司人事处（党委组织部）获集团公司2020年度"组织人事信息报送工作先进单位"称号。"推进线上训练营模式，举办入党积极分子、预备党员、党支部书记网络直播培训班，助力提质增效"项目获2020年度川庆钻探工程公司机关为基层服务办实事项目。"2018年度公司党建工作责任制考核发现问题整改销项情况监督检查"项目获川庆钻探工程公司2019—2020年度优秀监督检查项目三等奖。

（王静丽）

劳资改革与管理

【概述】 2020年，川庆钻探工程公司深化三项制度改革，以提质增效为主线，优化组织机构，规范用工管理，加强绩效考核，强化培训工作，提升人才技能，打造技能精湛型人才队伍，激发创新创效动力活力，为川庆钻探工程公司高质量发展迈向新台阶提供人力资源支持。截至2020年底，川庆钻探工程公司员工总量25 938人，其中合同化员工18 420人、市场化用工7 518人。

（刘　刚）

【劳动组织与管理】 2020年，川庆钻探工程公司落实集团公司《工程技术企业组织机构设置规范》，开展"五定"工作，压减二级、三级机构79个，实现集团公司三项制度改革机构压减目标。撤销机关附属政策研究室、职称改革办公室、安全督导组、干部巡视组4个机构。将总经理办公室（党委办公室）等168个机构进行更名，规范机构名称。在川东钻探公司等8家单位设立机关附属工程造价中心，提高工程造价管理水平。设立四川越盛实业开发总公司市场营销部、人事劳资部（党委组织部）、党群工作部（纪委办公室）、董监事办公室、采购管理部5个机关职能部门。完成川庆钻探工程公司二级、三级机构及领导岗位人员的分级分类工作，实现层级类别管理。印发《川庆钻探工程公司机关机构和岗位工作、安全环保职责的通知》，并督导各单位修订机构和岗位工作、安全环保职责，实现职责全覆盖，厘清管理界面。

（邱金华）

【劳动用工管理】 2020年，川庆钻探工程公司加强员工总量和增量管理，新增员工200人，办理提前退休107人，依法解除劳动合同82人。年末员工总量同比减少462人。新增员工指标主要用于招录大学毕业生、引进成熟人才和安置退伍军人。多举措盘活用工存量，对长期滞留国内的境外员工312人分情况进行安置；打破人员流动壁垒，实现内外部劳务输出1 239人；通过专业培训和能力提升，将生产保障和后勤服务富余人员调剂到机制机修、专业搬安等岗位，实现调剂盘活3 287人。印发《关于下达2020年社会化用工费用压减指标的通知》，社会化用工支付费用23.62亿元，较2019年27.3亿元压减3.68亿元，较年初目标3.025亿元完成率121.65%。根据集团公司、中油油服三项制度改革行动计划以及《关于对川庆钻探工程公司用工方式转型及第三方用工实施方案的有关建议》，结合企业实际，完成《川庆钻探工程公司用工转型及建立和完善第三方用工模式实施方案》编制工作。 （刘嘉伟）

【薪酬管理】 2020年，川庆钻探工程公司优化完善工资总额决定机制，突出效益导向，根据各单位利润超盈（亏损）情况核定挂钩工资，拉开人均挂钩工资差距，对盘活内部用工、全员劳动生产率改善显著、提质增效工作完成较好的单位予以特别奖励。坚持人工成本与经济效益和工作量保持同向变动的调控机制，合理控制人工成本。突出薪酬分配精准激励，对科研人员，分别对研发过程、成果获奖、转化创效等环节进行激励，对技术专家和集团公司技能专家，按照岗位序列层级待遇对照关系，分档核定绩效考核奖。修订单项奖管理办法，优化奖项和标准，对中层管理人员、技术技能专家分别限定奖励项目，强化绩效考核激励约束作用；分区域开展提质增效劳动竞赛，对创造新指标、取得新突破的基层作业队进行奖励，激发员工工作积极性。推进科技型企业项目收益分红机制，制订项目收益分红激励方案，建立完善科研项目成本核算、科技成果评估等配套制度，明晰科研成果的投入产出，制订分红激励实施细则。

【绩效考核】 2020年，川庆钻探工程公司优化完善绩效考核体系，强化机关部门提质增效、督办工作、费用控制、"五好"处室等指标考核，把机关部门考核指标全部分解到部门各岗位，结合员工岗位职责、年度重点工作等，制定绩效考核责任书，将考核目标层层分解、责任压力传递到位。加大中层管理人员绩效考核奖惩力度，对各单位领导班子采取季度、年度考核和绩效考核特别奖励相结合的方式，按季度绩效考核指标完成情况，分档实施月度预支奖兑现；根据各单位年度综合绩效考核得分，分档实施年度绩效考核奖金兑现。强化机关部门绩效指标联责考核，将上级下达的各项考核指标分解到机关各部门，将机关部门下达给各单位的考核指标由双方共同承担，强化机关部门与上级下达指标、川庆钻探工程公司下达指标的联责考核。 （吴 旭）

【员工培训】 2020年，川庆钻探工程公司从严抓实培训项目管理，从培训立项、方案审查、计划实施、效果评估等重点环节入手，强化培训项目生命周期管理，把好培训项目实施各个环节。培训员工163 851人次，其中经营管理人员32 937人次、专业技术人员32 586人次、操作技能人员98 328人次。完成各类安全培训56 731人次，资质取（复）证培训32 489人次。送外培训7 624人次，内部培训15 6227人次。加强专兼职教师培养，截至2020年底，在党建、干部管理、安全、井控等多个教学领域中培养专职教师53人，兼职培训师1 131人。组织参加集团公司首届培训项目设计大赛，开发专兼职教师（教导示范队）培训、二次井控培训、井下作业工岗位能力提升培训等多个项目，分别取得一等奖、二等奖、三等奖，川庆钻探工程公司获优秀组织奖。组织编纂《钻井司钻操作手册》自助式标准化实用教材，以提高司钻实际操作能力。 （刘 刚）

【职业技能鉴定】 2020年，川庆钻探工程公司强化职业技能鉴定机构业务职能，按照集团公司工作要求，对鉴定机构进行更名，建立健全以职业技能等级认定为主要内容，涵盖技能人才队伍规划、标准构建、组织实施、质量监管、服务保障等功能的企业技能人才评价体系。稳步有序推进技能等级认定工作，印发《关于新冠肺炎疫情期间有序组织开展技能等级认定工作的通知》，落实新冠肺炎疫情期间认定工作要求。加强高技能人才储备，开展技师（高级技师）等级认定，新增取得技师资格25人、高级技师资格10名。强化技能提升激励导向，对取得技师、高级技师技能等级证的操作技能人员，分别按2 000元/人、3 000元/人予以一次性奖励。

（邹 俊）

2020年10月23日，首届川渝石油钻探职工劳动和技能竞赛在川东钻探公司渝北生产与技术研发基地闭幕　（何伟 摄）

【技能专家队伍建设】 2020年，川庆钻探工程公司在聘集团技能专家18人，企业技能专家36人，首席技师40人。加强机制建设，制定出台《技能人才创新创效奖励实施细则》；为技能人才重点攻关项目和技能专家工作室拨付工作经费约129万元。加强人才培养，组织664人参加各类"线上+线下"培训交流。加强技能练兵，组织参加集团公司一线生产创新大赛装备制造和工程技术专业赛，9个团队获团队一等奖2个、二等奖1个、三等奖5个；川庆钻探工程公司获装备制造专业团体第二名（二等奖）、工程技术专业团体第三名（三等奖）。组织参加集团公司西部企业联赛钻井液工职业技能竞赛，获个人1金1银1铜，川庆钻探工程公司获优秀组织奖。加强业绩导向，落实集团技能专家业绩考核同收入待遇挂钩制度，按考核结果分档兑现收入约584万元；1名企业技能专家因业绩考核被解聘；试点技能专家工作室"任务＋积分"制考核模式，细化考核评价标准，签订年度工作任务责任书，强化工作实效。

（邹 俊）

规划计划管理

【概述】 2020年，川庆钻探工程公司贯彻落实集团公司、中油油服总体工作部署，坚持和加强党的领导，坚持稳中求进工作总基调和稳健发展方针，推动战略研究和"十四五"发展规划编制；严控投资规模、优化投资结构、突出重点项目，提升投资效益；深化统计分析与后评价；落实2020年提质增效专项行动部署，推动企业高质量发展。川庆钻探工程公司被评为集团公司"十三五"统计工作先进单位。

【中长期发展规划】 2020年，川庆钻探工程公司开展"十四五"规划编制工作，组织完成规划对接、专家讨论和领导审核，形成规划建议稿。在各单位上报的单位规划初稿基础上，对接、核实相关规划发展指标，统计汇总后，作为基础依据和基本参考，并结合国内三大基础市场油气田企业"十四五"油气勘探开发规划部署，测算提出"十四五"总体规划发展指标；跟踪全球新冠肺炎疫情和油价剧烈波动等外部大环境演变，运用集团公司"十四五"宏观发展环境和工程技术服务行业发展等专题研究阶段性成果资料，动态研判面临的外部发展形势，结合自身条件，分析"十四五"期间发展的机遇和挑战；开展"十四五"发展战略初步思考，多次讨论研究，提出"十四五"发展战略；9月，参加中油油服组织的规划研讨会，对接规划目标和发展部署；12月中旬，组织召开规划初稿专家讨论会，按照专家意见修改完善后形成规划建议稿；12月底，提交务虚会讨论，按照会议意见进一步补充完善规划方案；印发《关于新型冠状病毒感染肺炎疫情防控期有序推进"十四五"规划编制工作的通知》，对"十四五"各类规划编制节点任务进行安排。加强对各类规划编制工作的指导和跟踪督促，在完成规划初稿编制工作基础上，根据"上下结合"编制规划的要求，组织完成14家主要生产经营单位和全部专业专项规划的对接工作，推进各类规划编制工作进度，提高编制工作质量，增强"十四五"规划体系的整体协调性和统一性。制定《规划计划工作考核细则》，细化完善相关工作业绩的考核扣分项，引导和促进提高规划管理工作水平。同时，根据联合监督检查工作安排，将中长期规划管理情况列入年度联合监督检查计划，对所属单位"十三五"规划执行情况，以及"十四五"各类规划编制工作情况开展联合监督检查。对13家单位"十四五"规划编制工作进行检查与指导，提出需履行完善规划审查流程、做好相关记录等措施建议。根据中油油服工作安排，组织协调抓好并完成集团公司压裂酸化和带压作业业务"十四五"专业规划编制工作，上报中油油服。

【项目前期管理】 2020年，川庆钻探工程公司严格履行前期工作程序，提升前期工作质量。非安装设备购置项目组织报批钻机、压裂机组等重点项目可行性研究报告14个；基本建设项目重点完成长庆钻井总公司马岭基地倒班公寓建设项目初步设计及概算的评审、批复和上报工作；跟踪长庆固井公司高沟口倒班公寓建设项目可行性研究报告批复进度；信息化项目组织审理信息化投资项目（设备）10项。

【投资计划管理】 2020年，川庆钻探工程公司投资总额43.8亿元。非安装设备投资8.2亿元，在投资大幅紧缩的情况下，支持增强技术服务水平，重点保障钻机、旋转地质导向、压裂机组等主要装备及生产、安全急需项目，保持专业设备总体性能，稳固既有市场技术服务能力。油气风险作业投资20.5亿元，苏里格项目投资6.36亿元，主要做好苏5区块、桃7区块和苏59区块的弥补递减建产工作，并提前安排1亿立方米产建工作量，威远页岩气项目投资14.2亿元，加快形成经济高效开发模式，继续保持规模上产优势，当年上产24.2亿立方米；基本建设项目投资1 320万元，续建长庆井下公司贺旗基地倒班公寓项目；长摊项目投资7.1亿元，保障生产经营对野营房、钻具、井固控装备需求；安全隐患资本化项目投资1.5亿元，支持各单位有效消除安全环保隐患；申请井控安全隐患治理专项5亿元，购置高压、超高压、大通径、高抗硫井控装备，切实提升井控装备安全防护能力。向集团公司申报并落实16串国产旋转导向设备列入科技项目投资，为企业承担的国产旋转导向设备在页岩气与致密油气区块试验、形成30串以上规模技术服务能力的国家任务按期完成提供坚实基础。编制上报2021年业务发展建议计划和投资框架计划，测算2021年各业务工作量和各单位产值目标，编制2021年工作量和产值预算。开展与主要生产经营单位2021年业务发展计划衔接工作，督促2020年投资计划执行进度，摸清2021年投资需求、投资规模和重点项目，完成2021年生产经营计划和投资规模建议方案编制。加强项目实施过程管理和验收工作，跟踪和监督落实项目实施进度，参加钻机、压裂机组、带压作业装置等重点关键设备出厂验收5次，协调督促川东钻探公司渝北生产与技术研发基地工程建设和竣工验收各项工作进度，跟踪监督长庆井下公司贺旗基地倒班公寓建设实施进度，完成苏里格项目产能及项目竣工验收。做好2020年投资回报计提，向所属单位提取2020年度投资回报8 041万元，纳入2021年度经营预算。将规划实施管理、投资规模控制、前期工作质量、后评价完成等从规划到投资项目全过程管理纳入所属单位投资绩效考核指标体系，全面督促和考核所属单位规划计划管理工作。

【统计管理】 2020年，川庆钻探工程公司完成2019年综合统计年报和2020年定期综合统计报表的编制、上报工作；完成集团公司国有资产布局和产业链水平调查任务。完成国家统计联网直报系统数据填报，配合地方政府有关部门做好主要经济指标预测、数据查询与解释。完成集团公司2019年未上市投资、油服业务统计年报审核工作。完成《2019年统计资料汇编》，并配合完成《中油油服2019年统计资料汇编》。深化定期生产经营分析，组织基层单位参加年度优秀论文征文评选活动，收到定期统计分析报告90余篇、优秀统计分析报告29篇，1篇报告获第十九次石油统计专业委员会论文二等奖，2篇报告分获集团公司2020年度优秀统计分析报告一等奖、二等奖。3人获"集团公司'十三五'统计工作先进个人"称号。

【后评价管理】 2020年，川庆钻探工程公司推进投资项目后评价工作，完成威远页岩气勘探开发一体化项目后评价意见整改落实情况报告；组织完成详评项目1个、简评项目7个，并上报集团公司；组织完成科技专项后评价自评价报告通过集团专家组验收。川庆钻探工程公司获集团公司"2015—2019年度后评价工作先进集体"称号，3人获集团公司"2015—2019年度后评价工作先进个人"称号。

【基础工作】 2020年，川庆钻探工程公司制订规划计划工作要点，安排部署规划计划5个方面20项重点工作。举办统计专业继续教育暨投资项目后评价管理培训班，所属20家单位34名统计业务骨干、后评价管理人员参加培训。学习领会习近平新时代中国特色社会主义思想和党的十九大和十九届二中、三中、四中、五中全会精神，抓好党支部建设和党员管理工作，开展纪律教育和加强廉政建设。召开党员大会，完成党支部委员会换届选举和支部书记选举工作。 （樊勇）

工程造价管理

【概述】 2020年，川庆钻探工程公司为推进工程造价系统建立，建章立制，围绕企业总体工作部署和提质增效相关要求，按照"对外统筹、对内管控；强化基础、管好项目；建好队伍、当好参谋"的工作思路，编制和发布内部结算标准20项，初步建立内部参考计价标准10项；组织参与重点工程项目造价管理9个；审查油气合作项目概算546个；协调内部结算分歧4项；推动油田公司发布临时计价标准11项。

【工程项目审查】 2020年，川庆钻探工程公司加强油气合作项目概算审查，审查苏里格及威远页岩气钻前工程、钻井系统工程、完井系统工程、地面建设工程项目546个，审查投资22.28亿元，审减额1.25亿元，审减率5.6%。促进项目设计优化，研究苏59区块、苏5区块集输管道工程初步设计，提出管沟土石方工程等优化建议，节约投资907.72万元。

【重点领域造价管理】 2020年，川庆钻探工程公司以工程结算、项目管理和分析为重点，补充建立临时计价标准11项；统筹协调解决工程定额、结算相关问题，确保工程结算到位。参与9个重点项目投标报价、商务谈判、工程结算及内部结算分析协调。完成黄瓜山、自贡、宜宾、长宁页岩气、威远页岩气、致密油气等区块数据收集和结算对比，完成西南油气田市场化定额与页岩气临时计价标准测算对比，完成长庆地区自营与民营队伍成本对标分析。

【设备材料价格管理】 2020年，川庆钻探工程公司在调研相关单位设备物资价格管理基础上，开展与工程造价相关的主要物资价格信息收集、整理工作。结合企业实际情况，初步建立包括企业所有专业类别60个物资大类5.72万条价格数据信息，并根据实际情况动态调整，按材料价格信息开展相关造价管理工作。

【定额研究计价管理】 2020年，川庆钻探工程公司强化基础管理，开展计价标准研究编制。编制发布《苏里格油气合作开发项目钻井系统工程计价标准（试行）》《威远页岩气油气合作开发项目钻井系统工程临时计价标准》《苏里格油气合作开发项目钻前工程勘察及井位复测费》3项油气合作概算审查标准，为概算审查提供依据。编制发布《正压式空气呼吸器、气体检测仪检测服务计价标准（试行）》《正压式空气呼吸器、气体检测仪及对讲机租赁服务计价标准（试行）》《川渝地区钻具、井控、机修共享服务计价标准（试行）》《川渝地区钻具、井控设施、工具内部租赁计价标准（试行）》《自研旋转导向技术服务实验推广临时计价标准》《川庆钻探工程公司公务用车和生产经营用车服务指导价格体系》等12项内部结算计价标准，制定印发《川渝地区清洁生产作业交叉作业相关费用结算方案》《关于钻机替换作业资源共享运输费用内部结算会议纪要》《关于规范大小钻机组合钻井试油结算工作的通知》《关于规范页岩气组合钻井施工费用内部结算的通知》《蜀南气矿深层页岩气总包费用内部切割方案》5项内部结算规范，保证内部结算的顺利进行。完成钻机拆迁安、钻井、钻井液、固井、压裂、酸化、录井、定向井、连续油管、试修等主要专业内部参考计价标准编制。

【造价信息系统管理】 2020年，川庆钻探工程公司开展价格信息收集渠道及方式调研，学习其他单位价格信息系统建立先进经验，设计价格信息系统架构，规范资料格式，收集工程造价主要材料价格信息，完成价格信息前期调研、需求分析，架构设计等工作。

【造价业务基础管理】 2020年，川庆钻探工程公司开展工程造价基础工作，夯实管理根基。印发《川庆钻探工程公司工程造价管理办法（试行）》，从机构和职责、工程结算审核、油气合作造价、物资材料价格、工程内部结算和造价控制、培训及资质等各方面进行规范，逐步实现工程造价规范有效管理。制定《工程造价中心工作规范》，从工作职责、岗位分工、业务流程等10个方面规范部门管理。编制印发《2020年工程造价工作要点》，对造价工作进行整体布局，为企业及所属单位造价工作的开展提供行动指南。所属8家主要生产经营单位新成立工程造价中心，其余单位完善工程造价管理机构，增加人员力量，截至2020年底，工程造价人员超过120人。举办造价人员培训班，邀请集团公司物探钻井造价中心、西南油气田公司、长庆油田公司工程造价相关专家授课，培训55人次。

（任慧琴）

财务资产管理

【概述】 2020年，受新冠肺炎疫情全球蔓延、国际油价断崖式下跌影响和工程技术服务"量价齐跌"的冲击，川庆钻探工程公司以"战严冬、转观念、勇担当、上台阶"主题教育活动为指引，以"提质增效专项行动"为抓手，严格落实"四精"管理要求，保效益、强保障、抓创新、提质量、促转型，推进各项工作，实现生产经营平稳受控，为企业打赢疫情防控阻击战和效益实现保卫战、实现"十三五"收官作出贡献。

【预算管理】 2020年，川庆钻探工程公司把握"协调、深化、提升"六字工作要求，完善预算政策及思路，优化预算指标体系。聚焦高质量发展，强化效益指标考核力度；聚焦现金流指标，加强收入结算进度考核，推动结算进度和款项回收；聚焦提质增效，将底线目标分解落实，助力工作任务目标实现。撰写经营压力测试报告，为企业提前布局全年生产经营决策提供信息支撑；跟踪重点单位预算执行情况，撰写钻井单位经营预测报告，上下齐心共同谋划预算管控措施；重点跟踪海外项目运行情况，撰写厄瓜多尔P油田项目经营预测报告，通过价格产量等敏感性因素分析，为领导决策提供风险提示；开展重点亏损单位协调对接，化解经营过程中的问题矛盾，确保预算目标落实。强化预算过程管控，确保预算平稳受控。科学发挥预算的预警机制，推行月度盈利预测和滚动预算，着力预算目标进度受控运行；固化月度经营情况分析制度，坚持以问题为导向，完善管理分析手段和方法，揭示管理短板，针对问题提出管理建议，为企业决策提供信息支撑；建立健全预算预警机制，密切跟踪重点单位预算执行情况，加大及时纠偏力度和频次。以预算管控为抓手，突出预算激励和导向作用，实现预算平稳受控，确保全年预算目标实现。

【成本管理】 2020年，川庆钻探工程公司以提质增效专项工作为抓手，强化重点领域成本管控，严控管理机构等非生产费用，推动低成本发展战略，提升市场成本竞争优势。研究编制《川庆钻探工程有限公司2020年提质增效专项行动实施方案》，从抢市场、增产能、提速度、精管理等6个方面提出25项112条工作措施，确定20亿元工作目标。机关各处室、所属各单位推进各项工作措施落实，取得阶段性成效，完成提质增效工作目标28.69亿元，管理机构可控费用下降31%。

完善页岩气成本管理信息系统，集成钻井、压裂酸化等10余项相关专业，纳入钻井进尺、钻井周期、压裂段数、收入、成本、边际贡献等50余项指标，打破专业间相互独立的局限，实施全产业链成本管理，形成"反映成果、评价效果、支撑决策"大数据信息管理平台。组织相关单位完成两轮次数据录入工作，纳入300余口单井数据，并及时根据生产组织、合同承包工作量等情况变化，对历史数据进行核查、修正。牵头开展中油油服单井创效工程试点工作，制定项目方案和目标。7月末启动川渝页岩气单井创效工程试点工作；10月，项目前期工作进展和系统建设情况通过中油油服初步验收。研究印发《关于解决新冠肺炎疫情防控期间若干临时性问题的通知》，在防疫用品物资资金、复工复产路费和隔离费用、生活质量等方面及时出台针对性保障政策和措施，解决疫情期间生产一线职工面临的主要问题，为全面复工复产、实现"双零"目标作出积极贡献。

【会计核算】 2020年，川庆钻探工程公司推进新收入准则平稳衔接，对新收入准则进行全面宣传贯彻和培训，提前测算实施后对企业经营成果的影响。周密布置新旧准则转换相关账务调整工作，及时更新会计科目体系，调整新旧准则差异，保证新旧准则平稳衔接，提升会计信息质量。编报2019年度财务决算报告，为企业生产经营决策提供财务支撑。落实主体责任，根据机关各业务处室管理职责，将各阶段工作任务及目标层层分解，明确编报主体责任。建立线上业务交流群及相关业务专业线下交流小组，推进多部门联合工作，提高编报效率。设置处室分管领导初审、处室负责人复审、编委领导小组终审的三级审批流程，严把报告内容质量关，按时上报集团公司。优化会计核算体系结构、统一会计核算流程、细化会计核算维度，助力中油油服搭建一体化账套。主动加强与市场营销、物资管理、规划计划、劳动工资等业务部门沟通协调，促进报表编制工作向

"数据背面"延伸。编制年度财务分析报告，定期开展与国内同行、企业内部对标分析工作，拓展财务信息的价值应用。川庆钻探工程公司被集团公司评为《企业年度工作报告（2019）》编报优秀单位。

2020年7月8日，川庆钻探工程公司在成都召开"两金"压控工作推进会 （谷学涛 摄）

【资金管理】 2020年，川庆钻探工程公司树立精益管理理念，发挥资金集中规模优势，坚持精打细算增效益，全力运营管控创价值。以资金计划运行为抓手，统筹保障生产运营资金与安全专项投资。贯彻资金紧平衡管理理念，增强"现金流比利润更重要"的管理意识，建立经营现金流管理体系，加强收支统筹与净额监控，严控经营现金流为负单位的低效无效支出，层层传导资金增效压力，推进资金提质增效发展。实现经营现金流22.6亿元，资金集中开源创效1.5亿元。推进产融协同合作共赢，实现产融资金节流创效0.4亿元。推进"商信通"和中油财票业务，开具商业承兑汇票49亿元，实现资金增效0.3亿元；利用集团公司综合授信额度支持业务发展，开具保函1.5亿元，减少资金占用实现资金增效0.03亿元。

【资产管理】 2020年，川庆钻探工程公司推进资产结构优化和管理创新，加大低效负效资产处置力度和成功率，创新优化资产管理模式，促进资产提质增效落地落实。推进资产共享机制建设，加大资产调剂，提高资产利用效率。严格资产报废、减值和核销，资产结构不断向好。资产评估业务应评尽评，确保资产保值增值。推进闲置土地处置和移交，倡导土地共享理念。多措并举，推动资产管理向业财融合转型。开展租赁资产管理创新，推行租赁车辆集中管理模式，压减外租生产车辆300余台，节约租赁费用7000余万元。加大资产处置力度，下达不良资产处置指标，制定低效无效资产处置计划，完成处置资产原值5亿元目标，实现低效负效资产处置收入5809万元。联合生产、技术部门推进资产共享机制建设，开展生产设备设施内部调剂，调剂资产21207项，原值20.79亿元，净值8.77亿元，实现出租收入2912万元。严格组织和审查资产报废、减值和核销，进行减值测试，保证资产质量，报废资产34693台（套），报废资产原值6.1亿元，净额0.2亿元；计提减值400.98万元。评估项目评估增值758万元，增值率20%，在集团公司专项检查中得到好评。推进闲置土地处置和共享，1宗闲置土地纳入集团公司整体盘活范围，重庆运输总公司、川东钻探公司、井下作业公司3家单位与西南油气田公司进行土地及房屋调剂，提升土地利用效率，保障对生产场地的需求。

【税务管理】 2020年，川庆钻探工程公司增强纳税筹划能力，有效加强税务管理，累计缴纳境内外税费5.56亿元。完成2019年度企业所得税汇算清缴，做好自用成品油消费税先征后返工作，实现自用成品油消费税返还4.47亿元；强化出口退税政策的规范性使用，出口退税634万元；贯彻落实国家抗击新冠肺炎疫情税收优惠政策，节约支出1.95亿元。理顺税收管理关系，解决苏里格项目税务征缴遗留问题，规避涉税风险。根据集团公司BEPS行动计划安排及项目所在国税制差异，指导境外项目抓好原材料、固定资产、无形资产转让定价和管理费用分摊工作，编写《川庆钻探工程公司转让定价与本地文档》，对财务状况、关联交易、转让定价以及可比性分析等方面进行详细介绍。针对增值税税率下调的情况，加强与四川省税务局协调，申请并取得四川省税务局暂停在四川省境内增值税 1% 预征的批复文件，陕西省税务局暂停长庆地区单位的增值税预征。

【保险管理】 2020 年，川庆钻探工程公司推进商业保险集中管理工作。编制年度商业保险计划，集团公司统保的主要投保险种为雇主责任险（国内、国外）、综合责任险、石油天然气钻井设备一切险（国内、国外）等，保障关联交易市场、外部市场、境外项目的保险保障需求，保障企业员工利益；利用统保优势，与保险公司、公估公司、经纪公司进行沟通交流和协商，协调解决各单位保险管理中出现的各种问题，促进理赔案件的尽快完结，资产损失得到合理补偿，转移企业经营风险。

【关联交易】 2020 年，川庆钻探工程公司加强与油田公司协调工作，收集分析整理关联交易经营信息，及时协调处理争议事项，确保关联交易结算及时、顺畅。关联交易收入 289 亿元。其中西南油气田结算收入 131 亿元、长庆油田公司结算收入 134 亿元、塔里木油田公司结算收入 14 亿元。关联交易收入占到企业收入总额的 88%，保持相对稳定。通过对关联交易收入、结算、资金回收以及协调事项等内容进行动态反映，重要事项动态跟踪，适时提出管理建议，多次为领导决策提供依据及支撑信息。加强企业内部、外部结算管理，首次将收入结算率纳入各单位绩效考核体系，按季下达指标，按季考核，定期通报情况。结算管理工作逐步由事后向事前转变，提升整体结算水平，缓解经营压力。提前研判油田公司压减投资在企业内导致的连锁反应，研究部署应对策略，支撑内部结算运转顺畅。

【国有股权管理】 2020 年，川庆钻探工程公司对投资股权项目分两部分管理：对全资子公司按照分公司模式进行管理；对参股公司按照法人股权模式进行管理，通过对参股公司委派兼职董监事，确保任职公司重大经营战略决策制定、风险控制、股利分配等多方面符合集团公司和川庆钻探工程公司战略部署，切实维护出资人权益，实现对参股公司运行进行有效监管的目标。2020 年减少法人户数工作目标 2 户，实际完成 2 户。其中，参股法人四川天华股份有限公司于 2020 年 12 月 30 日完成股权转让；全资子公司重庆川油运输有限责任公司于 2020 年 10 月 19 日完成清算注销。

【财务共享】 2020 年，川庆钻探工程公司按照集团公司及中油油服共享建设部署，全面推进财务共享建设，将财务共享建设作为提高公司财务运行效率和效益、建立新型财务管理体系的重要推手。成立以总会计师为组长，财务、人事、劳资部门负责人为副组长，相关处室负责人及所属二级单位总会计师为成员的财务共享服务推进工作领导小组，协调推进财务共享建设工作。按照"先易后难、试点先行""分批上线、稳步推进"的建设原则，强化顶层设计、全面把控，以"小班多批""线上＋线下"的创新模式开展财务共享建设工作，按时实现境内单位、境外机构和人力资源业务全面上线运行；制定并完善与财务共享业务配套的制度、办法，进一步规范财务共享业务管理；创新境外项目财务管理模式，助推海外项目减员增效。完成集团公司提出的"国内财务共享上线率 100%、海外财务共享试点上线率 100%、石油商旅国内企业上线率 100%、企业费用分摊 100% 的"年度建设目标，成为集团公司首家"财务、人力、海外"共享业务三位一体全面上线的单位。

2020年1月15日，川庆钻探工程公司在成都召开财务共享业务启动会 （卢宏 摄）

【基础工作与财经纪律】 2020年，川庆钻探工程公司加强联合监督检查力度，拓展财务监督工作深度，细化监督检查内容，检查涉及资金及"小金库"管理、科研费用使用情况等多方面。以问题为导向，举一反三，明确整改责任，制订整改方案，细化整改措施，督促问题全面整改落实。强化合规宣传，树立红线意识，完善制度及内控流程，加大审核把关力度，防止同类问题再次发生。严肃财经纪律，加大违纪违规处罚力度，对屡查屡犯问题，严格按照《中国石油天然气集团有限公司管理人员违纪违规行为处分规定》《中国石油天然气集团有限公司违规经营投资责任追究工作暂行规定》严肃追责。修订发布《内控与风险管理手册财务资产业务管理分册》，修订财务内控流程图、风险控制文档等，重点覆盖资金、资产、税务、成本等专业领域。

【机关财务管理】 2020年，川庆钻探工程公司按照集团公司下达的机关可控费用下降30%、"五项"费用下降50%的考核目标，进行数据分析，和业务部门反复对接，将指标层层分解落实，加强过程管控，剔除考核后机关可控费用实际发生额3 207.2万元，"五项"费用421万元，完成集团公司考核目标。按照财务共享建设统一部署，年初开始财务共享建设工作，进行子流程配置、流程审批人设置，对各费用项目进行跟单测试，以确保各项业务在共享平台能顺利处理。作为首批上线运行单位，机关财务科于6月5日正式上线运行。开展个人所得税汇算清缴工作，加强政策宣贯，在企业网站上挂接个人所得税汇算清缴操作指引，举办个人所得税汇算清缴讲座，助力机关员工进行个人所得税年度汇算。开展个人所得税筹划，取得良好效果，机关职工取得较好的税后收益。改革个税预扣方式，在发放工资前先行在个税系统中进行个税计算，再导入薪酬系统，保证个税计算的准确性，避免个税系统和薪酬系统计算个税的差异。做好进项税认证抵扣，按时计提解缴增值税和其他税费，防范税务风险。按照"年预算、月计划、周日安排"的资金计划体系，按时编报资金月计划和周日计划，估计资金需求，确保机关运行资金保障。及时清理备用金借款，确保借款用途和实际一致，按月进行签认和清收，年末备用金余额全部清零。重点关注民营企业和中小企业欠款，按合同条款及时支付，无逾期民企欠款。

【财会队伍建设】 2020年，川庆钻探工程公司开展财务人员继续教育培训，分别组织四川、重庆、长庆、新疆片区完成线上财务人员继续教育培训，参培财务人员近千人次。实行总会计师述职述廉和财务科长履职报告常态化机制，加大财务机构负责人任职管理力度。加强所属单位总会计师述职考评工作，完善对总会计师履职尽责考察内容，促进总会计师政治素质、专业能力、管理能力提升。举办总会计师上海国家会计学院培训班，提升高级财务管理人员的职业素养与实际工作能力，为推动财务业务良好发展打下坚实基础。各级财务人员围绕企业发展战略，坚持以依法合规为准绳，坚持以经济效益为中心，坚持以问题导向为原则，坚持以业财融合为方向，全面提升管理水平和价值创造能力，为企业高质量发展贡献财务力量。

（宋 玲）

多元经济

【概述】 2020年,川庆钻探工程公司多元经济板块有17家企业,经营范围涵盖石油工程技术配套服务、地面(建筑)工程建设、电(气)代油、油化产品生产及技术服务、机械制造及加工、环境治理、清洁化生产、运输与物流、科研、资料解释、油气藏评价、商品贸易、人才服务、设备租赁等业务。2020年,川庆钻探工程公司多元经济板块从业人员4819人,资产总额43.31亿元,其中:固定资产原值23.36亿元,净值10.61亿元;负债总额32.26亿元;所有者权益11.05亿元。有钻机13台、顶驱9套、压裂泵车(橇)79台,其中2000型及以上71台,压裂装备总功率15.5万水马力。

【知识产权与专利产品】 2020年,川庆钻探工程公司多元经济业务加强科研和技术投入,培育特色技术、特色服务和特色产品,取得国家和地方政府颁发的安全生产、危险化学品经营、民用爆炸物品销售、道路危险货物运输等许可证以及环境污染治理、进出口业务经营权和集团公司一级供应商资质97项。有3家高新技术企业,申报知识产权专利245项。其中:独立申请专利166项,占比67.8%;联合申请专利79项,占比32.2%。获专权授权184项。发明专利86项、实用新型专利156项以及外观专利3项。

【经营管理工作】 2020年,川庆钻探工程公司多元经济板块严格按照年度总体工作部署,坚持以"战严冬、转观念、勇担当、上台阶"主题教育为主线,制订《2020年提质增效专项工作实施方案》,每月开展跟踪分析,严格考核通报,推动"四精"管理落地见效。坚持"拓市场、降采购、压'两金'、缩开支",细化完善255项754条措施。与供应商重新议价压减采购成本6465万元,工程技术服务成本整体下降2亿元,应收款项较年初下降3.16亿元,社会化用工成本压减2607万元,两级机关可控管理费用同比压减1818万元,"五项"费用同比下降585万元,全年实现提质增效4.71亿元。坚持"人随业务走、人随资产走、人随效益走"的原则,加强与相关单位沟通交流,加大分流安置力度,超额完成人员分流安置目标。按照厂办大集体改革要求,组织专题会议宣传改革精神,开展专项培训、审计、评估、法律咨询和劳动合同签订等工作,加强与第三方沟通交流,反复研讨改革方案,改革工作进展名列集团公司所属企业前茅。2020年,川庆钻探工程公司多元经济板块外部市场实现收入10.4亿元,同比增长2.6亿元,增长33.3%。机加工业务抢抓页岩气增储上产机遇,拓展中国石化华东工程公司、宝石机械厂业务,实现收入5000万元。电代油业务形成完备供应链,保障主业生产的同时,中标含油岩屑低温萃取处理项目供电技术服务。测井业务拓展合煤1井、足207井等地方市场。运输业务不断拓展利润稳定、资金安全的市场板块,外部市场收入占比达到48.7%。海外市场巩固和扩大伊拉克、阿联酋、巴布亚新几内亚等多个项目,实现收入1.28亿元。

2020年9月8日,越盛公司到中国石化西南石油工程有限公司油田工程服务公司总部参观交流学习　　(叶蕱枘 摄)

【重点企业】 四川川庆井下科技有限公司（简称井下科技公司）成立于1994年6月30日，注册资金1000万元，注册地为四川省广汉市三水镇。井下科技公司隶属中国石油集团川庆钻探工程有限公司，是一家集科研、生产和现场技术服务为一体的独立法人企业。该企业于2013年5月6日，经广汉市工商局核准，更名为四川川庆井下科技有限公司，2014年8月26日成功改制为越盛公司独资的有限责任公司。井下科技公司有中国石油天然气集团有限公司物资供应商准入证、中国石油天然气集团有限公司产品质量认可证书、安全生产许可证、安全生产标准化二级单位证书、非煤矿山安全生产标准化二级证书、守合同重信用企业证书、API Q1、ISO9001、ISO14001、ISO18001及HSE体系认证证书。具有集团公司工程技术服务压裂酸化施工队伍资质、川庆钻探工程有限公司井下作业技术服务资质。井下科技公司通过集团公司质量认可产品46项，其中有24项产品被列入川庆钻探工程有限公司优势目录。经营范围包括油气田勘探开发技术研究及技术服务；钻采工具、石油机械产品、油田化工制品研制、生产、销售；油气浅层勘探开发；酸化作业、固井作业；销售：仪器仪表、办公设备、五金交电、汽车配件、农副产品；石油钻采专用设备租赁；普通货运（凭许可证在有效期内经营）；吊车吊装服务；自有房屋租赁；机械设备维修。井下科技公司自成立以来，致力于潜心研究，使产品技术和生产能力得到迅速发展，形成具有鲜明技术特色的"SD"系列产品和施工工作液配方体系。"SD"系列产品主要销售在川渝、塔里木、苏里格等地区，以及泰国、印度尼西亚、土库曼斯坦、乌兹别克斯坦等国家。

井下科技公司设有广汉中心实验室，以及重庆、苏里格、遂宁、新疆等现场实验室，有国内外先进科研仪器80余台（套），包括高温高压流变仪、多重光散射仪、高温高压稠化仪等进口实验仪器以及地面大型模拟试验设备，具备产品及体系研发、评价模拟、现场服务、质量检测等技术实力。实验设备可完成油田化学添加剂相关的各类检测及现场实验，如压裂液流变性能、管路摩阻、表/界面张力、酸液高温高压腐蚀速率、水泥浆稠化时间、水泥石强度等性能评价工作，可进行添加剂的研发、筛选，配方的确定及优化。

井下科技公司有油田化学单剂产品80余种，有转向酸、胶凝酸、低密度水泥浆、高温深井水泥浆、一体化压裂等30余种技术服务工作液体系。2020年，井下科技公司获5件实用新型专利授权，发表核心期刊论文10篇，开展科技攻关项目12项，在产品研发与技术创新方面形成多项技术成果。形成的多功能悬浮降阻剂产品作为井下科技公司自主创新的SD第三代降阻剂产品已在川渝地区、湖北宜昌新区大规模推广应用，产品性能获业主方认可，经济效益显著。联合申报项目"非常规油气高效开发纳米复合减阻剂的研究与工业化应用"获湖北省技术发明二等奖。井下科技公司通过全国高新技术企业认定，成功入选四川省"行业'小巨人'企业"，获四川省企业技术中心认证。

2020年底，井下科技公司有从业人员526人，有机关部室6个、基层单位4个、全民分流业务10个。完成现场技术服务1271井次，销售油化产品21697吨，安全行车142640千米；实现营业收入9.28亿元，利润2896万元。（刘 欣）

设备管理

【概述】 2020年，川庆钻探工程公司设备管理以设备全生命周期管理为主线，坚持安全第一、科学规范、创新驱动、两化融合、节能环保的原则，推进四化建设，加大设备资源共享，开展装备对标提升，提升设施完整性和可靠性，推进提质增效专项行动，为企业生产安全经营工作提供可靠的装备支撑。在册主要专业设备总台数9 680台

（套），资产原值177.54亿元，资产净值58.15亿元，设备新度系数0.33，其中超深井钻机更新6台，钻机新度系数0.22；2500型压裂车新增10台，压裂设备新度系数0.45；新增带压作业设备4套。设备经济技术指标达标，主要设备综合完好率98.15%以上，钻探公司主要专业设备故障停机率小于0.1%，利用率70.8%。设备运行风险整体受控，无一般B级及以上设备事故发生。

【设备运行保障】 2020年，川庆钻探工程公司抓好设备从计划购置到报废处置全生命周期各环节的技术安全管理工作，提升设备本质安全。完成各型主要设备技术配置方案审查67项，批复长摊资产设备2 436台，安排钻机、压裂车等重大设备监造38台，设备设施升级改造36台，组织验收钻机、固井水泥车等大型设备36台，报废设备技术审查1 132项。抓好钻机调剂，川渝地区5部钻机调剂至长庆区域，川西钻探公司1部钻机调剂至川东钻探公司。协调设备配套，保障博孜3-K2井、蓬深1井、角探1井等重点井设备安全可靠运行。抓好压裂现场功能分区，设备设施配置优化，统筹布局，实现平台（大井丛）现场布局标准化，提高设备设施动迁安装效率和整体施工作业效率。制定并落实钻井钢丝绳使用、检查、判废、切绳等管理规定；指导并督促钻井泵、顶驱等重点设备的规范使用和管理；强化环保厕所、液压扳手、等离子切割机、空调材料房的管理，保障设备安全运行。加快设备升级改造，完成10部钻机底座加高改造，其中6部机械钻机7.5米升高到9米，4部电动钻机10.5米升高到12米。完成长庆页岩油区域钻井装备配置方案调研，制定钻机生产保障、辅助设备设施共享减配、机械钻机电动化升级改造等方案，提升钻机作业能力，满足页岩油大井丛工厂化生产作业需求。优化钻井工艺流程，完成4部钻机35兆帕泥浆泵升级52兆帕、85套钻井液回收罐罐面改造，并开展转浆罐整改、灌注泵出口管汇整改等专项行动，为钻井提速提效提供设备支撑。

【机械化自动化】 2020年，川庆钻探工程公司坚持"安全可靠、技术先进、环保节能、经济适用"的原则，按照"成熟产品加大推广、试验产品完善定型、研制产品持续改进"的步骤，组织对不同专业设备分层次进行推广应用。全年完成72项1 356台（套）。其中：中油油服项目完成18项617台（套），完成率242%；川庆钻探工程公司项目完成16项464台（套），完成率129%；基层单位自建、群众性创新项目完成38项275台（套）。

更新自动化钻机的配套使用。更新第一代自动化钻机6部，累计投用15部，作业21井次，进尺20余万米。通过完善钻机技术协议，细化过程管控，严把监造验收，问题数量同比下降50%；新钻机安装调试时间由以往平均30天缩短至20天，配套的自动化设备实现电气液集中控制、管柱自动化处理，满足川渝地区超深井高泵压、大排量作业需求，现场应用成效显著。

开展钻机自动化升级改造。2020年实施在役钻机升级改造钻井队41个，推广二层台机械手103套，国内5 000米及以上钻机配置率60%，实现二层台作业无人化；应用动力卡瓦298套，国内钻机全部配置，降低一线员工劳动强度；推广钻台面机械手38台，单司钻集成操作、"一键式"智能控制现场应用取得新突破。开展自动化钻机减人增效调研和试点工作，川东钻探公司在8支自动化钻机队伍进行试点，优化减配15人。

以"九改九提九推广"[1]为抓手，提升压裂设

---

[1] "九改九提九推广"："九改"指改变生产组织模式、改变用工形式、改善主体压裂装备性能、改进现场辅助设备配套、改变设备检维修方式、改进泵送射孔工艺、改善压裂施工工艺、改进内部考核激励机制、改进统计方式；"九提"指提升整体运行效率、提升人员保障能力、提升设备可靠性、提升"四化"水平、提升装备完好性、提升射孔速度、提升压裂效率和效果、提高全员积极性、提升时效统计科学性；"九推广"指推广不锈钢压裂阀箱、碳化钨阀体阀座、压裂管汇橇快速连接装置、免破袋连续输砂装置、柔性蓄水罐、拼接式蓄水装置、井口快速插拔装置、单管万向式压裂井口管线、连续加油装置。

备整体运行效率、连续作业能力和可靠性保障。推广应用长寿命泵阀箱166台，平均使用寿命提高3倍以上，检修泵时间降低50%。在19个平台实施大功率电动压裂橇，完成1416段施工，节约能耗10%以上。自动输砂装置在川渝地区页岩气压裂现场形成标准化配置，累计应用9套，较常规效率提高2—3倍。推广1500立方米以上拼接式蓄水装置56套，占地面积节约40%，运输车次节约80%—90%。

开展辅助自动化设备工具的推广应用。推广气动重粉罐16队，应用130队，实现川渝、新疆地区全配置，提升作业效率，改善作业环境。推广陶瓷缸套85队，累计应用146队，新疆地区全面推广使用，川渝地区配置率76%，使用寿命1200—1600小时，长庆地区在重点作业区域34部钻机上配套使用，寿命最长达5100小时。开展高性能顶驱冲管现场试验，推广机械密封冲管14套，其中川东钻探公司8套、川西钻探公司6套，最长使用寿命1200小时；试用3只恒压预紧式新型冲管，最长使用时间达639小时。井场多功能机具累计应用278台，长庆、新疆地区实现队伍标准化配套。推广便携式等离子切割机287队，液（气、电）动扳手985套，在钻机拆搬安、检维修中全面使用，现场应用效果良好。

加大清洁能源和环保技术应用。在钻井、压裂作业现场全面推广使用"电代油"技术，同时开展电动钻机电控系统扩容改造，实现网电和自发电分区使用，解决网电容量不足的问题。召开环保厕所使用管理及整改方案讨论会，针对现场使用管理中存在的问题制定整改措施，提高环保厕所的适应性和可靠性，全年推广53栋，累计应用307栋，实现川渝地区钻井队全配置，并逐步开展钻前施工、压裂试采等生产环节的现场应用。投用液体化工料储存罐92台，完成6779吨液体化工材料配送，减少包装桶13.6万个，节约费用376.11万元，解决废弃包装桶处理难度大、成本高、环保风险大等问题。对2017—2019年完成的"自动化"建设项目完成清理评估。对2020年钻井、压裂现场试用的轨道式钻台面机械手、国产电驱压裂车等10个项目现场试用情况进行应用评价，形成推广实施建议意见。

【设备完整性管理】 2020年，川庆钻探工程公司落实两级QHSE体系审核中发现的324个设备设施类问题的整改销项，深入原因分析，制定针对性提高措施。组织设备类安全技术措施项目专家评审论证，5家单位28个隐患治理项目中有24个通过评审立项。针对钻机绞车减速箱换挡机构隐患、高压钻探胶管失效隐患、钻机高空运行设备坠物隐患，及时开展专项排查和治理，保障设备本质安全。开展特种设备安全生产三年专项整治工作，制订三年行动方案，理清特种设备相关业务管理部门职责，修订特种设备事故专项应急预案，规范特种设备应急处置"一案一卡"，按计划有序开展特种设备专项整治工作。抓关键时段风险管控，春季做好设备启用前检查、设施保温、防沙防汛等工作；夏季开展防雷和接地检查工作；冬季抓好冬防保温和油水管理工作。抓关键环节风险管控，强化新型设备试用风险管理，开展单管万向式压裂管汇、5000型电动压裂橇等11项公司级专家评审和备案审查；钻机底座升高改造环节，多次组织技术方案交流和专家论证，对36台钻机"一机一策"制定技术安全措施，消减设备改造风险，保障设备本质安全。抓关键设备风险防控，积极开展风险警示活动，通过安装监测系统、自动灭火装置等措施重点防控，保持压裂设备运行风险整体受控；开展电气设备火灾事故警示教育活动，强化隐患排查和风险辨识，严防电气设备火灾风险。开展特种设备专项督查，对川渝地区钻井、压裂队伍，以及后辅单位6个基层队站进行督导抽查，并跟踪完成16项检查问题的整改销项；开展钻井、试修专业特种设备诊断评估，对6个二级单位22个队站（车间）特种设备检查评估，发现并整改问题83项。开展井场电气安全自查整改和监督检测，抽查4家钻探公司85个钻井现场、页岩气勘探开发部和苏里格项目部的4个油气场站，发现并整改问题1 187项，保障现场施工作业安全平稳运行。开展钻机高空坠物隐患治理暨关键设备安全管理专项检查活动，成立3个督导检查组，分别对川渝、长庆地区开展督查，抽查15个基层队，查出问题115项，并督促整改销项。

【设备技术管理】 2020年，川庆钻探工程公司加大科技项目攻关，促进科技成果转化。参与集团公司卡点工程2项，完成7000型电驱压裂橇与柴油驱动压裂机组的工业性试验，1台压裂橇相当于2—3台2500型压裂车能力，噪声由115分贝降低至85分贝；联合攻关二代自动化钻机，突破技术研发瓶颈，具备独立建立根功能，实现重点环节"一键式"集成控制。主导开展油服科技项目新型设施、工具、工艺配套研究，提升液压猫道和液压排管架作业效率、适应性和可靠性，形成高效、安全、可靠的钻机司钻控制与操作应用技术。组织开展科研项目4项，其中国产大功率变频器在钻机电控系统的应用研究，研制1套基于国产变频器的传动控制系统在作业现场应用，满足生产需求，形成钻机电控系统国产化改造的专有技术。针对钻具受重载挤压变形的问题，分析钻杆损毁机理，讨论卡瓦改造技术方案，开展立项研究。开展压裂机组智能泵控、兼容性集中数据采集技术研究，制定标准数据接口协议、研发压裂机组泵和集中数采系统，实现多品牌压裂设备的统一控制和集中数据采集，保障施工质量，提升压裂设备管理水平。强化联合攻关，加快新技术、新设备的研发，新型集成液压站、远程控制泥浆分配系统等自动化设备，完成厂内制造，后续将加快投入现场试用环节。强化主创新产品的推广应用、经济评价、"四新"管理，组织二级单位清理上报291项已投用自主创新装备和工具，组织相关业务处室鉴定评估，其中游车智能防下砸装置、防喷器闸板胶芯取出工具等39项经评审先后列入川庆钻探工程公司第一批和第二批自主创新产品目录。推进设备类合理化建议（五新五小）和技术改进活动，在合理化建议和技术改进优秀成果评选活动中，川东钻探公司的"冉鹏无线压力远程监控法"等设备类成果获2018—2019年度川庆钻探工程公司特等奖2项、一等奖2项、二等奖2项、三等奖7项；设备处的"ZJ50/70L钻机底座升级（加高）改造"等设备类成果获2020年川庆钻探工程公司（1—7月）一等奖1项、二等奖3项、三等奖2项，系列成果有效解决钻井工艺和井控安全需求，解决生产一线疑难问题，保证生产作业安全。

【设备综合管理】 2020年，川庆钻探工程公司强化基础管理，提升设备管理水平。制定《川庆钻探工程公司2020年设备管理工作要点》，明确工作目标和重点工作计划。提升设施完整性和可靠性管理水平，制定并实施2020年设施完整性和可靠性QHSE管理方案，强化设备设施安全风险精准管控。制订全年"四化"建设实施方案，其中自动化建设安排36项。巩固和提升装备管理工作水平，制定并实施2020年装备管理对标提升方案，整体推进装备管理做精做细做强。制定并实施提质增效专项行动，方案量化、责任到人、月报督促，有序推进全年提质增效任务。

完善管理制度体系，制定、修订《特种设备安全管理办法》《压裂设备高压管汇使用管理规定》等管理制度4项。强化标准规范的制修订，组织制定、修订《设备风险评价规范》《钻机"电代油"技术规范》等企业标准25项。加强操作规程清理和完善，着重清理特种设备安全操作规程，组织20家单位按照国家标准完善规程内容，并及时纳入企业"二级"目录管理，清理完善特种设备安全操作规程139项、修订13项、新建6项。

基于生产一体化平台建立设备管理系统，开展设备从建档、运转、维护保养、检测、修理、更新、改造直至报废的全生命周期管理。自2019年4月开始搭建局级、处级、基层队级三级设备管理信息平台，其中基层队级的钻井队和压裂队设备管理平台已搭建完成，实现基层队设备实物台账、调拨和检查维护信息化管理，钻井队设备信息管理平台已上线运行281支；完成局级、处级平台搭建，消除数据孤岛、数据分散，实现数据集中共联和共享，提炼设备经济技术指标等关键数据信息，为决策层提供决策依据。

深化对标提升，促进装备管理创新。各二级单位坚持基础工作对表，找差距，重庆运输总公司开展"四对标四提升"劳动竞赛活动，定期考核、通报，提升企业形象和装备管控水平。长庆井下公司以"压裂设备高效率运行"为核心，创新探索形成"大平台标准化布局、井组模块化作业、连续供砂供水保障、井间拉链式压裂"特色水平井工厂化压裂作业模式，助推生产提速增效效果明显。保持示范基地引领作用，其中YS49121队借助电动压裂泵、长寿命阀箱、阀体及阀座、国产电驱压裂车等自动化建设，探索"2+1"或"1+2"压裂施工。

开展动力外包技术服务，创新资产轻量化管理模式，减少人员配备，优化设备配套，增大机组功率，减少设备故障和材料消耗，川东钻探公司2支队伍、新疆分公司2支队伍已实施动力技术服务。川渝地区开展10支钻井队润滑油油质监测，后期根据抽样检测结果调整换油周期，逐步形成标准规范并进行推广。组织推进管理创新，激发发展活力和创造力，形成群体效应，若是长庆钻井总公司总结提炼出适应钻井现场的设备管理模式，并获四川石油企业优秀管理创新成果三等奖。

加速推进川渝地区机修共享建设，统一维保标准、价格和服务，实现快速保障和减少运输费用，完成11部钻机55台（套）设备的共享修理，累计节约运距约9 300千米、节约运费约14.2万元。打破传统钻机搬安方式，以共享理念统创新大小钻机接替搬迁新模式，制订"一井一策"钻机共享搬迁方案，细化设备送修、资产调配、设备设施补配等环节工作，共享设备13井次550余台（套）。组织开展川渝页岩气、长庆页岩油大井丛平台井设备设施共享减配，推行现场设备标准化配置和安装，累计实施120支钻井队，减配设备设施1 000余台（套），减少搬家运输车次。

强化设备管理培训，提升人员业务素质。举办设备管理培训班、关键设备管理培训班、自动化设备使用与维护管理培训班、设备信息系统钻井专业培训班，133名人员参与培训。筹办中油油服高性能顶驱冲管技术交流会，12家单位43人针对高性能冲管使用进行交流；组织与大庆油田装备制造集团公司、四川宏华公司和宝石机械公司等单位的交流座谈，强化新技术的研究、新装备的现场应用和问题反馈等；参与油服组织的动力研讨、带压作业机推广和二代钻机技术讨论等交流会，对标先进经验，共促提升与进步。

（沈凡儿）

安全环保与节能节水

【概述】 2020年，川庆钻探工程公司贯彻习近平总书记安全生产重要论述和生态文明思想，落实国家、集团公司安全环保一系列工作部署，深化QHSE体系建设，强化双重预防机制建设和生态文明建设两个核心，提升安全环保执行力、岗位履职能力和应急处置能力3种能力，管控井控作业风险、油气泄漏风险、承包商安全风险、特种设备风险、新增风险和海外社会安全风险六大关键，狠抓交通消防、工艺安全、员工健康、节能节水、质量监督和事故事件六项管理，杜绝井喷事故、一般B级及以上生产安全事故和环境污染事件、全责交通事故和海外业务社会安全事件，无集团公司升级调查处理的事故事件；无一般及以上职业病危害事故，无新增职业病人；无较大及以上质量事故和顾客投诉事件；无员工及家属出现新冠肺炎确诊或疑似病例。全面完成集团公司下达的各项QHSE指标，获集团公司2020年度质量安全环保节能先进企业。

【安全环保责任制】 2020年，川庆钻探工程公司各单位、机关部门及各岗位层层签订QHSE责任书，QHSE指标考核权重逐年提升；全面推行安全生产清单制管理，建立各部门、各单位"3+N"安全生产责任清单（主体责任清单、风险管控清单、岗位责任清单和日常安全工作清单）9 356份；落实领导干部安全生产承包点830个；高危作业区域实施挂牌制，落实"区长"责任；全面开展全员安全生产记分管理，建立员工个人记分档案21 500余份。常态化安全环保履职能力评估22 811人，安全监督系统实施年度动态定级考核，对考核评估不合格人员组织离岗再培训、再评估；全面推行安全总监分片区集中述职；对两家问题隐患突出的单位主要领导和安全总监进行约谈警示；扣减10起一般C级事故单位领导班子成员绩效，事故事件、严重问题追责问责234人。

（钟 凯）

【安全环保监督】 2020年，川庆钻探工程公司厘清安全监督界面，编制井筒作业、地面工程建设、运输、固井4个专业10个安全监督岗位安全生产责任清单，重点明确"井控、高危作业旁站、作业许可认可、事故事件分享、信息上报"等重点环节责任，为钻井、井下作业全面推广视频监控做好支撑。组织各监督机构编制安全监督实施细则。进一步明确监督信息定期分析上报要求。组织召开监督工作分析会，责令23名监督离岗培训。针对套搬作业模式，梳理套搬新增风险15项，制订专项安全监督方案，发布并组织实施。组织安全监督开展节假日和重要敏感时段、"一月一主题"、季节性（阶段性）等专项排查24次，督促高危作业挂牌制、区长制的现场落实，发现治理问题隐患7 440项。加强地面监督工作管理，组织召开地面监督工作会，解决监管双方问题12项。督促地面监督履职提升，叫停6场次危险作业。结合"安全生产履职考评年"的要求，组织777名监督人员进行线上能力评估考试，将成绩纳入年度考核定级。奖惩并重提升行为安全，安全监督处理违章29 818人次。对风险控制工具运用好、连续无违章个人、较大及以上隐患排查、"三标一规范"示范队奖励。组织事故事件分享学习专项督查，两级督查1 017个现场，抽考12 135人，对不合格的153名员工组织再学习、再反思，对发现的88项较大隐患强化整改措施落实，加强安全管理措施在基层和岗位的落实。

（田 伟）

【安全教育与培训】 2020年，川庆钻探工程公司创新打造线上线下融合式培训，采用小程序"川培在线"网络平台开展理论知识教育培训和考试，组织井控等取复证、继续教育6.9万人次。开展"一月一主题""12·23"安全生产警示教育等活动，组织操作岗位、安全监督、两级机关业务主管部门、分管领导"四个层面"事故事件反思讨论156场，知识答题8.6万人次。打造抢险灭火陈列馆、安全文化长廊等教育阵地，通过安全知识竞赛、专题讲座和"安全文化快车"等载体，使安全文化进家庭、进机关、进队站，引导员工行为更加规范，川庆钻探工程公司连续11年获四川省"安康杯"竞赛优胜单位。以《钻井队安全文化建设指导手册》应用实践成果为示范，全面推广编制"8队2站"《安全文化建设指导手册》，推动安全文化落地落实。加强注安师人才队伍建设，全年新增集团公司内部注册安全工程师33人，注册安全工程师398人。注重安全管理人员能力提升，举办主要负责人和安全管理人员取换证培训班3期140人参培;分片区举办注册安全工程师继续教育3期218人参培,通过率100%。

【风险管控与隐患排查治理】 2020年,川庆钻探工程公司全面梳理油气增储扩能安全风险,细化完善六大安全风险、四大环境风险管控方案,分级落实65项风险管控措施,修订完善F版"1+16"应急预案;针对高压高产漏溢同存井控风险和油气场站集输管道泄漏等重大风险,系统推进工艺技术和设备设施配套升级,构建长效机制;强化两级远程技术支撑和视频监控督查督导,督导一级风险作业277项,警示各类高风险作业3 000余项,监督机构实施高危作业旁站监督3万余次,重大风险整体受控。全面部署安全生产专项整治三年行动,突出以井控为核心的4个重点领域隐患问题集中整治,明确整治项目85项,整治内容2 336项;安全投入核拨资金1.67亿元,立项治理安全技术措施项目137项;各级监管两条线排查整治隐患89.1万项,查纠违章行为6.4万起。

(钟 凯)

【危化品与特种设备管理】 2020年,川庆钻探工程公司吸取浙江温岭"6·13"重大液化气槽罐车爆炸事故、东方地球物理勘探有限责任公司"5·12"民爆物品被盗挖事件教训,组织开展民爆物品、放射源和危险化学品安全风险管控评价,发现问题42项,督促各相关单位加快整改。QHSE体系审核将危险化学品、危险废物安全管理作为重要内容,发现并督促整改46个隐患问题。统一规范危险化学品MSDS档案和安全警示标志模版。按照国家法律法规,修订《特种设备安全管理办法》,进一步明确安全管理职责,规范特种设备各环节管理要求,强化事故与应急管理等全过程管理要求。完成特种设备及作业人员信息在集团公司HSE信息系统录入。举办9期汽车起重机驾驶员、3期加热炉、电脱水器、灰罐、常压锅炉设备操作人员取证培训班,提升危险性较大设备、工程机械作业人员作业能力。

【承包商HSE监管】 2020年,川庆钻探工程公司修订《承包商HSE监督管理实施细则》,进一步明确承包商HSE监督管理职责,规范承包商准入、选择、使用、评价等各环节HSE监管要求。对169家新增承包商严格HSE准入审核。组织201家承包商企业261名负责人开展线上HSE培训,严格培训考核,严把承包商关键人员HSE考核关。排查清理连续油管、带压作业承包商队伍和设备租赁使用情况,清退带压作业队伍6支。

(龚忠利)

【QHSE体系建设】 2020年,川庆钻探工程公司制定发布《管理体系审核管理办法》,编制基层现场《审核检查细则》,结合新冠肺炎疫情防控和环保督查实际,精心策划内审工作,首次开创远程视频审核模式,以井筒工程质量为重点的诊断评估模式,开展作业许可模拟签发44场次,应急演练57场次,"四不两直"抽查55场点,发现问题2 801个、严重问题32个,追溯典型问题95个,开展监督审核追溯,层层组织开展专题分析研究。接受集团公司(中油油服)QHSE审核,量化定级为良好级B1档(89.24分);组织开展全覆盖QHSE审核和专项审核,诊断评估2个单位,开展油气田地面建设工程专项审核,追溯分析审核发现问题的管理原因,并全面整改关闭,各单位均量化定级为良好级B1档。QHSE管理体系通过

2020年7月6日,川庆钻探工程公司在成都召开2020年第二次HSE委员会会议

(卢 宏 摄)

北京中油认证有限公司再认证审核，川庆钻探工程公司HSE、OHS、E、Q管理体系被认定运行有效，建立和运行的管理体系符合认证要求，管理体系认证注册资格继续保持。

【HSE标准化建设】 2020年，川庆钻探工程公司确立基层队站达标建设，提档升级HSE"三标一规范"建设，编制8队2站2.0实施方案，坚持"减资料不减监管要求"原则，整合基础资料，基层资料平均减负42.4%，以视频形式规范钻井、压裂、油气采输等入场安全教育，试点推进具有"自动识别、体温检测、入场培训"等功能的门禁管理系统，基层队伍建设与信息化、安全文化建设齐头并进。深化基层队站HSE"三标一规范"建设，各二级单位开展基层队站HSE"三标一规范"建设达标验收，申报1131支队站达标（其中移动队站877支、固定队站254支），达标率99.6%。组织开展冬季安全生产专项检查暨基层队站HSE"三标一规范"建设达标验收抽查，从严把控达标验收质量。

（宋保华）

【交通安全管理】 2020年，川庆钻探工程公司发布《钻机套搬作业安全规范（试行）》，规范钻机套搬实施条件、作业准备、搬迁作业和应急处置等内容和要求。开展新增生产区域道路环境和作业环境风险评价，做好风险提示，落实风险削减控制措施，预防和减少运输安全环保事故。加强运输生产安全监控，抓好节假日期间安全管理和季节变换期间交通安全预防措施落实，强化危险品运输、特种车辆和载人车辆的运行管理，确保生产安全。

【消防安全】 2020年，川庆钻探工程公司修订发布《消防安全管理办法》和《火灾突发事件专项应急预案》。编制《消防安全专项整治三年行动实施方案》，落实全员消防安全责任制，完善消防安全管理制度标准，推进工艺消防联合应急建设，加强日常消防安全检查评估，加强各单位消防设施设备完整性管理，加强全员消防安全培训与演练，加强动火作业消防安全监护，建立完善消防安全防控机制，推动各单位志愿消防队和井控应急救援队伍能力建设，系统提升消防安全保障能力。

（聂 磊）

【环境保护】 2020年，川庆钻探工程公司以构建生态环境保护长效机制为重点，完善建设项目环保管理和竣工环境保护验收。强化集团公司环境保护工作要点实施，推进实施钻井清洁生产，做好油基岩屑资源化利用工作，加大作业现场环保隐患排查整治；推动钻机电代油技术应用、钻井固废资源化综合利用等污染减排措施，环境保护和清洁生产工作取得显著效果。制定发布《中国石油集团川庆钻探工程有限公司生态环境保护重大事项议事规则》，明确党委会是生态环境保护重大事项议事机构。召开落实习近平生态文明思想专题党委（扩大）会议，宣贯学习习近平生态文明思想及重要指示精神，落实生态环保隐患排查治理等工作措施9项。制定实施《强化黄河流域生态环境保护工作方案》，明确强化黄河流域生态环境保护的总体要求和重点任务；制定涉及黄河流域内污染防治项目16项。修订发布《环境事件管理办法》，细化事件分级和环境事件调查与升级管理规定；制定《固体废物管控流程》，细化明确固体废物过程管理要求。开展环境监理专项工作，组织安检院环境监理机构对钻井清洁生产业务重点作业区域和页岩气、苏里格油气合作开发区域开展专项环境监理检查。完成对高石梯—磨溪区块27口作业井、威远页岩气13个平台和现场、苏里格14个作业现场的检查，核查资源化处理承包商25家。组织对页岩气勘探开发项目、苏里格天然气勘探开发项目的竣工环境保护自主验收和水土保持验收，开展现场查勘并组织专家验收会8次；完成页岩气项目经理部、苏里格项目部和川东钻探公司12个项目的竣工环保验收。制定《2020年生态环境隐患排查治理工作方案》，结合生产作业实际开展日常性的排查治理和专项排查，建立健全生态环境隐患排查治理工作机制；形成《2020年度生态环境风险隐患排查报告》，对8项重大隐患制定整改方案，纳入隐患治理计划。开展涉及黄河流域、长江流域及沿岸生态环境风险排查整改，所属长庆、川渝区域相关单位排查整改隐患280余项。开展后勤基地安全环保隐患排查整改，相关单位共检查整改隐患14项。完成钻井清洁生产作业规范标准修订与发布实施，对钻井清洁生产作业过程及竣工资料进行修订完善，做到规范、统一。油基岩屑甩干4.5万吨，回收油基钻井液5600立方米；苏里格、页岩气油气合作项目处理回用压裂返排液125万立方米。组织国家专项课题"页岩气和煤层气开发环境保护技术集成及关键装备"研究工作，组织开展年度研究任务推进会、阶段工作总结、任务验收共8次，现场调研检查6次。组织集团公司重大科技专项课题"页岩气开发废弃物处理与利用关键技术研究与示范应用"研究工作，全面完成现场示范工程。组织所属各单位结合环境日世界主题"关爱自然，刻不容缓"和中国主题，通过微信公众号、宣传展示屏、网络信息发布等多种形式开展宣传活动。开展新《固体废物污染环境防治法》、集团公司《生态环境保护禁令》、排污许可管理等重点内容宣贯学习，收集整理中央生态环保督察、国家及地方政府典型生态环境违法案例，加强单位内部共享与警示教育。　　（贺吉安）

【节能节水管理】 2020年，川庆钻探工程公司组织编制"十四五"节能节水规划，总结"十三五"能源、水资源消耗情况，分析"十四五"时期节能节水工作面临的机遇和挑战，确定发展思路和目标，针对"十三五"用能用水情况进行节能节水潜力分析，确定"十四五"节能节水重点工作部署及保障措施。推进钻井能源管控建设。完成4个钻井队现场设备的安装和调试；完成软件基本功能模块、安全测试、软件服务器申请，实现钻井队实时数据对接、现场数据传输、分析计算等功能。推进节能监测工作。完成49台柴油发电机组、34台泥浆泵机组、10台天然气压缩机组的节能监测；组织对长庆井下公司、钻采院、地研院、钻井液公司及机关办公楼进行能源审计。以"绿水青山，节能增效"为主题，组织开展节能宣传、节能培训，利用网络、板报、专栏，通过微信平台、宣传画播放、集中宣讲、挂图等多种媒体形式进行宣传。举办节能节水管理培训班，各单位30人参加培训。2020年，川庆钻探工程公司消耗能源41.6万吨标煤，新鲜水用量965万立方米；完成技术措施节能量5669吨标煤，节约新鲜水1.65万立方米。

【节能科研和技术运用】 2020年，川庆钻探工程公司编制完成集团公司企业标准《能源管控　第7部分：钻井工程技术规范》；修订完成川庆钻探公司企业标准《钻井队能源计量器具配置要求》。在川渝地区、长庆地区、塔里木地区实施全钻机电代油160井次，MCC电代油78井次，用电2.54亿千瓦·时，替代柴油5万余吨。在11个平台实施井下作业电动压裂，用电2415万千瓦·时，替代柴油4800余吨。在重点勘探作业区域建设钻井液中转储备站，实现完井钻井液和储备钻井液全部回收利用，重复利用钻井液14.5万立方米。统筹四川页岩气、苏里格区域压裂返排液处理与重复利用，页岩气压裂返排液回用率提升至92%，回用压裂液177万立方米。推进井下作业节能节水，不动管柱分层压裂节约柴油400.3吨，连续混配压裂节水2.22万立方米。　　（吴　彤）

【职业健康管理】 2020年，川庆钻探工程公司贯彻落实《中华人民共和国职业病防治法》，完善职业健康工作机制，健全职业健康管理制度，规范职业卫生档案，加强宣传教育与培训，抓好职业病危害告知与警示，突出前期预防与过程管控，夯实职业健康基础。对16家存在职业病危害的单位开展职业病危害作业场所检测，检测作业场所738个，完成率100%，并落实公告告知。每季度开展1次噪声日常监测，每月开展1次高毒危害日常监测，及时掌握职业病危害因素强度或浓度，做好治理或防范工作。开展超标作业场所的治理，为作业场所配备控制和消除职业病危害的设备设施，并确保员工个人防护用品符合标准要求。落实职业病危害合同告知，坚持与接触职业病危害因素人员签订《职业病危害及防护措施告知书》，组织接触职业病危害因素人员3 312人体检，体检率100%。加强职业健康体检发现异常的健康管理、职业禁忌证的调岗、疑似职业病的诊断与鉴定，与接害人员签订《个人职业健康体检结果告知卡》，如实告知员工职业健康体检结果，做好妥善安置。

（彭 锌）

2020年10月23日，川西钻探公司钻具井控公司在新都基地食堂开展"公共卫生突发事件"应急演练　　（夏兴荣 摄）

质量计量标准化管理

【概述】 2020年，川庆钻探工程公司按照集团公司、中油油服重点工作部署和企业整体工作安排，以提质增效为核心，狠抓井筒质量和入井材料质量管理，健全QHSE管理体系，严格过程质量监管，强化质量管控能力，全面提升质量计量标准化管理水平，为生产经营提供强有力保障。

【质量体系建设】 2020年，川庆钻探工程公司强化质量目标管理，以井身质量合格率等12项井筒质量指标为核心，研究、制定年度质量控制指标，纳入QHSE责任书统一管理。各业务处室结合专业要求将所涉指标纳入部门年度工作计划。通过签订责任书和业务部门督导两条主线，逐级分解落实质量要求，促进生产质量全面受控。全面开展体系审核。坚持"一体化、差异化、精准化"审核原则，将质量工作作为一项重要检查内容，组织对所属21家二级单位开展QHSE管理体系一体化审核和井筒质量专项审核，发现质量计量标准化相关问题723个，全部验证关闭。强化QHSE一体化管理。完善《QHSE管理体系量化审核标准》，优化QHSE一体化审核，针对重点单位组织工程质量专项审核，提升审核效果。通过规范、系统、全面的审核，发现、分析所属单位管理短板，完善施工质量控制措施，提升质量管理水平。

【质量综合管理】 2020年，川庆钻探工程公司修订完善《井筒质量监督管理规定（试行）》《质量事故事件管理规定》等管理制度，明确井筒质量监管职责，规范井筒质量管理流程和要求。开展"质量月"活动，部署6项重点工作，在企业门户主页上开辟质量月宣传专栏，发动员工参与质量活动，刊发专题报道202篇，制作、发放宣传资料4 617份，召开各类质量会议188场次，举办相关培训541次。开展群众性质量活动，立足现场，以创新改革、提质增效为导向，指导注册QC小组635个，取得成果485项，累计创可计算直接经济效益4 240万元，创社会效益286项。评选优秀QC成果55项，获集团公司优秀QC成果二等奖2项、三等奖2项，集团公司质量信得过班组1个。强化群众性创新创效成果推广，与工会、团委共同举办提质增效岗位实践合理化建议和创新创效成果展示交流活动，7项QC成果做会议展示。

【产品质量抽查】 2020年，川庆钻探工程公司完善两级抽查机制，针对重点采购（自产）物资，组织开展产品质量监督抽查638批次，发现不合格产品29批次，监督抽查合格率95.45%，挽回直接经济损失204.94万元。开展井控产品采购质量专项检查。针对防喷器配件、高压管汇、阀门等重点采购产品，开展井控产品采购质量联合监督检查，对井控产品的选商、采购、监造、入库检验等关键过程进行现场调查，掌握井控采购产品质量状况，规范井控产品采购质量管理工作，削减井控安全风险。开展重点产品针对性核查。对长庆区域高压胶管管理情况开展现场核查，印发《关于进一步加强高压钻探胶管管理工作的通知》，暂停山东龙口特种胶管有限公司高压钻探胶管的采购和使用，制定印发《高压钻探胶管安全使用管理规定》，全面规范高压钻探胶管采购和使用要求。强化入库物资质量把关。按照集团公司《物资到货质量检验管理规范》（Q/SY 13474—2018），组织编制完成《川渝区域必检物资入库检验方案》，采取委托检验等方式，利用内部检验资源，开展重点采购物资入库质量检验，进一步强化采购物资质量把关。

【工程质量监督】 2020年，川庆钻探工程公司开展井筒质量集中整治。印发《井筒质量整治三年行动计划实施方案》，制定主要任务分解表，从6个方面着力提高设计和井筒施工质量，强化入井材料和流体质量管控，降低套损套变井数量。落实集团公司井筒质量红线要求，转发《关于明确集团公司井身质量和固井质量不合格判定红线的通知》，开展不合格判定红线宣贯，组织相关单位对当年已完井的井史资料进行清查，统计井身质量和固井质量状况，研究制定不符合红线要求钻完井的整改措施。强化井筒质量日常监控。收集重点项目施工数据，形成生产日报、周报、月报。对施工现场实施视频监督，实现钻井参数和作业现场实时监控，及时处理生产事故复杂，远程监督并提供技术指导。每周召开生产例会，通报施工进度和存在问题，明确下步工作要求，落实重点环节质量控制措施。试点开展井筒质量巡查监督。印发《关于进一步加强井筒质量监督管理的通知》，整合井筒质量监督队伍，创新建立施工单位内部井筒质量监督管理模式。发现并通报各类井筒质量问题230项，提出5方面重点整改要求，完成整改验证。

【计量管理】 2020年，川庆钻探工程公司强化计量管理信息系统运行监管，督促录入计量器具48 877台（件），计量标准装置44套，完成计量器具检定49 644件（次），有效保障现场各项计量数据准确可靠。完善计量检定手段，针对计量检定薄弱区域与环节，强化科技技术攻关，安检院完成压力变送器等4项新建计量标准的建标申报和硫化氢报警器等3项计量标准的到期复查，长庆井下公司和苏里格项目部完成压力表、压力变送器等6项计量标准的建标申请，增强计量检定能力，完善检定工作布局，减轻相关单位跨区域检定费用负担。

【标准化管理】 2020年，川庆钻探工程公司立项企业标准制修订109项，承担或参与上级标准制修订及研究项目29项。组织项目立项审查。强化项目组织协调，由各专业标准技术委员会牵头，加强项目编制过程监管，确保标准制修订质量和技术水平。强化重点领域标准化研究，在深层页岩气开发及现状调查研究基础上，组织开展深层页岩气开发标准体系研究，构建层次分明、结构合理、科学适用、协调配套的深层页岩气标准体系，为深层页岩气开发和该领域标准制修订提供指导。推进"四化"建设标准化专项，全面总结推广"四化"建设标准化成果，对2019年完成的184个项目进行清理评估，促进项目成果的全面推广。围绕标准体系建设、现场"三标一规范"建设、提速模板优化与推广等重点工作，系统安排2020年标准化项目23类156项，其中中油油服项目11类26项、川庆钻探工程公司项目12类130项。督促重点标准宣贯执行，结合集团公司2020年重点标准实施计划，确定35项年度重点实施标准，做好标准配备，督促业务主管部门开展标准实施宣贯和指导，推进重点标准在现场的贯彻执行，营造用标准、守标准良好环境。

（范湘军）

资质管理

【概述】 2020年，川庆钻探工程公司有集团公司颁发的"石油工程技术服务总承包企业资质"，所属单位取得集团公司工程技术服务企业资质27家，其中钻井工程技术服务企业资质4家，即川东钻探公司、川西钻探公司、长庆钻井总公司、新疆分公司；固井工程技术服务企业资质2家，即长庆固井公司、井下作业公司；井下作业工程技术服务企业资质7家，即川东钻探公司、川西钻探公司、新疆分公司、井下作业公司、长庆井下公司、钻采院、试修公司；录井企业资质1家，即地研院；连续油管技术服务企业资质2家，即井下作业公司、长庆井下公司；定向井工程技术服务企业资质4家，即钻采院、川东钻探公司、川西钻探公司、长庆钻井总公司；钻井液工程技术服务企业资质4家，即钻井液公司、川东钻探公司、川西钻探公司、长庆钻井总公司；带压作业企业资质3家，即长庆井下公司、钻采院、试修公司。有集团公司钻井工程设计企业资质2家，即钻采院、长庆钻井总公司。有集团公司资质管理范畴的工程技术服务施工作业队伍989支。其中，钻井队伍290支（含长庆钻井总公司临时资质34支），侧钻队7支，固井队22支，井下作业队206支（大修队32支、试油队56支、带压作业队11支、压裂队51支、测试队39支、连续油管队伍17支），录井队伍182支，定向井作业队130支，钻井液服务队152支。

【评估与申报】 2020年，川庆钻探工程公司配合集团公司认定的资质评估机构——北京康布尔石油技术发展有限公司，对川东钻探公司、川西钻探公司、长庆钻井总公司、新疆分公司、长庆井下公司和试修公司84台钻机、17台修设备进行资质评估，保障工程技术服务队伍设备性能完全符合队伍资质等级要求。完成内部5家企业225支队伍资质初审和申报，其中乙级升甲级队伍10支，提升工程技术服务队伍的整体资质等级；完成业务外包的124家外部企业585支外部队伍资质初审和申报。

【资质审查与考评】 2020年，川庆钻探工程公司按照集团公司资质管理委员会要求，资质初审领导小组组织专家组分专业审查所有申报资质队伍的资料，按比例抽查施工现场。川庆钻探工程公司资质专业考核组依照集团公司各专业资质审核标准，从人员素质、装备与设施、管理及业绩、井控等4个方面，分批次集中对申报资质队伍进行初审考核评分。按照集团公司《关于开展2020年工程技术服务企业和队伍资质检查的通知》（资质委办〔2020〕18号）要求，成立资质迎检领导小组，印发《关于做好迎接集团公司2020年工程技术服务企业及队伍资质检查工作的通知》（川庆资质发〔2020〕3号），明确资质检查相关内容及要求，开展自查自改，抽查工程技术服务企业5家150支作业队（含钻井队56支、固井队5支、井下作业队43支、录井队46支），对检查存在的问题责令相关单位进行现场和限期整改，保障队伍现场实际情况符合资质等级要求。11月2—12日，集团公司资质检查组分3个检查小组，分别对川庆钻探工程公司川渝地区、长庆地区和新疆地区内部工程技术服务企业和队伍及业务外包队伍资质管理工作进行检查，抽查工程技术服务企业7家、钻井队10支、固井队4支、录井队10支、试油队2支、压裂酸化队5支，促进川庆钻探工程公司资质管理工作水平提升。

【资质综合管理】 2020年，川庆钻探工程公司贯彻落实集团公司《工程技术服务企业及队伍资质管理规定》和各专业《队伍资质审核标准》，有序开展资质管理日常工作。按照集团公司资质管理原则和外包队伍资质管理要求，开展业务外包企业和队伍资质初审和申报，严把队伍资质准入关，择优选择队伍。坚持"谁引进、谁负责、谁使用、谁监管"的原则，加强现场监管，推进队伍现场HSE管理水平，抓队伍提质提速提效，杜绝井喷事故发生，保障页岩气勘探开发钻井需求。执行《企业及队伍资质管理考核细则（试行）》和《企业及作业队伍资质管理办法》，按时对所属基层单位资质管理工作进行考核。在国内从事工程技术服务的989支作业队全部取得集团公司资质，动用队伍资质合格率100%。推行和完善集团公司A7资质管理子系统，组织申报资质单位完成井筒工程设计资质、工程技术服务企业和队伍资质网上录入、初评和上报工作，保证集团公司A7资质管理子系统的有效推广和应用。全年分12个批次申报企业及队伍资质，并及时转发和实施13个批次集团公司资质批复。依照队伍资质审核标准要求，分层次、分专业、有重点、有计划地开展岗位人员培训工作，岗位人员井控证、HSE证、司钻证等证件持证率100%。资质初审领导小组办公室10月组织所属单位10名资质管理业务骨干，参加为期7天的集团公司2020年资质管理培训班，提升资质管理人员管控能力。按照集团公司《长庆油气区外部录井技术服务企业和队伍资质审核基本要求（试行）》及《长庆油气区外部试油、小修技术服务企业和队伍资质审核基本要求（试行）》，组织开展苏里格自营区块录井和井下作业的企业和队伍资质审查工作，完成苏里格自营区块8个企业25支录井队伍和8支井下作业队伍资质审核，两批次印发《关于公布2020年苏里格地区引入企业及队伍资质审查结果的通知》，规范引入企业及队伍资质管理。按照集团公司资质管理规定和西南油气田公司《钻井队伍施工作业范围与资质匹配关系专家论证管理暂行规定》要求，会同西南油气田公司资质管理办公室，分4个批次对川渝地区从事"三高"井施工的6支乙级钻井队，按程序进行资质备案管理。健全队伍资质动态管理体系，随时掌握队伍人员、设备和施工现状，对设备更新、人员变化及资质升级的队伍及时进行资质变更，保障队伍资质"证实相符"；按时编制资质管理月报、季报和年报，确保队伍资质信息畅通。

（王贵刚）

审计监督与评价

【概述】 2020年，川庆钻探工程公司贯彻习近平总书记关于审计工作重要指示，全面落实审计署以及国资委关于内部审计工作服务于企业的发展战略，根据集团公司年度审计工作重点部署，围绕企业发展部署以及"协调、深化、提升"工作要求，为实现"十三五"规划收官的工作目标提供有力的监督保障。组织实施审计项目30项。其中，经济责任审计项目12个，投资与建设审计项目8个（含2个跟踪审计项目），管理及专项审计项目7个，集团授权自审项目3个（含1个专项跟踪审计项目）。获集团公司优秀审计项目三等奖2项。审计处获集团公司"审计工作先进集体"称号，1人被评选为全国内部审计先进工作者，4人获集团公司"先进工作者"称号。

【专项审计与评价】 2020年，川庆钻探工程公司聚焦经济责任，促进权力规范运行和责任有效落实，确保"协调"工作内容得以有效实现，促进各业务、各单位一体化协同、内涵式增长。站在党和国家事业全局的高度，贯彻落实党中央、国务院关于深化和改善经济责任审计工作要求，围绕权力运行和责任落实，坚持对掌握重要资金决策权、分配权、管理权、执行权和监督权的所属单位主要负责人实施任中及离任审计，完善定性评价与定量评价相结合的审计评价体系，落实"三个区分开来"要求，审慎作出评价和结论，保护领导人员干事创业的积极性、主动性、创造性。组织实施经济责任审计项目12个，其中处级领导11人、提拔为处级领导的科级干部1人。推动重大决策部署、规章制度有效落实，聚焦公司中心任务，做好专项管理审计。根据集团公司审计部整体部署，受托完成扶贫资金、帮扶资金、民营企业清欠等专项审计及跟踪审计，着力监督检查落实惠民生、防风险等政策措施的具体部署、执行进度、实际效果等情况，促进政策落地生根和不断完善；根据企业管理重点、难点领域，开展井控管理审计、安全环保管理审计及重大风险管理审计，有力识别管理改进区域，促进重点领域管理水平提升。聚焦推进重点项目建设，做好建设项目审计。审计内容从单一工程造价审计向全面审计转变，确保全面揭示工程建设管理各环节问题。完成科研项目结题审签、物资采购网上系统日常审批及纸质采购方案审批工作；物资采购严把签约前审计关口，实施物资采购合同签约前开标、评标、竞争性谈判、单一来源谈判现场监督。坚持业务部门主导、所属单位具体整改落实、审计部门督促检查的三级整改联动机制，通过建立审计整改工作台账、电子流程等措施推进审计整改有效落实，审计整改工作长效机制全面形成。围绕提质增效稳增长，组织开展专项监督，适应常态化新冠肺炎疫情防控和国际形势变化，对页岩气项目经理部等10家所属单位开展提质增效专项监督检查，确保提质增效监督职责有效履行。牵头完成产能建设项目分包工程合规管理联合监督检查，与纪委办公室等相关职能部门加强信息通报与交流、问题线索移送与协查等工作协同，提高内部监督透明度。配合完成集团公司巡视、川庆钻探工程公司巡察、专业处室联合监督及合规专项检查等工作；配合完成集团公司科技研发费用加计扣除、"涉租寻租"专项整治、审计署离任审计等项目的迎审工作。

【审计管理与事务】 2020年，川庆钻探工程公司建立企业党委及主要负责人直接领导下的内部审计领导体制，强化对内部审计重大工作的顶层设计、统筹协调和督促落实，审计处与纪检审计中心定期或不定期召开联系会议，加强对审计计划、重点任务、整改落实等重要事项的管理和指导，督促年度审计计划及任务组织实施，评价内部审计工作成效。构建符合国有资产监管要求和治理需要的企业内部审计制度体系，完善内部各项审计制度，修订和新建出台审计管理制度2项。组织第四批兼职审计人员推荐选拔工作，解决审计资源以及审计知识体系不足短板，机关职能部门及24家所属单位现有兼职审计34人、审计顾问8人，知识结构涉及生产管理、钻井技术、石油地质、安全监督、环境工程等专业。开展理论研究，组织撰写论文13篇，其中6篇分获集团公司优秀审计论文一等奖、二等奖、三等奖。

【业务建设】 2020年，川庆钻探工程公司有效宣贯所属单位审计管理知识，提升专兼职审计人员业务能力，举办经营管理人员培训班以及专兼职审计人员培训班各1期；组织107人次参加集团公司审计部3期远程视频业务培训，送外参加集团公司业务培训2人次。按照国务院国资委及集团公司关于国有资产损失责任追究工作安排，出台《违规经营投资责任追究工作实施细则（试行）》，采取门户网站、电子信息屏、文件等多样

载体对该细则组织开展系列宣贯，助力违规经营投资责任追究制度有效落地。（杨 虹）

维护稳定与信访工作

【概述】 2020年，川庆钻探工程公司维稳信访、内保综治工作以确保大局平安和谐稳定为主线，全面推进基层治理；以法制信访和责任信访为引领，构建良好信访生态；推进矛盾纠纷多元化解；以确保职工生命和企业财产安全为重点，完善治安反恐体系。信访积案实现"清零"目标，维稳信访安保防恐工作实现"非正常进京访为零、集体访为零、涉油治安刑事案件为零、暴恐袭击事件为零"的"四个为零"工作目标，呈现出维护稳定工作总体受控、改革发展总体平稳、员工队伍总体稳定的良好局面。

【维护稳定工作】 2020年，川庆钻探工程公司全面实施新冠肺炎疫情防治期间维稳工作和舆情监控工作升级管理，及时调整工作重心，有序推进各项工作。与所属22家单位签订《维护稳定工作责任书》，用规定动作保证责任与压力同步传导。做好全国"两会"、国庆等特别重点阶段维稳信访安保防恐工作，下达责任令、舆情监测令、工作提示函，专项部署、全面排查，编制稳控化解运行大表，逐条梳理内容、逐项制定措施，疫情防控和维稳安保统筹推进，实现维稳信访"两个坚决杜绝、一个确保"和安保防恐"两个坚决防止、一个确保"的工作目标。开展矛盾纠纷风险隐患"关口前移、预防前置"工作，做好业务外包涉及用工和劳动纠纷、长庆区域子女就业问题、越盛公司大集体改制等重大问题、改革事项的稳定工作。深化企地警协作联动，巩固信息共享、工作共研、问题联治、区域联动机制，参与政府相关部门调研、配合地方检查、参加专项工作督导等5次；参加四川省公安厅经文保总队季度形势研判会议，共同研判形势，部署重点工作，协同防范处理各类问题。与西南油气田公司建立月度联席会议机制，共同应对涉稳事项、共同推进改革稳定，确保退役士兵群体社保接续、离退休人员社会化移交等涉稳事项的平稳过渡。举办维稳信访、安保防恐管理干部培训班1期，培训业务骨干70余人，派出13名专兼职维稳信访干部参加集团公司组织的业务培训。

【信访工作】 2020年，川庆钻探工程公司贯彻执行集团公司新冠肺炎疫情期间接访工作要求，结合各时段新冠肺炎疫情防控特点，合理安排接访工作，及时调整接访方式，暂停接待职工群众走访，保持开通网上信箱、电话、书信等渠道，安排专人专岗做好维护，确保职工群众诉求得到及时回应。化解1起长达12年的信访积案。川庆钻探工程公司及所属二级单位维稳信访部门处理群众来访42件（次）49人（次），分别同比上升10%和下降35%；处理群众来信3件（次），下降57%；处理电话访63件（次），下降15%；办理完成或化解涉稳矛盾纠纷90件（次）。

【治安反恐工作】 2020年，川庆钻探工程公司推进平安建设，开展四川油气田"保平安护稳定，决胜300亿"平安创建劳动竞赛，保障企业高质量发展。全面对标《石油石化系统治安反恐防范要求第4部分工程技术服务企业（GA1551.4-2019）》，搭建企业层面治安反恐体系构架，指导各单位推进对标建设工作，钻井液、页岩气项目经理部、长庆井下作业公司等单位重点部位治安防恐"三防"建设业已完善。协调集团公司保卫部，固化新疆分公司每年安保防恐资金，巩固安保防恐工作基础。开展钻井作业现场封闭区域安全保卫数字化管理系统试点，提升作业现场治安保卫水平。重点把控在疆单位治安防恐形势，督导在疆单位遵从地方政府、塔里木油田工委统筹管理，强化落实防恐措施，完善应急处置预案，开展各类法治教育和防恐应急演练20余次，确保员工生命安全。指导所属单位优化安保力量配置，合理调配人手，增配防暴设施，强化技防和物防手段，加密加大日常巡查频次和管控力度，坚决杜绝涉油暴力恐怖事件和涉油治安刑事案件。按照"1+16"应急预案修订工作要求，修订《恐怖袭击事件专项应急预案》《群体性突发事件专项应急预案》。

【社会治安综合治理工作】 2020年，川庆钻探工程公司按照四川油气田综治委统一部署，以共建共治共享持续构建"大综治"格局。发布"川油心声"公众号，倾听群众心声、解答群众疑惑、帮助群众困难、解决群众问题，打通"密切联系群众最后一公里"。2020年，川庆钻探工程公司获集团公司全国"两会"特别重点阶段维稳信访安保防恐工作电报嘉勉，维稳办（信访办、保卫处）获集团公司全国"两会"维稳网络舆情监测电报嘉勉、集团公司"维稳信访工作先进集体"称号，新疆分公司获"2019—2020年度集团公司安保防恐工作先进集体"称号；9人获集团公司"维稳信访先进个人"称号；维稳办（信访办、保卫处）8人获集团公司"安保防恐先进个人"称号。

（何 巧）

生产科研基地建设管理

【概述】 2020年，川庆钻探工程公司贯彻落实新冠肺炎疫情防控要求，围绕战略工程、民生工程、风险工程，开展"十四五"生产支持基地保障规划编制，依法合规推进基地建设项目实施，规范基地管理和基地维修改造，加强基础工作，提升基地服务保障能力和改善员工生产生活条件，为高质量发展提供保障。

【生产科研基地专项规划】 2020年，川庆钻探工程公司根据"十四五"规划编制安排，启动生产支持基地保障规划修编工作，从既要指导基地建设，又要指导基地管理，还要指导日常基础工作着手，加强生产科研基地管理实践总结，加强重大问题前瞻性研究，注重贯穿业务工作逻辑主线，增强规划长远性、全局性、方向性、指导性，完成规划征求意见稿。

【基地投资建设项目管理】 2020年，川庆钻探工程公司依法合规推进基地建设项目实施。川东钻探公司渝北生产与技术研发基地整体完工，工程质量得到肯定，无安全环保事故事件发生；完成1—8号单体建筑规划、质量、人防、消防、能效、城建档案等专项地方竣工验收，取得《重庆市建设工程竣工验收备案登记证》和《房屋不动产权证》，投入试运行。长庆井下作业公司贺旗基地倒班公寓建设项目职工食堂7月建成投用，解决560名职工就餐问题；倒班公寓6月正式开工，完成主体工程建设。

【基地维修改造管理】 2020年，川庆钻探工程公司落实提质增效方案，做好维修改造费用压减，做实项目筛选，将有限资金聚焦在改善民生、保障生产急需方面。实施项目94个、费用5 283.34万元。加强计划执行动态管理，建立月度报告制度，在所属二级单位成本承受范围的前提下，做好动态平衡，按轻重缓急有序实施维修改造。加强项目规范管理，编制印发基地管理办法配套模版，加强施工图、项目预算的论证审查，加强施工质量、安全、进度、费用的过程监管。

【基地综合利用和运行管理】 2020年，川庆钻探工程公司有序推动现有基地综合利用。开展川东钻探公司云台、长庆钻井总公司银川、内蒙古河南乡3个基地综合利用方案编制和论证。长庆井下作业公司贺旗基地、长庆钻井总公司庆城和马岭基地、川西钻探公司遂宁机电公司基地，按审批方案有序实施综合利用。推动基地共建共享，全面分析基地总体情况及区域性租用情况，提出区域共建共享建议。规范基地运行管理，对所属20家单位、138个现有生产科研基地的HSE情况进行调查、分析，提出隐患整改建议意见，由相关单位分轻重缓急制订方案、整改消除。开展对川渝和长庆片区16个基地综合检查，加强"三标一规范"建设和管理，建立健全基地运行基础台账。

【基础工作】 2020年，川庆钻探工程公司基地建设项目和维修改造项目新冠肺炎疫情防控和安全环保全面受控。全年97个在建项目实现新冠肺炎疫情"零感染、零隔离"目标；开展已有建（构）筑物安全检查，排查隐患、整改销项。制定基地建设管理考核指标，2020年首次纳入绩效考核体系。编制发布基地管理办法配套模版28个，为基层规范管理提供借鉴。举办基地业务培训和工作交流，19家单位39人参加培训。2人送外提升培训。抓住"五定"契机，全面修订完善部门、科室、岗位工作职责和安全环保职责，理顺管理界面。积极为基层服务，到基层或者项目现场，将指导、检查、培训融合在一起。收集发布2020年度《基地建设项目造价动态信息》4期。

（李渝渝）

党建工作

总　述

大事记

井筒工程

油气合作开发与综合地质研究

生产服务

国际合作与外事工作

科技与信息

改革与管理

党建工作

群团工作

机构与人物

二级单位概览

附　录

思想建设

【概述】 2020年，川庆钻探工程公司宣传思想文化工作以习近平新时代中国特色社会主义思想为指导，学习贯彻党的十九大、十九届历次全会精神和《中国共产党宣传工作条例》，结合新形势新任务，围绕决战脱贫攻坚、决胜全面小康、抗击新冠肺炎疫情、提质增效等重大主题，履行使命任务，做好理论武装、意识形态、思想政治、企业文化、新闻舆论、统一战线等各项工作，为完成"十三五"规划，推动企业高质量发展提供思想保证、舆论支持、精神动力和文化条件。川庆钻探工程公司企业文化处（党委宣传部、团委）获"2020年度四川省国有企业宣传思想文化工作先进集体"称号。

【政治理论学习】 2020年，川庆钻探工程公司把深入学习贯彻习近平新时代中国特色社会主义思想作为首要政治任务，坚持全面系统学、深入思考学、联系实际学。川庆钻探工程公司党委理论学习中心组开展学习《习近平谈治国理政（第三卷）》读书班活动，安排13个集体学习专题，两级党委中心组集体学习66次、专题研讨8次、专家辅导1次、专题调研14次，收集研讨材料、学习心得和调研报告57篇。川庆钻探工程公司领导班子成员和党员干部，参加国务院国资委党委、四川省委、四川省国资委党委宣讲报告会和集团公司党组中心组（扩大）学习会、专题党课，学习领会党的十九届五中全会精神。党委书记、总经理李爱民到基层安全承包点和党建联系点专题宣讲党的十九届五中全会精神。两级党委理论学习中心组开展党的十九届五中全会精神专题学习研讨78次，参加1 017人次；各级基层党组织采取专题党课、主题党日活动、培训学习、媒体宣传等多种方式学习宣传贯彻。各级党委组织学习82次、2 656人次参加；干部员工学习培训998次、培训12 323人。团委围绕学习贯彻《习近平谈治国理政》第三卷和党的十九届五中全会精神，开展"青年大学习活动"，采用"一期一课一挑战"，每周在"青春川庆"微信平台推送一堂"微团课"，展播30期，6 000余名团员青年参与答题，活动阅读量3.2万余人次。川庆钻探工程公司党委理论学习中心组学习13次，其中专题研讨4次；各二级单位党委理论学习中心组集体学习258次，其中专题研讨93次。启用党委理论学习中心组学习管理系统软件，利用信息化手段加强各单位中心组学习过程管理，中心组学习质量和效果得到提升。

【意识形态工作】 2020年，川庆钻探工程公司梳理登记24个二级单位、23个机关处室主管主办的7类意识形态阵地，有意识形态阵地2 009个，为实现网格化分类管理奠定基础。党委专门听取登记情况汇报，分析意识形态阵地建设和管理现状，明确下一步加强意识形态阵地管理的措施。加强意识形态学习培训，将意识形态工作纳入各级党委理论学习中心组学习重要内容，学习习近平总书记关于意识形态工作重要讲话、全国宣传部长会议精神和《中国共产党宣传工作条例》，提升班子成员对建设具有凝聚力和引领力的社会主义意识形态重要性紧迫性的认识。举办基层领导干部、舆情管理、企业文化等培训班，把意识形态作为必修课，培训干部员工2 000余人次。贯彻落实党委巡察工作领导小组要求，对党委2019年第一轮、第二轮巡察的8家二级单位在"学习贯彻习近平新时代中国特色社会主义思想和党的十九大精神""落实意识形态工作责任制"等方面发现的问题,采取多种形式,督促制定整改措施,推进整改工作落实。8家单位针对涉及的34个具体问题80个细化问题,制定整改落实措施143项,全部整改落实到位。党委意识形态工作接受四川省国资委党委专项督查组的专项督查,获充分肯定,给予"高度重视,责任明确,基础好、工作实、力度大、有亮点"的评价。

【思想政治工作】 2020年,川庆钻探工程公司系统推进"战严冬、转观念、勇担当、上台阶"主题教育活动,贯彻落实集团公司党组决策部署,聚焦企业提质增效各项目标,制订教育活动推进方案。党委召开主题教育活动启动暨专题形势任务宣讲会,组织主题教育宣讲团,分别在成都(广汉)、西安、重庆、新疆、苏里格片区宣讲。两级领导班子成员宣讲498次。开展专题调研,党委班子成员深入61个基层单位、站队开展调研,听取意见建议,整理汇总问题13项,明确改进措施27条,两级领导班子专题调研380次。围绕"怎么看、怎么办、怎么干",各级党组织开展员工大讨论1 514场,参与讨论37 550人次,有效凝聚干部员工思想共识。开展提质增效"5+1"系列专项劳动竞赛、合理化建议和创新创效岗位实践活动。征集职工提质增效"合理化建议"52条,向集团公司推选上报10条,二级单位层面征集合理化建议1 550条。向集团公司推选报送班组创新创效成果5个。组队参加集团公司首届一线生产创新大赛,8个成果获奖。坚持目标导向,抓好定期考核,加强沟通协调,及时了解掌握提质增效目标完成情况、存在问题和下一步工作安排。对13个基层单位提质增效和主题教育活动推进情况开展专项监督检查,督促各项工作措施落实。全力做好新冠肺炎疫情防控期间员工思想教育引导。组织党员干部深入学习贯彻习近平总书记关于统筹新冠肺炎疫情防控和经济社会发展工作的重要讲话和指示批示精神,落实集团公司党组部署要求,开展新冠肺炎疫情防控、复工复产和低油价严峻形势下员工思想教育引导。印发《关于进一步切实做好新冠肺炎疫情防控期间员工思想政治工作的通知》《关于开展提质增效教育引导工作的实施方案》,抓好正面引导、经验总结、典型宣传、网络舆情管控等重点工作,促进干部员工坚定信心、抗击新冠肺炎疫情。突出抓好海外员工思想政治工作。端午佳节前夕,党委向海外全体干部员工及家属发出慰问信,致以节日问候和诚挚感谢,传递温暖、坚定信心。成立公司海外员工关心关爱工作领导小组,及时研究部署、督导推动海外新冠肺炎疫情防控和思想政治工作。指导国际业务各相关单位制定海外员工专项关爱计划,解除海外员工后顾之忧,将对海外员工的关心关爱落到实处。文联动员各专业协会会员积极行动,征集抗击新冠肺炎疫情的书法、美术、文学、音乐等作品83件,表达员工共克时艰、同心战疫的信心和决心。团青组织向青年发出倡议书,激励团员青年在抗击新冠肺炎疫情斗争中当好生力军和突击队。

2020年5月13日,川庆钻探工程公司首场成都(广汉)片区"战严冬、转观念、勇担当、上台阶"主题教育宣讲会(视频)在成都科研综合楼"开讲"　　(谷学涛 摄)

【新闻宣传】 2020年，川庆钻探工程公司围绕学习贯彻党的十九届五中全会精神、脱贫攻坚、提质增效、抗击新冠肺炎疫情、先进典型等宣传主题，发挥融媒体力量，做大做亮正面宣传。开展"提质增效一线行"新闻宣传。"今日川庆"开展"提质增效一线行"新闻集中采访活动，组织30名新闻工作者，深入到40个基层单位和生产作业现场，采写典型经验报道62篇。"门户川庆"刊发提质增效新闻稿件500余篇、系列评论和月评文章5篇，在干部员工中引发热烈反响。"时代川庆"推出2期专题策划，采写提质增效系列新闻调查12篇。突出宣传典型经验，拍摄工厂化压裂、工厂化钻井作业平台、页岩气高效开发电视专题片，全面展现公司"四化"建设和提质增效新成效新突破。提质增效专栏网页开辟6个专题，及时刊发、推广好经验做法215篇。提质增效和主题教育经验做法在集团公司层面简报推广2期、网页专栏刊发6篇。"一微一网一刊"主流媒体作用有力发挥。"今日川庆"紧跟企业中心工作开展策划，创新内容和形式，推送334篇推文、视频，总阅读量831 403人次，平均阅读量2 489人次。"门户川庆"编发各类新闻稿件2158篇，宣传和展示企业良好形象。"时代川庆"坚持原创、保持品质，出版4期，刊发稿件284篇。通过行业及主流媒体，报道企业发展成效。在《中国石油报》《石油商报》等媒体平台发表稿件60篇，在《四川石油报》及电视频道发表稿件106篇，在《人民日报》海外版等主流媒体发表稿件8篇。

【舆情管理】 2020年，川庆钻探工程公司制定《舆情管理办法（暂行）》《新闻媒体管理实施办法》《新闻媒体突发事件专项应急预案》。建立舆情监测机制和30人网评员队伍，完成国家网信办网评任务1 800余人次、集团公司网评任务1 500余人次。1名核心网络评论员受到集团公司党组宣传部表扬。2名网评员被选入国家网信办网评员队伍。加强舆情信息监测、分析、应对，发现负面舆情事件11起，均得到成功处置。

【企业文化建设】 2020年，川庆钻探工程公司深入开展企业精神宣传教育活动，常态化开展石油精神和大庆精神铁人精神学习宣贯，组织收看电影《天边加油站》，观影人数28 000余人次。推进企业形象提升工程，围绕扶贫帮困、绿色发展等重点内容摄制电视专题片《扎西卡的微笑》，制作报送"我为中国石油点赞"系列短视频。开展新媒体内容创作大赛，讲好企业故事、传播企业声音，塑造企业"复杂油气攻坚者"良好形象，征集微电影等各类作品362部（件）、表彰优秀作品96部（件）。推进基层安全文化建设工作，以《钻井队安全文化建设指导手册》为模版，有序推进并完成压裂酸化、试油气作业、固井、录井、钻井液作业、钻前施工、运输、集气站、HSE监督站"8队2站"《安全文化建设指导手册》编制工作。分专业拍摄生产作业现场"入场安全风险"提示片，抓好安全文化示范队建设，推动安全文化建设在现场和岗位落地落实。推进《企业文化建设"十四五"规划》编制工作，印发问卷460余份，开展基层调研12场次，客观分析现状，听取意见建议，为编制"十四五"规划提供科学依据。举办"企业文化规划编制专题培训班"，交流和研讨企业文化"十四五"期间建设工作。

【统战工作】 2020年，川庆钻探工程公司开展统一战线工作，统一战线成员建言献策渠道不断畅通。党委委员通过面谈、电话交流等方式，联系统战代表人士，了解情况、听取意见，交流感情，促进共识。统一战线代表人士提出意见建议8条，反馈至相关部门7条，采纳5条。7名民主党派成员列席参加川庆钻探工程公司2020年工作会议和职代会。

【精神文明建设】 2020年，川庆钻探工程公司加强群众性精神文明创建，组织川东钻探公司、长庆钻井总公司对照《全国文明单位测评体系（2020年版）》《全国文明单位创建动态管理措施（负面清单）》，逐项开展自查和复查申报，通过中央精神文明建设指导委员会复查，继续保留"全国文明单位"称号。6个单位通过四川省文明委复查，继续保留"四川省文明单位"称号。 （冯庆节）

组织建设

【概述】 2020年，川庆钻探工程公司党委深入学习贯彻习近平新时代中国特色社会主义思想、党的十九大和十九届历次全会精神，围绕新时代党的建设总要求，深化"三级联动"党建工作机制，坚持系统谋划推进，压实党建责任，谋划推进"2161"（牢牢把握两个坚持、统筹协调推进党的建设高质量与企业发展高质量、坚持从六个方面着力、构建一个企业和员工和谐发展共同体）党建工作体系，为企业高质量发展提供有力组织保障。川庆钻探工程公司2019年度党建工作被集团公司考核评定为"A"档。

【党组织及党员队伍】 截至2020年底，川庆钻探工程公司下属基层党委66个、党总支54个、党支部992个。有党员12 685人，占职工总数48.91%。其中女党员1 475人，占党员总数的11.63%。党员年龄结构，35岁以下2 434人，占19.19%；36—45岁4 802人，占37.86%；46—55岁4 454人，占35.11%；55—59岁995人，占7.84%。党员文化结构，本科及以上学历6 424人，占50.64%；大专学历3 346人，占26.38%；中专学历652人，占5.14%，高中及以下文化程度2 263人，占17.84%。

【党建责任落实】 2020年，川庆钻探工程公司发挥党的建设工作领导小组办公室协调推动、牵头抓总作用，落实党建工作责任制，制定年度党的建设工作要点，定期召开党建工作例会，系统推进党建重点工作任务有效落实。突出"管业务必须管党建"理念，强化行政干部党建"一岗双责"，两级党委班子成员全部明确党建责任清单，推动党建责任在分管领域和分管部门落实。健全企业党建"责任、考核、绩效"三个体系，对二级单位党委开展多维度、多层次、全方位党建责任制考核评价，考评结果按20%权重计入年度绩效考核分值，严格考核兑现。对排名前5家单位给予通报表扬，排名后5家单位进行提醒谈话，督促抓好考核发现问题整改工作。组织开展2019年度所属单位党委书记抓基层党建工作述职评议考核工作，强化"抓书记"促进"书记抓"。各单位推进所属基层党组织党建工作责任制考评

2020年8月6日，川庆钻探工程公司党委书记、总经理李爱民到川西钻探公司90005队承钻的红星1井现场调研检查党建工作
（吴育杰 摄）

和党组织书记述职评议。按照党委"一责任三把关"整改要求，组织召开组织人事系统巡察整改推进会，印发巡察发现党建共性问题通报并督促整改。

【基层组织建设】 2020年，川庆钻探工程公司推进组织建设工作创新。主动适应新时代党建工作新要求，推进"区域党建联盟"实践，打造企业特色党建工作品牌。推进"资源联通、教育联手、活动联办、文化联心"四联工作法，构建"共商、共建、共享"党建新格局。有具备条件的10个处级党委、24个基层党委（党总支）、150个基层党支部参与开展区域党建联盟实践。党建研究课题"'区域党建联盟'研究及实践"获集团公司2019年度优秀党建研究成果一等奖。印发《关于进一步推进党建工作与生产经营深度融合的通知》，指导基层重点推进党建工作与生产经营在组织、思想、目标、管理、团队上深度融合。推进"党建+"，打造45个"党建+"示范党支部。建强基本组织基本队伍，推进基层党建质量提升。落实"四同步""四对接"要求，成立试修公司、越盛公司的党委、纪委和工会机构。落实党组织按期换届提醒督促机制，指导培训中心党委完成换届选举工作。推进党支部达标晋级动态管理。评定局级示范党支部58个，集中整顿考核排名后10%党支部94个，指导实现转化提升，确保无软弱涣散基层党组织。印发《关于加强班组党员覆盖的指导意见》，提高班组党员覆盖质量，消除党员空白班组。按照"控制总量、优化结构、提高质量、发挥作用"的"十六字"党员发展总要求，发展党员270名。

【党员教育】 2020年，川庆钻探工程公司坚持把党的政治建设摆在首位，统筹抓好习近平新时代中国特色社会主义思想和党的十九届四中、五中全会精神的学习贯彻。组织开展十九届四中全会精神在线学习答题，党员参与率98%。督促各基层党组织通过集中学习研讨、"三会一课"、专题组织生活会、民主生活会、网络培训、在线答题等方式，推动学习教育走深走心走实。推进"两学一做"学习教育常态化制度化，印发《贯彻落实〈2019—2023年全国党员教育培训工作规划〉举措清单》。按照"精准选学、上下联动、同步推进、定期通报、以赛促学"的原则在全体党员中组织开展"学党内法规、强基层党建"知识竞赛活动，推进党内法规学习宣传教育，参与率98.88%。

【基础工作】 2020年，川庆钻探工程公司推进集团公司党建信息化平台2.0推广应用，推动实现各级党工团组织和全体党员、工会会员、团员全覆盖。完成2019年度党内统计工作。分级建立困难党员台账，元旦、春节、"七一"期间，党委及所属基层党委走访慰问困难党员293人，发放慰问金57万元。加强党费、党组织工作经费的管理、使用和监督工作。严格按标准计提、划拨党组织工作经费，保障党组织活动正常开展。用好党费、党组织工作经费开展新冠肺炎疫情防控工作，各级党组织党员为新冠肺炎疫情防控捐款127万余元。统筹推进各单位党建课题研究工作，向集团公司上报备案党建课题7个，组织开展"党支部标准化规范化"课题研究，印发实施办法，制定工作手册。课题"党支部标准化规范化探索实践""党支部标准化建设线上线下一体化研究与实践"获2020年度集团公司优秀党建课题研究一等奖、二等奖。开展庆祝建党99周年系列活动。组织开展"全面从严治党、引领企业发展"微视频拍摄，评选表彰优秀党建成果微视频27个。开展"提质增效、共克时艰"主题党课,结合落实"党课开讲啦"活动部署,评选党课材料47篇、微视频14个,向集团公司推荐上报2个精品党课和微视频,获集团公司优秀党课一等奖、二等奖。

（王静丽）

2020年10月7日,长庆井下公司陇东项目部党总支联合6个共建单位党支部在华H60平台组织开展"大平台大引领讨论"主题党日活动　　　　　　　　　　（刘又玮　摄）

【机关党建工作】 2020年,川庆钻探工程公司机关党委深入学习贯彻习近平新时代中国特色社会主义思想,每季度编制印发《党员干部政治理论学习计划》,不定期编制《党的十九届四中、五中全会学习要点》等学习资料,组织党员参加"学党史、新中国史"在线专题教育培训和"学党内法规、强基层党建"知识竞赛活动。年内集中培训党员1 082人次,党员学习参与率100%,"川培在线"党员平均学习时间超过80学时。举办以"提质增效、共克时艰"为主题的党课34次,评选表彰优秀党课10个。

编制印发《机关党支部实用工作手册》,编订《增补选党支部委员（书记）有关资料》,跟踪督导5个党支部完成换届选举,规范支部基础工作,组织健全率100%。开展党支部达标晋级工作,评定示范党支部3个、优秀党支部13个,其余党支部全部达标。落实机关《党建工作责任制考核评价实施细则》,强化结果运用,将2019年度考核评价结果按权重计入绩效考核分值,开展2020年上半年机关党建考核工作。建成启用"机关党员活动室",打造机关党建阵地。全年接转党员215人次,发展党员4名,转正党员1名。举办1期专题培训班推广应用党建信息化平台2.0。春节、"七一"期间慰问困难党员9名。认真落实"一岗双责",制定《机关2020年度党风廉政建设责任书》,实现责任全覆盖。严把党风廉政意见回复关,出具机关人员党风廉政情况鉴定39份。编撰作风建设学习资料5期,供处级以上领导干部学习。制作检举控告工作规则等LED屏展示内容5期。重要节日发送"廉洁短信"500余条。对39名机关科级干部进行集体廉洁谈话。组织"五好处室"建设活动,开展2020年机关为基层服务办实事项目50个,表彰表扬2019年优秀项目23个,引导各支部牢固树立服务理念,强监管、转作风、提效率,为基层服务办实事,解难事。

（徐郁文　付晓微）

【党务干部队伍建设】 2020年,川庆钻探工程公司配齐配强党务干部,落实"同职级同待遇",在机构定员中主动协调落实专职党务干部职数,重点落实两级机关党务人员岗位设置。构建党员常态化学习、党支部书记晋级培训、党务工作者理论集训3个平台,实施远程在线学习考核,实现1.25万余名党员、1000余名书记"云端"教育培训全覆盖,有效解决工学矛盾,确保培训效果。通过网络直播培训方式举办6期入党积极分子培训班、2期党支部书记示范培训班、2期预备党员培训班,培训726人。

（王静丽）

党风廉政建设

【概述】 2020年，川庆钻探工程公司各级党组织在集团公司党组、川庆钻探工程公司党委领导下，坚持以习近平新时代中国特色社会主义思想为指导，一以贯之推进全面从严治党，反腐败工作取得压倒性胜利并全面巩固，企业政治生态持续向好向善。各级纪委在集团公司纪检监察组和企业党委领导下，立足监督保障执行、促进完善发展基本职能职责，驰而不息正风肃纪反腐，在抗击新冠肺炎疫情和应对低油价带来的量价齐降"双重"大考中践行初心、诠释忠诚，为打赢新冠肺炎疫情防控阻击战和效益实现保卫战提供坚强保障。

【落实"两个责任"】 2020年，川庆钻探工程公司组织召开党风廉政建设和反腐败工作会议，安排部署年度重点工作任务90项，组织层层签订《党风廉政建设责任书》。制定全面从严治党主体责任清单，成立公司党风廉政建设和反腐败工作协调小组。党委"一把手"及班子成员对所属单位"一把手"及班子成员在思想、作风、纪律等方面出现的苗头性、倾向性问题及时进行提醒谈话。开展所属单位党政主要领导和机关业务部门主要负责人述责述廉，组织所属单位纪委书记对同级班子成员"画像"。结合纪律审查、党内巡察、专项检查和日常监督等掌握的情况，综合研判公司及所属单位政治生态。开展所属单位及其领导人员落实"两个责任"情况检查考评，扣减11个单位党风廉政建设分值和8名处级人员绩效薪酬。推动党委主体责任、纪委监督责任、业务部门监管责任、党委书记第一责任人责任、班子成员一岗双责"五责协同"、合力运行。

【作风建设】 2020年，川庆钻探工程公司始终将贯彻落实中央八项规定及其实施细则精神作为重要政治任务，持之以恒纠治"四风"。深入整治形式主义、官僚主义。统筹运用日常监督、专项检查、政治巡察等方式，对困扰基层的会议多、文件多、检查考核多等问题进行再排查再整改，压减基层资料42.39%。紧盯新冠肺炎疫情防控、提质增效专项行动中的形式主义、官僚主义表现，严肃查处业务部门虚假验收、钻井队编造虚假资料等问题，纪律处分1人、组织处理1人，基层反映上级部门及管理人员推诿扯皮、不作为、慢作为等行为明显减少。持续遏制享乐主义、奢靡之风。深入贯彻习近平总书记重要批示精神，上下联动对公司各单位内部食堂进行自查抽查，坚决纠治餐饮浪费行为，推动完善管理制度8个。开展落实中央八项规定及其实施细则精神情况专项检查，发现并整改问题23个。守住重要节点，及时贯彻集团公司反"四风"要求，通报典型案例，重申纪律要求，采取专项检查、交叉互查等方式，对食堂、酒店等重要场所和公务车辆管理等进行监督检查。严肃查处内部公款吃喝等问题，纪律处分1人、组织处理14人，干部作风持续好转。严肃查处员工群众身边作风问题。认真对待信访举报和巡察发现的基层领导利用婚丧喜庆事宜收受员工礼金、超范围发放节日慰问品、用新冠肺炎疫情待工时间抵扣员工年休假等问题，优先处置、提级办理员工群众身边作风和微腐败问题线索，纪律处分1人、组织处理7人，员工群众获得感不断增强。

【纪律审查】 2020年，川庆钻探工程公司纪律审查工作围绕公司经营发展，强力正风肃纪、精准问责，切实维护纪律的严肃性和权威性。集中查办重点案件，精准有力追责问责。对问题线索反映集中的违规经商办企业、虚报套取差旅费问题集中安排核查，集中召开专题会研究处理意见。受理信访举报65件，处置问题线索138件，立案57件，党纪、政纪处分84人，运用"四种形态"处理558人次，其中第一种、第二种形态处理人次占"四种形态"处理总人次的98.21%，通过纪律审查挽回直接经济损失160.3万元。纪委办公室与党委巡察办公室、巡察组共同商讨研究问题6次，向党委巡察办公室集中反馈核查结果及处理情况。严查快处巡察、审计移交的线索问题，立案7件，给予党纪、政纪处分17人，组织处理130人；结合企地共建，加大与地方纪委监委沟通协作，查处赌博、醉酒驾驶案，给予党纪、政纪处分7人，组织处理7人。持续深化以案促改，针对纪律审查等执纪中发现的问题，下发监督建议书38份，提出管理建议和处理意见112条。督促相关单位建立完善涉及差旅费、培训费、接待费报销等财务管理、"三重一大"事项管理、招标管理、物资采购管理、节日期间慰问品发放等重点领域、关键环节管理措施及工作流程34个、制定完善规章制度9个。通报曝光典型违纪违法案件12起，深化"以案促改"，实现"查处一起、教育一片、治理一方"的良好效果。

【监督检查】 2020年，川庆钻探工程公司科学稳慎做细新冠肺炎疫情复产监督，明察暗访所属单位主要领导、纪委书记和机关处室负责人到岗工作、落实新冠肺炎防疫措施情况，发现并督促整改问题16个；快查快处违反新冠肺炎疫情防控规定、复工复产不作为等问题7起，责任追究11人。精准有效做深提质增效监督，建立机关处室监督推进会商机制，深入13个生产单位的24个基层队、站进行联合检查；督促所属单位纪委跟进监督有责井下故障复杂，专项治理重晶石、白油监管不规范的问题，开展道路补偿费监督检查等，各级纪委在提质增效监督中发现问题477个，组织处理201人次，挽回、避免经济损失314.16万元，建章立制8个。做细做实日常监督，建立人监督格局。通过参加党委会、民主生活会，了解党委及班子成员履行管党治党责任、执行民主集中制和"三重一大"决策制度情况，严格监督决策过程。纪委书记全程参与并监督党委管理干部选用，纪委严格回复拟提拔人选党风廉政意见177人次，对1人提出暂缓聘任的建议意见。发挥所属单位纪委书记"探头"作用，通过履职考核、述职述责、"画像"等方式，加强对所属单位"一把手"和领导班子的监督。强化电子筛查，发现问题354个，组织处理23人。开展化公为私专项整治，深化领导人员及其亲属违规经商办企业专项治理，处理涉事企业94个，核查问题线索47个。开展合规管理监督和联合监督181项，发现问题926个，完善制度57项，挽回、避免经济损失626.39万元，追究处理612人次。完善机关部门问题线索移交、办理反馈及执纪协作等机制，巡察、审计及专项检查等移交问题线索占比65.22%，监督检查、纪律审查实现从被动等待信访举报向主动作为发现问题转变。

【廉洁教育】 2020年，川庆钻探工程公司聚焦关键少数，管好绝大多数，持续开展各类廉洁教育。对新提任党委管理领导干部进行任前廉洁从业教育，编发5期《领导人员学习资料》供副处级以上领导人员学习，增强领导干部拒腐防变思想意识；印发《纪检监察法律法规手册》，持续强化纪法意识。坚持到典型突出问题案发单位召开处分决定宣布暨警示教育会议，督促开好专题民主生活会；抓住重要节日和敏感时段发禁令、出通知，6次转发集团公司查处违反中央八项规定精神问题通报，向企业处级和机关科级人员发送廉洁提醒短信8660条，强化纪律作风要求；制作国际反腐日等专题宣传展板，分层级开展教育提醒，做到警钟长鸣。用身边事教育身边人，组织拍摄《凝析油"围猎战"》《贪欲之祸》等警示教育片，利用"今日川庆"开展酒驾警示教育，两级纪委开展各类警示教育80余场次，1.2万余人次受教育。

2020年10月19日，川庆钻探工程公司纪委委员及部分专职纪检干部到四川省国有企业廉洁教育展示点——清风堂接受警示教育　　　　　　　　　　　　　　（许玉贤　摄）

【纪检队伍建设】　2020年，川庆钻探工程公司纪委领导班子带头学习贯彻党的十九届四中、五中全会，十九届中纪委四次全会和集团公司纪检监察组、企业党委重要会议精神，专题学习研讨12次。纪委严格执行请示报告制度，贯彻执行民主集中制，自觉将重大问题、重大事项、重要案情、重要工作进展情况及时向集团公司纪检监察组、企业党委口头、书面和专项请示报告。在纪检内部各项工作中，发挥民主，实行正确的集中。统筹安排纪检系统政治理论学习，跟进学习习近平总书记最新重要讲话和指示批示精神，开展主题党日和纪检工作"形势、目标、任务、责任"宣讲，增强纪检干部"两个维护"的自觉性和坚定性。充实纪委办公室、纪检中心人员，提名考察纪委书记、副书记13人，从财务、审计等领域选配纪检干部17人，队伍年龄结构、专业结构更加优化。集中宣贯《纪检监察机关监督执纪工作规则》等系列制度，对标制修订制度7项。分层分片开展纪检干部专业能力提升培训，30名纪委书记、副书记到西南政法大学参加培训，13名业务骨干参加公司党委巡察和公司层面执纪审查，上挂锻炼9人，开展纪检理论研讨，队伍专业能力素质明显提升。强化队伍监督约束，制定纪检人员干预纪律审查工作、请托违规办事责任追究和廉洁家访制度。强化对纪检中心和所属单位核查工作的管理，突出对关键环节的再监督，规范监督执纪权力运行。组织纪检干部到四川省国企反腐倡廉主题教育展示点接受警示教育，纪委书记、副书记约谈提醒纪检干部20余人次，纪检队伍忠诚、干净、担当的形象得到员工群众公认。

（杨辉煌）

巡视巡察工作

【概述】　2020年，川庆钻探工程公司党委深入学习贯彻习近平新时代中国特色社会主义思想和党的十九届四中、五中全会精神，认真落实全国巡视工作会议精神和集团公司党组关于巡视巡察工作的新部署新要求，持续深化政治巡察，高质量推进巡察向基层延伸，促进巡察监督与其他监督贯通融合，为企业营造风清气正的政治生态、打赢新冠肺炎疫情防控阻击战和效益实现保卫战提供坚强政治保障。

【机构和人员】 川庆钻探工程公司党委巡察办公室是党委巡察工作领导小组日常办事机构,也是党委工作机构,履行统筹协调、指导督导、服务保障等职责。党委设立巡察组,承担具体巡察任务。2020年9月,经党委研究,调整党委巡察工作领导小组办公室人员编制:党委巡察办公室设主任1人(二级正),由纪委办公室领导兼任;副主任2人(二级副),其中1人由党委组织部(人事处)副职领导兼任;设巡察员1人(三级正),一般工作人员在纪检审计中心调剂解决。截至2020年底,党委巡察办公室有专兼职人员4人,其中主任1人、副主任2人、副科级巡察员1人;配备巡察副专员2人;所属25个二级单位中,13个单位设置党委巡察办公室,配备专兼职巡察干部62人,其中专职人员8人。建立巡察组长、巡察干部人才库,有巡察人才236人。督促13个所属单位建立完善巡察制度。选派3名巡察干部参加四川省国资委巡察培训,举办培训班2期,培训巡察干部56人。选派4人参加集团公司巡视,选调3人到党委巡察办公室上挂锻炼。发挥巡视巡察"熔炉"作用,7人参加巡视巡察的优秀干部得到提拔任用。

【内部巡察】 2020年,川庆钻探工程公司党委启动两轮巡察,组建4个巡察组,采取"一对一"和"一托二"方式,分别对新疆分公司、地研院、越盛公司、长庆井下公司、安检院、钻采院6个单位开展常规巡察。延伸覆盖基层单位(部门)65个、基层党支部32个,发现问题107个、问题线索23个。巡察组与纪委办公室、党委组织部、审计处等7个部门进行对接,全方位、多渠道了解被巡察单位情况;建立中期会商机制,党委巡察办公室深入巡察现场指导,确保问题巡深巡透;党委巡察工作领导小组多次听取巡察情况汇报,严把问题审核关、定性关。加大调研督导力度,党委巡察办公室负责人、巡察副专员到西安、重庆、成都、新疆4个片区的8个所属单位开展调研培训,确保基层巡察规范开展。所属11个单位巡察基层单位(部门)91个、党支部264个,发现问题498个、整改问题488个、整改完成率97.9%,制定、修订制度17个,移交问题线索18个。

【巡视巡察整改】 2020年,川庆钻探工程公司抓好中央巡视反馈问题整改落实情况"回头看"专项整改,成立整改工作领导小组,下设专项工作小组4个,研究制订总体整改方案和专项整改方案,查摆出具体问题56个,制定整改措施142个,完成整改139个;举一反三整改问题62个;其中针对领导干部和关键岗位人员亲属经商办企业问题,纪委书记约谈所属单位党政主要领导、纪委书记、纪检部门负责人31人,移交问题线索46个,党政纪处分24人,组织处理66人。抓好公司巡察反馈问题整改,严格落实"三位一体"巡察成果运用机制、"一责任三把关"(被巡察单位党委书记履行第一责任人责任,被巡察单位纪委书记全程监督把关,巡察组长重点环节把关,公司纪委书记及其他班子成员分别负责总体验收和分管领域验收把关)整改机制,领导约谈管党治

2020年11月10日,川庆钻探工程公司党委在成都召开2020年第二轮巡察工作动员部署会 (关东海 摄)

党问题突出的被巡察单位党政正职10人、纪委书记4人，督促落实整改责任；严把整改验收质量，党委2019年第二轮巡察反馈的87个问题，整改完成86个；纪律处分8人，组织处理356人次，挽回直接经济损失47.04万元；制定、修订制度82个。向新疆分公司、地研院、越盛公司3个单位反馈2020年第一轮巡察情况，移交问题线索11件，初核了结8件，立案3件，党政纪处分4人，组织处理13人，挽回经济损失3.25万元。

（闫　娅）

群团工作

总　述

大事记

井筒工程

油气合作开发与综合地质研究

生产服务

国际合作与外事工作

科技与信息

改革与管理

党建工作

群团工作

机构与人物

二级单位概览

附　录

工会工作

【概述】 2020年，川庆钻探工程公司各级工会学习习近平总书记关于工人阶级和工会工作的重要论述和重要指示精神，贯彻落实党的十九大和十九届历次全会精神，按照全国总工会、四川省总工会、集团公司的部署要求，围绕企业发展目标，应对新冠肺炎疫情与低油价双重叠加造成的严峻考验，维护职工合法权益，激发职工创新创效能力，团结动员广大职工，为企业提质增效作出积极贡献。

【企业民主管理】 2020年，川庆钻探工程公司组织召开三届一次职代会、工代会，听取、审议并通过《川庆钻探工程公司工作报告》《川庆钻探工程公司工会工作报告》等，民主评议企业领导，民主监督领导干部，征集职工代表提案31件，办结率100%，评选表彰优秀提案12件，企业所属各单位全部按期召开职代会、工代会。创新职代会联席会议形式，在审议过程中加强对审议意见的反馈和沟通，审议通过《川庆钻探工程公司企业年金实施办法》等3项制度和办法，在涉及职工切身利益制度办法时给予职工充分行使民主管理和民主监督的权利。把厂务公开工作纳入目标考核，落实在企业党委全面从严治党主体责任任务清单中。推进工作反馈意见机制，组织员工参与企业安全生产，累计收集员工反馈HSE意见161条，协助并监督各单位处理反馈HSE意见149条。探索民主议事有效实现方式，利用OA系统、中油即时通等载体，力求速度更快沟通更畅，在涉及推荐企业评先选优等重要事项时严格按规定进行公示，在推动企业发展、稳定以及维护职工合法权益等方面发挥作用。

【劳动和技能竞赛】 2020年，川庆钻探工程公司围绕重点工程重点区域组织劳动竞赛。结合"战严冬、转观念、勇担当、上台阶"主题教育和提质增效专项活动，开展以"大力弘扬石油精神，提升工程技术水平，助力企业增储上产"为主题的系列劳动竞赛。重点开展川渝、长庆、新疆及苏里格和威远生产作业区全面提质增效劳动竞赛，各相关单位钻井、井下等施工作业队伍参赛，在竞赛中创造刷新年进尺、年压裂段数、区块施工周期、国内陆上最深水平井完钻井深、陆上气井最长水平段等多项新纪录、新指标，分别在各施工作业现场召开现场表彰会，表彰奖励施工作业队伍（平台）407个，发放劳动竞赛奖金1 949.11万元。开展四川省2020年职工职业技能大赛暨公司第二届钻井液专业技术比赛和重庆市、四川省双城经济圈2020年首届川渝石油钻探职工劳动和技能竞赛暨川庆公司第三届钻井柴油机工 首届钻井工具装修工和维修电工专业技术比赛，两次大赛有9支代表队、216名选手参赛，在技能大赛中取得优异比赛成绩的10名社会化用工被录用为市场化员工，为职工展现风采、成长成才搭建平台。

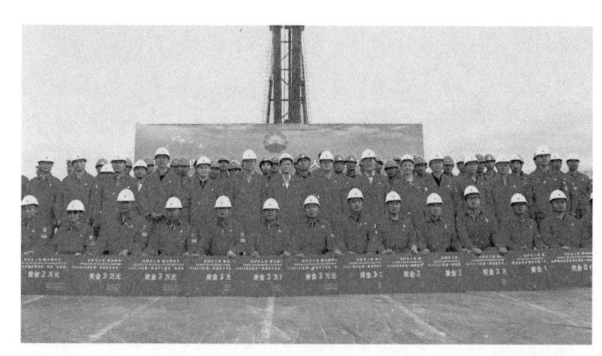

2020年6月15日，川庆钻探工程公司"当好主人翁，建功新时代"长庆区域2020年提质增效专项劳动竞赛第一阶段现场表彰会在苏南项目施工的40632钻井队举行 （秦科善 摄）

【保障帮扶】 2020年，川庆钻探工程公司把"精准"贯穿帮扶工作全过程，精确识别、精准帮扶、精细管理，满足困难职工群众实际需求；将帮扶工作纳入党建考核内容，结合帮扶档案、工作流程、执行标准开展自查整改，配合完成集团公司帮扶资金专项审计工作，组织困难帮扶档案监督检查，促进帮扶工作进一步规范。工会首次对特低、低收入以及收入较低且因患重大疾病的困难职工家庭开展特别关爱帮扶活动。各级工会开展慰问1 339户次，其中"春节元旦"514人、"国庆中秋"321人、大病帮扶147人、灾难救助4人、金秋助学231人、特别关爱41人、其他帮扶71人。开展获省部级以上离退休劳模荣誉津贴发放和对特困劳模和困难劳模的帮扶工作，发放专项慰问金8.2万元。开展"文化快车下基层和送清凉慰问活动"，历时3个月，慰问所属"遂宁、庆阳、乌审旗、轮南"4个片区16个基层单位506个一线施工作业队伍（项目部、组）。开展劳动保护监督检查工作，依法参加事故调查处理，维护职工合法权益。监督落实员工疗养、休假和体检等制度，坚持落实员工疗休养制度。关注职工心理健康建设，引导各单位开展心理健康援建活动，关注员工的精神和情感需求。

【对口扶贫】 2020年，川庆钻探工程公司投入资金422.02万元巩固石渠县脱贫成效。企业领导2次到石渠县调研，为结对帮扶的八若二村16户贫困户发放慰问品（慰问金）4.99万元。为石渠县邓玛观光生态农业科技示范园区绿色蔬菜扶贫基地建设捐赠第二期项目款300万元，捐赠40万元资助200名贫困大中专学生上学。按照党中央国务院、四川省委省政府、集团公司实施消费扶贫的工作要求，结合送清凉送温暖、基层一线队伍慰问、改善一线职工生活等契机，开展消费扶贫活动，采购扶贫产品147.82万元，完成集团公司分解消费扶贫工作任务295.64%，帮助贫困户稳定增收持续脱贫。配合完成《扎溪卡的微笑》《春风十里到石渠》等拍摄宣传工作。

【评优选优】 2020年，川庆钻探工程公司开展2019年度总结评比和表彰工作，评选表彰2019年度先进企业10个、劳动模范30个、先进个人87名，先进集体87个，评选表彰2018—2019年度女职工先进集体、个人及"最美职工家庭"。推荐上报产生全国劳动模范1人，四川省劳动模范2人，甘肃省劳动模范1人，集团公司特等劳动模范1人、劳动模范10人、先进集体6个。评审2018—2019年度合理化建议和技术改进优秀成果131项和优秀命名成果14项，征集优秀合理化建议和技术改进阶段性成果126项，评选表彰成果39项，分别在成都、西安片区举办提质增效岗位实践合理化建议和创新创效成果交流展示。在第24届全国发明展览会——"一带一路"暨金砖国家技能发展与技术创新大赛上，长庆钻井总公司和长庆井下公司职工创新成果获1金2银8铜。在四川省总工会组织的"改革创新当先锋，提质增效保增长"职工技术创新成果和合理化建议征集活动中，5人分获一等奖、二等奖、三等奖，5人获优秀奖。

【女职工工作】 2020年，川庆钻探工程公司女职工发挥工人阶级主力军作用，勤于创造、勇于奋斗、甘于奉献、争创一流，推进提质增效专项行动，为奋力夺取新冠肺炎疫情防控阻击战和效益实现保卫战"双胜利"贡献巾帼力量。评选表彰2018—2019年度女职工先进集体10个、女职工先进个人60人、最美职工家庭50户。安检院何莎工作室（设备检验所技术发展室）被授予四川

2020年8月25—26日，川庆钻探工程公司党委副书记、工会主席徐发龙（后排右七）带队到甘孜州石渠县开展对口扶贫工作，并慰问结对村民　　　　　　　　　　（张海龙 摄）

省五一巾帼标兵岗，1户职工家庭被评为四川省"五好家庭"、2户职工家庭被评为四川省"最美职工家庭"，各级工会组织3603人开展女职工特色活动49次。开展"非常时期的一封家书"征集活动，表彰获奖作品59篇。5篇（幅）作品获全国第八届"书香三八"读书活动征文、家书及书画阅读作品优秀奖。各级工会切实维护女职工权益，为3341名女职工办理特殊保健。

【宣教文体】 2020年，川庆钻探工程公司推进二级单位"职工之家"建设，为基层建设室内外文体活动中心，为一线队伍配置干鞋机、卡拉OK点歌系统等，改善一线员工生活设备设施，提高员工生活质量。举办"不忘初心、牢记使命"职工文艺汇演活动，在线观看超过3万人次。组织参加"我们一起走"全国石油职工第四届健步走网络公开赛，获2000—5000人组、海外组三等奖。各级工会开展线上云健身、排球、足球、趣味运动、"强体魄、战疫情"健身等活动。为引导广大职工学习党史、新中国史、改革开放史、社会主义发展史、中国工运史，各级工会组织职工参加"中国工人杯"全国读书知识竞赛及主题阅读活动。

（向 英）

【机关工会工作】 2020年，川庆钻探工程公司机关工会有效激发职工的创新动能，组织职工积极投身公司改革发展，切实维护职工合法权益，打造稳定和谐的职工队伍，助推生产经营和疫情防控"双胜利"。围绕生产经营和提质增效重点工作，开展合理化建议活动，"钻机套搬及设备设施共享"和"ZJ50/70L钻机底座升级（加高）改造"等2个项目获川庆钻探工程公司2020年合理化建议和技术改进一等奖，1—7月推行钻机套搬模式合理化建议，实现经济效益200余万元；机关2个集体、9名个人获川庆钻探工程公司"2018—2019年度合理化建议和技术改进成果先进"称号。在职工中弘扬劳模精神、铁人精神、工匠精神，弘扬社会主义核心价值观，获四川省优秀工会工作者1人，川庆钻探工程公司先进集体2个、先进个人7人，女职工先进个人5人，最美职工家庭5个。加大厂务公开和民主管理力度，对《川庆公司企业年金实施办法》和《川庆公司全员安全生产记分管理办法》等涉及员工切身利益的制度办法，在职工中广泛征求意见。坚持服务职工群众，开展节日、生日等各类慰问活动，发放机关员工小劳保用品，开展健康体检375人次，安排员工疗养174人次，发放"老石油纪念章"12枚。通过2015—2019年困难帮扶工作专项检查，进一步完善帮扶制度，做到一人一档，2020年新增患病困难职工6名，为13名建档困难人员申请发放大病帮扶等。开展"抗疫家书"征集、"六一"亲子云阅读、印发《机关工会疫情期间文体活动实施方案》等，充实新冠肺炎疫情期间职工生活，汇聚起战胜疫情的强大合力。加强学习型机关建设，获全国总工会"职工阅读书站"批准授牌。组织机关职工参与"中国工人杯"职工知识竞赛、咪咕网络健步走、女职工插花等文体活动，丰富职工文体生活，打造昂扬向上的机关职工文化。

（李 敏）

【工会自身建设】 2020年，川庆钻探工程公司工会把推行厂务公开落实在企业党委全面从严治党主体责任任务中，做到党建工作与业务工作同部署、同推进、同考核；在发挥党支部功能作用上下工夫，用好党支部学习、党支部会议、主题党日活动、党内组织生活等载体，发挥党支部教育、管理、监督党员的作用。完成工会换届选举工作，成立川庆钻探工程公司工会第三届委员会、经费审查委员会及女职工委员会。全面上线集团公司党建信息化平台2.0运行，完成组织平台建设，会员信息录入24995人。开展生产作业队伍员工状况问卷调查，调查人数9666人，调研一线员工的休息休假、收入增幅满意度等员工最关心的问题，并将情况反馈到企业领导层，真正做到倾听广大职工的意见建议。加大工会经费补助下拨力度，把资金主要用于推进职工之家建设和开展基层文体活动方面，提高员工工作生活质量。川庆钻探工程公司获"全国厂务公开民主管理先进单位"称号，川庆钻探工程公司工会获"全国模范职工之家"、四川省总工会和四川省困难职工帮扶基金会"'战疫'一线工作者守护计划'爱心单位'"、四川省总工会"经费审查规范建设单位"等称号。

（向　英）

共青团与青年工作

【概述】 2020年，川庆钻探工程公司团委坚持把学习贯彻习近平新时代中国特色社会主义思想和党的十九大精神放在首位，激励广大团员青年牢记习近平总书记对新时代中国青年提出的"树立远大理想、热爱伟大祖国、担当时代责任、勇于砥砺奋斗、练就过硬本领、锤炼品德修为"六要嘱托，严格按照团的十八大确定的各项工作部署，围绕企业高质量发展要求和年度工作目标，坚持以"服务公司中心工作、帮助青年成长成才"为主线，在企业提质增效专项行动和"战严冬、转观念、勇担当、上台阶"主题教育活动中发挥团青组织的生力军和突击队作用，为企业各项生产经营任务的完成作出贡献。2020年，川庆钻探工程公司获集团公司优秀共青团员3人、优秀共青团干部3人、最美青工1人。

【组织建设】 2020年，川庆钻探工程公司团委按照上级团组织要求，完成集团公司党建信息化平台2.0共青团业务有关工作，建立健全基层团组织，团员信息录入、完成团员线上团费缴纳等工作。指导基层团委开展换届选举工作，加强团青组织班子建设。加强"青春川庆"微信公众号运行管理，按单位轮班制策划宣传企业一线青年先进事迹，展示青年风采，服务青年成长成才。撰写《坚持"党建带团建"焕发团组织新活力》调研报告。举办川庆钻探工程公司首届青年礼仪志愿服务培训活动。

【青年政治思想教育】 2020年，川庆钻探工程公司采用集中学习、线上+线下自学等方式，在各级团青组织中开展学习宣贯习近平新时代中国特色社会主义思想和党的十九大精神，习近平总书记五四青年节寄语、习近平总书记给中国石油大学（北京）克拉玛依校区毕业生、复旦大学青年师生党员回信等精神。组织开展"青年大学习"主题教育活动，6 000余人参与"微团课"学习、线上知识大挑战活动，表彰优秀组织单位3家、优秀团课30个、个人答题冠军14人，强化团员青年政治理论学习氛围，提高团员青年政治素质，引导各级团青干部和广大团员青年统一思想、坚定信心，自觉践行社会主义核心价值观，投身企业提质增效专项行动。结合青工群体特点和思想实际，多层次、多形式开展主题教育实践活动，通过"青春川庆"微信平台向企业全体团员青年发出倡议，引导青年正确认识形势，明确自身定位和努力方向，发挥生力军和突击队作用，团结一心、共克时艰，为服务保障油气、完成全年目标任务、打赢新冠肺炎疫情防控阻击战贡献力量。

【青春建功活动】 2020年，川庆钻探工程公司团委围绕企业发展大局，开展青年突击队活动。攻坚技术难关、开拓海外市场、消除复杂事故，为完成生产经营任务作出贡献。川东钻探公司团委围绕"提质提速增效"劳动竞赛，开展搬家安装、中完提速、安全环保、应急保卫等工作的青年突击队活动15次，团员青年冲锋在前，营造争先创优工作氛围。新疆分公司团委组织开展"提质增效、青年当先"青年突击队争创活动。给各基层团青组织配发青年突击队旗帜和团旗，并在70153队举行授旗仪式营造良好氛围，号召团员青年在钻修井生产任务及"提质增效"工作中发挥生力军和突击队作用。长庆固井公司团委围绕"当好主人翁、建功在岗位"的主题，组织各团青组织每月不少于1次开展青年突击队活动，发挥生力军和突击队作用，组织一线青年突击活动100余场。

【青年志愿服务活动】 2020年，川庆钻探工程公司团委鼓励各级集体和个人弘扬"奉献、友爱、互助、进步"的志愿服务精神，组织开展"学雷锋树新风、学铁人立新功"青年志愿服务评比活动，评选表彰"2018—2019年度优秀青年志愿服务项目"27个，"2018—2019年度优秀青年志愿者"40人，"抗击疫情优秀青年志愿者"30人。响应上级团委号召，号召900余名团员青年自愿向中国青少年发展基金会捐款，帮助受新冠肺炎疫情影响的青少年，累计捐款金额4万余元。新疆分公司团委开展"旧衣物"捐赠献爱心活动，印发捐赠衣物倡议书，开启"捐旧物·暖人心"活动，35人捐赠衣物419件。井下作业公司、"四川蓝天救援队"志愿者王诗杰，为企业筹集口罩1600个，保障生产顺利进行。各级团青组织开展志愿活动356次，服务时长3 120小时，受益人数10 200余人。

【青年安全环保活动】 2020年，川庆钻探工程公司团委组织开展第三届青年安全小视频征集活动，向各级团青共征集百余部原创作品，评选表彰60部优秀作品，通过"今日川庆"官方微信、"青春川庆"等新媒体平台进行展播，得到青年们的关注与转发。开展以"消除事故隐患 筑牢安全防线"为主题的青年安全生产咨询日活动，派发宣传资料400余份。

【青年创新创效活动】 2020年，川庆钻探工程公司开展青工"五小"成果征集活动，推进提质增效专项行动，激发广大团员青年劳动热情和创新活力，引导青年员工从"小"做起，立足本职岗位，在生产实践中发挥聪明才智，助力解决生产难题，从生产、科研、管理方面收集"五小"成果240个。推选5个优秀成果参加企业提质增效合理化建议和创新创效成果展，表彰优秀"五小"成果80个。利用各种形式和渠道，宣传"五小"活动的重要意义，弘扬踊跃投身"五小"活动且成果突出的青年员工先进事迹，发挥其示范、带头作用。

【青年文化活动】 2020年，川庆钻探工程公司团委组织开展成都（广汉）片区"青春油你、相约双11"单身青年联谊活动，邀请西南油气田公司部分优秀单身青年80人参加活动。为青年搭建安全可靠的交友平台，提供学习交流展示才华的机会和舞台，增强青年的幸福感和归属感，发挥共青团联系青年、服务青年、引导青年的职能。受成都市足球协会的邀请，川庆钻探工程公司团委组织20名青年参加第四届成都城市足球八人制联赛（企业组）。新疆分公司团委开展"接力2020"书画摄影比赛活动，给青年员工提供摄影学习交流的平台，展现一线员工积极向上的精神风貌。2020年刊发19期152幅摄影作品。

【青年岗位成才】 2020年，川庆钻探工程公司重点选树和宣传在生产经营、改革发展、科技进步、管理提升以及急难险重任务中作出突出贡献的优秀青年，树立青年中的先进典型，塑造川庆青年形象，优化青年成长成才环境，激励广大青年刻苦学习、勤奋工作、开拓创新、建功成才。组织开展公司第四届"十大杰出青年"评选活动，通过推荐人选、资格审核、组织评选、公示考察、表彰宣传等5项程序，评选表彰川庆钻探工程公司第四届"十大杰出青年""优秀青年岗位能手"。

（王茜雯）

年度荣誉

【国家级先进个人】 2020年，川庆钻探工程公司员工张勇获"全国劳动模范"称号。

【省部级先进集体】 2020年，川庆钻探工程公司获集团公司表彰的先进集体6个（表1）。

表1 川庆钻探工程公司获集团公司表彰先进集体一览表

获奖名称	获奖单位
集团公司先进集体（6个）	川东钻探公司70527钻井队 川西钻探公司90005钻井队 长庆钻井总公司50053钻井队 钻采工程技术研究院压裂酸化研究所 钻井液技术服务公司页岩气项目经理部 地质勘探开发研究院第一录井作业部

【省部级先进个人】 2020年，川庆钻探工程公司获省部级及集团公司表彰的先进个人16人（表2）。

【川庆钻探工程公司先进企业】 2020年，川庆钻探工程公司评选出先进企业10个（表3）。

表3 川庆钻探工程公司先进企业一览表

获奖名称	获奖单位
先进企业（10个）	井下作业公司 苏里格项目经理部 页岩气勘探开发项目经理部 长庆钻井总公司 安全环保质量监督检测研究院 钻采工程技术研究院 四川蜀渝石油建筑安装工程有限责任公司 国际工程公司 长庆固井公司 地质勘探开发研究院

【川庆钻探工程公司劳动模范】 2020年，川庆钻探工程公司评选出劳动模范33人（表4）。

【全国劳动模范简介】 张勇，男，汉族，中共党员，1969年生，中国石油集团川庆钻探工程公司川西钻探公司钻井高级技师、中国石油天然气集团公司钻井技能专家、技能专家协作委员会工程技术分会主任。曾获中央企业劳动模范，四川省成都市成华工匠，川庆钻探工程公司劳动模范、优秀人才、优秀共产党员标兵、优秀导师、青年革新能手等荣誉。以他名字命名的"张勇工作

表2 川庆钻探工程公司获省部级及集团公司表彰先进个人一览表

获奖名称	获奖个人	单位名称
四川省劳动模范（2人）	李茂森	钻井液技术服务公司
	李枝林	钻采工程技术研究院
甘肃省劳动模范（1人）	雷侃	长庆井下技术作业公司
集团公司特等劳动模范（1人）	张勇	川西钻探公司
集团公司劳动模范（10人）	张庆	页岩气勘探开发项目经理部
	杨志	四川蜀渝石油建筑安装工程有限责任公司
	钱浩东	钻采工程技术研究院
	何志强	国际工程公司
	田玉琛	长庆井下技术作业公司
	朱炬辉	井下作业公司
	刘泽明	新疆分公司
	向平虎	长庆钻井总公司
	刘明兴	川西钻探公司
	王国旭	川东钻探公司
四川省五一劳动奖章（2人）	谭宏良	钻井液技术服务公司
	邱杰	钻井液技术服务公司

表4 川庆钻探工程公司劳动模范一览表

姓 名	单 位	职 务
谢 林	川东钻探公司50663队	队长
廖富国	川东钻探公工程技术部	副部长
杨清剑	川东钻探公50016队	司钻
贺明敏	川西钻探公司工程技术部	部长
陈友生	川西钻探公司90011队	队长
向 冲	川西钻探公司50004队	司钻
魏代辉	长庆钻井总公司40589Y队	党支部书记、副队长
倪沛增	长庆钻井总公司50290队	队长、党支部副书记
王清臣	长庆钻井总公司钻井技术研发中心泥浆室	二级工程师
郭宝珍	长庆钻井总公司30657队	大班司钻
祝学飞	新疆分公司钻井液技术服务部	泥浆工程师
王若宇	新疆分公司70530队	司钻
赵长春	国际工程公司土库曼斯坦分公司生产协调部	副主任
林洪亮	国际工程公司CC70007队	平台经理
郑 锟	井下作业公司新疆分公司	高级工程师
吴成斌	井下作业公司YS63149队	队长、工程师
李海波	长庆井下作业公司靖边项目部	经理
周晓涛	长庆井下作业公司S00505队	队长
曾小军	试修公司技术研究与服务中心	主任、党支部副书记
李德伟	长庆固井公司井筒治理工程部	经理、书记
张德军	钻采院定向井技术服务公司	经理
彭 宇	地研院岩石物理研究所	副所长
王荣华	安检院环境监测中心	主任
刘良武	蜀渝公司机械分公司川南作业队	设备操作手
周 游	重庆运输总公司遂宁分公司运输一中队	运输车驾驶员
王海军	长庆石油工程监督公司第四QHSE监督站	站长、党支部副书记
彭碧强	钻井液技术服务公司成都管理部	党支部书记、副经理
张岳荣	国际工程公司	厄瓜多尔分公司经理
罗 园	钻采工程技术研究院	副院长、四川油气井灭火公司经理
张锁辉	长庆石油工程监督公司	副总经理、安全总监
马思平	井下作业公司	总经理、党委副书记
何怀银	苏里格项目经理部	总经理、党委副书记
张志东	安全环保质量监督检测研究院	高级工程师

室",先后被评为川庆钻探工程公司石油钻井技能专家工作室、劳模(技能人才)创新工作室,四川省劳模创新工作室、中国石油集团公司"张勇钻井技能专家工作室"。自2005年被聘为企业级专家以来,成功处理石油钻井井下故障80多井次,挽回经济损失超亿元。

（罗 强）

机构与人物

总　述

大事记

井筒工程

油气合作开发与综合地质研究

生产服务

国际合作与外事工作

科技与信息

改革与管理

党建工作

群团工作

机构与人物

二级单位概览

附　录

图 1　2020 年川庆钻探工程公司组织机构图

组织机构及变更情况

【组织机构设置】 2020年，川庆钻探工程公司机关设置处室17个，机关附属8个，机关直属5个，二级单位25个（图1）。

【新建（增）机构】 2020年，川庆钻探工程公司新建（增）机构16个（表1）。

【撤并机构】 2020年，川庆钻探工程公司撤销（合并）机构96个（表2）。

【机构更名】 2020年，川庆钻探工程公司更名机构168个（表3）。

（邹金华）

表1　2020年川庆钻探工程公司新建（增）机构一览表

时　间	名　称	文件号	备　注
3月23日	四川越盛实业开发总公司市场营销部	川庆劳发〔2020〕12号	成立
3月25日	川东钻探公司工程造价中心	川庆劳发〔2020〕14号	成立
3月25日	川西钻探公司工程造价中心	川庆劳发〔2020〕14号	成立
3月25日	长庆钻井总公司工程造价中心	川庆劳发〔2020〕14号	成立
3月25日	新疆分公司工程造价中心	川庆劳发〔2020〕14号	成立
3月25日	长庆固井公司工程造价中心	川庆劳发〔2020〕14号	成立
5月9日	试修公司工程造价中心	川庆劳发〔2020〕24号	成立
5月9日	钻井液技术服务公司工程造价中心	川庆劳发〔2020〕24号	成立
5月9日	页岩气勘探开发项目经理部工程造价中心	川庆劳发〔2020〕24号	成立
6月5日	川东钻探公司井控管理办公室	川庆劳发〔2020〕29号	成立
6月5日	川东钻探公司物资保障中心	川庆劳发〔2020〕29号	成立
6月5日	苏里格项目经理部勘探开发部	川庆劳发〔2020〕34号	成立
11月10日	四川越盛实业开发总公司人事劳资部（党委组织部）	川庆劳发〔2020〕71号	成立
11月10日	四川越盛实业开发总公司党群工作部（纪委办公室）	川庆劳发〔2020〕71号	成立
11月10日	四川越盛实业开发总公司董监事办公室	川庆劳发〔2020〕71号	成立
11月10日	四川越盛实业开发总公司采购管理部	川庆劳发〔2020〕71号	成立

表2　2020年川庆钻探工程公司撤销（合并）机构一览表

时　间	名　称	所属单位	文件号
6月5日	物资采办部	川东钻探公司	川庆劳发〔2020〕29号
6月5日	档案馆	川东钻探公司	川庆劳发〔2020〕29号
6月5日	资产管理站	川东钻探公司	川庆劳发〔2020〕29号
6月5日	机关事务办公室	川东钻探公司	川庆劳发〔2020〕29号
6月5日	培训事务管理站	川西钻探公司	川庆劳发〔2020〕30号
6月5日	招标中心	川西钻探公司	川庆劳发〔2020〕30号

续表

时 间	名 称	所属单位	文件号
6月5日	员工培训办公室	川西钻探公司	川庆劳发〔2020〕30号
6月5日	资产管理办公室	川西钻探公司	川庆劳发〔2020〕30号
6月5日	固井办公室	川西钻探公司	川庆劳发〔2020〕30号
6月5日	对外协调办公室	川西钻探公司	川庆劳发〔2020〕30号
6月5日	资产库	川西钻探公司	川庆劳发〔2020〕30号
6月5日	培训事务管理站	川西钻探公司	川庆劳发〔2020〕30号
6月5日	招标中心	川西钻探公司	川庆劳发〔2020〕30号
6月5日	遂宁前线协调指挥部	川西钻探公司	川庆劳发〔2020〕30号
6月5日	新津前线协调指挥部	川西钻探公司	川庆劳发〔2020〕30号
6月5日	计量站	长庆钻井总公司	川庆劳发〔2020〕31号
6月5日	汽车服务公司	长庆钻井总公司	川庆劳发〔2020〕31号
6月5日	反承包项目组	长庆钻井总公司	川庆劳发〔2020〕31号
6月5日	泽普综合事务管理站	新疆分公司	川庆劳发〔2020〕32号
6月5日	成都综合事务管理站	新疆分公司	川庆劳发〔2020〕32号
6月5日	井下事业部	新疆分公司	川庆劳发〔2020〕32号
6月5日	钻采事业部	新疆分公司	川庆劳发〔2020〕32号
6月5日	哈萨克斯坦项目部	国际工程公司	川庆劳发〔2020〕33号
6月5日	印度尼西亚项目部	国际工程公司	川庆劳发〔2020〕33号
6月5日	党群工作部（纪委办公室 工会办公室）	苏里格项目经理部	川庆劳发〔2020〕34号
6月5日	物资装备部	苏里格项目经理部	川庆劳发〔2020〕34号
6月5日	综合车队	井下作业公司	川庆劳发〔2020〕35号
6月5日	国际事业部	井下作业公司	川庆劳发〔2020〕35号
6月5日	职业介绍中心	井下作业公司	川庆劳发〔2020〕35号
6月5日	人才交流中心	井下作业公司	川庆劳发〔2020〕35号
6月5日	员工培训办公室	井下作业公司	川庆劳发〔2020〕35号
6月5日	华阳核算中心	井下作业公司	川庆劳发〔2020〕35号
6月5日	财务结算中心	长庆井下技术作业公司	川庆劳发〔2020〕36号
6月5日	天然气回收项目部	长庆井下技术作业公司	川庆劳发〔2020〕36号
6月5日	质量检测监督中心	长庆井下技术作业公司	川庆劳发〔2020〕36号
6月5日	交通服务大队	长庆井下技术作业公司	川庆劳发〔2020〕36号
6月5日	特车修理厂	长庆固井公司	川庆劳发〔2020〕38号
6月5日	资金结算中心	钻采工程技术研究院	川庆劳发〔2020〕39号
6月5日	井控技术服务中心	钻采工程技术研究院	川庆劳发〔2020〕39号
6月5日	西部分中心	钻采工程技术研究院	川庆劳发〔2020〕39号

续表

时间	名称	所属单位	文件号
6月5日	信息中心	钻采工程技术研究院	川庆劳发〔2020〕39号
6月5日	特车公司	钻采工程技术研究院	川庆劳发〔2020〕39号
6月5日	综合服务中心	钻采工程技术研究院	川庆劳发〔2020〕39号
6月5日	信息情报研究所	钻采工程技术研究院	川庆劳发〔2020〕39号
6月5日	塔里木钻完井技术研究中心	钻采工程技术研究院	川庆劳发〔2020〕39号
6月5日	科技情报档案室	地质勘探开发研究院	川庆劳发〔2020〕40号
6月5日	难动用油气研究所	地质勘探开发研究院	川庆劳发〔2020〕40号
6月5日	生产指挥车队	地质勘探开发研究院	川庆劳发〔2020〕40号
6月5日	测试研究中心	地质勘探开发研究院	川庆劳发〔2020〕40号
6月5日	装备研发制造中心	地质勘探开发研究院	川庆劳发〔2020〕40号
6月5日	录井业务外包项目经理部	地质勘探开发研究院	川庆劳发〔2020〕40号
6月5日	哈萨克斯坦项目部	地质勘探开发研究院	川庆劳发〔2020〕40号
6月5日	一体化信息平台项目经理部	地质勘探开发研究院	川庆劳发〔2020〕40号
6月5日	石油机械质量标准化所	安全环保质量监督检测研究院	川庆劳发〔2020〕41号
6月5日	西北事业部	安全环保质量监督检测研究院	川庆劳发〔2020〕41号
6月5日	地面建设安全监督站	安全环保质量监督检测研究院	川庆劳发〔2020〕41号
6月5日	员工培训办公室	安全环保质量监督检测研究院	川庆劳发〔2020〕41号
6月5日	质量监督办公室	安全环保质量监督检测研究院	川庆劳发〔2020〕41号
6月5日	川西南基建公司	四川蜀渝石油建筑安装工程有限责任公司	川庆劳发〔2020〕42号
6月5日	土库曼斯坦项目部	四川蜀渝石油建筑安装工程有限责任公司	川庆劳发〔2020〕42号
6月5日	工程技术设计室	重庆运输总公司	川庆劳发〔2020〕43号
6月5日	川东北分公司	重庆运输总公司	川庆劳发〔2020〕43号
6月5日	交通运输管理中心	长庆石油工程监督公司	川庆劳发〔2020〕44号
6月5日	西部项目部	钻井液技术服务公司	川庆劳发〔2020〕45号
6月5日	反承包及海外项目部	钻井液技术服务公司	川庆劳发〔2020〕45号
6月5日	页岩气项目经理部	钻井液技术服务公司	川庆劳发〔2020〕45号
6月5日	青海项目部	钻井液技术服务公司	川庆劳发〔2020〕45号
6月5日	蓉驿致家酒店	酒店管理公司	川庆劳发〔2020〕48号
6月5日	房务管理部	酒店管理公司	川庆劳发〔2020〕48号
6月5日	餐饮管理部	酒店管理公司	川庆劳发〔2020〕48号
6月29日	政策研究室	机关	川庆劳发〔2020〕52号
6月29日	职称改革办公室	机关	川庆劳发〔2020〕52号
6月29日	安全督导组	机关	川庆劳发〔2020〕52号
6月29日	干部巡视组	机关	川庆劳发〔2020〕52号

续表

时 间	名 称	所属单位	文件号
6月29日	办公室（党委办公室）综合科	机关	川庆劳发〔2020〕52号
6月29日	对外合作和市场开发处（外事办公室、工程项目管理部）综合科	机关	川庆劳发〔2020〕52号
6月29日	生产协调处综合科	机关	川庆劳发〔2020〕52号
6月29日	人事处（党委组织部）综合科	机关	川庆劳发〔2020〕52号
6月29日	劳动工资处综合科	机关	川庆劳发〔2020〕52号
6月29日	财务资产处综合科	机关	川庆劳发〔2020〕52号
6月29日	质量安全环保处综合科	机关	川庆劳发〔2020〕52号
6月29日	质量安全环保处民爆物品科	机关	川庆劳发〔2020〕52号
6月29日	工程技术处（远程技术支持中心）综合科	机关	川庆劳发〔2020〕52号
6月29日	工程技术处（远程技术支持中心）物探测录科	机关	川庆劳发〔2020〕52号
6月29日	企管法规处（内控与风险管理处）综合科	机关	川庆劳发〔2020〕52号
6月29日	工程建设处工程项目管理科	机关	川庆劳发〔2020〕52号
6月29日	工程建设处技术管理科	机关	川庆劳发〔2020〕52号
6月29日	成都结算中心封闭结算科	机关	川庆劳发〔2020〕52号
6月29日	西安结算中心税收管理科	机关	川庆劳发〔2020〕52号
6月30日	塔里木培训分部	培训中心	川庆劳发〔2020〕53号
6月30日	巴基斯坦培训中心	培训中心	川庆劳发〔2020〕53号
6月30日	事务中心	培训中心	川庆劳发〔2020〕53号
6月30日	维稳信访科	长庆指挥部	川庆劳发〔2020〕56号
6月30日	应急（值班）科	长庆指挥部	川庆劳发〔2020〕56号
6月30日	安全管理科	长庆指挥部	川庆劳发〔2020〕56号
11月10日	重点业务管理部	四川越盛实业开发总公司	川庆劳发〔2020〕71号

表3 2020年川庆钻探工程公司更名机构一览表

时 间	单位（部门）	更名前名称	更名后名称	文件号
1月20日	纪检审计中心	纪检监察一室	纪检一室	川庆劳发〔2020〕4号
1月20日	纪检审计中心	纪检监察二室	纪检二室	川庆劳发〔2020〕4号
3月25日	物资管理部	招标中心	招标项目管理科	川庆劳发〔2020〕13号
6月5日	川东钻探公司	工会办公室	工会	川庆劳发〔2020〕29号
6月5日	川东钻探公司	公司（党委）办公室	办公室（党委办公室）	川庆劳发〔2020〕29号
6月5日	川东钻探公司	思想政治工作部	党群工作部	川庆劳发〔2020〕29号
6月5日	川东钻探公司	生产运行部	生产协调部	川庆劳发〔2020〕29号
6月5日	川东钻探公司	工程技术和质量标准部	工程技术部	川庆劳发〔2020〕29号

续表

时间	单位（部门）	更名前名称	更名后名称	文件号
6月5日	川东钻探公司	装备管理部	装备部	川庆劳发〔2020〕29号
6月5日	川东钻探公司	安全环保节能部	质量安全环保部	川庆劳发〔2020〕29号
6月5日	川东钻探公司	组织人事部	人事部（党委组织部）	川庆劳发〔2020〕29号
6月5日	川东钻探公司	劳动工资部	劳动工资部（中国石油川庆钻探技能人才评价工作站）	川庆劳发〔2020〕29号
6月5日	川东钻探公司	保卫部	维护稳定工作办公室（信访办公室、保卫部）	川庆劳发〔2020〕29号
6月5日	川东钻探公司	昭通页岩气项目经理部	川南项目经理部	川庆劳发〔2020〕29号
6月5日	川东钻探公司	页岩气项目经理部	川中项目经理部	川庆劳发〔2020〕29号
6月5日	川东钻探公司	磨高下川东项目经理部	下川东项目经理部	川庆劳发〔2020〕29号
6月5日	川西钻探公司	公司（党委）办公室	办公室（党委办公室）	川庆劳发〔2020〕30号
6月5日	川西钻探公司	人事部（组织部）	人事部（党委组织部）	川庆劳发〔2020〕30号
6月5日	川西钻探公司	生产运行部	生产协调部	川庆劳发〔2020〕30号
6月5日	川西钻探公司	职业技能鉴定站	中国石油川庆钻探技能人才评价工作站	川庆劳发〔2020〕30号
6月5日	川西钻探公司	维护稳定工作办公室	维护稳定工作办公室（信访办公室、保卫部）	川庆劳发〔2020〕30号
6月5日	川西钻探公司	物资采供办公室	物资采供仓储管理中心	川庆劳发〔2020〕30号
6月5日	川西钻探公司	综合管理站	综合事务保障服务中心	川庆劳发〔2020〕30号
6月5日	川西钻探公司	档案管理室	信息档案管理中心	川庆劳发〔2020〕30号
6月5日	川西钻探公司	反承包项目管理部	浅井钻井及钻机试油管理部	川庆劳发〔2020〕30号
6月5日	长庆钻井总公司	办公室	办公室（党委办公室）	川庆劳发〔2020〕31号
6月5日	长庆钻井总公司	工会办公室	工会	川庆劳发〔2020〕31号
6月5日	长庆钻井总公司	企业文化部（党委宣传部）	党群工作部（团委）	川庆劳发〔2020〕31号
6月5日	长庆钻井总公司	人事劳资部	人事劳资部（党委组织部）	川庆劳发〔2020〕31号
6月5日	长庆钻井总公司	生产运行部	生产协调部	川庆劳发〔2020〕31号
6月5日	长庆钻井总公司	市场开发与对外协调部	市场开发部	川庆劳发〔2020〕31号
6月5日	长庆钻井总公司	技术管理与发展部	工程技术部	川庆劳发〔2020〕31号
6月5日	长庆钻井总公司	技能鉴定站	中国石油川庆钻探技能人才评价工作站	川庆劳发〔2020〕31号
6月5日	长庆钻井总公司	综合事务管理中心	综合事务管理中心（保卫部）	川庆劳发〔2020〕31号
6月5日	长庆钻井总公司	定向井技术公司	钻井技术服务公司	川庆劳发〔2020〕31号
6月5日	新疆分公司	公司（党委）办公室	办公室（党委办公室）	川庆劳发〔2020〕32号
6月5日	新疆分公司	党群工作科	党群工作科（工会、团委）	川庆劳发〔2020〕32号
6月5日	新疆分公司	人事劳资科（组织部）	人事劳资科（党委组织部）	川庆劳发〔2020〕32号
6月5日	新疆分公司	生产运行科	生产协调科	川庆劳发〔2020〕32号

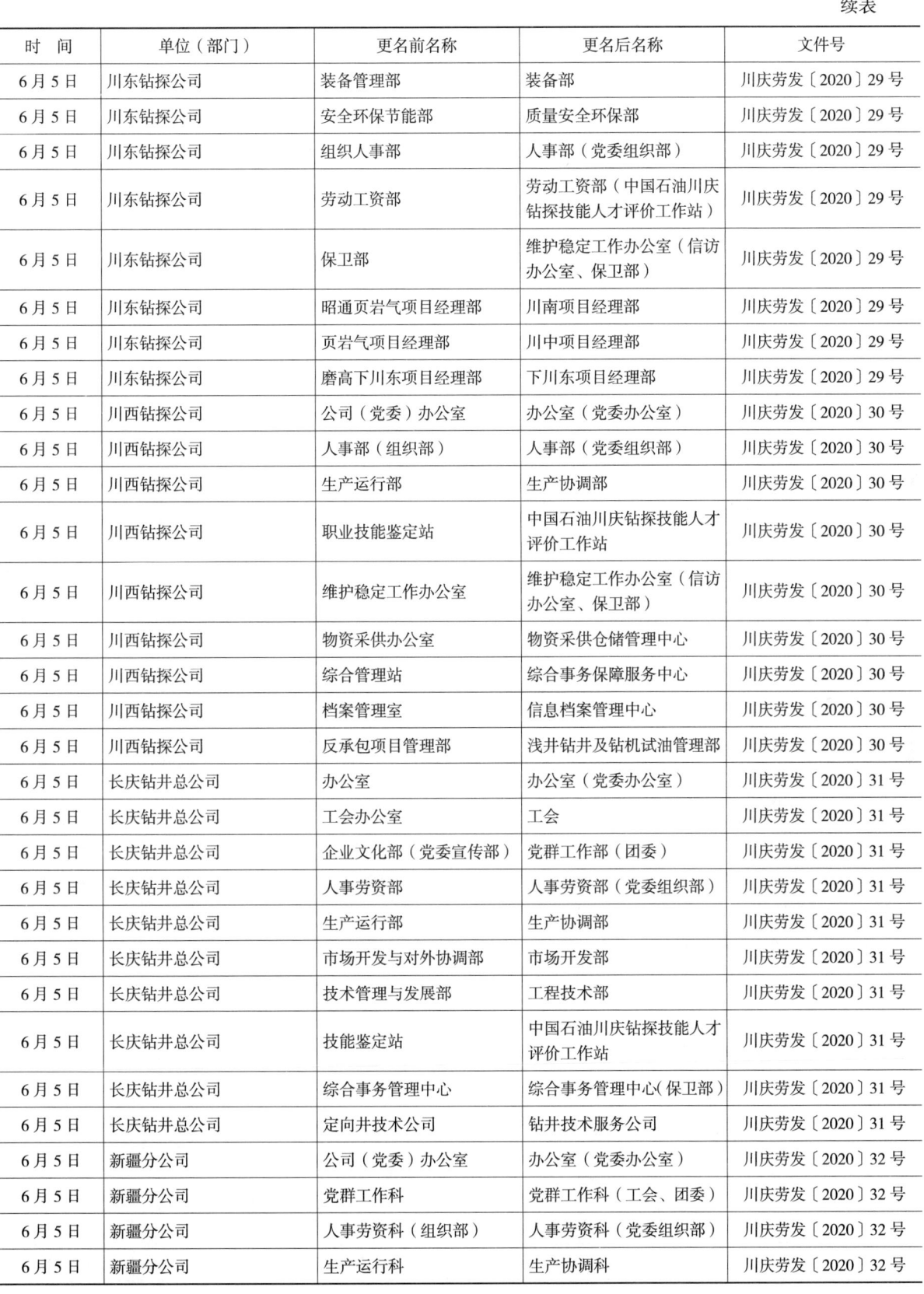

续表

时　　间	单位（部门）	更名前名称	更名后名称	文件号
6月5日	新疆分公司	教育培训中心	教育培训中心（中国石油川庆钻探技能人才评价工作站）	川庆劳发〔2020〕32号
6月5日	国际工程公司	公司办公室	办公室（党委办公室）	川庆劳发〔2020〕33号
6月5日	国际工程公司	生产运行部	生产协调部	川庆劳发〔2020〕33号
6月5日	国际工程公司	人力资源部	人力资源部（党委组织部）	川庆劳发〔2020〕33号
6月5日	国际工程公司	党群工作部	党群工作部（工会、团委）	川庆劳发〔2020〕33号
6月5日	苏里格项目经理部	综合办公室（人事劳资部、党委组织部）	综合办公室（党委办公室、人事劳资部、党委组织部、纪委办公室、工会）	川庆劳发〔2020〕34号
6月5日	苏里格项目经理部	开发技术部	工程技术部	川庆劳发〔2020〕34号
6月5日	井下作业公司	思想政治工作部	党群工作部（团委）	川庆劳发〔2020〕35号
6月5日	井下作业公司	工会办公室	工会	川庆劳发〔2020〕35号
6月5日	井下作业公司	公司（党委）办公室	办公室（党委办公室）	川庆劳发〔2020〕35号
6月5日	井下作业公司	组织人事部	人事部（党委组织部）	川庆劳发〔2020〕35号
6月5日	井下作业公司	档案馆（志办）	档案馆	川庆劳发〔2020〕35号
6月5日	井下作业公司	职业技能鉴定站	中国石油川庆钻探技能人才评价工作站	川庆劳发〔2020〕35号
6月5日	井下作业公司	定额造价站	工程造价中心	川庆劳发〔2020〕35号
6月5日	井下作业公司	物资采购管理办公室	采购办公室	川庆劳发〔2020〕35号
6月5日	井下作业公司	维稳信访内保综治办公室	维护稳定工作办公室（信访办公室、保卫部）	川庆劳发〔2020〕35号
6月5日	井下作业公司	华阳生产基地管理办公室	基地后勤管理中心	川庆劳发〔2020〕35号
6月5日	井下作业公司	页岩气项目经理部	非常规油气项目部	川庆劳发〔2020〕35号
6月5日	长庆井下技术作业公司	公司办公室（党委办公室）	办公室（党委办公室）	川庆劳发〔2020〕36号
6月5日	长庆井下技术作业公司	企业文化科	党群工作部（团委）	川庆劳发〔2020〕36号
6月5日	长庆井下技术作业公司	生产运行科	生产协调科	川庆劳发〔2020〕36号
6月5日	长庆井下技术作业公司	安全环保科	质量安全环保科	川庆劳发〔2020〕36号
6月5日	长庆井下技术作业公司	企管经营科	企管法规科	川庆劳发〔2020〕36号
6月5日	长庆井下技术作业公司	人事劳资（组织）科	人事劳资科（党委组织部）	川庆劳发〔2020〕36号
6月5日	长庆井下技术作业公司	工程科	工程技术科	川庆劳发〔2020〕36号
6月5日	长庆井下技术作业公司	器材库	物资管理中心	川庆劳发〔2020〕36号
6月5日	长庆井下技术作业公司	培训中心	培训中心（中国石油川庆钻探技能人才评价工作站）	川庆劳发〔2020〕36号
6月5日	长庆井下技术作业公司	工程定额造价中心	工程造价与财务结算中心	川庆劳发〔2020〕36号
6月5日	试修公司	人事劳资科	人事劳资科（党委组织部）	川庆劳发〔2020〕37号

续表

时间	单位（部门）	更名前名称	更名后名称	文件号
6月5日	试修公司	党群工作科	党群工作科（工会、团委）	川庆劳发〔2020〕37号
6月5日	长庆固井公司	党群工作科	党群工作科（工会、团委）	川庆劳发〔2020〕38号
6月5日	钻采工程技术研究院	院（党）办	办公室（党委办公室、维护稳定工作办公室、信访办公室）	川庆劳发〔2020〕39号
6月5日	钻采工程技术研究院	党群工作部	党群工作部（工会、团委）	川庆劳发〔2020〕39号
6月5日	钻采工程技术研究院	人事劳资部（组织部）	人事劳资部（党委组织部）	川庆劳发〔2020〕39号
6月5日	钻采工程技术研究院	生产协调与工程技术部	工程技术部	川庆劳发〔2020〕39号
6月5日	钻采工程技术研究院	科技管理部	科技管理部（国家工程实验室管理办公室、实验中心）	川庆劳发〔2020〕39号
6月5日	地质勘探开发研究院	院（党）办	办公室（党委办公室）	川庆劳发〔2020〕40号
6月5日	地质勘探开发研究院	党群工作部	党群工作部（工会、团委）	川庆劳发〔2020〕40号
6月5日	地质勘探开发研究院	人事劳资部	人事劳资部（党委组织部）	川庆劳发〔2020〕40号
6月5日	地质勘探开发研究院	财资部	财务计划资产部	川庆劳发〔2020〕40号
6月5日	地质勘探开发研究院	生产运行部	生产协调部	川庆劳发〔2020〕40号
6月5日	地质勘探开发研究院	质安部	质量安全环保部	川庆劳发〔2020〕40号
6月5日	地质勘探开发研究院	技能鉴定站	中国石油川庆钻探技能人才评价工作站	川庆劳发〔2020〕40号
6月5日	地质勘探开发研究院	物资办	物资采购办公室	川庆劳发〔2020〕40号
6月5日	地质勘探开发研究院	事务办公室	事务中心	川庆劳发〔2020〕40号
6月5日	安全环保质量监督检测研究院	院办公室	办公室（党委办公室）	川庆劳发〔2020〕41号
6月5日	安全环保质量监督检测研究院	企管经营部	企管经营部（内控与风险管理部）	川庆劳发〔2020〕41号
6月5日	安全环保质量监督检测研究院	党群工作部	党群工作部（工会、团委）	川庆劳发〔2020〕41号
6月5日	安全环保质量监督检测研究院	事务管理办公室	综合事务管理办公室	川庆劳发〔2020〕41号
6月5日	四川蜀渝石油建筑安装工程有限责任公司	公司（党委）办公室	办公室（党委办公室）	川庆劳发〔2020〕42号
6月5日	四川蜀渝石油建筑安装工程有限责任公司	人事劳资部（组织部）	人事劳资部（党委组织部）	川庆劳发〔2020〕42号
6月5日	四川蜀渝石油建筑安装工程有限责任公司	党群工作部	党群工作部（工会、团委）	川庆劳发〔2020〕42号
6月5日	四川蜀渝石油建筑安装工程有限责任公司	内控管理部	工程造价部	川庆劳发〔2020〕42号
6月5日	重庆运输总公司	公司办公室（党委）办公室	办公室（党委办公室）	川庆劳发〔2020〕43号
6月5日	重庆运输总公司	生产运行部	生产协调部	川庆劳发〔2020〕43号

续表

时间	单位（部门）	更名前名称	更名后名称	文件号
6月5日	重庆运输总公司	人事劳资部（组织部）	人事劳资部（党委组织部）	川庆劳发〔2020〕43号
6月5日	重庆运输总公司	党群工作部	党群工作部（工会、团委）	川庆劳发〔2020〕43号
6月5日	重庆运输总公司	维稳信访办	维护稳定工作办公室（信访办公室、保卫部）	川庆劳发〔2020〕43号
6月5日	重庆运输总公司	职业技能鉴定站	中国石油川庆钻探技能人才评价工作站	川庆劳发〔2020〕43号
6月5日	长庆石油工程监督公司	公司办公室（党委办公室）	办公室（党委办公室）	川庆劳发〔2020〕44号
6月5日	长庆石油工程监督公司	人事劳资科（组织科）	人事劳资科（党委组织部）	川庆劳发〔2020〕44号
6月5日	长庆石油工程监督公司	党群工作科	党群工作科（工会、团委）	川庆劳发〔2020〕44号
6月5日	钻井液技术服务公司	综合办（公司办、党委办）	办公室（党委办公室、工会、团委）	川庆劳发〔2020〕45号
6月5日	钻井液技术服务公司	青海项目部	成都管理部	川庆劳发〔2020〕45号
6月5日	页岩气勘探开发项目经理部	综合管理办公室（组织人事劳资部）	综合办公室（党委办公室、人事劳资部、党委组织部、纪委办公室、工会）	川庆劳发〔2020〕46号
6月5日	页岩气勘探开发项目经理部	市场与企管计划部	计划经营部	川庆劳发〔2020〕46号
6月5日	页岩气勘探开发项目经理部	生产运行部	生产协调部	川庆劳发〔2020〕46号
6月5日	页岩气勘探开发项目经理部	安全环保质量部	质量安全环保部	川庆劳发〔2020〕46号
6月5日	川庆钻探工程公司	酒店管理公司（成都天府阳光酒店）	酒店管理公司	川庆劳发〔2020〕48号
6月5日	酒店管理公司	综合办公室	总经理办公室（党委办公室）	川庆劳发〔2020〕48号
6月5日	酒店管理公司	安全工程部	质量安全环保部	川庆劳发〔2020〕48号
6月5日	酒店管理公司	人力资源部（组织部）	人力资源部（党委组织部）	川庆劳发〔2020〕48号
6月5日	酒店管理公司	党群工作部	党群工作部（纪委办公室、工会、团委）	川庆劳发〔2020〕48号
6月29日	川庆钻探工程公司	总经理办公室（党委办公室）	办公室（党委办公室）	川庆劳发〔2020〕52号
6月29日	川庆钻探工程公司	纪委办公室	纪委办公室（党委巡察工作领导小组办公室）	川庆劳发〔2020〕52号
6月29日	川庆钻探工程公司	机关党委（机关事务中心）	机关事务中心（机关党委）	川庆劳发〔2020〕52号
6月29日	川庆钻探工程公司	职业技能鉴定中心	中国石油川庆钻探技能人才评价中心	川庆劳发〔2020〕52号
6月29日	川庆钻探工程公司	新闻办公室	新闻中心	川庆劳发〔2020〕52号
6月29日	办公室（党委办公室）	值班室（信息科）	值班室	川庆劳发〔2020〕52号
6月29日	办公室（党委办公室）	行政事务科	秘书科	川庆劳发〔2020〕52号
6月29日	办公室（党委办公室）	档案管理科	档案科	川庆劳发〔2020〕52号

续表

时间	单位（部门）	更名前名称	更名后名称	文件号
6月29日	办公室（党委办公室）	政策研究室	政研室	川庆劳发〔2020〕52号
6月29日	对外合作和市场开发处（外事办公室、工程项目管理部）	海外社会安全和HSE管理办公室	海外社会安全科	川庆劳发〔2020〕52号
6月29日	对外合作和市场开发处（外事办公室、工程项目管理部）	项目技术管理科	项目管理科	川庆劳发〔2020〕52号
6月29日	对外合作和市场开发处（外事办公室、工程项目管理部）	项目商务管理科	国际合作科	川庆劳发〔2020〕52号
6月29日	生产协调处	生产运行科（生产值班室）	生产运行科	川庆劳发〔2020〕52号
6月29日	生产协调处	运输管理科	应急和运输科	川庆劳发〔2020〕52号
6月29日	生产协调处	应急管理科	生产信息科	川庆劳发〔2020〕52号
6月29日	生产协调处	钻前工程管理科	钻前工程科	川庆劳发〔2020〕52号
6月29日	人事处（党委组织部）	人才交流科	人才配置管理科	川庆劳发〔2020〕52号
6月29日	人事处（党委组织部）	人事信息科	监督与信息科	川庆劳发〔2020〕52号
6月29日	规划计划处	综合规划科	规划投资科	川庆劳发〔2020〕52号
6月29日	财务资产处	成本管理科	成本科	川庆劳发〔2020〕52号
6月29日	设备处	设备管理科	设备技术科	川庆劳发〔2020〕52号
6月29日	设备处	设备技术安全科	设备安全科	川庆劳发〔2020〕52号
6月29日	设备处	综合科	设备信息科	川庆劳发〔2020〕52号
6月29日	质量安全环保处	健康环保与节能科	环保节能科	川庆劳发〔2020〕52号
6月29日	质量安全环保处	交通安全科	安全技术科	川庆劳发〔2020〕52号
6月29日	质量安全环保处	消防管理科	交通消防与职业健康科	川庆劳发〔2020〕52号
6月29日	工程技术处（远程技术支持中心）	完井作业科	井下作业科	川庆劳发〔2020〕52号
6月29日	科技处	项目管理科	科技项目管理科	川庆劳发〔2020〕52号
6月29日	科技处	知识产权管理科	知识产权和实验室管理科	川庆劳发〔2020〕52号
6月29日	科技处	成果管理科（综合科）	科技成果管理科	川庆劳发〔2020〕52号
6月29日	纪委办公室（党委巡察工作领导小组办公室）	党风综合室	党风监督室	川庆劳发〔2020〕52号
6月29日	企业文化处（党委宣传部、团委）	企业文化科（统战科）	企业文化科	川庆劳发〔2020〕52号
6月29日	企业文化处（党委宣传部、团委）	宣传科（综合科）	宣传科（统战科）	川庆劳发〔2020〕52号
6月29日	企业文化处（党委宣传部、团委）	舆情管理科	舆情管理科（新闻办公室）	川庆劳发〔2020〕52号
6月29日	工会	权益保障科	权益保障科（女工部）	川庆劳发〔2020〕52号
6月29日	工会	经济科	劳动和经济科（经审办）	川庆劳发〔2020〕52号

续表

时间	单位（部门）	更名前名称	更名后名称	文件号
6月29日	机关事务中心（机关党委）	机关党委办公室（机关工会办公室）	机关党委办公室（工会办公室）	川庆劳发〔2020〕52号
6月29日	西安结算中心	关联交易科	关联交易科与内部价格科	川庆劳发〔2020〕52号
6月29日	物资管理部	设备采购科	物资采购科	川庆劳发〔2020〕52号
6月29日	物资管理部	材料采购科	供应商管理科	川庆劳发〔2020〕52号
6月29日	物资管理部	采购信息管理科（综合科）	采购信息管理科	川庆劳发〔2020〕52号
6月29日	信息管理部	信息安全与基础设施科	信息安全与基础设施管理科	川庆劳发〔2020〕52号
6月30日	培训中心	中心办公室（党委办公室）	办公室（党委办公室、纪委办公室、工会、团委）	川庆劳发〔2020〕53号
6月30日	培训中心	人事劳资科党委组织科	人事劳资科（党委组织部）	川庆劳发〔2020〕53号
6月30日	培训中心	安全环保科（维稳办公室）	安全环保科（维护稳定工作办公室、信访办公室）	川庆劳发〔2020〕53号
6月30日	培训中心	应急救援培训基地建设项目	应急救援培训中心	川庆劳发〔2020〕53号
6月30日	页岩气工程项目部	综合办公室	市场与党群工作部	川庆劳发〔2020〕54号
6月30日	页岩气工程项目部	质量安全环保和生产协调部（外包业务管理部）	安全环保和生产协调部	川庆劳发〔2020〕54号
6月30日	页岩气工程项目部	经营管理部	财务经营部	川庆劳发〔2020〕54号
6月30日	长庆指挥部	综合科	综合事务管理科	川庆劳发〔2020〕56号
6月30日	长庆指挥部	人事劳资科	劳资维稳科	川庆劳发〔2020〕56号
6月30日	长庆指挥部	文秘科	办公室	川庆劳发〔2020〕56号
6月30日	长庆指挥部	运力协调科	生产协调科	川庆劳发〔2020〕56号
6月30日	长庆指挥部	安全监督科	安全管理（监督）科	川庆劳发〔2020〕56号
6月30日	长庆指挥部	安全环保科	环保科	川庆劳发〔2020〕56号
11月10日	四川越盛实业开发总公司	综合管理部	办公室（党委办公室）	川庆劳发〔2020〕71号

领导机构及负责人名录

【行政】 2020年，川庆钻探工程公司行政领导人员名录见表4。

【党委】 2020年，中共川庆钻探工程公司委员会领导人员名录见表5。

【纪委】 2020年，中共川庆钻探工程公司纪律检查委员会领导人员名录见表6。

【工会】 2020年，川庆钻探工程公司工会委员会领导人员名录见表7。

（王静丽　杨辉煌　向英）

表4 2020年川庆钻探工程公司行政领导人员名录

序号	职务	姓名	备注
1	总经理	李爱民（12月19日前） 王治平（12月19日后）	
2	副总经理	王治平（正局级,常务副总经理,12月19日前） 伍贤柱 金学智 周丰（8月4日前） 李雪岗（8月4日后） 唐晓明（8月4日后）	伍贤柱（集团公司井控抢险首席专家,8月4日后）
3	安全总监	王治平（8月4日前） 唐晓明（8月4日后）	
4	总工程师	伍贤柱（8月4日前） 谭宾（8月4日后）	
5	纪委书记	沈双平	
6	总会计师	何强	
7	总经理助理	吴述普（10月22日前） 李顺平 李雪岗（4月9日后,8月4日前） 曾翀（4月9日后）	
8	安全副总监	王多金（3月18日前）	
9	副总工程师	陆灯云（10月22日前） 岳砚华（3月18日前） 王多金（3月18日前） 谭宾（4月9日后,8月4日前） 王鹏（挂职锻炼,11月9日后）	
10	总法律顾问	朱春荣	

表5 2020年中共川庆钻探工程公司委员会领导人员名录

序号	职务	姓名
1	书记	李爱民
2	副书记	徐发龙 王治平（12月19日后）
3	委员	李爱民 王治平 伍贤柱 沈双平 徐发龙 金学智 周丰（8月4日前） 何强 李雪岗（8月4日后） 谭宾（8月4日后） 唐晓明（8月4日后）

表6 2020年中共川庆钻探工程公司纪律检查委员会领导人员名录

序号	职务	姓名
1	书记	沈双平
2	副书记	谭林波
3	委员	沈双平 谭林波 曾翀 李林 蔡激扬 徐志勇 张晨 杨帅 刘利军

表7 2020年川庆钻探工程公司工会委员会领导人员名录

序号	职务	姓名
1	主席	徐发龙
2	副主席	香军 陈帅 杨健
3	委员	马佳 邓平 朱书 向英（女） 李明 李永弘 李朝仪 杨健（机关） 杨健（地研院） 杨舜尧 何允 陈帅（女） 陈倩 陈建福 陈晓彬 罗强 周仕 赵茂 胡影 香军 贺绍强 秦刚 徐发龙 高世富 董礼 董剑南 曾剑 曾翀 雷震

机关及所属单位领导人员名录

【机关部门及直附属单位领导人员名录】 2020年，川庆钻探工程公司机关部门及直附属单位领导人员名录见表8。

【二级单位领导人员名录】 2020年，川庆钻探工程公司二级单位领导人员名录见表9。

（王静丽）

表8　2020年川庆钻探工程公司机关部门及直附属单位领导人员名录

序号	处室	职务	领导
1	办公室（党委办公室）	主任	卢尚勇
		副主任	刘思冬　徐迪（4月9日前）　兰宇（4月9日后）
2	对外合作和市场开发处（外事办公室、工程项目管理部）	处长	李官华
		副处长	勾建（正处级）　侯新荣　吴俊（7月13日后）
3	生产协调处	处长	谭宾（4月9日前）　万永生（4月9日后）
		副处长	韩建禹（正处级，2月18日前）　徐英　王海平　杨华斌　王建章（4月9日后）
4	人事处（党委组织部）	处长（部长）	曾翀
		副处长（副部长）	王涛　胡志
		党委副处级组织员	曾世洪
5	劳动工资处	处长	董剑南
		副处长	傅红村　曹中渝　杜东
6	规划计划处	处长	蒋国平
		副处长	刘恒刊　宋庆波
7	财务资产处	处长	高世富
		副处长	蒋光斌（4月9日前）　吴茜　曹晓丽　谢钊（4月9日后）
8	设备处	处长	张增年
		副处长	孟军　雒建胜（4月9日前）　刘东方　张洪（4月9日后）
9	质量安全环保处	处长	刘石
		副处长	赵维斌（10月22日前）　陈晓超（4月9日前）　杨厚天
10	工程技术处（远程技术支持中心）	处长	晏凌（4月9日前）　谭宾（4月9日后，8月4日前）　付强（10月22日后）
		副处长	陈怀高（正处级）　王勇（10月22日前）　干建华（10月22日前）　邓乐（10月22日前）　曾静（4月9日前）　薛让平（7月13日后）　胡军（7月13日后）　王德康（10月22日后）
11	科技处	处长	谢永竹
		副处长	陈作（7月13日前）　徐文　谢意（7月13日后）

续表

序号	处室	职务	领导
12	审计处	处长	李林
		副处长	罗世清
13	企管法规处（内控与风险管理处）	处长	蔡激扬
		副处长	袁诚（正处级，4月9日前） 陈建福 张伟（10月22日前） 王虎全 傅剑（7月13日后） 潘登（10月22日后）
14	纪委办公室（党委巡察工作领导小组办公室）	纪委副书记	谭林波
		纪委办公室主任	谭林波
		纪委办公室副主任	徐志勇（正处级） 张晨 杨帅 刘利军
		党委巡察工作领导小组办公室主任	徐志勇（兼） 曾世洪（兼）
		党委巡察工作领导小组办公室副主任	杨运杰（副处级）
15	党委宣传部（企业文化处、团委）	处长	侯斌
		副处长	邱开烈 陈军
		团委副书记	胡雪姣
16	工会	工会主席	徐发龙
		工会副主席	香军 陈帅（副处级） 杨健（副处级）
机关直属			
1	物资管理部	主任	冉金成
		副主任	陈郸（正处级，4月9日前） 杨铃 范旭潮 徐迪（4月9日后）
2	信息管理部	主任	李志荣
		副主任	王鳕 江涛
3	维护稳定工作办公室（信访办公室、保卫处）	主任	朱延民（4月9日前） 黄宁（4月9日后）
		副主任	黄宁（4月9日前） 李建伟（7月13日后）
4	油气事业部	主任	姚声贤（10月22日前） 欧阳诚（10月22日后）
		副主任	唐廷明（正处级，10月22日前） 戴勇 徐继东（10月22日后）
5	工程造价中心	主任	李银
		副主任	包小红 刘电辉
机关附属			
1	机关事务中心（机关党委）	主任	曾剑（正处级）
		副主任	习延红（副处级） 徐迪（副处级，4月9日前） 兰宇（副处级，4月9日后）

续表

序号	处室	职务	领导
1	机关事务中心（机关党委）	机关党委常务副书记	曾 剑
		机关工会主席	曾 剑
2	职称改革办公室	主 任	曾 翀（兼，4月9日前） 王 涛（兼，4月9日后）
3	中国石油川庆钻探技能人才评价中心	主 任	傅红村（兼）
4	成都结算中心	主 任	吴 茜（兼，4月9日前） 谢 钊（兼，4月9日后）
5	西安结算中心	主 任	刘新建（正处级，4月9日前） 王利军（4月9日后）
6	安全监督中心	主 任	周 浩
7	井控管理中心	主 任	王 勇（兼）
8	新闻中心	主 任	陈 军（兼）
9	生产科研基地建设管理部	经理、党支部副书记	戴正海
		党支部书记、副经理	王 丹（10月22日前）
		党支部书记	戴正海（10月22日后）
		副经理	廖绪彬 袁坤德 张同建（4月9日后）
10	公司党委巡察组	巡察副专员	杨勇军（副处级） 何 卫（副处级）

表9 2020年川庆钻探工程公司二级单位领导人员名录

序号	单位名称	行政正职	党委书记	副书记	行政副职	安全总监	总工程师	总地质师	总会计师	纪委书记	工会主席
1	长庆指挥部	周 丰（指挥，8月4日前）	李守泉（党总支书记，10月22日前）	张明力（党总支副书记）	李晓明(常务副指挥,10月22日前)						
					孙 虎(常务副指挥,10月22日后)						
					李功玉（副指挥、正处级，7月13日前）						
					张明力（副指挥、正处级）						
					彭国荣（副指挥、正处级，7月13日前）						
		李雪岗（指挥，10月22日后）	孙 虎（党总支书记，10月22日后）	李晓明（党总支副书记，10月22日前）	雷 桐（副指挥、正处级，7月13日前）						
					刘新建（副指挥、正处级）						
					李红瑞（副指挥、正处级）						
					杨小平（副指挥、正处级）						
					李守泉（副指挥、正处级，10月22日前）						

续表

序号	单位名称	行政正职	党委书记	副书记	行政副职	安全总监	总工程师	总地质师	总会计师	纪委书记	工会主席
2	川东钻探公司	谢祥锋	吴宗国（7月13日前） 朱占林（7月13日后）	谢祥锋 赵 茂（7月13日前） 何兴卫（7月13日后）	吴宗国（7月13日前） 朱占林（7月13日前） 赵思军（7月13日前） 谯抗逆（10月22日前） 花仁敬（2月18日前） 古光平 巫道富 钟 辉 陈 鹏 刘 昕（7月13日后） 张林平（7月13日后）	谯抗逆（10月22日前）	巫道富		刘民川	赵 茂（7月13日前） 何兴卫（7月13日后）	赵 茂（7月13日前） 何兴卫（7月13日后）
3	川西钻探公司	唐晓明（8月4日前） 罗 鑫（10月22日后）	易 军（10月22日前） 胡 影（10月22日后）	唐晓明（8月4日前） 胡 影（10月22日前） 罗 鑫（10月22日后） 何 允（10月22日后）	易 军（10月22日前） 陈 平 王东林（2月18日前） 袁 卓（7月13日前） 甘升平（7月13日前） 陶思才（10月22日前） 叶 峰（10月22日前） 徐 杨（10月22日前） 薛清恩 王明华 董钟骏（7月13日后） 湛 峰（10月22日后）	王东林（2月18日前） 徐 杨（2月18日后，10月22日前） 湛 峰（10月22日后）	甘升平（7月13日前）		任首书	董钟骏（7月13日后）	胡 影（10月22日前） 何 允（10月22日后）	胡 影（10月22日前） 何 允（10月22日后）

续表

序号	单位名称	行政正职	党委书记	副书记	行政副职	安全总监	总工程师	总地质师	总会计师	纪委书记	工会主席
	长庆钻井总公司	李雪岗（8月4日前） 张汉信（10月22日后）	吕凤军	李雪岗（8月4日前）	吕凤军	徐非凡	张建卿（10月22日前） 薛让平（7月13日前）		杜玉明	陈倩（10月22日前） 李永泓（10月22日后）	陈倩（10月22日前） 李永泓（10月22日后）
					杜玉明（正处级，常务副总经理）						
					郁贵田（10月22日前）						
				陈倩（10月22日前）	徐非凡						
					李勇						
					薛让平（7月13日前）						
				张汉信（10月22日后）	王运功						
					范玉岳						
					倪华峰						
				李永泓（10月22日后）	王学枫						
					王均良（10月22日前）						
					杨集华						
	长庆钻总管具公司	何文涛（副处级）									
4	第一工程项目部	王浩（经理，副处级，7月13日后）	王浩（7月13日后）								
	第二工程项目部	石仲元（经理，副处级，7月13日后）	石仲元（7月13日后）								
	第三工程项目部	贺会锋（经理，副处级，7月13日后）	贺会锋（7月13日后）								
	第四工程项目部	杨勇平（经理，副处级，7月13日后）	杨勇平（7月13日后）								
	第五工程项目部	周荣海（经理，副处级，7月13日后）	周荣海（7月13日后）								

续表

序号	单位名称	行政正职	党委书记	副书记	行政副职	安全总监	总工程师	总地质师	总会计师	纪委书记	工会主席
5	新疆分公司	李顺平	张顺敏	李顺平	张顺敏	杨 坤（7月13日前）张 剑（7月13日后）			姜自平	张劲松	张劲松
					徐 杨（常务副总经理，10月22日后）						
					吴 俊（7月13日前）						
				张劲松	买买提吐尔逊·塔里甫						
					聂福贵						
					骆 进（7月13日前）						
				张晓曦（7月13日后）	熊明勇					张晓曦（7月13日后）	张晓曦（7月13日后）
					杨 坤（7月13日前）						
					陶 云						
					张 剑（7月13日后）						
					喻可彬（7月13日后）						
6	国际工程公司	周崇志	郑 重	周崇志	郑 重	滕华信				王立军（4月9日前）	周 仕（4月9日前）	周 仕（4月9日前）
					林 平（正处级，常务副总经理）						
				周 仕（正处级，4月9日前）	张岳荣（正处级）						
					许期聪（正处级，10月22日前）						
					姚资国						
				朱 书（4月9日后）	李 宁					陈晓辉（10月22日后）	朱 书（4月9日后）	朱 书（4月9日后）
					王立军（4月9日前）						
					马正山						
					滕华信						
	厄瓜多尔分公司	张岳荣			张 雄	喻向阳				刘巨军		
					刘巨军						
					喻向阳						
					宁小军						
	巴基斯坦分公司	许期聪（10月22日前）刘晓明（代，10月22日后）			李进塘	李进塘				赵超军（10月22日后）		
					李明胜						
					刘晓明（10月22日前）						
					张利军						
					丁振龙（10月22日后）						

续表

序号	单位名称	行政正职	党委书记	副书记	行政副职	安全总监	总工程师	总地质师	总会计师	纪委书记	工会主席
	土库曼斯坦分公司	郑重	郑重（临时党委书记）		万永生（正处级，常务副总经理，2月18日前）	徐先觉	万永生		李宁	郑重（临时纪委书记）	
					陈觉						
					曾静						
					徐先觉						
7	阿富汗分公司				李明胜	李明胜					
	中东分公司	杨林（副处级，4月9日前）									
		颜玉川（4月9日后）									
8	苏里格项目经理部	何怀银	吴汉平	何怀银	吴汉平	姚立新			刘力（4月9日前）	雷震	雷震
					袁光荣						
					张强						
					姚立新						
				雷震	李现东				李代保（4月9日后）		
					吴永春						
					梅安鑫（7月13日后）						
9	井下作业公司	钱斌（10月22日前）	马思平（10月22日前）	钱斌（10月22日前）	马思平（10月22日前）	刘伟（10月22日前）			刘力（4月9日后）	李朝仪	李朝仪
					黎宗琪						
					冯彬						
				李朝仪	刘伟（10月22日前）						
					管彬						
					黄伟						
		马思平（10月22日后）	刘伟（10月22日后）	马思平（10月22日后）	余才焌	尹丛彬（10月22日后）					
					方泽本（4月9日后）						
					尹丛彬（10月22日后）						

续表

序号	单位名称	行政正职	党委书记	副书记	行政副职	安全总监	总工程师	总地质师	总会计师	纪委书记	工会主席
10	长庆井下技术公司	孙 虎（10月22日前） 樊兴安（10月22日后）	刘贵喜	孙 虎（10月22日前） 李 明 樊兴安（10月22日后）	刘贵喜 李文涛 张纯民 刘润才 王文武 樊兴安（10月22日前） 张宏忠 李维堂（7月13日前） 杜 龙（7月13日后） 都清旺（10月22日后）	王文武（7月13日前） 杜 龙（7月13日后）			王 勇	李 明	李 明
11	试修公司	万永生（代，2月18日后，4月9日前） 王东林（4月9日后）	韩建禹（2月18日后） 王东林（4月9日后） 唐晓兵（4月9日后）	万永生（代，2月18日后，4月9日前） 王东林（4月9日后） 唐晓兵（4月9日后）	王东林（2月18日后，4月9日前） 花仁敬（2月18日后） 张明友（2月18日后） 周俊红（7月13日后） 徐茂荣（7月13日后）	王东林（2月18日后，7月13日前） 周俊红（7月13日后）			徐 辉（2月18日后）	唐晓兵（4月9日后）	唐晓兵（4月9日后）
12	长庆固井公司	张汉信（10月22日前） 袁 卓（10月22日后）	陈秉伟（7月13日前） 袁 卓（7月13日后，10月22日前） 王汝宇（10月22日后）	张汉信（10月22日前） 李永泓（10月22日前） 袁 卓（10月22日后） 宝 靖（10月22日后）	陈秉伟（7月13日前） 常占宪 贾 芝（10月22日前） 孙继军 王汝宇 吕超宏 袁 卓（7月13日后，10月22日前） 吴 阳（10月22日后）	孙继军			王 燕	李永泓（10月22日前） 宝 靖（10月22日后）	李永泓（10月22日前） 宝 靖（10月22日后）

续表

序号	单位名称	行政正职	党委书记	副书记	行政副职	安全总监	总工程师	总地质师	总会计师	纪委书记	工会主席
13	钻采工程技术研究院	陆灯云（兼，10月22日前）许期聪（10月22日后）	王长宁（10月22日前）陈倩（10月22日后）	陆灯云（兼）陈晓彬（7月13日前）罗强（7月13日后）许期聪（10月22日后）	王长宁（10月22日前）陈倩（10月22日后）韩烈祥（7月13日前）王参书 魏武（7月13日前）陈在君 陈平 张明友（2月18日前）杨斌 白璟 罗园（7月13日后）许朝阳（7月13日后）	魏武（7月13日前）罗园（7月13日后，12月2日前）杨斌（12月2日后）	韦海防		王大林（4月9日前）李瑜莉（4月9日后）	陈晓彬（7月13日前）罗强（7月13日后）	陈晓彬（7月13日前）罗强（7月13日后）
14	地质勘探开发研究院	李香华	唐建侯	李香华 杨健（7月13日前）唐建侯 胡志宏（7月13日后）	唐建侯 王安平（正处级，常务副院长，7月13日前）吴大奎（7月13日前）欧阳诚（10月22日前）李立 陈华林 邓月锐 罗谋兵（7月13日后）吴泽柏（10月22日后）文涛（10月22日后）	李立		王维斌（7月13日前）	周瑞华	杨健（7月13日前）胡志宏（7月13日后）	杨健（7月13日前）胡志宏（7月13日后）

续表

序号	单位名称	行政正职	党委书记	副书记	行政副职	安全总监	总工程师	总地质师	总会计师	纪委书记	工会主席
15	安全环保质量监督检测研究院	张志东	张祥来（7月13日前） 陈晓彬（7月13日后）	张志东 董礼	张祥来(7月13日前) 陈晓彬(7月13日后) 宋振生（正处级） 彭远春（10月22日前） 喻建胜 邓勇刚(7月13日后)	彭远春（10月22日前）	张祥来（7月13日前）		徐辉（2月18日前） 范勇（4月9日后）	董礼	董礼
16	四川蜀渝石油建筑安装工程有限公司	杨志	罗勇	杨志 何允（10月22日前） 梁波（10月22日后）	罗勇 王遂泸 郑强 龙波明 陈小兵 李川江(7月13日后)	王遂泸	陈小兵		刘万家	何允（10月22日前） 梁波（10月22日后）	何允（10月22日前） 梁波（10月22日后）
17	重庆运输总公司	熊光明（2月18日前） 巫波（2月18日后）	巫波（4月9日前） 陈晓超（4月9日后）	熊光明（2月18日日前） 贺绍强 巫波（4月9日后）	巫波 陈晓超(4月9日前) 张同建(4月9日前) 范渝 何世全 伍兵 李平(7月13日后)	伍兵			谢钊（4月9日前） 贺庆（4月9日后）	贺绍强	贺绍强
18	长庆石油工程监督公司	苏金柱	刘文祥	苏金柱 马佳	刘文祥 李志昌(7月13日前) 文化武 张锁辉 杨雄 杨波(7月13日后)		张锁辉		梁仲钰	马佳	马佳

续表

序号	单位名称	行政正职	党委书记	副书记	行政副职	安全总监	总工程师	总地质师	总会计师	纪委书记	工会主席
19	钻井液技术服务公司	覃勇（4月9日前）／冉启华（4月9日后）	黄春	覃勇（4月9日前）／邓平／冉启华（4月9日后）	黄春／马光长／张坤／何涛	马光长			黄先路	邓平	邓平
20	页岩气勘探开发项目经理部	张庆	冉启华（4月9日前）／袁诚（4月9日后）	张庆／秦刚	冉启华（4月9日前）／袁诚（4月9日后）／陶建林／李荣／沈建国／刘子平／徐继东（10月22日前）	陶建林			王大林（4月9日后）	秦刚	秦刚
21	页岩气工程项目部	付强（经理，10月22日前）／干建华（经理，10月22日后）	付强（党支部书记，10月22日前）／干建华（党支部书记，10月22日后）		童启华（副经理）／罗鑫（副经理，10月22日前）／方泽本（副经理，4月9日前）／余勇（副经理，10月22日后）／袁华（副经理，10月22日后）／王军（副经理，10月22日后）						
22	四川越盛实业开发总公司	徐骞（2月18日前）／熊光明（2月18日后）	徐骞（2月18日前）／熊光明（2月18日后）		温科宙／赵志越／田华／赵勇（7月13日后）／李建忠（10月22日后）／李明（10月22日后）	赵志越			曾劲		

续表

序号	单位名称	行政正职	党委书记	副书记	行政副职	安全总监	总工程师	总地质师	总会计师	纪委书记	工会主席
23	纪检审计中心	李林（主任，4月9日前）蒋光斌（主任，4月9日后）	徐志勇（党总支书记）蒋光斌（党总支书记）	李林（党总支副书记，4月9日前）徐志勇（党总支副书记，4月9日后）	徐志勇（副主任，正处级）聂小明（副主任）周文龙（副主任）王争（副主任，4月9日后）						
24	培训中心（四川石油学校）	钟瑛	陈开明	钟瑛 杨舜尧	陈开明 孙利 植军 王勇	孙利			杨林（4月9日后）	杨舜尧	杨舜尧
	川庆公司党校	徐发龙（校长）			钟瑛（副校长）陈开明（副校长）						
25	酒店管理公司	赵彩虹	赵彩虹	朱书（4月9日前）丁进（4月9日后）	胡俊德（正处级）齐智陵（10月22日前）李洪刚（10月22日后）	齐智陵（10月22日前）李洪刚（10月22日后）			张宁	朱书（4月9日前）丁进（4月9日后）	朱书（4月9日前）丁进（4月9日后）
	中国石油海外天然气技术中心	欧阳诚（主任，7月13日后，10月22日前）			王维斌（副主任，7月13日前）欧阳诚（副主任，7月13日前）						
	中国石油井控装置质量检验中心	张祥来（主任，7月13日前）喻建胜（主任，7月13日后）									
	四川油气井灭火公司	罗园（经理，10月22日后）									

技术专家及高级专业技术人员名录

【享受国务院特殊津贴专家名录】
伍贤柱　钱　斌　姚声贤　任兴国
刘国良　韩烈祥

【技术专家名录】 2020年，川庆钻探工程公司技术专家97人（见表10）。

表10　2020年川庆钻探工程公司技术专家名录

级别	工作单位（部门）	姓名	专业
企业首席技术专家	地研院	陈军强	物探
	钻采院	岳砚华	钻井
	钻采院	王多金	钻井
	钻采院	晏　凌	钻井
	钻采院	高自力	钻井
	钻采院	刘顶运	钻井
	钻采院	陆灯云	油气田开发
	钻采院	李晓明	钻井
	井下作业公司	钱　斌	油气田开发
企业技术专家	川东钻探公司	郑述权	钻井
	川东钻探公司	谯抗逆	钻井
	川西钻探公司	李洪兴	钻井
	川西钻探公司	陶思才	钻井
	长庆钻井总公司	王均良	钻井
	长庆钻井总公司	张建卿	钻井
	长庆钻井总公司	王万庆	钻井
	长庆固井公司	贾　芝	钻井
	钻采院	王长宁	钻井
	钻采院	韩烈祥	钻井
	钻采院	贺秋云	钻井
	钻井液公司	周华安	钻井
	川西钻探公司	胡卫东	钻井
	川西钻探公司	王　勇	钻井
	井下作业公司	陈　敏	钻井
	国际工程公司	李晓阳	钻井
	井下作业公司	石孝志	油气田开发
	长庆井下技术作业公司	王祖文	油气田开发

续表

级别	工作单位（部门）	姓名	专业
企业技术专家	长庆井下技术作业公司	张冕	油气田开发
	钻采院	宋振云	油气田开发
	试修公司	邓乐	油气田开发
	地研院	吴大奎	物探
	地研院	任兴国	测井
	长庆钻井总公司	宋顺平	机械
	长庆井下技术作业公司	白明伟	机械
	安检院	彭远春	安全环保
	长庆监督公司	刘建平	安全环保
	安检院	赵维斌	安全环保
	蜀渝公司	欧海湖	地面建设与油气储运
	长庆钻井总公司	刘胜娃	信息工程
	钻采院	钱浩东	信息工程
一级工程师	川东钻探公司	刘德平	钻井
	川东钻探公司	王华平	钻井
	川东钻探公司	周永建	钻井
	川西钻探公司	贺立勤	钻井
	川西钻探公司	刘春林	钻井
	长庆钻井总公司	马喜	钻井
	长庆钻井总公司	张延兵	钻井
	新疆分公司	孙俊	钻井
	新疆分公司	莫光文	钻井
	国际工程公司	王成学	钻井
	国际工程公司	吉永忠	钻井
	国际工程公司	贺彬	钻井
	井下作业公司	刘运楼	钻井
	试修公司	贾海	油气田开发
	长庆固井公司	魏周胜	钻井
	长庆固井公司	周兴春	钻井
	钻采院	张建斌	钻井
	钻采院	邓祥华	钻井
	钻采院	王文斌	钻井
	钻采院	陈俊斌	钻井
	钻采院	胡超	钻井

续表

级别	工作单位（部门）	姓名	专业
一级工程师	钻采院	魏 强	钻井
	钻采院	庞东晓	钻井
	钻井液公司	李茂森	钻井
	钻井液公司	黄 平	钻井
	钻井液公司	杨兰平	钻井
	页岩气项目经理部	饶晓东	钻井
	越盛公司	姚先荣	钻井
	培训中心	杨开雄	钻井
	培训中心	李 强	钻井
	井下作业公司	张道鹏	油气田开发
	井下作业公司	潘正富	油气田开发
	井下作业公司	朱炬辉	油气田开发
	长庆井下技术作业公司	刘国良	油气田开发
	长庆井下技术作业公司	兰建平	油气田开发
	试修公司	潘 登	油气田开发
	试修公司	付建华	油气田开发
	钻采院	李 勇	油气田开发
	钻采院	刘 彬	机械
	地研院	王自明	油气田开发
	地研院	何 健	油气田开发
	地研院	余 佳	油气田开发
	页岩气工程项目部	张 剑	油气田开发
	试修公司	张 平	钻井
	地研院	唐家琼	地质勘探
	地研院	李洪玺	地质勘探
	地研院	陈 果	地质勘探
	地研院	欧阳明华	物探
	川西钻探公司	罗 辉	机械
	长庆井下技术作业公司	苏敏文	机械
	钻采院	刘 彬	机械
	钻采院	李前春	机械
	新疆分公司	陈 亮	安全环保
	安检院	万 夫	机械
	安检院	陈立云	安全环保
	蜀渝公司	谭树成	地面建设和油气储运
	钻采院	张治发	信息工程

【高级专业技术人员名录】 2020年，川庆钻探工程公司有151人晋升为高级专业技术职务任职资格（川庆职改发〔2020〕1号、2号），高级工程师、高级经济师、高级会计师、高级政工师任职资格资历时间从2019年12月30日起开始计算。

高级工程师（112人）：
长庆指挥部：陈鹏生
川东钻探公司：陈　涛　景　洋　黄　伟
　　　　　　刘衍琴　戴　军　陈尚凤
　　　　　　陈礼斌
川西钻探公司：姚　宇　刘　瑜　杨纯立
　　　　　　雍　欣　何建春　王五一
　　　　　　余庆明　肖　波
长庆钻井总公司：吴生红　代长灵　周　朏
　　　　　　李　皓　屈艳平　侯　博
　　　　　　陈永生　贺　航　陈秉库
　　　　　　李　强　谭学斌　熊义军
　　　　　　刘　杰　王　佳　康芳玲
　　　　　　靳　宇
新疆分公司：秦　军　陈　仁　杨松智
国际工程公司：王喜松　陈　华　赵长春
　　　　　　王赖民
苏里格项目经理部：张　强　黄文明
井下作业公司：鲜　明　刘　洋　范伟华
　　　　　　余　鑫　刘华治　鲍　晋
　　　　　　杨　海　罗宇灿　吴安林
　　　　　　肖　勇　石　磊
长庆井下公司：杨博丽　高　燕　高红平
　　　　　　宁治军　张学成　李大维
　　　　　　李景彬　陈　雄　李启新
长庆固井公司：边靖生
钻采院：刘克强　郑玉辉　连太炜　董仕明
　　　　李　巍　梁宏伟　袁志平　江迎军
　　　　崔贵涛　彭元超　张东旭　陈大祺
　　　　武自博　罗　园　孙　莉　文　果

王　坤　吴增智　权银虎　陈科旭
温　馨
地研院：程　亮　辛　军　唐　谢　王玉根
　　　　汪　娟　赵　磊　王舒迟
安检院：喻　婷　曾　钟　陈绍伟　秦　柳
　　　　何天鹏　易建生
蜀渝公司：钟仕林　贾　虎　何学渊
　　　　　李　勇
重庆运输总公司：伍　兵
钻井液公司：谢显涛　梁　益　葛　炼
　　　　　胡　静
页岩气发项目经理部：冯　强　任晓海
培训中心：王茂林
机关：熊寿辉　李　韬　梁泰崧　彭　锌

高级经济师（14人）：
长庆指挥部：孔令骞
川东钻探公司：莫晓玲
长庆钻井总公司：饶明霞　赵建义　张新华
长庆井下公司：张纯民
长庆固井公司：涂　蓉
蜀渝公司：王　梅
页岩气项目经理部：都　磊
机关：张远莉　曹　兵　董晓英　谷重山
　　　李　东

高级会计师（8人）：
川东钻探公司：冯　凌
长庆钻井总公司：李良华
新疆分公司：姜自平
国际工程公司：冯　静　王　玲
钻采院：张　磊
地研院：周瑞华
机关：王　勇

高级政工师（17人）：
川东钻探公司：喻洪兵
川西钻探公司：罗晓泉　曾保军

长庆钻井总公司：郑晓婷　杨正明

新疆分公司：刘玉学

国际工程公司：李　敏

井下作业公司：梁多庆

长庆井下公司：楚远军　梁庆余

钻采院：牟启万

地研院：祝林权

重庆运输总公司：黄　能

培训中心：杜　云

机关：陈　斌　刘小军　潘江虹

（王静丽）

技能专家及高级技能人员名录

【集团公司技能专家】 2020年，川庆钻探工程公司在聘期内的集团公司技能专家有18人（表11）。

【公司技能专家】 2020年，在聘期内的川庆钻探工程公司技能专家36人（表12）。

【公司高级技师】 2020年，川庆钻探工程公司取得高级技师资格10人（表13）。

表11　川庆钻探工程公司获聘集团公司技能专家名录

单位	姓名	工种
川东钻探公司	张　杰	石油钻井工
川西钻探公司	张　勇	石油钻井工
	闵光平	石油钻井工
长庆钻井总公司	李　缨	石油钻井工
	王亚红	钻井柴油机工
	朱亚峰	钻井柴油机工
井下作业公司	方福君	井下作业工
川庆长庆井下技术公司	田　军	井下作业工
	王国锋	井下作业工
钻采院	刘贵义	石油钻井工
	黄述春	石油钻井工
	李　刚	钻井柴油机工
	高　强	钻井液工
试修公司	邵友勤	地层测试工
钻井液公司	唐润平	钻井液工
地研院	汪　敏	采气测试工
	许绍俊	仪表维修工
	郑　永	仪表维修工

表12 2020年川庆钻探工程公司技能专家名录

单 位	姓 名	工 种	技能等级
川东钻探公司	冉 鹏	电工	高级技师
	伍建勇	石油钻井工	高级技师
	冯志军	石油钻井工	高级技师
	谢昌斌	钻井柴油机工	高级技师
	潘亚松	电工	高级技师
	熊 刚	电工	高级技师
	杨 成	钻井柴油机工	高级技师
川西钻探公司	白洪书	石油钻井工	高级技师
	赵文东	石油钻井工	高级技师
	谢帮强	石油钻井工	高级技师
	张亚萍	石油钻井工	高级技师
	谭阳兵	石油钻井工	高级技师
	聂 高	石油钻井工	高级技师
	刘 强	钻井柴油机工	高级技师
	苏 伟	钻井柴油机工	高级技师
	任 涛	钻井柴油机工	高级技师
长庆钻井总公司	袁小云	石油钻井工	高级技师
	巨国庆	石油钻井工	高级技师
	黄东平	钻井柴油机工	高级技师
	郭宝珍	石油钻井工	高级技师
	苟学宁	钻井柴油机工	高级技师
	贾银贵	石油钻机修理工	高级技师
井下作业公司	蒋 涛	井下作业工	高级技师
	李先刚	井下作业工	高级技师
长庆井下技术公司	侯俊耀	车工	高级技师
	张海涛	井下作业工具工	高级技师
	景立军	汽车维修工	高级技师
	徐孝山	电焊工	高级技师
钻采院	夏先富	钻井液工	高级技师
	李红兵	石油钻井工	高级技师
蜀渝公司	陈文龙	工程测量员	高级技师
	宁 桥	工程测量员	高级技师
试修公司	马 兵	井下作业工	高级技师
	张 云	井下作业工	高级技师
	周继东	地层测试工	高级技师
培训中心	张宏伟	石油钻井工	高级技师

表13 2020年川庆钻探工程公司高级技师名录

单 位	姓 名	工 种
川东钻探公司	陈锦泉	石油钻井工
川西钻探公司	丰光强	石油钻井工
	王 佳	石油钻井工
长庆总公司	邢景辉	石油钻井工
	张国安	石油钻井工
	王松林	石油钻井工
国际工程公司	谢 舰	石油钻井工
长庆井下技术公司	田永杰	井下作业工
	张强生	井下作业工
试修公司	方 波	井下作业工

（邹 俊）

二级单位概览

总　述

大事记

井筒工程

油气合作开发与综合地质研究

生产服务

国际合作与外事工作

科技与信息

改革与管理

党建工作

群团工作

机构与人物

二级单位概览

附　录

长庆指挥部

【概况】 2020年，川庆钻探工程公司印发《关于下达长庆指挥部机构设置及人员编制的通知》（川庆劳发〔2020〕56号），长庆指挥部设置13个科室，分别为办公室、市场开发科、对外协调科、生产协调科、生产运行科、党群科、劳资维稳科、安全管理（监督）科、环保科、钻井技术科、井下技术科、井控管理科、综合事务管理科，负责川庆钻探工程公司在长庆地区施工作业单位与地方人民政府、长庆油田公司的公共关系协调、生产运行与协调、质量安全环保、市场开发、井控管理、维护稳定和信访等工作。施工区域覆盖陕西、甘肃、宁夏、内蒙古四省（自治区）。2020年底，有在册职工55人，其中一级副1人、二级正11人、三级正11人、三级副6人。有高级专业技术职称36人、中级专业技术职称11人。有党总支1个，党支部4个（含代管党支部1个），党员54人。

2020年，长庆指挥部面对新冠肺炎疫情和低油价双重冲击，围绕夺取疫情防控和生产经营"双胜利"任务目标，突出统筹协调，强化服务保障，与区域各单位勠力同心、共克时艰。在长庆区域完成钻井进尺445万米、试油气压裂（酸化）10050层次、固完井2420口，其中水平井进尺181万米、压裂（酸化）7159层次、固完井653口，各项指标均好于预期。

【组织运行】 2020年，长庆指挥部组织复工复产，争取生产主动，建立23个生产区域交通情况和属地政策信息日报表，动态调整复工方案，及时优化复产秩序；严守复工启动"六大关口"，统筹安排防疫物资，争取当地政府理解，最大限度保障一线队伍井场隔离、快速复产，3月上旬全面复工复产。发挥统筹协调作用，组织各单位深入现场启动生产，跨区域、跨井型调整钻机35队次，消除长庆油田公司计划调整的影响，最大化承揽页岩油、致密气、风险探井工作量，为生产建设争取更多工作量。紧跟油田需求，拓展市场空间，推动气井侧钻市场和储气库市场总包，承揽气井修井、油水平井重复压裂、废弃井封井市场，完成103口废弃井封井。

2020年5月13日，集团公司党组成员、副总经理焦方正一行到长庆钻井总公司施工的陇东页岩油华H60平台检查调研指导工作
（秦科善 摄）

【安全管理】 2020年，长庆指挥部探索指挥部、二级单位、现场监督三级安全督查、三重体系审核模式，理清管理界限、明确监管职责、逐级分解压力、狠抓责任落实。统筹推进区域新冠肺炎疫情常态化管控，确保区域"零确诊、零疑似"；制订区域HSE工作方案，梳理出4类37项工作清单；开展装载机、吊装作业、安全阀等专项排查整治；梳理近三年"四新"内容80项，开展"四新"工艺安全分析48次；针对油田老区开发和水平井规模实施，梳理出10大类67项井控管理重点，组织区域井控专项检查，确保责任到位。完善井控突发事件应急预案，与长庆油田公司联合建立"1+5+N"井控应急抢险保障体系，开展联合演练10余次，成功处置陕56井井口刺漏，确保区域整体安全平稳有序运行。

【协调关系】 2020年，长庆指挥部深化工程地质一体化内涵，统筹推进管理创新，聚焦产量和投资，探索大井丛总包商务模式，签订华H123平台、华H121平台等3个平台45口井的总包协议，通过多方协调争取，将录井业务纳入总包范围并组织到位。统筹推动完善油田市场队伍管控机制，牵头组织编制《长庆油田公司施工队伍管控方案》，明确考核退出机制等流程和标准，为加强区域队伍管控、规范市场秩序奠定基础。统筹推进大井丛管埋模式创新，牵头梳理大井丛水平井开发过程中影响提质增效的突出问题，从管理、技术、生产、标准4个方面提出22条具体措施，围绕20口井大平台单井2000万元井筒工程总包可行性，从技术方案优化到经济效益评价，编制《陇东页岩油大平台20口水平井可行性论证方案》，推动区域业务转型升级。推进川庆钻探工程公司全产业链协同发展，携手川渝地区兄弟单位共克时艰，川东钻探公司、川西钻探公司劳务输出75人在靖边、定边、乌审旗监督部开展工作。地研院投入录井队伍174支，年录完井670口；重庆运输总公司完成钻井、试油气队伍搬迁476队次，物资拉运79554吨，企业一体化发展优势明显。

【提质增效】 2020年，长庆指挥部针对低油价冲击，推动提质增效专项行动，从生产组织、市场控制、安全环保等9个方面，制定36条提质增效措施，区域整体可控变动成本稳步下降、"五项"费用降幅好于预期，完成提质增效考核指标。瞄准区域重点难点，统筹推动重点工程提速提效，召开页岩油气现场提速会，组织开展侧钻井现场分析，优化工厂化作业方案，钻井33口油水平井实现"二开""一趟钻"，压裂页岩油、气效率分别提高33.5%、33.9%。统筹推动事故复杂管理，针对宜黄区块井漏复杂、水平井体积压裂井筒稳压问题，与油田公司联合立项攻关、共同研究制定措施，重点难点问题均得到有效解决，促进提速提效，钻井同比提速5.5%、压裂作业同比提高12.1%；3次刷新国内陆上气井最长水平段纪录，最高达4466米，创造单平台单日压裂25段、累计加砂1533立方米等新纪录，保障区域稳健效益发展。

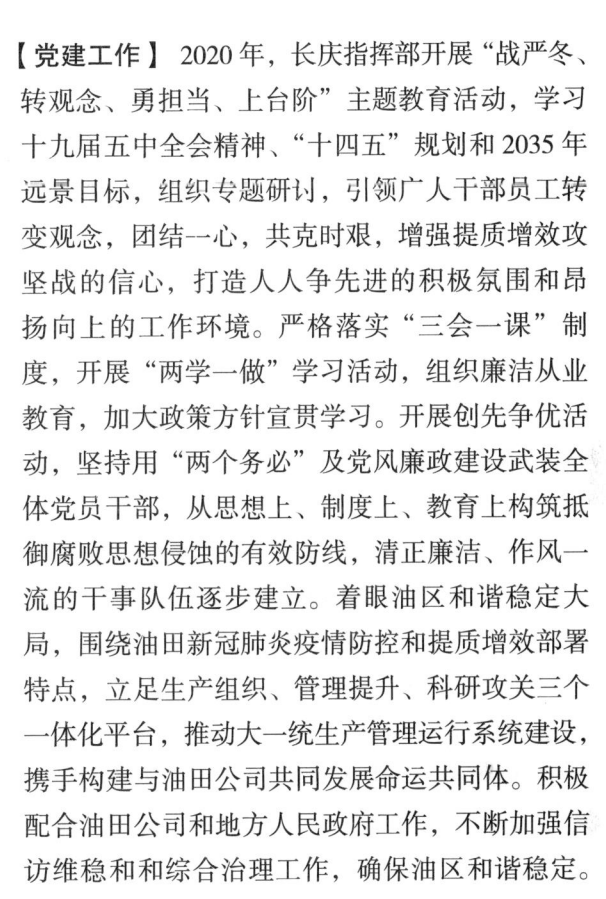

【党建工作】 2020年，长庆指挥部开展"战严冬、转观念、勇担当、上台阶"主题教育活动，学习十九届五中全会精神、"十四五"规划和2035年远景目标，组织专题研讨，引领广人干部员工转变观念，团结一心，共克时艰，增强提质增效攻坚战的信心，打造人人争先进的积极氛围和昂扬向上的工作环境。严格落实"三会一课"制度，开展"两学一做"学习活动，组织廉洁从业教育，加大政策方针宣贯学习。开展创先争优活动，坚持用"两个务必"及党风廉政建设武装全体党员干部，从思想上、制度上、教育上构筑抵御腐败思想侵蚀的有效防线，清正廉洁、作风一流的干事队伍逐步建立。着眼油区和谐稳定大局，围绕油田新冠肺炎疫情防控和提质增效部署特点，立足生产组织、管理提升、科研攻关三个一体化平台，推动大一统生产管理运行系统建设，携手构建与油田公司共同发展命运共同体。积极配合油田公司和地方人民政府工作，不断加强信访维稳和和综合治理工作，确保油区和谐稳定。

（赵　鹏）

邮政编码：710018
电话号码：029-86594776
单位地址：陕西省西安市未央区未央路151号长庆大厦
单位英文简称：CCDC Changqing Headquarters

川东钻探公司

【概况】 2020年底，川东钻探公司设机关部室13个，二级单位10个，附属单位7个，在编钻井队

54支，实际运行51支。用工总量4170人，在册员工3061人，其中合同化用工2487人、市场化用工574人；业务外包引进1109人。有高级专业技术职称91人、中级专业技术职称471人；有技能专家7人（集团公司技能专家1人、企业技能专家6人），首席技师15人，高级技师12人、技师106人。固定资产原值21.35亿元，净值7.03亿元。主要装备有钻机51台，其中8000米钻机3台、7000米钻机31台（含越创钻机4台），6000型（液压智能）钻机1台（自带顶驱1套），5000米钻机15台、4000米钻机1台；自有顶驱28套（含越创顶驱7套）；全年配套自动化钻机7台，其中6000米钻机1台、7000米钻机3台、8000米钻机3台，完成钻机自动化升级改造12套。

2020年，川东钻探公司平均动用钻机62台，其中动用自有钻机51台（含越创4台）、外包钻机11台。全年开钻井76口，完成井99口，完成进尺42.96万米。其中，自有钻机开钻井68口，完成井79口，完成进尺33.03万米。原钻机试修井共计48口，完成井36口。全年钻获日产天然气50万立方米以上大气井10口，其中，钻获日产天然气100万立方米以上大气井5口。磨溪022-H10井测试获日产天然气116.88万立方米，计算无阻日流量202.39万立方米，是震旦系二期建产区开发井中无阻流量最高气井；高石001-X45井测试日产量161.91万立方米，创高石梯—磨溪地区栖霞组气藏测试产量最高纪录。完成安全、环保、节能、职业健康考核指标，安全环保形势保持总体平稳，企业内部和谐稳定。获川庆钻探工程公司"井控先进单位"称号。

【钻井业务外包】 2020年，川东钻探公司业务外包项目经理部以"风险辨识为突破口，过程管控为核心，查患纠违为抓手，专项检查整改为推动，提高项目部监管水平和外包企业、钻井队自主管理能力；总结已完钻井经验优化下步承钻方案，运用长宁区域集成钻井技术，推进钻井外包业务发展"为工作主线，落实企业"提质增效推进会"精神，协调外包企业。开钻井8口，完钻井26口，完成钻井进尺99303.5米，平均机械钻速5.57米/时，钻井月速1116.73米/（台·月）。

【安全环保】 2020年，川东钻探公司围绕年度HSE工作目标，严格落实新冠肺炎疫情防控措施，深化QHSE体系建设，杜绝一般B类及以上生产安全事故、有责溢流事件及以上井控事故、一般及以上环境污染事件、一般及以上质量事故。加强井控安全管理，落实集团公司重点地区井控管理规定，推动井控风险有效管控，落实专项资金2.62亿元，占安全技术措施项目费用89.1%，更新一批防硫及高压力等级井控装备。川东钻探公司与地方政府签订井控应急联动协议18井次，与西南油气田公司川东北气矿、地方人民政府联动开展应急演练2井次。强化违章隐患查纠，开展安全专项整治活动6次、专项检查14次、安全生产综合检查2次，召开节假日和特殊时段措施讨论会7次，投入安全技术措施项目资金29160.7万元，立项48个。强化安全生产责任归位，编制892个安全生产清单，加强QHSE目标责任考核，设置钻井队安全生产专项奖，全年奖励金额1400余万元，树立"安全创造效益"

2020年10月27日，川东钻探公司50657队承钻的宁212H1井创川南页岩气311.2毫米井眼钻井周期新纪录 （薛 柯 摄）

的理念。抓好环保节能管理，实施清洁生产125井次，资源化利用水基岩屑165 203立方米，处置油基岩屑5600吨，倒运钻井废水40 914立方米、试油废水12 638立方米；实施"电代油"54井次，用电量8618万千瓦·时；减少柴油消耗24 006吨，减排二氧化碳76 256吨，减少碳排放19 925吨，减少氮氧化物排放258吨，实现经济效益808万元，完成节能减排和降本增效目标。落实各项防疫措施，多渠道筹备防疫物资。实行"一人一策"防疫措施，制订疫情防控期间钻井队倒班轮休工作方案，多方联防联控，守住"零疫情、零感染"的底线，员工和家属无疑似和确诊新冠病例。

2020年，川东钻探公司开展HSE培训5期，兼职卫生员送外培训4期，新入场员工、外包队伍员工、党员安全培训8期4000余人次。开展安全环保履职能力评估，评估2 239人；开展井控硫化氢线上培训班22期，培训合格1 871人次，合格率98.9%；修订完善51个岗位HSE考试题库，采用"东钻学堂"App线上考试2 500人次；完成6支钻井队62人次的现场教导培训；将业务外包工培训纳入整体培训计划，完成3期民源新工培训87人。

2020年9月27日，川东钻探公司联合川东北气矿和开州区天和镇政府在川庆70569队承钻的坝南001-H1井开展硫化氢泄露突发事件地企联动应急演练。图为正在进行紧急集合点清点人数 （薛柯 摄）

【钻井提速提效】 2020年，川东钻探公司完成钻井进尺42.96万米，节约钻井周期605天，完成钻机套搬9井次。蓬探1井、角探1井实现勘探重大突破。云安012-X16井首次单趟钻横穿2个生物礁。页岩气完成井在平均井深增加157米的情况下，钻井周期72天，同比缩短19%，钻机月速1 658米/（台·月），同比提高25%。连续4次刷新泸203区域钻井周期最短纪录，受到中油油服嘉奖。其中，泸203H2-1井实现提速示范井在泸203区块再创区块钻完井周期最快纪录。优化完善提速模板，机械钻速同比提高的区块有：威远区块提高32.28%、长宁区块提高36.09%、深层页岩气提高76.58%；钻机月速同比提高的区块有：威远区块提高9.66%、长宁提高7.57%、深层页岩气提高184.24%。

【科技进步】 2020年，川东钻探公司参与国家项目7项（其中牵头1项），集团公司项目4项，中油油服统筹项目4项，川庆钻探公司项目30项（其中牵头4项）。完成并通过川庆钻探工程公司项目验收1项，完成集团公司统筹项目验收1项。验收成果29项，表彰成果29项及实用新型专利10项，申报实用新型专利8项，其中2项发明专利均已获专利申请号。在国家期刊公开发表论文3篇。"冉鹏顶驱防碰撞装置"等4项成果2020年分别获川庆钻探工程公司、四川省表彰奖励。"顶驱防碰撞装置"获集团公司一线创新成果一等奖，"井口防挂装置"获二等奖。"绞车变频器能耗制动系统集中控制技术的研究与应用"团队参加集团公司首届一线生产创新大赛，获三等奖。在川庆钻探工程公司QC小组成果评比中，获一等奖1个、二等奖1个、三等奖2个，两个生产班组获川庆钻探工程公司"质量信得过班组"称号，3个QC成果获四川省优秀QC成果奖，一个班组获四川省"质量信得过班组"称号。

实现从"单一提高取心质量"到"取心质量、取心效率双提高"的转变。完成丰盛1井、仁安

1井、自213井等9井次取心，其中，丰盛1井龙马溪地层149.2毫米井眼完成取心进尺13.8米，收获率100%，首次完成下川东地区龙马溪地层取心、龙马溪地层5 000米以深井段取心和龙马溪地层149.2毫米小井眼取心3项纪录。开展成果推广应用工作，其中高石134井运用"高石1井区定向提速研究"科研成果，并结合该井轨迹设计要求，应用差异化定向策略，创该区块最短定向周期14.3天、最快日行程钻速62.1米2项纪录。云安012-X16井创川渝地区多尺寸复合套管悬挂固井最长纪录，磨溪146井创高石梯—磨溪区块215.9毫米井眼等9项钻井纪录。

【精细化管理】 2020年，川东钻探公司收入28.36亿元，实现提质增效2.58亿元，超额完成目标。多元经济板块实现收入4.53亿元，利润516万元。加强成本管控，审减合同不合规支出623.59余万元；节约采购资金1.98亿元，平均采购价格同比下降15%；加大公开招标力度，处置报废资产收益1 342万元。严格管理支出，管理机构可控费用同比下降36%，"五项"费用同比下降50%。对钻头、螺杆、柴油等7项关键成本，实行专项管控；加强经管员、仓库保管员、生活管理员区域化管理，采取按照就近原则适时开展区域调整，减少人工成本。压减外包工196人，减少承包费用1 493万元。开拓后辅市场，钻具井控对外服务产值1 626万元，同比增长66%，加砂压裂产值2 698万元，同比增长35%，"冉鹏工作室"产品首次对外销售。全年外部市场创收8 883万元。

【"三基"工作】 2020年，川东钻探公司推进HSE"三标一规范"建设，提升基层单位自主安全管理水平。基层队站"三标一规范"建设达标率95.38%。推行单井工期过程管控，明确以强化工期管控为核心的工作思路，优化《钻井项目工期管控实施台账》模板；发布《川东钻探公司2020年绩效考核实施细则》，推行钻井关键成本项目专项考核；制定《川东钻探公司2020年开源节流降本增效工程实施方案》，制定五大方面24条目标措施；修订完善综合检查暨QHSE管理体系审核相关内容和标准；修订《钻井施工现场管理规范》和井队班组、岗位检查交接记录手册和大班岗位检查要点指导表；印发《川东钻探公司作业许可清单》《川东钻探公司高处作业安全管理程序》《川东钻探公司临时用电安全管理程序》《川东钻探公司受限空间作业安全管理程序》；编制发布《钻井队基础资料指导目录》，完成相关手册或电子模板；推进基层减负，编制《关于落实川庆公司规范精简基层检查工作分解表》和常态化检查年度计划，基层资料由127项精简到75项，精简率41%。

【党建工作】 2020年，川东钻探公司加强基层党组织建设，完善基层党组织机构设置，新成立基层党支部18个，撤销党支部34个、党总支3个，基层党支部健全率100%。有基层党委7个、基层党支部101个，党员总数1 026人，占职工总数的33.52%。开展"战严冬、转观念、勇担当、上台阶"主题教育和领导干部"四个一"主题岗位实践活动，学习贯彻习近平新时代中国特色社会主义思想，开展党委理论中心组学习21次、专题研讨6次，举办"川东钻探大讲堂"3期，编印学习资料13期。修订《川东钻探公司"三重一大"决策制度实施细则》，党建工作运行更加规范高效、决策执行更加科学民主；编制推行《川东钻探公司基层党组织工作指南》和《钻井队党支部书记岗位工作日志》，抓细抓实党务干部队伍"学业务、提素质、促履职"。开展中央八项规定专项督查和"四不四有，改进作风12问"活动。开展党支部达标晋级管理，考核定级优秀党支部26个，川庆钻探工程公司命名示范党支部6个，以点带面推动提升基层党建质量，党组织战斗力持续提升。抓好党员发展工作，发展党员33人；集中轮训党员3期，培训党员206人次；开展"学党内法规、强基层党建"知识竞赛活动，272名党员获优胜奖，居川庆钻探工程公司各二级单位首位。推进党支部书记述职评议、党员HSE示范岗活动。发挥党员的示范带头作用，全体党员干部为新冠肺炎疫情防控工作捐款98 100元。保持干部接续力，向上级推荐处级干部1人、副处级干部4人，提任助理、副总师5人，调整交流科级干部51人次、股级干部135人次，聘任副科级钻井队长3人、三级钻井队长3人；选聘10名优秀操作员工到管理岗位，分别聘用副队长和技术员各5人；2人获聘川庆钻探工程公司企业技术专家，3人获聘一级工程师，12人获聘川庆钻探工程公司首席技师。开展第三轮党委巡察，巡察基层党组织17个，开展联合监督16项，推动合规上台阶。

【企业文化】 2020年，川东钻探公司加强主题教育，多层次开展主题宣讲，开展"战严冬、转观念、勇担当、上台阶"主题教育活动，门户网站、《东钻人》开辟专题，刊登稿件301篇。组织安全生产"大反思、大讨论"，形成工作报告67篇。组织召开交流座谈会，收集问题建议100余条，制定针对性措施165个，助推提质增效工作取得实效。强化思想政治建设，推送"形势、目标、任务、责任"主题教育系列6期，形成学习心得85篇；深化"意识形态工作责任制落实年"活动开展。开展员工思想动态调查，收集问卷反馈1 681份，汇总梳理问题40余个，发布专题答疑3期，员工队伍思想整体保持稳定。加强新闻宣传，编发新闻稿件3 200余篇。其中，257篇稿件获刊《中国石油报》《四川石油报》，以及"时代川庆""今日川庆"及川庆钻探工程公司门户网站等上级媒体。在《中国石油报》《四川石油报》上稿89篇，同比提高24%；"今日川庆""时代川庆"推出重点稿件52篇，同比提高190%。"今日川庆"推文数量、质量名列川庆钻探工程公司所属单位之首。推文《队长王荣的一天》被翻译为多种语言，在中国石油官方海外账号上展示，总浏览量超33万人次。在川庆钻探工程公司新闻媒体推进会上，获评质量、数量双第一。做好专项宣传，策划首届川渝石油钻探职工劳动技能大赛新闻宣传工作，制作企业文化及比赛氛围营造展板百余块。推进企业文化建设，印发《钻井队安全文化建设指导手册》，制作习近平安全生产、生态文明思想等展板11幅，宣传推广各单位特色亮点、典型做法32次。征集图文、摄影、短视频等7类文化作品37件，9件作品在川庆钻探工程公司新媒体内容创作大赛上获奖，其中一等奖1个、二等奖3个、三等奖5个。

【工会与共青团工作】 2020年，川东钻探公司组织开展各类劳动竞赛，创造局级钻井指标67项。首次组织承办双省部级的首届川渝石油钻探职工劳动和技能竞赛，30人参赛，27人获奖，同时囊括团体和个人全部一等奖，获集体优胜奖和组织工作优秀集体。开展法定节日职工慰问，慰问金额709.54万元；开展助医、助困工作，发放帮扶慰问金102.55万元。申报"五小"成果67项，其中9项被评为川庆钻探工程公司优秀"五小"成果。制作"安全小视频"9个，1部作品获川庆钻探工程公司一等奖。开展"我为提质增效献一计"专项活动，收集建议225条，采纳合理化建议60条，选报川庆钻探工程公司合理化建议6条，其中2条获特等奖、2条获三等奖。围绕"提质提速增效"劳动竞赛，组织青年突击15次。组织评选第一届"十大杰出青年"，表彰10名杰出青年，其中4名操作岗位青年成功竞聘管理岗位，1人被评为川庆钻探工程公司第四届"十大杰出青年"，1人被评为优秀青年岗位能手。1人获集团公司"优秀团干"称号。举办"劳模精神薪火相传，青春梦想不负韶华"主题活动，通过表彰杰出青年、对话劳动模范的方式，展现东钻青年风采。策划制作2期川庆钻探工程公司"青年大学习"微团课，分别获川庆钻探工程公司最佳制作奖、最佳创意奖。官微推送"十杰"候选人风采展示，阅读量超过18万人次；策划"青年原创"等19期，展现公司青工良好形象。

【"十三五"规划完成】 "十三五"期间，川东钻探公司全面加强党的建设，开展"三严三实"专题教育、"两学一做"学习教育和"不忘初心、牢记使命"等主题教育。深化党建责任制考核，党建工作考核位居川庆钻探工程公司前列，党组织健全率100%。完成钻井378口，钻获进尺201万米，其中2018年完成钻井进尺42.4万米，创造历史纪录，2019年完成钻井进尺61.9万米，再次刷新纪录。作业井机械钻速从3.28米/时提高到5.27米/时，提高60.7%；平均钻机月速和平均机械钻速分别为948米/（台·月）和4.81米/时，相对数分别提高31.5%和61.4%。川渝地区钻井进尺连续3年突破历史纪录。钻成蓬探1井、泸203井等重大发现井，支撑西南油气田达产300亿立方米，产量当量实现历史性跨越。年均完成水平井数量较2015年增长21%，年均定向服务产值较2015年增加4.41倍。深化成本精细管理，累计挖潜增效提质增效7.32亿元。累计实现收入108亿元，年均收入较2015年增长30%；累计增加营业收入41.2亿元，增长38.5%，其中2018年营业收入首次突破30亿元，达32.2亿元，创造历史纪录，2019年实现营业收入37.9亿元，经济总量创历史新高。"十三五"期间年均节水量逐年增长至1万立方米以上，年均综合节能1.15万吨标准煤。杜绝井喷、亡人、设备、自然灾害、环境污染等重大事故，安全环保保持平稳运行。2017年、2019年获川庆钻探工程公司QHSE先进单位，2018年、2020年获川庆钻探工程公司井控先进单位。紧跟形势调整市场开发策略，确保工作量相对稳定和目标市场占有率；组建外包项目部，探索出页岩气效益发展之路。提升职工素质水平，获国家级技术标兵1人、技术能手3人、优秀选手2人，局级和省部级技术标兵24人、技术能手47人、优秀选手26人；评先树优，获省部级劳模2人，局级劳模16人、"工人先锋号"21个、"全国示范性劳模和工匠人才创新工作室"1个、川庆钻探工程公司劳模创新工作室1个。

（宋　静　易小中）

邮政编码：401147
联系电话：023-67320396
油网号码：320396
单位地址：重庆市渝北区红石路258号
单位英文简称：CCDC Chuandong Drilling Company

川西钻探公司

【概况】 2020年底，川西钻探公司设置机关部室13个，直附属单位5个，二级单位15个，代管多元经济企业1个；有钻井队62支。在册员工总量3 265人，其中合同化用工2 602人、市场化用工663人。有干部832人，高级专业技术职称88人、中级专业技术职称459人、初级专业技术职称215人。在用钻机65台（含租赁1台），钻机新度系数0.3；在用顶驱48台（含租赁16台），新度系数0.44。固定资产原值27.47亿元，净值11.18亿元，完成产值43.67亿元。

【生产经营情况】 2020年，川西钻探公司动用钻机75台（含苏里格民营队9台、自营队4台），开钻井124口，完钻井126口，完成钻井总进尺57.18万米，其中关联交易进尺25.69万米、苏里格项目进尺19.4万米，单队最高年进尺超过3.05万米（苏里格队伍）。试修作业施工47井次，完工井35井次，完成试油32井次，修井3井次，完成试油层38层（含钻机试油35层）。实现经营收入 2.41 亿元，同比增长 13.68%。

【安全环保】 2020 年，川西钻探公司未发生井喷事故、一般 B 级及以上生产安全事故、一般及以上环境污染事件、一般及以上职业病危害事故、质量事故、员工及家属确诊和疑似新冠病例，各项安全环保指标均控制在考核指标范围内。全员签订 QHSE 责任书和安全生产承诺。先后召开新冠肺炎疫情防控专题会议 17 次，推送防疫快报 40 期，修订疫情防控工作指导手册 5 次，设置网格员 816 人，更新人员动态轨迹档案 5 337 人次。筹备医用口罩 67.5 万个、电子口罩 4 735 只、测温仪 140 余只、84 消毒液 8 吨、医用酒精 1 500 余升。强化过程考核与失职问责，追溯集团公司督导审核发现典型问题 4 起，问责处理管理干部 14 人。通报升级调查的典型安全环保事件 7 起，问责处理相关责任人 28 人。完成 QHSE 体系管理手册融合，完善危害因素清单与风险分级防控指南，修订完成 QHSE 风险评估报告、管理制度 7 项、程序文件 34 项、体系记录 90 项，补充操规指南 13 项。以"消除事故隐患、筑牢安全防线"为主题，组织开展安全生产月活动；为推动"安全生产专项整治三年行动"高效实施，开展"强作风、转方式、保效果""安全生产能力考评年""增储扩能安全风险管控年""12·23"警示日等专项活动，分解任务 190 项，完成 148 项，持续开展 42 项。实施清洁生产 213 井次，收集处理回用废水 2.6 万立方米，处理岩屑污泥 14.1 万立方米。

【科技进步】 2020 年，川西钻探公司投入科研经费 1.42 亿元，完成各级科研项目 48 项，其中国家项目 5 项、集团公司项目 4 项、局级项目 9 项、处级项目 30 项。获集团公司科学技术进步奖一等奖 1 项、四川省科学技术进步奖三等奖 1 项、川庆钻探工程公司科学技术进步奖 3 项、全国石油天然气学术优秀论文奖 1 篇。推广应用科研成果 7 项，创造良好经济效益。申请实用新型专利 7 项，授权 7 项，同比增长 17%。通过科研项目开展、新技术研发应用，双鱼片区提速效果明显。双探 107 井，创双鱼石区块单只钻头进尺达 1 537.66 米的好成绩，创该区域 241.3 毫米井眼雷口坡至嘉陵江组机械钻速 9.9 米/时的最快纪录。

【钻井提速】 2020 年，川西钻探公司优化改进故障复杂处理工艺，使成功经验形成模式化，减少故障复杂处理时间，实现生产组织节约 1 001 天。重点区块提速效果明显，部分构造创新纪录：磨溪 009-H10 井嘉陵江—茅口组成功实施 40 兆帕极限提速钻井试验，完钻周期 99.71 天（6 020 米），创磨溪区块龙王庙最快完钻周期纪录；双探 6 井钻至井深 8 305 米完钻，钻井周期 618 天，井斜角 77.1 度，创中国石油在川渝地区完钻井深最深、侧钻深度最深、固井套管最长、井斜角最大等多项纪录；双鱼 001-X3 井钻进至井深 8 600 米完钻，刷新中国陆上水平井井深最深、川渝地区井深最深等多项纪录；威 204H48-3 井完钻周期 32.71 天，完井作业周期 4.74 天，创 2020 年威 204 片区最快完钻周期和最快完井作业周期纪录；威 204H48-1 井以 35.81 天钻井周期，创威东区块 5 000 米以上井最快钻井周期纪录；国家重点试验项目—膨胀管裸眼封堵在宁 209H33-3 井取得成功，单次下入直径 194×11 毫米膨胀管 756.14 米，创国内单次膨胀管裸眼封堵最长纪录；威 204H54 平台年进尺 24 317.38 米，夺川渝页岩气年进尺冠军；秋林 211-8-H1 井完钻周期 12.54 天，刷新秋林致密油气区块最快钻井周期等多项提速纪录；苏 5-16-5X1 井钻至井深 4330 米完钻，完钻周期 23.98 天，刷新川庆钻探工程公司苏里格区块水平井钻井周期纪录。

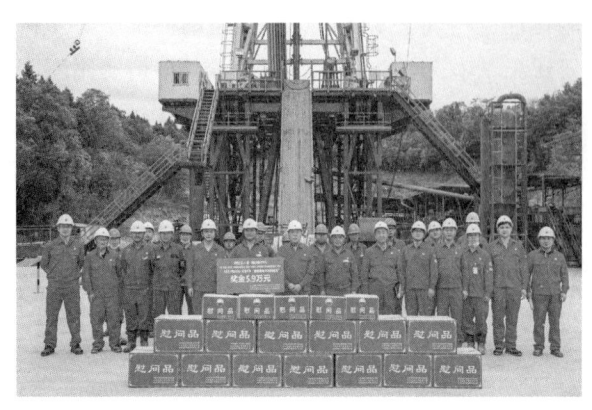

2020年5月27日，川西钻探公司70129队承钻的天府8井获川庆钻探工程公司提质增效劳动竞赛"最优套搬井间周期奖"
（吴育杰 摄）

【提质增效】 2020年，川西钻探公司制定《2020年提效降本保目标专项活动方案》及专项考核措施，实现提效降本2.74亿元，超额完成7400万元，完成率137%。严控合同成本，深挖内部潜力，签订支出类合同559份，同比下降16.57%，平均合同单价下降比例约9%；估算金额50万元以上材料采购合同、80万元以上服务类合同及达到招标条件的项目，采用同比降价5%—10%公开招标，单一来源中多元经济完成5%降价要求。开展"清仓查库、修旧利废"专项行动，清理非钻井工具类物资98项1488件，原值326万元。盘活人力资源，横向劳务输出95人，创收1190万元；输送各类初级监督4人，从优秀工人中选聘到技术管理岗位13人，选拔司钻（副司钻）28人。实施"电代油"项目，累计用电8414.6万千瓦·时，节约资金841万元。开展挖潜增效，修旧利废创效919万元。深化物资保障2小时共享圈，做实遂宁及江油两个物资保障中心库，累计减配钻井队材料房56栋，保障库推行代储代销模式，代储品种865余种，规模6100万元。

【质量计量与标准化】 2020年，川西钻探公司抓实工程质量控制，建立入库必检目录；强化源头控制，开展供货商质量审核，督促整改问题13项；普及群众性质量活动，注册QC小组34个，2个基层班组被评为"集团公司质量信得过班组"，1项成果获集团公司QC成果二等奖；起草企业标准4项，建立完善川渝地区钻井岩屑收集处理工艺流程及配置规范。

【"三基"工作】 2020年，川西钻探公司落实川庆钻探工程公司《党建工作与生产经营工作深度融合的指导意见》，印发钻井队党支部"党建+"工作示范模板，推进基层党建与生产经营中心工作深度融合。加强各级领导班子建设，调整科级干部43人次，提拔任用科级干部12人（正科级2人、副科级10人），调整股级岗位259人次，新到股级岗位38人，科级领导班子调整19个，股级领导班子调整51个。组织13名党支部书记、27名预备党员参加川庆钻探工程公司培训。举办党支部书记培训班2期，培训96人。实施单井项目管理132井次，川渝地区钻井生产时效87.42%。按照"分类控制、精简优化、资源共享、归口管理"总体思路，推进基层减负。参加各类培训17 789人次，其中井控培训926人、硫化氢防护培训1 257人。整顿软弱涣散基层党组织，现场帮扶指导考核排名靠后的10个基层党支部。由技术专家、技能专家通过远程网络讲授方式开展"周四讲坛"，推动工程技术提速，降低故障复杂。发挥培训示范基地作用，对钻井队待令期员工、各类评估中不合格的员工和新进员工进行集中、系统培训，提高员工操作技能与安全意识。

【党建工作】 2020年，川西钻探公司学习贯彻习近平新时代中国特色社会主义思想，各级党组织以"中心组学习""三会一课""主题党日"等形式跟进学习习近平总书记重要批示指示和讲话精神。开展"战严冬、转观念、勇担当、上台阶"主题教育活动，出实招、拿实策、见实效。组织党员支持疫情防控捐款1046人次15万余元。落实党委理论学习中心组制度，完成集中学习11次96学时，专题研讨4次32学时，研讨发言及撰写心得体会15篇；依托石油党建平台组织开展党建知识答题5600余人次。按照集团公司开展"党课开讲啦"活动要求，围绕"提质增效"主题开展讲党课170余场次，党课覆盖人数1800余人次。根据基层队作业区域情况，分片区构建"区域党建联盟"，制定《构建区域党建联盟实施意见》。强化党建工作责任制考核，完成基层党组织2019年度和2020年上半年党建工作责任制考核，开展基层党组织书记述职评议，实现全覆盖。按照"四同步"原则，新成立基层党组织20个，撤销基层党组织22个。按照"应换尽换"原则，完成79个基层党组织换届选举工作。坚持高质量发展党员，举办入党积极分子暨发展对象培训班1期，发展党员32人，预备党员按期转正27人。推进廉政建设，召开党风廉政建设和反腐败工作会议，制定党风廉政建设和反腐败工作任务清单，逐级签订党风廉政建设责任书1386份，落实党风廉政建设责任制谈话50人次。开展党纪条规学习教育，发放廉洁教育书籍39册。召开重点领域监管部门联席会，运用联合监督平台，对立项项目开展合规管理监督及联合监督检查。开展两级机关作风建设专项检查，协助党委开展落实中央八项规定专项自检自查，为改革发展提供纪律保证。

2020年12月10日，川西钻探公司在成都召开党的十九届五中全会精神专题宣讲会　　　（张海龙　摄）

【企业文化建设】 2020年，川西钻探公司开展"形势、目标、任务、责任"主题教育，通过"主会场+视频远程+自媒体推送"三位一体的形式组织开展"战严冬、转观念、勇担当、上台阶"主题教育宣讲，制作宣讲课件并通过微信公众平台、LED、电梯广告机播放，编印宣讲手册2000册，确保主题教育全覆盖。推进企业文化建设，在首届"西油杯"四川工业摄影大赛中获一等奖，在川庆钻探工程公司"全面从严治党、引领企业发展"微视频评选活动中获一等奖和三等奖，在川庆钻探工程公司新媒体内容创作大赛中11个作品分获一等奖、二等奖、三等奖。加强安全文化建设，在50728队、70227队和90005队开展自主管理安全文化试点，各媒体刊载安全类新闻203篇，配合质量安全环保部开展安全生产专项整治三年行动，在门户网站开设新闻专栏，专栏更新新闻48条。在《中国石油报》《四川石油报》及川庆钻探工程公司门户网站等媒体发稿和刊载新闻稿件571篇，其中《中国石油报》"中国石油"官方微信、石油党建App等集团公司媒体上稿39篇，同比增长86%；在战"疫"期间，抗疫特色做法多次在集团公司层面得到展示。在门户网站、《西钻之声》等媒体刊载新闻稿件1596篇，制作90005队参奖视频、抗疫MV、微电影、提质增效一线行等视频22个。

【工会工作】 2020年，川西钻探公司组织评先推优，先模示范引领作用充分显现，张勇获2020年全国劳动模范、集团公司特等劳动模范；90005队获集团公司模范集体。开展生产劳动竞赛活动，兑现奖励575.49万元。参加技能比赛，获首届川渝石油钻探职工劳动和技能竞赛维修电工、钻井柴油机工项目2项团体二等奖，7人分获二等奖、三等奖，2名社会化用工人员通过技能比赛，转为市场化用工。征评合理化建议，表彰合理化建议和技术改进成果47项，获川庆钻探工程公司一等奖1项、二等奖2项、三等奖3

项、优秀奖 3 项。新冠肺炎疫情期间开展防护用品专项慰问，购买发放防护抗菌用品 1 800 套；开展医务工作者家属专项慰问，为 158 名医务工作者家属发放慰问金 15.8 万元；开展"非常时期一封家书"征集活动，收到家书 31 封，表彰奖励优秀家书 19 封。发起向"疫"线女性医务工作者捐款，3 241 名职工捐款 31.37 万元；组织网络"宅家"系列活动，收到女职工线上演唱视频 7 个、线上家庭健身操视频 6 个、女职工书香阅读视频 6 个，丰富女职工文化生活。实施企业员工关爱（EAP）计划，实施 2 批次覆盖 14 支钻井队心理咨询工作。办好民生实事，开展"三助两送"活动，发放慰问金（品）128.69 万元。投入 63.16 万元，为基层工会配置各类文体设施 146 台（件）。

【团青工作】 2020 年，川西钻探公司开展员工心理健康教育、纪念"五四运动"、青年团员"五小"等活动。参加川庆钻探工程公司优秀青年志愿者和志愿服务项目评选，分获 2018—2019 年度优秀青年志愿服务项目一等奖、二等奖各 1 项；3 名团员青年获"2018—2019 年度优秀青年志愿者"称号；2 名青年获"2020 年抗击疫情优秀青年志愿者"称号。1 人获集团公司"最美青工"称号，1 人获川庆钻探工程公司"十大杰出青年"称号，1 人获川庆钻探工程公司"优秀青年岗位能手"称号。

（马国瑜）

邮政编码：610051
电话号码：028-86012676
油网号码：212676
单位地址：四川省成都市成华区泰安街 1 号
单位英文简称：CCDC Chuanxi Drilling Company

长庆钻井总公司

【概况】 2020 年底，长庆钻井总公司设职能部门 13 个，附属机构 6 个，工程项目部 5 个，专业公司（中心）10 个，临时钻井业务外包项目组 5 个；有员工 4 842 人。党委下设基层党委 9 个、党总支 8 个、直属党支部 10 个、基层党支部 239 个，有党员 2 782 人。动用自有钻机 148 部，完成进尺 445 万米，收入 68.37 亿元，完成考核利润指标。

【生产组织】 2020 年，长庆钻井总公司完井 1 413 口，完成进尺 445 万米，其中自有钻机完成 297 万米。克服新冠肺炎疫情期间运力、人力和物资保障等各种困难，10 天实现全面复工。精准掌握油田部署，跨区域调整钻机 39 部，自有钻机以 18% 的占比完成长庆油田 24.4% 的工作量，市场份额提升 2.1%。抢占高端市场，调整 16 部钻机施工侧钻井、储气库井；集中 57 部钻机攻坚页岩油、致密气市场，完成进尺 88.4 万米；拓展壳牌、苏南、苏里格市场，70210 钻井队获壳牌 2020 年全球钻机承包商 KPI 第一名；主动对接风险探井市场，完成马基 1 井等 9 口重点探井施工。推行精益生产管理，生产时率同比提高 2.26%。拓展钻前业务，完成 52 个井场施工。组建专业公司后勤辅助班，参与搬迁 112 队次，平均搬迁时间同比缩短 1.05 天。

【改革创新】 2020 年，长庆钻井总公司坚持抓改革、促转型，在意通公司成立物业服务分公司，对生活服务实行专业化管理。推进三项制度改革，机关推行"大部制"，专业公司实行"大岗位"，两级管理机构总量压减 11% 以上、管理人员总量压减 10%。完善业绩考核政策，将党建和安全环保、廉洁从业、和谐稳定"三大基础工程"纳入结果性考核。优化经营管理模式，实施以市场造价为基准，以项目部、钻井业务外包项目组为主体，以提速提效、严控成本、服务创效为导向，专业公司市场化经营、直线管理部门责任连带、综合管理部门共同发力的"项目部+专业化"区域一体统筹的经营模式，通过工资总额包干和专项考核双重激励，提升全员创收创效积极性和主动性。

【经营管理】 2020年，长庆钻井总公司实现产值68.37亿元，完成川庆钻探工程公司下达考核利润指标。年初刚性下达年度预算，月度监控预警，严控成本支出，"五项"费用下降50%、机关费用下降35%、采购成本下降12%。根据施工区域成本特征，建立44个区块变动成本动态模型，开展全覆盖效益评价，实行节约成本足额兑现、超额成本从"米费"中全额扣除的单井成本考核政策，"五项材料"成本下降8.38%。加强结算过程控制，推进重点井、特殊井一井一议，对钻井队签认的超大工作量按比例提成，确保收入应结尽结。推进资产轻量化，处置各类报废资产3万余件。推进财务共享建设，业务覆盖率达到100%。规范招标管理，年招标率达到76.5%。运行合同管理2.0系统，申报合同1 475份、清理僵尸合同3 093份。依法维护利益，挽回和避免经济损失1 112万元。推进提质增效专项行动，全面实施生产提效、技术提速、成本控降等"六大工程"，制定提质增效具体举措146条，各专业公司依托业务外包平台全面开展"管理+技术"等专业化服务，创收创效成果凸显。

【技术提速】 2020年，长庆钻井总公司提速5.3%，刷新各类技术指标68项。建成工程作业智能支持中心（EISC），组建技术专家团队8个和专家工作室2个，分区域分井型成立提速小组，实施重点井项目化管理，创新开展单井工序定额周期管理。实施激进钻井和一趟钻提速工程，优化完善提速模板20个，川庆40589Y钻井队创页岩油水平井最短钻井周期8.5天、川庆40635钻井队创致密气水平井最短钻井周期19.75天纪录。开展井眼小型化和长水平段技术攻关，形成"二开"结构水平井提速配套和超长水平段钻完井技术，完成"二开"结构小井眼水平井43口，钻井周期同比缩短13.8天，完成3口3 000米以上长水平段井施工，川庆50082Y钻井队创国内最长水平段4466米纪录。开展故障复杂专项治理，实施区块差异化堵漏，研发CQSP-RH钻井液体系，形成高分子凝胶堵漏、加砂堵漏等特色技术4项，故障复杂同口径下降27%。

2020年7月8日，川庆钻探工程公司党委书记、总经理李爱民（左三）到长庆钻井总公司70231承钻的华H50平台调研
（杨增亮 摄）

【四化建设】 2020年，长庆钻井总公司完成"四化"（标准化、专业化、机械化、信息化）项目建设79个。在标准化建设方面，编制钻井工艺技术规范32项、井筒工程标准课件6个，制作标准作业程序视频58个；修订钻井队标准化建设指南，组织"三标一规范"现场观摩3次，推广标准化管理模式4个，创建川庆钻探工程公司示范队10个、长庆钻井总公司示范队24个。在专业化建设方面，实施专业化拆搬安110队次；依托业务外包平台，推进技术、管具、装备、器材物资供应等专业化服务；以零库存、代储代销和物资直达为目标，完善物资供应平台功能，实现网上计划、点击采购、集中配送。在自动化建设方面，更新顶驱、二层台等自动化装备49套，完成8部50

型钻机技术性能提升，加高2部钻机钻台底座。在信息化建设方面，全面推进生产一体化平台应用，建立4大类18个模块，开发故障复杂预警系统模块7个；完善EISS监控端和井场端功能建设，信息化服务生产经营功能逐步显现。

【科技研发】 2020年，长庆钻井总公司始终把科技创新摆在首位，投入4 900万元实施科研项目84项，新建两个劳模创新工作室，8项创新成果在第24届全国发明展览会获奖。以解决生产现场难题为突破口，加大新工具、新工艺、新技术研发攻关，自主研发的脉动下套管、二维导向、成像方位伽马等新工具投入现场试验；自主研发PDC钻头具备全尺寸钻头的设计和加工能力，生产494只，产值3 800万元，创造区域最优指标17项；改良后的Ⅱ型水力振荡器，平均寿命546小时，应用190口水平井（大斜度井），水平井提速6.9%；涡轮发电机经过改进后，电源输出平稳、噪声小、发电效率高，井下连续作业800小时无故障，应用139口井，节约电池145根；恶性漏失复合胶固堵漏技术及关键装备被鉴定为国际先进水平，陇东页岩油立体式钻井勘探技术被评为甘肃省科学技术进步奖二等奖。

【工程质量】 2020年，长庆钻井总公司井身质量合格率100%，固井质量合格率100%，取心进尺823.67米，取心收获率99.95%，完成井中靶率100%，未发生两井相碰、井斜超标等质量事故，无一般及以上质量事故。梳理井筒质量监管现状和存在的问题，编制《长庆钻井总公司油气井井筒质量整治三年行动计划实施方案》，将质量考核指标列入综合业绩考核，组织专项检查6次，整改问题30项。强化物资采购源头管理，严把供应商选择、采购标准审查和入库验收等关键环节，杜绝不合格产品流入钻井现场。深化QC活动，登记注册QC小组196个，8个优秀成果获省部级奖励。其中，"提高钻井工程资料一次汇交归档成功率"获甘肃省QC优秀成果特等奖，王亚红技能创新工作室被评为甘肃省质量信得过班组。开展用户质量回访，回访重点项目组18个，测评井890口，测评率97.02%，服务满意度95.6%。

【安全环保】 2020年，长庆钻井总公司百万工时可记录事件人数发生率0.05，百万工时损工率3.3，HSE指标控制在川庆钻探工程公司下达指标之内。严格落实疫情防控各项要求，以战时状态迅速成立疫情防控领导小组188个。逐级签订QHSE责任书，分级分岗编制安全生产责任清单787个。制订安全生产专项整治三年行动计划，对2个专题和7个专项实行清单化治理。开展专项整治和十大习惯性违章、十大常见隐患整治，全覆盖开展安全帮促，违章隐患重复发生率同比下降21%。狠抓井控安全，制定完善岗位井控责任清单，固化溢流标准化处置模板16个，应对溢流事件11起。推行队站无C级正向激励，兑现奖励资金1 110万元。开展承包商专项整治，推行合作队伍关键领域同标管理和负面清单制度。制定生态环境保护重大事项议事规则，落实环境危害因素控制措施27项，实施电代油5 750万千瓦·时，钻井液重复利用3.67万立方米。投入资金6 330万元实施安技项目47个，优化作业方式52项。

【人才队伍建设】 2020年，长庆钻井总公司优化领导班子结构和科级干部结构，优化各级领导班子22个，交流科级干部32人。注重领导力建设，安排班子成员及副处级领导参加十九届四中全会精神学习培训班，选送17名科级干部参加领导力提升培训。召开人才工作会议，确定"六个一"工作目标，建立"一化五型"人才培养模型，制定人才发展"千人计划"，出台人才发展保障措施13条。建立"四级"后备人才库，初步形成年龄结构合理、专业结构互补的梯次结构。强化专家人才团队建设，建立专家委员会，固化党委委员联系服务专家机制，组建"8+2"专家团队（8个科技创新团队、2个专家工作室），建成覆盖生产区域的工程作业智能支持中心。加大人才引进培养力度，引进博士、专业型高级工程师各1人，选聘企业技术专家5名、一级、二级、三级工程师27名和首席技师、高级技师6名，多渠道引进高校毕业生62人。建立优秀人才岗位晋升绿色通道，3名社会化用工以优异成绩转聘录用为中国石油员工。

2020年7月9日，长庆钻井总公司在西安召开人才工作会
（杨增亮 摄）

【党建工作】 2020年，长庆钻井总公司党委制定《学习贯彻习近平总书记重要指示批示精神实施方案》，将习近平总书记重要指示批示精神作为党委中心组、党支部"三会一课"的首要学习内容，及时跟进学习党的创新理论。研究制定《党委工作规则》等重大制度5项，完善治理体系、提升治理能力。开展"战严冬、转观念、勇担当、上台阶"主题教育和提质增效专项行动，制定提质增效工作措施146条，开展专题讨论347场次。履行党组织主体责任和党组织书记第一责任人责任，修订完善《党建工作责任制考核评价实施细则》，建立健全8个方面48项责任清单，构建科学完备的党建工作责任体系。开展党组织书记党建专项述职评议，累计述职249人。梳理13个方面98项党委年度重点工作，对20个党组织开展工作督导，查改问题700余项。按照"四同步"原则，新成立基层党委1个、党支部3个，改增补选党组织委员218人，党组织健全率100%。推进党支部标准化建设，创建局级以上优秀党组织37个。深化党建"三联"活动，建立各级委员联系点784个、党员生产经营岗位联系点1 976个。结合钻井生产特点，创新开展"区域项目制+专业化"党建工作，制定工作责任清单54项，优化完善具体举措12条，实现党建工作与生产经营双向融入，双促双进。

2020年，长庆钻井总公司制定《党委落实全面从严治党主体责任清单》，修订完善党风廉政建设责任书及检查考核评价标准，签订党风廉政建设责任书2 463份。聚焦政治巡察，对6个基层党组织进行全覆盖巡察，推动"四落实一合规"（落实党的路线方针政策、集团公司党组和公司党委决策部署，落实全面从严治党战略部署，落实新时代党的组织路线，落实巡视巡察、主题教育、审计整改情况；合规管理）。强化廉洁从业教育，组织49名科级干部参观廉政教育基地，开展"家庭助廉"、讲授廉政党课、廉洁作品征集等党风廉政建设宣传教育月活动，发布正风肃纪通知4期、发送廉洁提醒短信2 560余条。综合运用源头监督、信息化监督等方式，从严把关干部使用、选先评优、党员发展转正等党风廉政审查意见，开展重点领域合规管理监督检查13项，挽回经济损失189.8万元。制定《资产物资管理禁令》，利用"互联网+"构建信息化监督平台，实现钻井队油料、化工料常态化动态抽查。狠抓作风建设，紧盯群众身边不正之风及反映强烈的突出问题，严肃查处各类问题线索18件，问责37人。

【思想文化建设】 2020年，长庆钻井总公司强化意识形态阵地管理，将意识形态工作纳入各级党组织书记抓基层党建工作述职评议、党建工作责任制考核和巡察重点内容，开展网络意识形态、敏感信息专项检查3次。坚持做强正面宣传舆论引导，利用"一网两微一刊一栏"（"一网"指长钻门户网站，"两微"指微信公众号、微视频，"一刊"指长庆钻井杂志，"一栏"指宣传栏）发布新闻报道3268篇,"律动钻头"推送118期,人民网等主流媒体刊载稿件79篇,《钻井队的父与子》获集团公司第五届新媒体创作大赛二等奖。深化企业文化建设,建成"创新之路"文化长廊,文化展厅被集团公司命名为石油精神教育基地,50幅摄影作品参展第五届丝路影像博览会,获"十三五"中国企业文化建设优秀单位称号。坚持以社会主义核心价值观为引领,加强精神文明建设,连续11年保持"全国文明单位"称号。

【和谐企业建设】 2020年,长庆钻井总公司坚持将员工的生命安全和身体健康放在首位,投入2700多万元抗击新冠肺炎疫情,全覆盖实施员工健康体检,建立心脑血管疾病预警监控平台。坚持薪酬分配向一线倾斜,钻井一线收入同比提高4.9%。发挥工团助力生产经营作用,投入597.5万元奖励886项提质增效劳动竞赛成果,获中油油服贺信嘉奖2次、川庆钻探工程公司劳动竞赛奖励100余井次。连续10次保持全国"安康杯"竞赛优胜单位称号。开展创先争优,涌现出集团公司劳动模范1人、川庆钻探工程公司劳动模范4人,12个基层单位获川庆钻探工程公司先进集体,长庆钻井总公司获川庆钻探工程公司"先进企业"称号。深化"青年突击队"等"青"字号创建活动,1人被评为川庆钻探工程公司十大杰出青年。创新开展"强基础、补短板、保平安"竞赛活动,开展私家车"五条禁令"、管制器械等7方面专项整治。强化员工法制意识教育,开展18场《中华人民共和国民法典》专题培训和网上答题。畅通信访渠道,接待来访来信来电104件,办结率96.3%,化解不稳定问题及典型个访问题16项,受川庆钻探工程公司通报嘉勉2次。落实民生实事,投入1792.5万元落实疗休养、节日慰问、扶贫帮困等各项惠民政策。

(李宝宝 胡延城)

邮政编码:710018

电话号码:029-86594635

单位地址:陕西省西安市未央区未央路151号长庆大厦

单位英文简称:CCDC Changqing Drilling Company

新疆分公司

【概况】 2020年底,新疆分公司有机关科室11个、附属单位5个、基层单位8个、钻井队26支、试修队5支;有员工2123人,其中合同化和市场化员工1207人、业务外包用工916人,少数民族员工167人,合同化、市场化员工中大学本科学历226人;高级专业技术职务32人,中级专业技术职务214人;一级工程师3人、三级工程师7人,高级技师3人、技师25人。基层党委3个、党总支1个、党支部57个,党员600人。有钻机36台,其中9000型钻机1台、8000型钻机2台、7000型钻机23台、7000型以下浅钻钻机2台,修井机8台,顶驱11台。设备新度系数0.21。

【生产指标】 2020年,新疆分公司动用钻机26部,开钻井26口,完成井42口,进尺15.86万米。以18.57%的钻机占有率完成塔里木油田21.39%的进尺工作量,位居塔里木油田各勘探公司第二。钻机利用率66.68%,钻机停等113.54台·月。试修作业动用修井机5台,开工井13口,完工井14口,作业时率29.98%,合格率100%。井下事业部完成常规固井作业193井次,同比下降23%;注水泥塞等150井次,同比下降48%;固井作业注水泥量28407吨,同比下降35%;压裂酸化作业58井次,同比下降42%,注入液量33269立方米,同比下降37%。钻采事业部完成定向井、欠平衡等各类技术服务118井(层)次,同比减少37.56%。运输事业部完成运输货运量25.26万吨,同比下降37.6%;货物周转量1.16亿吨·千米，同比下降63%。钻井液事业部完成钻井液服务45井次，进尺21.64万米。辅助生产检修各类井控设备19 050套（件），随钻测斜服务13井次113天，顶驱服务21井次2 661天。

2020年9月10日，塔里木油田公司常务副总经理、安全总监何江川（左一）一行到新疆分公司70552队承钻的哈得32井调研指导工作　　　　　　　　　　　　　　　（王一博 摄）

【钻井技术指标】 2020年，新疆分公司强化区域地质和实钻资料收集分析，完善各区块技术提速模板，优化提速"工具+工艺"组合模式，落实重点井、关键层位领导、技术专家驻井把关，抓好故障复杂防控，全年事故复杂时率2.6%，创近10年最高纪录，位列塔里木油田各勘探公司首位。平均机械钻速4.73米/时，平均钻机月速980.34米/（台·月），其中富源210-H3井克服二叠系易卡难题，优化钻井液和钻井工具组合，创富源210区块钻穿二叠系火成岩最快纪录；玉东101-5H井在目的层使用旋转导向钻进，创区块储层钻遇率最高、单趟钻井进尺最多、机械钻速最快3项纪录。抓好集团公司"一字号工程"博孜3-K2井，该井在盐上钻进，平均机械钻速7.14米/时，同比区块平均水平提高119.15%；行程钻速102.43米/日，同比提高111.31%；创区块444.5毫米井眼单日进尺360米、单趟钻进尺1 111米、机械钻速10.43米/时3项纪录；三开采用哈里伯顿旋转导向创单日定向进尺205米最高纪录。

【生产组织】 2020年，新疆分公司强化生产运行组织管理，加强作业现场全过程管控，克服新冠肺炎疫情和市场工作量骤减影响，生产时率93.72%。推进"四化"建设，升级改造钻机3部，配套自动化设备16台（套）。重点抓好钻机拆甩搬安、物质保障、中完完井3个环节，新疆分公司、前线指挥部、钻井队上下联动作用，推行"模块化"搬迁模式，搬迁27井次，平均搬迁车次同比减少2车次，中完及完井周期每井同比减少1天，平均井间周期16.59天，同比减少0.97天，下降5.52%；试油井42口，平均完井试油周期1.52天，同比减少0.8天，下降6.49%。开展钻修井队轻量化清查，回收拉运作业现场库存料116车入库。加强应急能力提升，组织应急演练10次，参与博孜3-1X井井控应急抢险工作。

【安全环保】 2020年，新疆分公司未发生一般B级及以上生产安全事故、火灾、环境污染等事故，QHSE指标均在控制范围内。修订《安全生产承包点管理实施细则》等制度，制定《生态环境保护重大事项议事规则》，完善全员安全生产责任清单1 036项。升级管控高危作业5 454次，整改隐患41 067项，查处各类违章3 740人次。落实环境危害因素控制措施12项，实施电代油3 853万千瓦·时，清洁生产47口井。抓好新冠肺炎疫情防控和复工复产，第一时间发布疫情防控工作方案，排查2 000余名员工及亲属行程信息，组织进行核酸检测8 000余人次，采购口罩、消毒液等防疫物资99万元，实现"零疫情"目标。通过两次包机和组团购票方式组织700余人集中返岗，全力保障一线生产。

【提质增效】 2020年，新疆分公司制定《提质增效专项活动方案》，从生产运行管理、工程技术、人力资源等9个方面安排部署重点工作28项，制定具体措施101项。坚持源头创效，强化探井、重点风险井效益评估及合同谈判，抓好现场工作量写实和结算质量。跟踪市场需求，承揽柯8012井、大北7井油基钻井液服务，拓展服务领域。加强公寓楼管理，完成库尔勒基地公寓楼改造，为倒班、培训员工提供内部住宿。严格生产指挥车管理，坚持"共享用车"原则，压减生产指挥车15辆。

【技术攻关】 2020年，新疆分公司承担和参与局级及以上级别科研课题10项，处级项目15项，涉及钻井、固井、钻井液、信息化及安全生产等方面，投入科研经费1 870万元。开展"塔里木油田富源区块二开长裸眼优快钻井技术研究"，通过优选钻头，应用高泵压、大排量，直井段轨迹控制技术等方式，形成富源区块长裸眼优快配套工艺技术方案，其中富源101-H2井二开裸眼段平均机械钻速达6.55米/时，富源201-H6井二开裸眼井段平均机械钻速达7.98米/时。开展"塔里木油田博孜区块高含砾地层优快钻井技术研究及试验"，应用连续空起钻井、段塞举砂等工艺，配套大扭矩螺杆及Power-V垂直钻井等工具，形成博孜区块巨厚砾石层提速模板，其中博孜902井盐上地层5 476米，平均机械钻速4.18米/时。

【井控管理】 2020年，新疆分公司严格执行塔里木油田井控实施细则和井控管理各项规定，开展井控风险识别分析，严格落实井控专家驻井把关制度，确保重点区域、重点井、重点层位井控风险全面受控，成功处置溢流11口井。强化全员井控意识，通过复工培训、倒班培训、工程师培训等方式，对一般操作员工、井控关键岗位员工和技术管理骨干进行井控知识专项培训，提高全员井控技能水平。

【党建工作】 2020年，新疆分公司修订完善党委工作规则、"三重一大"决策制度和落实中央八项规定实施细则，制定落实主体责任清单，专题研究意识形态、党风廉政建设、新冠肺炎疫情防控等重大事项，开展"战严冬、转观念、勇担当、上台阶"主题教育活动。配合完成川庆钻探工程公司党委第一巡察组对党委的巡察工作。组织完成新疆分公司第一轮内部巡察。调整各层级领导班子43个，提拔交流科股级人员19人，推进双序列改革，完成副科级钻井队负责人及三级工程师选聘工作。加强意识形态阵地管理，严格落实维稳防恐措施。抓好民生工程，发放困难帮扶金33万元。组织参加四川省2020年职工职业技能大赛暨川庆钻探工程公司第二届钻井液专业职工职业技能大赛，以及重庆市2020年职工职业技能大赛暨川庆钻探工程公司第三届钻井柴油机工、第一届钻井工具装修工和维修电工专业职工职业技能大赛，获集体及个人多项荣誉。川庆90002钻井队平台经理刘泽明获集团公司"劳动模范"称号。

（雷成杰）

2020年1月18—19日，新疆分公司在轮南基地召开2020年工作会暨一届二次职代会工代会　　　　（丁小明 摄）

邮政编码：841000
电话号码：0996-2173731　0996-2173439
单位地址：新疆库尔勒市石化大道塔指小区兴塔路68幢
单位英文简称：CCDC Xinjiang Branch

国际工程公司

【概况】 国际工程公司是川庆钻探工程公司所属二级单位，是川庆钻探工程公司开展海外业务的主导者、合同的经营主体和海外市场的开拓者，负责建立和完善海外业务经营管理体系，组织和协调川庆钻探工程公司所属专业公司对海外项目的实施，主要从事海外油气工程技术服务和国际贸易，具备向各油气资源国和国际油气公司提供油气工程技术一体化服务的成熟技术和能力。国际工程公司下辖分（子）公司11个，分别为土库曼斯坦分公司、巴基斯坦分公司、厄瓜多尔分公司、中东分公司、吉尔吉斯斯坦分公司、阿富汗分公司、秘鲁分公司、玻利维亚分公司、伊拉克分公司、伊朗分公司10个分公司，以及1个子公司，即厄瓜多尔热带雨林石油服务股份有限公司；设国内基层单位4个，分别为进出口业务管理中心、物资采供中心、海外技术商务支持保障中心、西安服务站。

2020年底，机关设职能部室11个、附属单位4个，分别为办公室（党委办公室）、市场开发部、生产协调部、工程技术部、装备部、质量安全环保部、财务资产部、人力资源部（党委组织部）、企管法规部、党群工作部、纪委办公室；附属单位分别为安全监督站、财务结算中心、信息管理站、井控管理办公室。有各类型号钻修井机36部（钻机25部、修井机11部），其中土库曼斯坦分公司钻机8部、修井机4部；巴基斯坦分公司钻机8部；厄瓜多尔分公司钻机8部、修井机5部；阿富汗分公司钻机1部、修井机2部。

截至2020底，国际工程公司有固定资产原值20.17亿元，净值0.97亿元。有用工总量3674人，其中中方员工774人、外籍员工2900人。有在册员工497人，其中合同化员工429人、市场化员工68人；干部410人、工人87人；有正高级专业技术职称1人、副高级专业技术职称107人、中级专业技术职称226人、初级专业技术职称70人；有女职工84人。借聘内部单位人员245人，劳务派遣人员32人；党员419人，其中海外项目党员278人。

2020年，国际工程公司开展提质增效专项行动，坚持向管理、技术要效益，海外业务实现收入17.16亿元，比2019年23.44亿元下降26.8%。在工作量同比下滑近44%、汇兑损失和防疫成本超过1.6亿元的形势下，超额完成考核利润指标，海外业务保持稳健运营。2020年，国际工程公司被评为中国石油"抗击新冠肺炎疫情先进集体"，获"川庆钻探工程公司2020年度先进企业"称号。

【疫情防控】 2020年，国际工程公司把员工生命安全和身体健康放在首位，强化联防联控、群防群治，快速搭建国内外疫情防控协调指挥运行机制，细化落实"一国一策、一项目一策、一人一策"的新冠肺炎疫情防控措施。坚持常态化疫情防控和应急处突并举，有效管控4类场所、8类人员、6大风险，投入近3000万元用于防疫物资配备、安全岛构筑和集中隔离场所建设，中外员工实现"零确诊、零感染"等防控做法多次在集团公司疫情防控视频巡检中受到肯定并被交流推广。有序推动人员倒休，有效管控出入境途中感染风险，完成疫苗接种418人，实现中方员工回国28批次148人，出国27批次141人，组织外籍员工轮休1万余人次。尤其是国内疫情早期，厄瓜多尔、中东等海外项目快速行动，回运口罩120万只，支援川庆钻探工程公司疫情防控和复工复产，彰显干部员工在非常时期的责任担当。

【工作量完成情况】 2020年，国际工程公司钻修井工程技术服务市场主要分布在土库曼斯坦、巴基斯坦、厄瓜多尔。其中：土库曼斯坦市场服务方式为工程技术服务总包制，主要甲方业主为中油国际阿姆河天然气公司、土库曼斯坦天然气康采恩；巴基斯坦市场服务方式为日费制，主要甲方业主为巴基斯坦石油天然气开发有限公司（OGDCL）、巴基斯坦国家石油公司（PPL），新进入巴基斯坦油田公司（POL）、科威特海外勘探公司（KUFPEC）等新市场；厄瓜多尔市场服务方式为总包、日费制，主要甲方业主为厄瓜多尔国家石油公司（PAM）、中油国际安第斯公司。开钻井46口，同比减少40口；完钻48口，减少38口；钻井进尺13.9万米，减少10.6万米；开试修井98口，减少39口；完试修井96口，减少45口。

【市场开发】 2020年，国际工程公司综合运用线上营销、商务"云推介"等手段，以重大项目为突破口，签约（中标）合同金额5.1亿美元。扩大阿姆河市场份额，首次独家中标第六轮修井项目，签订酸化以及第五轮钻修井合同补充协议，固井、测试服务合同实现延续，排水采气和防腐检测项目取得实质性进展。南美市场逆"势"增长，艰难拿下厄瓜多尔Tambococha油田钻完井一体化三期工程，起到稳住市场基本盘的"压舱石"作用；签订安第斯钻井日费、固井、钻井液服务合同，中标PAM两年期修井和秘鲁固控服务项目。巴基斯坦市场保持稳定，2部钻机再获OGDCL日费服务合同，钻井液技术服务项目获甲方主动追加工作量，6部钻机全部通过OGDCL新一轮日费服务技术标。中东分公司发挥区位优势，为重点项目提供高效支撑保障。吉尔吉斯分公司拓展当地工程机具租赁业务。推介川庆钻探工程公司钻机检测、腐蚀检测、井控应急救援等特色技术，推动川庆钻探工程公司与中海油服（COSL）签订战略合作协议，通过中国海油乌干达钻井总包项目技术标，排名第一。发挥好"平台"和"窗口"作用，服务保障伊拉克等专业公司海外项目。

【重点项目】 2020年，国际工程公司海外项目复工复产进度和成效在项目国行业内保持领先，土库曼斯坦分公司成为新冠肺炎疫情期间阿姆河区块唯一一家未停工停产的中资公司。完成钻井46开48完、试修98开96完、进尺13.9万米，Parahuacu油田增产服务项目有效对冲疫情和当地输油主管道断裂的影响，提前完成104万桶年产量目标，并入选"时代川庆"2020年"十大新闻"。土库曼斯坦项目创新人员组合方式，挖掘最大潜能，提前完成新井场施工，搬安周期缩短10%以上，协调保障东部气田地面建设二期工程一次投产成功，高效完成新钻井4口、酸化测试等作业52井次，2口井日产气百万立方米，为国内冬季保供奠定资源基础，受到阿姆河天然气公司5次致信感谢。巴基斯坦项目克服当地恶劣天气影响，依托本土化队伍，创当地搬安周期最好水平；单项技术服务项目以质量取胜，成为OGDCL唯一的钻井液技术服务承包商。厄瓜多尔项目生产时效再创佳绩，两度打破SACHA区块钻井纪录，创造并刷新安第斯南部区块"日进尺1千米"纪录，CCDC-25机组无损工安全生产突破2 000天，受甲方表彰。

【安全环保健康工作】 2020年，国际工程公司推进安全生产专项整治三年行动，全面完成QHSSE各项指标。CCDC-25机组获评集团公司"先进HSE标准化队"称号。上级审核及自主审核发现问题353个，整改完成率100%。组织"百日安全"主题劳动竞赛，落实集团公司重点地区井控管理规定，发挥驻井把关人才作用，强化重点井、复杂井技术支撑，井控风险得到全面管控。突出抓好搬安、吊装、交通、承包商等重点领域安全监管，开展8项风险管控和13项监督主题活动，组织查找物态隐患3 048个、纠正违章行为900起，上报各类事件105起，隐患违章全部完成整改，重点井安全监督派驻率100%，全年无一般C类及以上事故事件及有责交通事故发生。加强社会安全基础管理，发布预警信息75次，审核报批安保方案12个，巴基斯坦项目社会安全突发事件应急预案通过集团公司备案审查，助推川庆钻探工程公司在集团公司国际业务社会安全五维绩效考核中再次获评最高等级"卓越级"。推广铁钻工、陶瓷缸套等新设备新材料153台（套），提升设备本质安全水平。修订发布应急管理办法。投入760万元，完成隐患治理项目20项。坚持以人为本，中方员工出国健康评估、普通体检和外籍员工健康体检完成率均100%。

【企业管理】 2020年，国际工程公司分级分层开展"全员法治宣传教育年"活动，履行落实领导人员推进法治建设职责，通过线上、线下按期完成集团公司全员合规培训任务，推动合规经验分享常态化。加强规章制度完整性和适应性建设，新建、修订规章制度20个。强化法律风险意识，及时开展新冠肺炎疫情下项目合同违约风险排查和警示，配合完成"四个专项"治理，明确整改措施6项。严格合同审查和事后合同治理，合同测评得分和内控测试例外事项数量控制率位居川庆钻探工程公司二级单位前列。转让处置天华股份股权，印度尼西亚项目欠款核销、阿富汗长期欠款催收等工作取得新进展。如期关闭注销缅甸分公司，完成巴基斯坦项目在商务部更名备案。完成承包（服务）商年度考评。企业管理研究取得新成果，主要承担实施的项目"以内控管理提升海关高级认证（AEO）研究与实践"通过集团公司管理创新验收并得到高度评价，参与完成的管理研究成果"国有企业业务外包重大风险防范与化解研究"获四川省国资委表彰。

【党建工作】 2020年，国际工程公司建立"不忘初心、牢记使命"主题教育长效机制，跟进学习习近平总书记系列重要指示批示精神，集中宣贯十九届五中全会精神，多轮次开展"形势、目标、任务、责任"主题教育。修订《党建工作责任制考核管理办法》并进行年度考核，开展基层党组织书记述职评议考核和党支部达标晋级。强化意识形态阵地管控，优化改版"一网一微"媒介平台，启动"海外创业战疫故事汇"活动，新闻舆论引导力、传播力、影响力进一步提升。突出政治标准，加强年轻优秀干部培养选拔，调整交流科级干部28人次。畅通员工成长通道，"双序列"改革全面推进，完成二级、三级工程师选聘，择优聘用3名操作服务人员到管理岗位。做实做细日常监督，首次开展机关部门、国内单位落实党风廉政建设监管责任专项述职，81项党风廉政和反腐败工作任务和6项合规管理和联合监督检查工作任务得到较好完成。加大新冠肺炎疫情期间帮扶力度，解决海外员工后顾之忧。创新启动关爱海外员工及家属"三送"活动，成立党员志愿者服务队，开展"一对一"精准帮扶，上门慰问患重病家属等41人次，开展节日等专项慰问4 000余人次，下拨40万元"职工之家"建设经费，改善基层一线文化生活条件。争取川庆钻探工程公司支持，妥善安置部分国内长期待令员工，落实海外工作员工加班补贴、迟休假补偿等政策，适度增加国内长期待令员工收入。加强机关作风建设，开展全员大讨论、作风问题排查，出台提升措施11条。开展基层减负，发布两类基层上报资料指导目录，基层基础资料同比压减23%。坚持企业发展成果惠及全体员工，超额兑回工资总额，员工收入基本保持稳定。履行社会责任，向

2020年6月30日，国际工程公司党委在成都举办庆祝建党99周年系列活动，隆重表彰"两优一先"　　（王轶林　摄）

巴基斯坦开展蝗灾捐助8万美元，得到中国驻巴基斯坦大使馆充分肯定；采购川庆钻探工程公司对口扶贫县农产品2.7万元。

（徐茂军）

2020年8月18日，国际工程公司与中国石油驻巴基斯坦企业联合举行蝗灾捐赠仪式　　　（杨远程　摄）

邮政编码：610051

电话号码：028-86012518　028-86011909（传真）

油网号码：212518　211909（传真）

单位地址：四川省成都市成华区猛追湾街6号

单位英文简称：CCDC International Ltd.

苏里格项目部

【概况】 2020年底，苏里格项目部设机关职能部室"7部1室"，附属机构2个、基层单位5个。有员工123人，其中干部83人、工人40人；员工平均年龄42.65岁；处级干部10人、助理副总师3人、科级干部31人。高级专业技术职称15人、中级专业技术职称33人、技师1人；党员68人，占员工总数55.28%。苏里格项目部有苏5、桃7、苏59、苏46、苏119共5个风险合作开发区块，区块总面积4418平方千米，规划天然气年产量18亿立方米，桃7、苏5、苏59区块规划建产20亿米³/年。风险合作开发阶段为2006—2007年评价建产期，2008—2010年快速上产期；2011年开始全面进入稳产期。

【油气生产】 2020年，苏里格项目部生产天然气18.57亿立方米，较年度计划净增1.37亿立方米，产量创5年来新高。凝析油年产量10972多吨，超产700余吨。为确保多产气、多增产，提前谋划春秋季黄金期生产，开展差异化输气，在限产限量期、场站检修期争取生产主动，提升阶段性产量；狠抓冬季生产保供，开展"大干100天、实现冬季保供产量目标"劳动竞赛，冬季保供超产4397万立方米。广开增产渠道，苏46区块打破10年沉寂，实现首次管道输气，13口井贡献产量3000万立方米。强化气井"全生命周期"精细管理，针对性建立自然连续、措施连续、自然间歇、措施间歇、躺停井五大类型气井精细管理技术对策，提高气井最终采收率。建立桃7区块低产低效井可采储量标准图版，提高气井动态储量准确率。发挥"四化"优势，推进数字化气田建设，全面实施气井智能远程管控，推行电子巡检和智能柱塞应用，以无人值守井站运行模式及巡检标准为载体的电子巡检系统，实现17座无人值守集气站标准化运行新模式，采输管理走上标准化、数字化、信息化道路。桃7-5集气站、苏59-1集气站新增压缩机，集输系统压力均下降0.8兆帕，日均增产8.8万立方米。串接分流桃7-5站的2条管网，集输系统压力下降0.3兆帕，增加气量1.8万立方米。通过系列稳产措施，2020年区块综合递减率18.41%，优于苏里格气田20%的开发指标。按照三年设备设施安全整治专项计划，抓好风险管控和隐患排查治理，保证设备安全平稳运行。响应"制造+服务"一体化及专业化服务保障模式，年度保养天然气压缩机37台，其中8000小时保养28台，24000小时保养9台。集气站发电机巡检258台次，维修54台次，保养22台次。开展17座集气站放空火炬点火系统维修，消除多年积存隐患。完成桃7-9、苏59-1、苏59-3、桃7-3集气站6台HLYZ500型分离器捕雾器更换安装，提高油水分离效果。完成桃7-2、桃7-3、苏5-1、苏5-3集气站4套站放空火炬积液包改造。加强特种设备管理，完成3台收球筒的更换及注册和222台压力容器定期检验工作，完成41台压缩机进出口管线、旁通检验及注册和400余台压力容器使用登记证变更，压力容器注册率100%，检验率100%，压力容器操作人员持证及复证率100%。

【产能建设】 2020年，苏里格项目部坚持"效益开发"理念，抓住增储上产、快建快投和单井提产的"牛鼻子"，开展提速提效劳动竞赛，打好三大"攻坚战"。受新冠肺炎疫情影响，调整产能建设时间控制节点，减少疫情对复工复产、快速启动的影响。在总体启动延后1个月的情况下，快速建成产能4亿立方米。施工过程中，深化"一体化"运行模式（即甲乙方一体化运行、内外资源一体化利用、生产经营一体化协同、地质工程一体化推进），落实激励约束机制，避免无效等停，实现综合提速5%、生产时效达95%以上。桃7-15-15X1井以钻井周期10.83天，机械钻速30.65米/时，刷新苏里格合作开发区块小井眼井施工两项指标。按照"稳定中区、拓展西区"的开发战略部署，围绕打好井、打高产井，组建"地震—地质—工程"一体化技术支撑组，强化地质研究，优化井位部署，从源头抓好单井提产、提能，全年论证、下发井位坐标5批次171个，完成123口井钻井地质设计。水平井全面落实"地震—地质—工程"一体化模式，完钻水平井平均水平段长670.5米，平均砂体钻遇率91.01%，平均储层钻遇率73.55%。开展大丛式井组、多钻机工厂化作业及"拉链式"压裂等，提高施工效率。2020年动用钻机23部，开钻井86口，完井83口，进尺32.9万米；动用试气机组11台，开试井82口，完试井75口。全年获测试日无阻流量10万立方米以上气井22口，其中，50万立方米以上7口，100万立方米以上3口，200万立方米以上1口，直丛井静态评价Ⅰ+Ⅱ类井比例90%。鄂46X1井测试无阻日流量242.25万立方米，刷新气田合作开发以来历史最高纪录，受到中油油服公司、长庆油田公司贺信嘉勉。

2020年6月3日，苏里格项目部苏46区块9口测试井正式投产输气 （蒋 勇摄）

【提质增效】 2020年，苏里格项目部开展"战严冬、转观念、勇担当、上台阶"主题教育活动，发挥"把方向、管大局、保落实"的政治组织优势，把"提质增效"作为政治任务，分层分级开展主题教育活动，凝聚起提质增效专项行动的动力与活力，提前40天完成川庆钻探工程公司考核指标。结合苏里格油气风险开发具体实际，提前谋划油气业务整体布局，围绕建设具有川庆钻探工程公司特色的绿色化、智慧化、现代化气区，编制《苏里格项目部风险合作开发"十四五"规划》。实现24.5口井建成1亿立方米产能，平均单井投资控制连续2年保持在集团公司建1亿立方米产能投资1.7亿元的指标内。深化地质认识与研究，把选好区、选准层列为重点，提高地质预测准确率、勘探成功率。打造"五个一体化"（甲乙方一体化运行、内外资源一体化利用、生产经营一体化协同、地质工程一体化推进、区域安全一体化管理）运行模式，推动产能建设从"任务完成型"向"质量效益型"转变。开展提质增效专项行动，明确20项82个具体措施（其中可量化措施36项，质量指标46项）。加大老井挖潜力度，精心组织泡排、柱塞等工艺，优化管网提升效率，增产2.14亿立方米，增效4968万元；

发挥市场化优势，主要外包业务价格整体下降10%，节约费用5 000万元以上。

【安全环保】 2020年，苏里格项目部坚持以体系建设为中心，深化两个考核，加强三级风险管控，建立4个机制，严把"五道"关口（严格承包商资质审查关，严格承包商准入能力评估关，严格承包商施工作业方案审查审批关，严格承包商业绩考评关，严格承包商培训教育关），夯实6项基础管理，持续推进生态保护、安全生产，安全环保形势平稳受控，安全生产做到十二个"零"。深化QHSE体系建设，优化HSE责任书考核指标、编制安全生产清单，严格照单履职、追责；开展QHSE管理体系审核两次、迎接上级审核3次，提升管理水平；践行有感领导，各级领导干部深入承包点审核，提出改进建议274条；推进"三标一规范"建设，集气站达标率100%；开展员工安全环保履职能力评估，不同岗位层级评估做到全覆盖。强化作业过程风险管控，落实风险分级防控责任，结合生产现状和季节特点开展16项专项排查，及时整改不符合项；建立关键作业风险管控制度，高危作业全过程实行旁站监督。筑牢依法合规管理防线，加强"三同时"管理，开展井场、单井及管道等建设项目环境影响报批及建设项目竣工环境影响自主验收；抓好建设项目水土保持方案编制；完成4个区块的环境影响后评价。开展生态环境监测，完成钻前、钻后水质监测和井场土壤取样监测。规范危废、固废管理处置，转运废机油24.69吨、岩屑5.35万吨、返排液3.2万吨，杜绝非法排放事故事件发生。

【企业管理】 2020年，苏里格项目部推进精细化管理，增强投资管理主动性，提升投资回报率。按照项目实际与标准规范编制概预算，注重投资管理精细化与时效要求，发挥投资管理导向与约束作用。坚持量入为出，严控投资使用，对投资与成本类项目进行全过程跟踪。有序开展结算工作，帮助参建单位、承包商缓解资金压力。树立"一切成本皆可控"的理念，完善价格体系，实现"压减投资、严控费用、保证质量、提高利润"刚性目标，在"内部单位降10%、多经企业降5%、外部企业降10%以上"的控价原则下，与施工单位沟通协商，实现控价目标。坚持"先内后外、内外统管"分配市场份额，93.6%业务项目由中国石油内部单位承担，6.4%由中国石油外部单位实施。开展体系融合工作，形成苏里格项目标准体系，并入川庆钻探工程公司"一本手册、一套管理制度、一套作业文件"；推进合规管理，开展预防职务犯罪的专题讲座，邀请第三方（天职国际）和合规管理资深专家开展合规大检查，推动合规管理上台阶。

【科技创新】 2020年，苏里格项目部新开科研项目14项。"苏里格气田持续稳产关键技术"获2020年川庆钻探工程公司科学技术进步奖一等奖。完成"复合排水采气工艺评价研究"等科技成果推广应用3项，成果产值达到1亿元。承办苏里格气田2020年气田开发技术论文发布会，2篇论文获一等奖；参与第32届全国天然气学术年会交流论文4篇；开展首届青年技术论文交流会，激发青年员工科研热情。鼓励员工开展岗位创新实践、合理化建议和"五小"活动，"柱塞智能控制系统优化设计""集气站分离器捕雾器"在QC成果交流上获好评，"让太阳光照与人工光照自动衔接"获合理化建议成果三等奖。

2020年10月末，苏里格项目部完成采气控制中心数字化升级改造　　　　　　　　　　　　　　（蒋　勇　摄）

【党建工作】 2020年，苏里格项目部严格落实全面从严治党主体责任，统筹推进党的建设，组织全体党员干部和员工投入疫情防控和提质增效行动，坚决打赢"阻击战""保卫战"，实现"十三五"规划收官，各项工作取得新突破。优化中心组"4+N"（指一年每季学习一次的硬性指标+临时性增补学习）、"三个一"（一同学习、一同活动、一同管理）学习方式，全年集体学习13次，参学158人次，编印资料12期。党员网络学习获川庆钻探工程公司党委优秀组织奖。召开"不忘初心、牢记使命"专题民主生活会，检视问题103个，制定措施139条。完善"三重一大"决策制度实施细则，召开党委会23次。坚持党委委员双重组织生活制度和党建联系制度，促进组织生活质量提升。开展书记同委员工作谈话，推动第一责任人责任和"一岗双责"落实，坚持党支部达标晋级与落实党建责任清单考核结合，党支部书记述职评议全覆盖。加强基本组织基本队伍建设，实现"五定"中基本组织设立、基本队伍管理全覆盖。牵头片区14个基层党组织成立区域"党建联盟"，形成"共商共建共享"党建新格局。召开首届人才工作会议，确立"十四五""1126"人才工作目标和21项保障措施；双序列改革进入实质阶段。开展首届青年技术论文交流，2名青年分别评为集团公司"优秀共青团员"、川庆钻探工程公司优秀青年岗位能手。清理建账7个意识形态阵地和62个工作群，专项检查4次。传承石油精神、大庆精神铁人精神，借势风险合作开发15周年，深掘创业文化积淀，拍摄制作《瑞气升腾苏里格》形象宣传片和《筑梦苏里格》画册，办好"川庆牧歌"微信公众号。开展"战严冬、转观念、勇担当、上台阶"主题教育活动，唱响主旋律，弘扬正能量。始终把政治建设放在首位，彻底肃清政治流毒影响，完善党风廉政建设和反腐败工作任务清单，加强干部日常教育管理和作风建设，营造风清气正生产建设环境。加强片区平安建设，学习"枫桥经验"，落实《四川油气田"保平安护稳定、决胜300亿"平安创建竞赛活动重点工作运行表》，确保一方平安。

【群团工作】 2020年，苏里格项目部组织开展"1+3"劳动竞赛，开展群众性经济技术活动、青年"五小"活动，保障生产经营目标任务全面实现和超额完成。为员工办好事实事，个人防疫物品发放率100%；开展重大节日、员工生日慰问；指导职工健康疗养；苏59-1集气站外配备健身器材；继续改善一线员工食宿等生活条件；中秋、国庆期间开展篮球赛、乒乓球赛及游园活动；参加长庆油田开发建设50周年首届"苏里格杯"乒乓球邀请赛，获男女混合团体亚军。

【疫情防控】 2020年，苏里格项目部党委坚持党建引领，群防群控，突出"坚定信心、同舟共济、科学防治、精准施策"主基调，新冠肺炎防疫措施执行率、检测区域覆盖率、人员管控达标率均100%，干部员工及家属没有出现一例症状或疑似病例，保持安全健康的生产生活秩序。2月末率先返岗复工复产，做到防疫、生产两不误，得到鄂尔多斯市、乌审旗两级党委、政府的高度肯定和赞扬。落实疫情防控科学化、制度化、常态化措施，外防疫情侵入、内防管控疏松，推动"封闭式管理"向"精准式防控"转变。

【脱贫帮困】 2020年，苏里格项目部履行三大责任参与脱贫攻坚和乡村振兴行动，扛起政治责任，落实帮扶措施，为打赢精准脱贫攻坚战、全面建成小康社会贡献石油力量。在地方人民政府指导下，参与"百企帮百村"行动，支持大棚蔬菜基地、奶制品加工厂等7个帮扶项目落实到位，致力乡村振兴，着眼长远发展，赢得良好公众声誉和社会赞誉。获驻地政府授予的"'百企帮百村'优秀帮扶企业"称号。

【年度荣誉】 2020年，苏里格项目部获川庆钻探工程公司"先进企业""QHSE先进单位""提质增效先进单位"称号；获西南油气田公司"四川油气田企地警共建共治先进单位"称号；在苏里格和威远页岩气风险作业服务区块提质增效专项劳动竞赛中获优秀组织奖；在长庆区域提质增效专项劳动竞赛中获优胜单位。何怀银获川庆钻探工程公司"劳动模范"称号。　　　　　（蒋　勇）

邮政编码：017300
电话号码：0477-7217697
单位地址：内蒙古自治区鄂尔多斯市乌审旗林荫路南004号
单位英文简称：CCDC Sulige Project Department

井下作业公司

【概况】 井下作业公司是为油气勘探开发提供压裂酸化、固井、连续油管工程技术服务，研制和生产井下工具、油田化学添加剂产品的专业化公司。2020年底，有机关职能部室14个、附属机构7个、基层单位17个、一线主体队伍19支，其中固井队8支、压裂酸化队7支、连续油管作业队4支。在册职工总数2232人，其中合同化员工1687人，市场化用工545人；高级专业技术职称103人、中级专业技术职称485人，高级技师9人、技师56人。有JR2500/奔驰4150型、HQ-2000/C500K型和FC-2251-Q/C500B型等压裂车组，GJC70-30Ⅱ、45-21型固井车组，50.8毫米CTU/奔驰4144K、60.3毫米连续油管车组，CH360k/奔驰4158K、UEM1150FCMC/奔驰4144K液氮泵车等各类在用车辆设备574台，车辆平均新度系数0.45，设备固定资产原值27.33亿元，净值12.17亿元，设备综合完好率96.88%，利用率70.62%。实现营业收入52.08亿元、考核利润1.42亿元，超额完成年度目标任务。获集团公司"市场创新先进集体"一等奖，获川庆钻探工程公司"先进企业""QHSE先进单位""提质增效先进单位"等称号。

2020年，井下作业公司工作量大幅增长，完成压裂酸化4684层次、固井作业1876井次、连油作业2121层次，压裂酸化和连油作业分别同比增长18.0%、42.6%；压裂酸化注入总液量及支撑剂量分别同比增长38.3%、105%；销售井下工具380套、油化产品2.2万吨。页岩气压裂时效稳步提高，平均压裂时效同比提高6.8%，压前准备周期缩短8.2%；6支压裂队完成400段目标，其中YS49121队压裂596段，雄踞中油油服竞赛榜首。泸203H6A平台创下川渝页岩气工厂化压裂每天3.29段时效新纪录，威204H34平台成为国内页岩气首个400万立方米平台。

【市场开发】 2020年，井下作业公司站稳关联交易市场，开拓新兴市场，在浙江油田压裂试气工程项目的招标中脱颖而出，拿下重庆页岩气公司招标，进入四川页岩气勘探开发有限责任公司市场。加大科技创新及工具、油化等高附加值产品销售市场拓展力度。实现提质增效3.27亿元。

2020年4月3日，威远县新场镇政府为井下作业公司全橇装压裂队伍YS63149队首次施工送锦旗　　　　　（陈　红　摄）

【生产管理】 2020年，井下作业公司在新冠肺炎疫情持续蔓延、成本大幅压缩情况下，优化生产组织、完善工艺配套，严格贯彻落实集团公司三项制度改革要求，稳步实施"五定"方案，推进改革调整。优化公司机构设置,成立基地后勤管理中心和研发中心下属综合督导站。生产运作模式提速,突破"三个一"运作模式,形成"三个二"运行模式,即压裂队伍组织2套自有压裂机组,牵头管理2套租赁机组,同时组织2个前期准备队伍。推行压前准备专业化服务,平均准备时间缩短到14.6天。推动用工方式转型升级,优化"管理+技术+关键岗位+社会化用工"队伍管理模式,按照合规管理要求,推进操作服务类业务外包。加强9座以上载人车辆、零星车辆、特种作业车辆的监管。强化平台实时监控,监控车辆37 681台次,车辆上线率99.6%,及时预警极端天气,对自然灾害易发区域,进行探路再探路并编制道路勘察报告。强化应急管理,提高应急处置能力,开展各类应急演练100余次,参加演练2 500余人次。全面推广应用生产远程监控系统、KeepDring系统和共享服务平台,OA、ERP等管理平台运行平稳。

【设备管理】 2020年,井下作业公司宣贯转发各项集团公司和川庆钻探工程公司设备管理文件,督促基层单位学习并严格执行。推进机制机修精益生产管理,坚持内修与外修相结合,计划性维修与预防性维修相结合,日常保养与专业维修相结合;召开装备HSE分委会4次。推广自动化项目计划,"电代油"节约柴油3 367吨,节约能耗费用1 818万元。成立页岩气作业平台现场维修小分队5支,到威远、宜宾等地开展设备现场维修2 000余项,工效提高20%—30%。投入高压管汇射频身份识别系统现场数据录入和后台分析应用,严格按规定对管汇进行第三方检测,确保无漏检及过期未检情况。建立完善特种设备台账,开展特种设备检查2次,进行专项检查8次,检查设备927台次,查出问题406项并全部整改。报废处置车辆设备22台,节省配件采购成本500万元。完成设备知识培训6次,开展"自动化"项目推广应用劳动竞赛,与宝石机械、烟台杰瑞等公司进行多次技术交流。

【财务资产管理】 2020年,井下作业公司推进集团公司财务共享工作,作为川庆钻探工程公司第一批试点,如期实现系统切换上线,完成费用报销流程、差旅报销流程、对外付款流程与借款流程的配置;分解各单位"三项"费用指标及"两金"压控指标,坚持季度绩效考核,实行月度预算管理和月度经营预测工作,每月25日前在中油财务融合2.0系统按时上报月度经营预测表。强化执行资金计划管理,编制和上报资金年、月、周、日计划并严格执行,同时根据生产实际,合理安排使用资金,严格执行承兑汇票管理。实现资金管理创效2 494万元。贯彻实施应收款项管理办法,加快清理各项债权债务,清理3年以上无动态往来挂账38项,应收、应付款项560万元,清理安全隐患治理结余项目25项,结余资金220万元。开展降价谈判,严控新立项价格,向管理要效益,两级机关管理费下降37%、"五项"费用下降60%。开展业务培训4次。

【科技创新】 2020年,井下作业公司开展项目研究98项,申请专利67件,形成重大核心配套技术4项,重大装备、工具及产品6项,开发软件3项。推进基础研究,页岩气水化作用机理研究成果国内领先。压裂、固井工程设计软件完成升级,设计水平和服务质量大幅提升;全面推广应用复合暂堵体积压裂、精细控压固井等技术,取得良好实效。抗盐多功能稠化剂、70兆帕高压尾管悬挂器等一系列油化、工具产品,成为新的利润增长点,各类产品创收7.14亿元。

【人才培养】 2020年,井下作业公司考核在聘川庆钻探工程公司技术专家4人;获聘川庆钻探工程公司企业技术专家1人、一级工程师4人;增补二级工程师6人、三级工程师6人。完善人才发展机制的若干措施,编制"十四五"人才队伍建设规划，优化人才建设配套制度，建设人才发展长效机制。编写博士人才队伍建设情况调研报告，引进博士研究生1人，新进大学毕业生38人。推进"双序列"人才队伍建设，探索操作人员向管理岗、技术岗转型机制。

【安全环保】 2020年，井下作业公司落实安全生产主体责任，强化源头防范、系统治理，夯实安全环保工作基础。强化体系建设，压实HSE责任。健全HSE委员会、分委会，完善领导干部安全生产承包点，制修订4类安全生产主体责任清单722个，开展QHSE体系内审2次。实施专项整治三年行动，强化总包项目全程管控。开展危害因素辨识和风险评估，评价出重大风险15个、重要环境因素11个。强化源头管控，环保质量持续提升。推进习近平生态文明思想、习近平关于安全生产重要论述宣贯落实，启动压裂平台清洁生产一体化服务项目，推进现场废弃物减量化、资源化、无害化。强化群防群控，新冠肺炎疫情防控成效突出。严格执行各级防疫要求，强化宣传教育，推行"一个两案一表"，抓好信息排查和精准管控，无确诊病例、无疑似病例，推动复工复产。

2020年11月7日，井下作业公司YS49121队在安门服务区中转休息 （陈毅 摄）

【党建工作】 2020年，井下作业公司开展学习教育，严格落实"三会一课"制度，常态化推进"两学一做"，开展主题教育，党委中心组学习12次、专题研讨7次，党员干部"四个意识"不断增强。管党治党持续从严，高度重视巡察整改，将整改情况对标10%绩效。深化经商办企业和"四风"问题专项整治，完成7个科级单位内部巡察。完善党建工作责任清单，优化考核评价体系，开展党建大检查，多措并举，查缺补漏，完善意识形态责任建设。推进党建与生产经营深度融合，探索、推广区域性党建联盟、党建工作线上线下一体化等实践成果，有效整合党建资源，强化"大党建"工作格局。开展专项督查，督促基层党组织抓牢抓细阵地建设、定期开展专题研究、按时提交专项报告。新成立基层党总支1个、基层党支部7个，撤销直属党支部3个、基层党支部3个，完成27个基层党委、纪委、党支部的换届选举工作，确保党组织健全率100%。加强基层党组织"强带弱""先进带后进"联动共建，区域性党建联盟活动形式受到集团公司党组、《国企党建》杂志等高度评价。打造华阳生产基地党建区域联盟示范窗口，4个党支部被评为川庆钻探工程公司"示范党支部"。661名党员为武汉一线女医务工作者捐款9.35万元，854名党员为防控疫情捐款11.73万元。开展主题党日活动84次，按时开展"三会一课"，均同步到石油党建信息化平台。评选先进基层党组织10个、优秀党务工作者15人、优秀共产党员100人。吸收预备党员15人、预备党员转正19人。

【队伍建设】 2020年，井下作业公司开展领导班子及领导人员履职测评、党建工作民主测评、选人用人"一报告两评议"测评等。推进"四好"领导班子先进集体评比表彰。把好选人用人关，树立鲜明用人导向，注重基层一线人员培养使用。参加局级及以上高层次平台培训班8个，18人参培。完成7批次、89人次科级干部选拔调整，其中提拔17人，交流23人次；采用公开招聘方式，选聘公司团委副书记。

【宣传工作】 2020年，井下作业公司开展"战严冬、转观念、勇担当、上台阶"主题教育，制定印发《井下作业公司提质增效教育引导实施细则》并组织集中学习，开展"应对低油价怎么看、怎么办、怎么干"大讨论，参与建言献策620人次。门户网站建立"推进提质增效专项行动"专题网页，集中报道提质增效成果，刊载稿件132篇。开展主题宣讲15场次，编辑"形势、目标、任务、责任"宣传资料32期。拍摄制作各类宣传短片、纪录片、微电影20余项，在川庆钻探工程公司多个比赛中获一等奖3个、二等奖1个、三等奖3个。围绕战疫复产、主题教育、提质增效、科技创新等主线工作，在上级媒体发表新闻稿件近500篇，连续多年名列川庆钻探工程公司前茅。《中国石油报》头版、集团公司门户网刊发宣传水平井裸眼工具十年磨一剑的技术成果；《四川石油报》整版刊发《干在实处无止境，走在前列谋新篇》，宣传企业提质增效成果；"时代川庆"刊发《工厂化压裂：重新定义和丰富川庆速度》，深度报道井下作业公司页岩气一体化总包服务优势；《全橇装压裂新军》登上"今日川庆"公众号，点击量突破4300人次。"井下纵横"公众号开设"提质增效面面观""专业"专栏，挖掘优秀员工故事，完成推文推送49条。全新打造《四川井下》杂志、龙潭基地楼道电视端口栏目设置，多层次、多角度，讲好井下故事，传播井下声音，树立企业良好形象。

【和谐企业构建】 2020年，井下作业公司重点开展页岩气提质增效专项劳动竞赛。创新竞赛形式，自主开展具有阶段性、灵活性、"短平快"特点的小型劳动竞赛活动34项，发放奖励426万元。开展评先树优工作，推荐研发中心朱炬辉为集团公司劳动模范。坚持职工群众主体地位，召开二届四次职代会和工代会，审议通过工作报告等报告8个，开展领导班子和班子成员述职述廉和民主评议工作，形成关于民主评议公司处级领导干部的决议。收集各类职工代表提案20件，全部提案办结。开展庆祝"三八"国际劳动妇女节读书、征文、"特殊时期一封家书"、庆"五·一"等系列文化活动。开展青年创新创效活动，收集"五小"成果29项，"区域化配液模式"成果在川庆钻探工程公司交流展示。开展青年安全活动，参加第三届川庆钻探工程公司青年安全小视频主题比赛，获一等奖1个、二等奖1个。运用"互联网+"优势，开展"青年力量，直面低油价"岗位实践，召开第二次团代会，完成换届改选。督促落实职工带薪休假、疗养制度，保障职工休息权和健康权，投入69万余元组织212人疗养。完善困难职工档案，开展大病帮扶及灾难慰问115人次，发放慰问金49万余元。开展元旦、春节等节日慰问，发放慰问金473.85万元。慰问新冠肺炎疫情防控工作医务人员和疫情期坚守岗位的海外员工，发放慰问金2.2万元。抓好疫情防控工作，发放防疫物品15.4万元。开通疫情期间心理援助服务，推出宝石花医疗在线服务平台及心理援助热线电话，建立"从心出发"微信公众号在线咨询，推送心理健康专家讲座46期，落实川庆钻探工程公司部署的9件民生实事，增强干部职工荣誉感、幸福感、获得感。

（陈　燕）

邮政编码：610051
电话号码：028-86019188　028-86019329
油网号码：219188　219329
单位地址：四川省成都市成华区龙潭工业园华盛路46号
单位英文简称：CCDC Downhole Service Company

长庆井下公司

【概况】 长庆井下公司主要从事油气田试油试气、压裂酸化、测试试井、修井特作、工程测井等储层改造和综合完井业务。具有从地质评价、储层分析、工程设计，到现场作业、施工监测、后评价一体化服务能力，是中国石油井下作业业务链最为齐全的单位之一。2020年底，设机关科室12个、机关附属单位4个；生产项目部6个、基层大队级单位21个、小队级单位68个。用工总量2 580人，其中合同化员工1 553人、市场化员工1 027人；经营管理干部512人、专业技术干部462人；高级专业技术职称112人、中级专业技术职称577人；川庆钻探工程公司企业技术专家3人、一级工程师3人；集团公司石油名匠1人、技能专家2人，川庆钻探工程公司技能专家4人、首席技师4人；在聘高级技师5人、技师74人。有施工设备1 292台（套），主要包括2500型、2300型、2000型等各型压裂车组和连续油管装备、测试试井装备、带压作业装备、侧钻修完井装备及连续混配车、现场制氮车、液氮泵车、二氧化碳增压泵注车、二氧化碳密闭混砂橇等功能齐全的综合完井装备，固定资产原值28.31亿元，压裂设备水功率22.86万水马力。实现经营收入52.58亿元，连续3年试油气压裂酸化突破10 000层次。

2020年，长庆井下公司完成试油气压裂酸化10 050层次、完井1 468口。承揽页岩油、致密气和油气水平井、大斜度油井、定向气井工作量，关联交易市场占比同比提高5%，水平井工作量同比增长9.55%。高效保障油气勘探重点井施工，勘探评价完井62口。加快进军老井稳产增产市场，投入72套修井机组支撑"万千工程"，气井修完井244口，同比增长62.6%。扩大反承包市场，跟进苏南、壳牌反承包市场，完井97口，实现产值3.13亿元。拓展外部效益市场，实施西南油气田二氧化碳泡沫压裂、中国地调局地层测试压裂工程、非洲刚果（布）连续油管压裂工具技术服务，实现产值2 000余万元。

【提速提效】 2020年，长庆井下公司推行"三个一体化"运行模式，优化形成"43452"工法❶，推广大井丛工厂化作业提速经验。推行项目化管理，物料直达供应，设备设施现场维保，控制工序节点，组建压前准备、生产保障、井筒清理等专业化队伍，压裂整体提速12.11%，设备综合利用率、压前准备时效同比分别提高10.2%、19.8%，排液完井周期同比缩短22.2%。推行页岩油"黄土塬工厂化"作业，应用"114、228"双模式压裂，平台压裂效率2.39段/日，同比提高33.5%。致密气12个平台日均压裂6.01段，压裂效率提升33.9%。G7-17B井组24小时内压裂25段，创造单日国内压裂施工段数最高纪录；G08-12平台创单机组单日压裂16段、泵送桥塞17个的中油油服新纪录；靖50-25井组工厂化压裂单机组日均压裂9.5段、单日最高15段，创造长庆油田致密气丛式井平台单机组日均压裂效率和日压裂效率最高纪录；华H40平台两套压裂机组24小时内完成压裂18段，加砂2 950立方米，泵注液量

2020年6月6日，长庆井下公司在莲118H井进行大排量体积酸压模式化—酸化施工　　　　（张文隆　摄）

---

❶ "43452"工法指生产组织"四靠前"，即集中营地靠前、井场衔接超前、踏勘井场提前、多样压前准备；作业流程"三专业"，即专业化物流直达、专业化压裂准备、专业化服务保障；压裂施工"四连续"，即连续供水、连续供砂、连续混配、连续施工；现场管理"五优化"，即优化作业现场布局、优化人员结构配置、优化设备设施配套、优化安全环保措施、优化压裂泵注流程；实现"两创优"，即生产指标创优、经营指标创优。

27 788立方米，刷新长庆页岩油平台单日压裂段数、加砂量、泵注液量最高纪录。6支压裂队完成中油油服提速标杆400段目标，获72口超百万立方米高产气井、5口超50吨高产油井，获中油油服贺信4封、甲方感谢信49封。

【科技进步】 2020年，长庆井下公司瞄准油田持续稳产和水平井"四提"（提质、提效、提速、提产）要求，狠抓瓶颈攻关和集成应用，实施各级科研项目107项，获省级科学技术进步奖7项，局级科技进步奖6项，科技创新团队奖1项，新增授权专利71件。推广应用新工艺试验项目1 575井次，实现经济效益1.2亿元。研发应用双封单卡带压拖动压裂、连续管填砂分段等选择压裂技术，有效提高老井重复改造治理效率。研制3个系列15种修井工具，确保故障复杂井的快速处理和修井作业的高效开展。提升连续油管作业能力，靖92-5H1井创长庆区域50.8毫米连续油管最大下深6 248.83米、水平段最大下深2 900米两项施工纪录，超长水平段井筒作业能力基本形成；华H62-1井连续油管底封拖动压裂创单套工具压裂35段和单日压裂11段两项施工纪录。运行压裂现场数字化指挥中心，在致密油气开展26口361层次的压裂全过程数字化监控。鼓励一线员工创新，取得集团公司QC优秀成果奖1项、局级QC成果奖5项。

【精益管理】 2020年，长庆井下公司优化组织机构，下放人事调配与经营管理权限，将原器材供应中心分库、交通服务大队中队划转所属项目部管理，提升运行效率。做强井下工具产业业务，通过"主业研发攻关＋多元生产销售"模式，实现协同发展。开展提质增效专项行动，确立8个方面21项工作目标和48项具体工作措施，实现增效3.23亿元。全面控降成本，压缩预算，加大单井、单车可控生产性支出管控，对支撑剂、生产用水、清洁化等收支倒挂项目进行专项治理；设置提质增效专项奖励，全面推广"四化"成果，加大返排液综合利用；降低承包商支出费用，严控低端业务外包使用，物资采购坚持应招必招，推动采购价格整体下降。

【安全环保】 2020年，长庆井下公司稳步运行双重预防机制与安全标准化创建，HSE体系审核评级获B1良好级。推进全员安全生产责任制建设，形成安全生产责任清单506份，各类检查、操作清单953份。分专业编制现场标准化图册及风险管控"四色图"，完善93项作业施工标准操作程序，编制实施16项重大风险防控方案。实施安全技术措施项目51项，投入资金6 940万元。创新员工岗位无违章正面激励机制，奖励419人次75.7万元。提升清洁化生产能力，合规处置返排液22.7万立方米，回用66.8万立方米，综合回用率51.2%。落实井控主体责任，实施井控风险分级管理，确保井控管理"全覆盖、无缝隙"。基本完成"3+3"应急基地建设，加大应急资源配置，扩大应急辐射范围。强化工程承包商合规引入和过程管控，落实黑名单和清退制度，清退不合格队伍13支。

【党建工作】 2020年，长庆井下公司坚持用党的创新理论武装头脑，把学习贯彻习近平总书记重要讲话和指示批示精神作为第一议题，深入学习《习近平谈治国理政（第三卷）》，全面领会党的十九届四中、五中全会精神。党委第一时间成立新冠肺炎疫情防控工作领导小组，统筹安排疫情防控和复工复产，发放防疫物资16大类46.7万余件，组织党员捐款93 820元，为一线女性医务工作者专项捐款348 575元，严格落实常态化疫情防控措施，守住"双零"底线。开展"战严冬、转观念、勇担当、上台阶"主题教育活动，系统策划9个方面专项活动，党委班子成员带头宣讲党课11场次，深入基层开展专题调研27次，整改发现问题111项，有力推进提质增效专项行动。

开展"113662"党建提升工程❶，制订《党支部标准化工作手册》，分层级、全覆盖进行支部书记党建工作述职，开展党建责任制考核，推进党支部达标晋级，评选优秀党支部31个，选树川庆钻探工程公司示范党支部6个，党建工作继续保持川庆钻探工程公司前列。调整基层党组织12个，新发展党员28名，开展庆祝建党99周年暨"七一"表彰大会，"不忘初心、牢记使命"入党仪式浸润，"最美井下、红色榜样"评选，"提质增效、共克时艰"主题党课比赛等系列活动，2部党课微视频分获集团公司一等奖、二等奖，1部党课课件获川庆钻探工程公司一等奖。推广"铁人先锋"应用，健全党员教育、党员管理、党费缴纳等流程。分层级签订党风廉政建设责任书1 210份，开展"六个一"廉洁教育、党章党规教育和警示教育11次2 183人次，完成4家单位内部政治巡察，实施合规管理监察1项、联合监督监察10项、自立监督22项，层层压实管党治党责任。加大青年干部和技术人才培养，举办第一期青年干部培训班，召开人才工作会，推进专业技术岗位序列改革。

2020年9月9日，长庆井下公司在华H60平台举行党建共建签约仪式　　　　　　　　　　　　　　（孟珂摄）

【惠民工程】 2020年，长庆井下公司坚持以人为本，共享发展成果，加大民生投入，改善员工生产生活条件。在经营形势异常严峻的形势下，员工薪酬收入、福利待遇保持稳定。通过向外推荐等方式，安置11名子女就业。注重员工健康和扶贫帮困，开展"健康下基层"活动3次，咨询、问诊2 000余人次，安排员工绿色通道就医600余人次；看望困难、住院职工82人次，发放各类慰问金、大病补助、子女助学金、营养补助等31.65万元，节日慰问502万元。整体规划实施生产生活基地升级改造，陇东项目部新食堂试运行，贺旗倒班公寓主体建设基本完成。改善一线驻地和试油（气）机组生活条件，新增多功能营房30套，安装净水系统130套。开展迎新年足球、羽毛球赛事及靖边项目部成立30周年职工篮球友谊赛等活动。

【年度荣誉】 2020年，长庆井下公司被授予"十三五"中国企业文化建设优秀单位、2018—2019年度全国安康杯竞赛先进集体称号，获川庆钻探工程公司、长庆油田公司"维护稳定工作先进集体"称号，川庆钻探工程公司"井控先进单位"称号。6支压裂队获"重点区域工厂化压裂优胜队伍"称号，YS48133队、S00508队获川庆钻探工程公司劳动竞赛突出贡献奖。1人获川庆钻探工程公司第四届"十佳杰出青年"称号，24名员工获"技术（操作）能手"称号。获甘肃省职工技术创新成果一等奖等奖项2项、集团公司岗位创新成果一等奖等奖项3项，获全国发明展览会银奖等奖项3项。咸阳工业园被命名为首批集团公司"石油精神教育基地"之一。（赵东旭）

邮政编码：710018

电话号码：029-86599003　029-86599000（传真）

单位地址：陕西省西安市未央区未央路151号长庆大厦

单位英文简称：CCDC Changqing Downhole Technology Company

---

❶ "113662"党建提升工程：两个"1"分别为坚持全面从严治党主线，构建党建运行机制；"3"即为"制度、责任、保障"体系；两个"6"分别为夯实基层党建"六个标准"化，围绕中心强化"六个融合"；"2"即为实现"两个前列"奋斗目标。

试修公司

【概况】 试修公司是为深入贯彻落实集团公司深化改革总体要求和川庆钻探工程公司"四化"工作部署而对试修（测试）业务重组整合成立的新公司，由川东钻探公司、川西钻探公司、钻采工程技术研究院、地质勘探开发研究院的试修、带压、测试、试井等专业业务整合，2020年1月1日正式重组运行，设机关职能科室10个、附属机构4个、三级单位3个。用工总量1721人，有合同化员工975人、市场化员工216人、业务外包人员530人，有干部360人（含以工代干67人）、工人831人。基层队伍62支，其中试修队31支、测试队27支、带压作业队4支。有高级专业技术职称37人、中级专业技术职称188人；高级技师13人、技师50人、技能专家6人（集团公司技能专家2人，川庆钻探工程公司技能专家4人）；川庆钻探工程公司企业技术专家1人、一级工程师4人。固定资产原值5.75亿元；净值1.31亿元。有修井机45台（其中租用3台）、带压作业机6套、测试流程97套（其中租用16套）、钢丝试井设备6套、井下测试工具23套。总收入增幅16.7%，超盈206%，实现扭亏为盈，全面完成各项考核指标。获川庆钻探工程公司QHSE先进单位称号。

2020年5月8日，川庆钻探工程公司党委书记、总经理李爱民到试修公司参加QHSE管理体系审核末次会 （季 征 供）

【生产组织】 2020年，试修公司开工908井次，完工870井次，同比增加90井次，其中带压作业95井次、试油修井69井次、隐患治理48井次、接替钻机试油33井次、地面测试222井次、地层测试及计量219井次、钢丝作业184井次。发挥机关、项目部、基层队三级协调联动作用，成立长宁—昭通等4个项目组，强化施工准备、狠抓工作衔接、工序配合、外协管理等关键环节，生产时效同比提高1.2%，达到90.1%。钻机试油时效、封堵井时效、搬迁效率分别同比提高35.9%、19.8%和29.8%，组停时间同比减少34.3%。成立故障复杂处理中心，完善预警管理体系，规范复杂处置程序，故障复杂时效2.05%，下降8.9%。制订完善共享设备管理办法，共享设备89台（套）；推进设备瘦身计划，优化精简页岩气试采流程，推行移动基墩，地面流程拆安时间平均缩短3.5天，效率提高60%。

【市场开发】 2020年，试修公司高度重视市场开发工作，巩固关联交易市场，拓展外部市场，促使市场经营由量的扩张转向质的提高。原有市场稳定，与西南油气田各建设方及协作方签订框架合作协议13份、单项协议5份、转让框架协议6份、转让单项合同8份、框架内责书8份、单项内责书3份。外部市场创新高，与中国石化西南井下签订单井除硫业务、中国石化中原井下签订APR测试业务、长庆井下公司对外项目部签订地面计量业务、大庆油田重庆分公司签订酸化回注业务等1100万元，力争达成2021年继续合作的意向，为内部市场工作量及降价因素可能导致的缺口补充打下基础。发挥全产业链优势，掌握主动权，在原关联交易模式基础上主动求变，部分业务已不再从内部分包。

【QHSE管理】 2020年，试修公司杜绝一般A类生产安全事故、火灾、环境污染等事故的发生，QHSE指标均在控制范围内。制定QHSE制度25

项、QHSE 岗位职责 249 个，签订各级 QHSE 责任书 53 份，各级领导干部制订个人安全行动计划 144 份。全面落实安全生产"三个全面升级管理"及强化关键风险领域"四条红线"管控要求，管控高危作业 241 次。安全环保履职能力评估 1 061 人，一次性合格率 100%。投入专项资金 817.245 万元，落实安全技术措施项目 11 项。建立规范现场废弃物处置流程，处置 89 口井固体废弃物 7 597.7 立方米。处置废液 85 381.3 立方米，回注再利用 108 559 立方米。开展季度检查 4 次，发现隐患数量 3 717 项，"三标一规范"队伍达标率 100%。按照"四不放过"原则，严肃处理安全类事件 1 起，处罚 4 人次。加强违章管理，查处违章 221 起，罚款 4.07 万元。

2020 年 3 月 25 日，试修公司在广汉技研中心车间组织进行消防演习
（季　征　供）

【工程技术管理】　2020 年，试修公司工作量及技术指标屡创新高，试油时效 85.01%，同比上升 0.46%，试油施工工序一次合格率 100%。录取资料准确率 98.90%。角探 1 井完井试油最高地层压力 151 兆帕，创国内新纪录。带压起下油管在自 205 井迈上 30 兆帕新台阶，在威 204H42-2 井一次性捞获连续油管 1 400 米，拓展带压修井空间。钢丝试井在威 204H10-4 井创造国内小管径最大井斜 72.17 度新纪录。故障复杂处理能力及效率效率大幅提升，首次在井斜高达 76 度下完成完井封隔器锚定密封的倒扣作业，完成在大井斜条件下对井下永久式封隔器的磨铣打捞工作。超深井永久式封隔器打捞处理周期由 42 天缩短至 14 天，处理时效提高 3 倍。故障复杂时效 2.05%，同比下降 8.89%。新工艺新技术应用提速效果显著，采用通刮铣一体化技术、试油完井一体化技术、RCT 切割技术、实现技术提速 108 天；锻铣工艺取得新进展，锻铣机械钻速提高到 0.5 米 / 时，锻铣机械效率提高 67%。

【科技进步】　2020 年，试修公司开展科研项目 33 项，其中国家级 5 项、集团公司级 4 项，形成科技创新成果 2 项，转化科技成果 5 项，组织申报专利 22 项，发明专利 12 项，实用新型专利 10 项。获科技奖励 3 项，牵头项目获中国石油和化学工业联合会科学技术进步奖一等奖 1 项、川庆钻探工程公司科学技术进步奖二等奖 1 项、基础研究二等奖 1 项。推广应用"地面测试作业高压远程控制系统"等 5 项成熟新技术，创效 3 738.81 万元。首次在角探 1 井实现 140 兆帕地面测试流程远程控制，自动化控制率达 96%。压启式试油完井一体化技术试验成功，节约时间 7 天以上。泵注式井下关井阀在双鱼 132 井等井实现管柱内多次直推堵漏浆压井作业，堵漏时效提高 60%。"井筒排出液清洁化实时处理技术"在高石梯—磨溪区块应用 21 井次，并进入中国石化市场。

【提质增效】　2020 年，试修公司新冠肺炎疫情影响和国际油价低迷的双重挑战，高度重视提质增效专项行动，研究制定 6 个方面 25 条措施，在市场开发、生产运行、工程技术、精益管理等方面成效明显。发挥试修重组整合后的一体化优势，保证传统市场稳中有升，关联交易市场占有率超过 95%，地面测试、地层测试、带压作业工作量分别增长 41.4%、23.7% 和 15.9%；向承包商、供应商传递经营压力，支出合同 385 项，平均下降

16.7%。争取疫情税收减免政策，节支851万元。制定"十条"225吨修井机扭亏措施，实现人员精减、设备瘦身、井间周期缩短，扭亏初见成效。优化内部人员流转机制，减少业务外包用工55人，节约成本600余万元。实现提质增效4179万元。

【人才队伍建设】 2020年，试修公司系统制定人事工作制度，确定两级机关人员进入管理制度，确保各科室人员按时抽调到位。合理调配原有科级干部就位到两级机关，全面满足生产工作需求。结合企业实际和科股级岗位空缺情况，开展干部选拔任用工作，提拔科级干部22人次、股级干部48人次，调整科级干部12人次、股级干部49人次。从操作岗位选拔优秀员工23人代理管理或专业技术岗位，配齐各基层队技术人员。大胆启用优秀年轻干部，提拔任用40岁以下科级干部8人，35岁以下科级干部4人。引进高校毕业生6人，做好新进大学生"三级"培训管理工作。完善优秀人才在专业技术序列与管理序列间双向流动机制，"双序列"首轮选聘二级、三级工程师岗位24人。做好集团公司、川庆钻探工程公司各类高层次人才推荐，其中高级专业技术职称37人、中级专业技术职称188人、高级技师13人、技师50人、技能专家6人（集团公司技能专家2人、试修公司技能专家4人），试修公司企业技术专家1人、一级工程师4人、二级工程师1人、三级工程师2人。

【企业管理】 2020年，试修公司编制"十四五"发展规划及年度计划并组织实施。调研分析行业发展形势、目标市场，结合企业现状和发展目标，明确"十四五"总体部署。实行投资项目"一本帐"管理，促进优化投资结构，深化前期研究，抓好投资全过程管控和投资效益分析。完成固定资产投资11771万元。完成2021年重点投资项目连续油管装置、带压作业装置、120吨油电混动修井机的可行性研究报告。夯实企业管理基础，首次构建系统完备、科学规范、运行有效的规章制度体系，发布管理制度97项。系统推进体系融合工作，形成"一本手册、一套管理制度、一套作业文件"为主的综合管理体系。建设形成适用法律法规和其他要求清单109项。开展重大风险评估，形成风险管理年报。

【党建工作】 2020年，试修公司建立完善党组织机构。成立基层党委2个、党总支2个、党支部55个，撤销党支部2个，同步进行党支部选举，党组织健全率100%。推广S08518队等3个川庆钻探工程公司示范党支部的工作亮点和经验做法，以点带面，促进基层党建工作。配齐基层党支部负责人，推进基层党政领导"双向进入、交叉任职"。遵循新党员发展"十六字方针"和5个阶段25个步骤，发展新党员11人。参加"川培在线"网络学习454人次，开展"学党内法规，强基层党建"知识竞赛454人次，"不忘初心、牢记使命"入党仪式浸润活动35队次，"走访慰问、情暖人心"困难党员帮扶10人次，报送"全面从严治党、引领企业发展"微视频作品2个、"党课开讲了"精品党课4篇。

【企业文化建设】 2020年，试修公司形成"建设国内一流试修专业化公司"的愿景目标，"创新、攻坚、争一流"的团队理念，形成以"党建引领、做强测试、做专修井、做优带压、做精试井"五篇文章的高质量发展保障；开展"战严冬、转观念、勇担当、上台阶"主题教育活动宣讲3期，实现"形势、目标、任务、责任"教育全覆盖；在各类媒体刊发稿件975篇，其中局级以上媒体刊发新闻152篇，《周年巡礼》"1+5"系列报道在川庆钻探工程公司门户网站连续刊出，展现企业重组一年取得的成绩。

【工团工作】 2020年，试修公司专人摸排困难员工家庭、收入等情况，建立困难职工帮扶档案，慰问帮扶困难员工46人次，发放帮扶慰问金62.6万元。深入一线开展"送清凉""送温暖"2次，慰问基层单位76队次，配发慰问品余152份。试修公司获四川省"提质增效、奋战三百亿"暨川庆川渝地区提质增效劳动竞赛优胜单位二等奖；开展"试修、带压、测试"三大专业专项劳动竞赛，表彰136个作业点，奖励85.01万元。开展合理化建议和技术改进活动，获川庆钻探工程公司合理化建议三等奖1次、优秀奖2次。员工贾霄当选川庆钻探工程公司第四届十大杰出青年；参与川庆钻探工程公司青年大学习系列活动，"微团课"评比获第三名，团委获优秀组织奖。

（季　征）

邮政编码：610081
电话号码：028-86017195
油网电话：217195
单位地址：四川省成都市成华区建设北路一段创智中心15楼
单位英文简称：CCDC Well Intervention Company

长庆固井公司

【概况】　长庆固井公司是集固井施工、固井技术研究、固井技术服务，以及固井工具和添加剂研发生产、固井新工艺推广应用于一体的综合性固井工程技术服务公司。2020年底，机关设科室10个、附属单位5个；基层设有项目部（工程部）6个、固井工艺技术研究所1个、物资供应站1个、固井中队10支，托管陕西固德石油工程有限公司。在册员工705人，其中在岗人员703人、内部退养2人。有管理人员163人、专业技术人员131人、技能操作人员411人。有设备1424台（套），资产原值5.37亿元，资产净值2.39亿元，新度系数0.44。有100-30型、75-30型、45-21型等水泥车104台、下灰车106台，在用批混车、背罐车等生产辅助车辆25台，立式下灰罐514具。建有自动化和半自动化固井水泥干混站7座，年混配能力35万吨以上，单日最高混配能力达4000吨以上；建立油气井水泥化验室8个，有各类化验仪器85台（套），其中进口仪器27台（套）。

【疫情防控】　2020年，长庆固井公司始终把员工生命安全和身体健康放在第一位，贯彻上级部门和地方政府决策部署，落实"外防输入、内防反弹"要求，分区域、抓重点、精准布防，分层级成立新冠肺炎疫情防控领导小组31个，组织召开疫情防控专题会议43次，编印疫情防控工作指导手册，制定疫情防控措施47项、生活服务保障措施20条，配发各类防疫物资15万件，开展专题培训12场次2578人次，健全人员信息动态排查报告机制，实时预警疫情发展变化趋势，"网格化"跟踪排查人员健康信息5.6万人次，实施跨省区流动备案制度，"一人一策"跟踪落实中、高风险地区往返人员194人次，全过程追溯监控厄瓜多尔项目和中、高风险地区往返人员，全体员工、家属实现"零疫情、零感染"。

【提质增效】　2020年，长庆固井公司开展提质增效专项行动，制定管理增效项目5个、节支增效项目13个、创收创效项目4个、细化保障措施11项。组织提质增效专题宣讲，加大提质增效舆论宣传，开展提质增效主题劳动竞赛，细化单井施工设计，提高一次固井施工成功率，加强余灰回收、发放管理，落实物采二次议价协商机制，跟进国家社保减免政策，推广应用国产固井工具，分区块、分井型细化单井边际贡献预算，优化完善经营考核政策，实施月度绩效与完成生产经营总值挂钩，严控"五项"费用和非生产性成本，实施公开竞争性谈判，压减各项采购成本，形成全要素提质增效良好局面。全年在结算价格下降、成本刚性上涨的双重挤压下，实现收入10.9亿元，利润增长19.8%，资产负债率超额完成0.3%，"两金"压控超额完成16.4%，提质增效完成1.03亿元。

2020年6月15日，川庆钻探工程公司在长庆区域召开提质增效专项劳动竞赛现场表彰会，长庆固井公司2个获奖中队代表领奖　　　　　　　　　　　（郭旭亮　摄）

【市场开发】 2020年，长庆固井公司健全领导、机关部门、项目部三级市场开发责任体系，制定《市场开发考核方案》《市场开发奖励方案》，加强市场开发考核兑现，抢占内外油气基础市场，对接保障甲方项目组34个、总包页岩油等产建项目8个，全部承揽油井水平井、油井大斜度井工作量，市场占有率60%，较历史最好纪录提高6.7%，固井服务保障钻机数量占长庆油田公司部署总数的60%以上。综合分析技术装备优势，主动与油田公司主管领导、相关处室和各采油采气厂联系，对接保障产建项目组27个，签订合同34份。推进对外合作和国内反承包项目市场，完成厄瓜多尔项目固井17口、苏南道达尔项目固井7口、壳牌长北二期项目固井6口，产值1661.43万元。全年固井作业9278井次，同比增长2%，其中二固井、老井封井1946口3952井次，同比增长169.2%。在桃2-33-8H2井创造亚太地区陆上最长水平段固井纪录。

【固井生产】 2020年，长庆固井公司优化生产组织模式，均衡调节区域工作量，缩短服务保障半径，减少车辆运行里程146万千米。发挥长庆固井公司、项目部两级生产调度中心作用，科学制定年度、月度生产指导计划，统筹协调项目部间支援保障127次，提前转罐3118台次，转灰3668台次，水泥车转井9665台次，非生产时效同比减少819小时。盘活内部资源，加强在用设备综合利用，建立标准化设备维修管控流程，强化核心装备维护保养，主要设备综合完好率99.27%、综合利用率76%。推行专业化管理，强化工序衔接和技术保障，抓好水平井、大斜度井、页岩油大平台、致密气、储气库井等重点工程的服务保障。推进"四化"项目建设，加快"一键式"自动固井施工技术研究，完成水泥车远程控制及仪表车传输系统上井测试5次，推进水泥干混站机械化及粉尘污染控制研究，设计添加剂自动密闭混拌装置和吨袋卸料装置，提升混拌效率。试验高压管汇油壬紧固气锤，减少油壬连接劳动强度。推进一体化平台建设，完成基础信息初始化、固井工作量录入、固井技术数据维护和部分统计分析功能模块开发。

【经营管理】 2020年，长庆固井公司推进综合管理体系融合，制订综合管理体系融合实施方案，梳理制度和程序文件214项，删除冗余文件19项。加强风险管理，主要领导与法律顾问进行法律风险交流，获风险防控建议及预防性提示16条。开展全员法治宣传教育年活动，开办门户专栏，配发法律书籍120余本，组织全员知识答题活动2100人次。完善《内控与风险管理手册》，梳理业务流程266个。做好投资管控，调整重点装备投资结构，新购100-30型水泥车3台，更新45-21型水泥车2台。推进资料减负，强化信息技术应用，优化精简电子平台可查询、填报方式有交叉、报送频次过密集的资料44项。修订发布《2020年绩效考核实施细则》，明确经营管理责任，强化绩效考核过程管理，严格落实考核结果应用兑现。

【技术质量】 2020年，长庆固井公司加大科研技术攻关，围绕油气勘探开发需求，组织科研开题论证，投入科研经费2862万元，牵头局级以上科研项目4个、实施处级科研项目17项，获国家专利授权2个。研发粉体高分子絮凝材料，首次试验应用于6口含水层段油井固完井作业，界面胶结质量同比提高20%以上。推广应用自主创新的9项新成果，可固化隔离液体系、增强减轻复合材料、中高温降失剂等新产品、新体系在使用中取得较好成效。加强固井质量管理，开展"质量管理提升年"活动，落实集团公司《油气水井质量三年集中整治行动方案》，加大固井质量排查，定期开展固井质量"回头看"，建立固井质量周汇报、月分析机制，跟踪分析固井质量声幅图2411口，组织材料质检2481次，配方复核实验6254次。跟进重点井、复杂井和异常井动态，升级管理循环失返、循环压力异常井，组织技术专家深入现场进行技术指导，制订个性化施工方案，落实现场技术措施，消除事故复杂。全年应封固井段达标井率92.5%，同比提高22.2%。

【安全环保】 2020年，长庆固井公司明确HSE工作目标，建立各部门、各单位安全生产责任清单98份，完善HSE管理体系，实施精准化审核，整改销项问题686个、剖析管理短板6个、追溯典型问题9个。开展风险分级防控，辨识风险784条，完善重大风险管控方案5项。实施高危作业挂牌制，利用视频监控等方式跟踪高危作业357次。完善企业隐患排查治理机制，健全企业、项目部、队站三级审核检查标准，实施安技项目12个，投入治理资金936万元。策划部署"安全生产专项整治三年行动"等专项活动6个，细化实施整治工作245项。狠抓道路交通、固井施工现场、承包商管理三大核心风险管控，车辆安全行驶852万千米，规范运行《固井现场联合作业HSE管理协议》《固井作业项目计划书》6523井次，考核承包商单位47家，清退22人。强化环境保护管理，组织召开生态环境保护专题党委会议，完成黄河流域生态环境风险排查，合规处置废机油12.73吨，废水9600吨。推进员工健康管理，落实《"健康中国2030"规划纲要》，实施健康风险预警预判，开展健康咨询活动2次，介入116名"三高"重点人员健康管理。

【党建工作】 2020年，长庆固井公司推进区域"党建联盟"，组织签订区域党建联盟协议17个，组建党建联盟8个。加强基层党组织管理，基层党组织按期换届选举29个，调整成立机关党支部10个，发展新党员9名、转正预备党员8名。开展"战严冬、转观念、勇担当、上台阶"主题教育，制订主题教育活动推进方案，将主题教育活动与提质增效专项行动、推进精细化管理、"争创固井堡垒、勇当固井先锋"主题实践活动相结合。印发主题教育读本500本，加大"形势、目标、任务、责任"宣传，设计制作专题展板2期20幅，开展集中学习15场次1120人次，深入基层开展宣讲8场次，全员讨论，收集整理合理化建议21条。召开庆祝中国共产党成立99周年表彰大会，开展专职党组织书记集中履职能力评估和党员活动阵地观摩，开展"争创固井堡垒、勇当固井先锋"主题实践活动，抓实"六堡垒、九先锋"评比，评选党员先锋82名。加强党员培训，组织全体党员学习党的十九届四中、五中全会精神，参加川庆钻探工程公司"学党内法规、强基层党建"知识竞赛活动。组织召开人才工作会，制定人才建设目标。强化干部队伍建设，制定《经营管理人员管理办法》，选优配强基层领导班子7个。推进专业技术岗位序列改革，组织开展三级工程师年度考核，推荐选聘企业技术专家1人、一级工程师2人，健全和落实党委领导联系服务专家制度，召开联系服务专家座谈会2次。

2020年9月30日，长庆固井公司第二固井项目部固井突破2020井次向祖国献礼　　（郭旭亮　摄）

【党风廉政建设】 2020年，长庆固井公司召开党风廉政建设和反腐败工作视频会，制定《党风廉政建设和反腐败工作任务清单》，分解重点工作任务5大类19项。组织全体党员干部签订党风廉政建设责任书391份，明确科级以上管理人员党风廉政建设联系点38个，严抓"一岗双责"责任落实。修订《长庆固井公司机关人员及所属单位负责人履职待遇、业务支出管理办法》，组织开展食堂采购管理自查，召开承包商、供应商警示教育大会。落实巡察工作规划，编制"四落实一合规"巡察模块清单，制订巡察工作实施方案，对4个基层党组织开展内部巡察。严细开展监督检查，上报开展新冠肺炎疫情防控和复工复产监督检查情况汇报8期，制订《提质增效工作项目推进监督检查工作表》，做到靠前监督、重点监督。开展基层单位干部亲属工作岗位回避情况专项自查，排查审核干部信息123人。开展内部食堂费用、运费及余灰合规管理进行监督检查2次，对油料管理、固井材料质量管控、安全技术措施项目执行情况、开展责任追究执行情况、监管部门监督任务落实情况等5个项目开展联合监督检查。研究制定《进一步加强和改进两级机关作风建设工作方案》，发布《长庆固井公司机关办事指南》，推进建立加强和改进机关作风长效机制。

（贾　涛）

邮政编码：710018
电话号码：029-86593634　029-86598344（传真）
单位地址：陕西省西安市未央区未央路151号长庆大厦
单位英文简称：CCDC Changqing Well Cementing Company

钻采院

【概况】 钻采院专业从事石油天然气钻井完井、增产作业、井控应急等新工艺新技术研究、工程设计、产品生产及技术服务。围绕建成"三高、三低"及非常规油气领域的科技研发中心、钻井完井设计中心、井控技术支持中心、工程技术支撑中心、工程技术信息研究中心5个中心，实施科技引领、人才强院、依法治院、创新驱动、文化兴院、高质量发展六大战略，打好科技创新、技术支撑、市场转型、人才培养、提质增效、精益管理、风险防控、文化提升八大攻坚战，夯实安全环保、反腐倡廉、和谐稳定三大基础。建有低渗透油气田勘探开发国家工程实验室、国家油气田救援广汉基地（中国石油井控应急救援响应中心）、国家能源高含硫气藏开采研发中心、国家能源页岩气研发（实验）中心、油气钻井技术国家工程实验室欠平衡与气体钻井试验分基地、油气田应用化学四川省重点实验室、中国石油二氧化碳压裂增产研究室、西南石油大学产学研基地，并设置博士后科研工作站钻井工程专业培育点。通过多年科研攻关和技术实践，发展形成15项特色技术系列。2020年底，设机关职能部门10个、附属机构4个、基层单位18个。在册员工836人，其中硕士研究生以上学历193人。有教授级专业技术职称6人、高级专业技术职称196人、中级专业技术职称370人，有中油油服井控专家1人、企业技术专家5人、一级工程师12人,集团公司技能专家4人、企业技能专家2人。有固定资产原值9.52亿元,净值3.16亿元。

2020年,实现主营业务收入12.38亿元、考核利润5765万元,超额完成经营考核指标。获川庆钻探工程公司"先进企业""QHSE先进单位""保密工作先进单位""办公室工作先进单位"等称号。

【科研进展】 2020年,钻采院承担处级以上科研项目133项,获处级以上科技奖20项(省部级4项),授权专利86件(发明专利16件),认定集团公司技术秘密6件,注册软件20件。四川省成果鉴定3项、集团公司成果鉴定5项,均达到国际领先水平或国际先进水平。获集团公司自主创新产品1项,"川渝页岩气钻完井关键技术与工业化应用"获集团公司工程技术板块年度唯一的科学技术进步奖一等奖,"精细控压安全钻井成套技术及工业化"获四川省科学技术进步奖一等奖,"井筒压力模型预测系统控制方法"获集团公司专利优秀奖。自主研发旋转导向钻井系统试验推广取得突破,完成国务院国资委"1025专项"任务。精细控压固井技术进一步成熟,成为提高窄安全密度窗口固井质量的技术利器。创新形成以中国石油工程作业智能支持系统(EISS)、川庆钻探工程公司工程技术一体化信息平台为代表的井筒工程信息化成果。反循环气体钻井技术取得阶段进展,实现井下随钻动态封隔反循环气体钻进。新型钻井溢漏安全预警系统进入扩大试验,系统比现有技术提前3—5分钟实现溢漏预警。自主研制橇装化油基岩屑处理装置,处理能力由1.5吨/时提升到2.3吨/时,处理后残渣平均含油量0.45%,单次连续运行时间132小时以上。研发7000米全井无线传输工具、175℃钢丝下入桥塞电动坐封工具、多次开关旁通阀、钻井/试油天然气环保燃烧装备等工具与装备现场应用可靠。

【重点工程与特色技术应用】 2020年,钻采院完成钻完井方案设计5842井次、现场技术服务1125井次。牵头完成中油油服"650"示范工程,泸州深层页岩气区块平均钻井周期缩短122天。工程作业智能支持系统在中油油服全面推广,支撑井筒工程数字化转型智能化发展。精细控压钻完井技术支撑蓬探1井、平探1井、中江2井等风险探井重大勘探发现,保障磨溪019-X1井等15口百万立方米井建成。川渝地区大尺寸井眼气体钻井平均钻井周期比常规钻井节约30天以上。旋转导向钻井技术全面支撑页岩气、致密气重点区域钻井提速提效,创下多项国内非常规水平井钻井新纪录。综合应用控压钻井、老井侧钻、钻完井液、清洁压裂、固井、防腐等技术,支撑长庆油田"万口油井""千口气井"等13个重点工程建设,实现油井复产530口,增油11万吨;气井复产376口,增气突破4亿立方米。气体钻井、精细控压固井、取心等技术支撑塔里木重点区域油气勘探开发,完成井控应急抢险任务,刷新多项国内新纪录。完成厄瓜多尔、巴基斯坦等多国技术服务,创造厄瓜多尔安第斯东部区块钻井周期最短纪录,助力巴基斯坦Nashapa-10井完钻周期比同区块平均缩短73天。

【安全环保与井控应急】 2020年,钻采院学习贯彻习近平总书记关于安全生产的重要论述和生态文明思想,召开落实习近平生态文明思想党委专题(扩大)会,制定《生态环境隐患排查治理工作方案》。全面开展安全生产专项整治三年行动,制定《安全生产专项整治三年行动计划实施方案》。开展风险分级防控和隐患排查治理,评价各级风险,分级制定防控措施。全年整改危害因素1531个、一般隐患1021个,上报分享事件30个,投入安全技术措施费用1028万元。成立专业技术小组10个,审查各专业管理规范、技术标准、操作规程和施工方案,确保工艺安全。坚决打赢新冠肺炎疫情防控阻击战,实现"双零"

目标。提升井控管理能力，参与应急响应3井次，处置博孜3-1X井重大井控险情。保障各大油田井控安全，参与现场复杂工况处理40次。完成Olax SW1井试油工程设计井控审查和SW1井溢流应急处置提供远程技术支持，为拓展海外井控业务提供强力支撑。

【市场开拓与精益管理】 2020年，钻采院面对市场整体低迷、量价双降的严峻形势，拓市场、降成本，提质增效专项行动成效显著。工程作业智能支持系统为核心的井筒工程一体化服务打开集团内部市场，产业规模突破8 300万元。旋转导向、精细控压、带压作业等高端业务在川渝市场规模扩大，获四川页岩气公司75%以上的工作量。拓展长庆油田千口气井项目组和采气一厂、六厂的深度解堵、除垢挖潜、储层解堵试验服务市场。冷冻暂堵业务完全占有苏里格市场份额。精细控压、气体钻井、垂直钻井等优质业务，扩展塔里木油田克深、博孜等高端市场。环保钻完井液发挥品牌效应，中标厄瓜多尔T油田钻完井总包三期项目，赢得中国石油秘鲁分公司10区两部钻机的钻井液服务工作量。新增市场工作量3.39亿元。围绕"增降控"，坚持科技、市场、生产、管理"四位一体"，把11类83条措施转化为责任清单，实现提质增效9 616万元。在挖潜增效过程中，精减科级机构6个、制修订制度8个、职责270项，培训、安全、装备、承包商等信息化系统投入使用。

【党建工作】 2020年，钻采院压实党建责任，调整基层党组织，党支部书记和党员培训全覆盖，推进达标晋级，涌现出川庆钻探工程公司"示范党支部"3个。一体推进"三不腐"，配合完成川庆钻探工程公司党委巡察工作，持续纠"四风"、肃流毒，政治生态更加风清气正。召开人才工作会，研究部署"十四五"人才工作。新提拔科级干部10人、调整37人。推荐选聘企业技术专家5人、一级工程师12人。通过高级职称评审23人，晋升中级职称13人。

2020年6月29日，钻采院在四川广汉召开庆祝建党99周年暨创先争优表彰会，全体党员代表重温入党誓词 （吴玲瑶 摄）

【企业文化】 2020年，钻采院落实意识形态工作责任制，开展"战严冬、转观念、勇担当、上台阶"主题教育宣讲及"形势、目标、任务、责任"宣讲，培育选树"川庆榜样"。实时关注职工思想动态，开展思想政治工作论文征集评选。推进灭火陈列馆建设，接待800余人次。组织党委中心组集体学习13次、专题研讨6次，进一步统一思想、坚定信念，增强领导班子的凝聚力、战斗力。围绕科技创新、技术支撑、党的建设、抗击疫情、复工复产等突出事迹和先进人物，在《中国石油报》《四川石油报》及"时代川庆"、川庆钻探公司新闻网页、微信公众号等平台发表各类文章90余篇；参与"时代川庆"提质增效专题报道和年终策划，报送稿件10篇。用心运营"钻采之窗"微信公众号，做好橱窗、视频、网络管理工作。

【群团工作】 2020年，钻采院开展劳动竞赛、合理化建议、青年英语科技论文报告会等活动，涌现出四川省劳动模范1人，集团公司劳动模范1人、井控先进个人1人、优秀共青团干部1人，川庆钻探工程公司劳动模范2人、抗击疫情优秀青年志愿者2人。开展科技成果推广应用、"650"页岩气钻井科技示范工程技术服务等专项劳动竞赛8个，职工竞赛覆盖面达85%。开展重点工程、抗击疫情、重大节假日一线慰问和夏送清凉冬送温暖等活动，慰问职工及家属超1900人次；开展秋季助学、大病及困难帮扶救助28人次，发放慰问金14.2万元。148名女职工进行特殊健康体检并建立档案，组织95人次参加川庆钻探工程公司职工心理健康咨询及援助等活动，纾解员工心理压力，保障员工身心健康。参加川庆钻探工程公司文艺汇演，举办"不忘初心、牢记使命"职工文艺晚会。开展"云植树""咪咕善跑"全员线上健走比赛等活动，团委获2019年度广汉市"五四红旗团委"称号。 （林 薇）

邮政编码：618300

电话号码：0838-5151365 0838-5152350（传真）

油网号码：251365 252350（传真）

单位地址：四川省广汉市中山大道南二段88号

单位英文简称：CCDC Drilling & Production Technology Research Institute

地研院

【概况】 地研院主要从事油气田油藏地质研究、油气田勘探开发方案编制与研究、井位论证及地质设计、特殊油气藏研究、综合录井、排水采气工艺技术、地质导向、分析实验、试井、远程数据传输、单井跟踪评价等技术服务及施工作业。2020年底，有机关管理部门11个、附属单位6个、基层单位17个、施工作业队伍185支。有员工1278人，其中合同化员工865人、市场化员工413人。有博士研究生38人、硕士研究生145人，大学本科学历429人，大专和中专学历667人；有正高级专业技术职称4人、副高级专业技术职称126人、中级专业技术职称373人、初级专业技术职称776人；有高级技师8人、技师38人、高级工235人、中级工140人、初级工231人；有集团公司技能专家2人、首席技师2人；企业技术专家2人、一级工程师7人、二级工程师10人、三级工程师32人。

【生产组织】 2020年，地研院完成录井1089口、岩心分析3147个、岩屑分析11587个、天然气全分析314个、地层水全分析227个、现场硫化氢检测268井次。工艺技术研究所施工作业井70335口；完成设计1654口井，单井跟踪106口；完成地质导向136口井，平均储层靶体钻遇率96.8%。车辆安全运行217万千米；远程传输442井次、技术支撑705次；发现油气水漏及工程异常1万余次，关键层位卡准率、异常发现预报率均100%。开展汛期自然灾害演练9次，现场演练321次；汛期排查作业现场240余个，落实监护和控制措施。全方位跟踪重点井、重点施工井段，各类业务安全平稳运行。

2020年6月4日，地研院实验研究中心员工在长庆油田第三采气厂现场开展气水取样及硫化氢分析工作 （黎 田 提供）

【重点工程】 2020年，地研院紧跟西南油气田勘探开发部署，主动适应油气服务市场变化，优化生产组织，统筹内外资源，抓好专业队伍运行，全面完成关联交易及总包工作量。全方位跟踪重点井、重点施工井段，协调各板块工作量的落实，保证生产连续性，各类业务安全平稳运行。统筹协调管理，力保施工服务需求。苏里格"西进"

取得重大突破，连续10年稳产18亿立方米。在3个高含水区块相继获3口超百万立方米高产井。助力威远页岩气提前完成产建任务，49口井平均日产创历年新高。建成国内第一个超400万立方米平台，威204H34-4井产量刷新中国石油纪录。厄瓜多尔P油田新井地质成功率100%，连续3口井初产破1000桶，并持续稳产，创油田第二高产纪录，项目启动以来产量和当年产量均破百万桶。

【成果推广应用】 2020年，地研院加大科技创新有章可循的研究与应用，"油服企业科技创新人才队伍建设研究与应用"获四川省石油企业管理协会优秀论文二等奖。推广应用科技创新成果，推动科技创新创效。加快推进威远页岩气地质精细评价、地质导向及井区立体开发研究。应用多项技术成果，实现单井平均测试产量创区块纪录。威远、长宁、四川公司及重庆页岩气区块累计完成各类地质支撑服务1 127井次。在苏里格，应用"致密砂岩气藏开发中后期老区综合挖潜技术""致密砂岩富水气藏富集区筛选及井位优选技术"等4项技术成果，指导部署井位近100口，指导老井挖潜和排水采气387井次。指导中后期井位部署、老井挖潜和排水采气措施，增加产能，延长气井生命周期，提高最终采收率，降低递减，确保气田的长期稳产。

【"四化"建设】 2020年，地研院围绕重点工作组织推进"四化"建设。在标准化方面，重点加强成熟工艺技术、录井设备操作规程、生产组织模式和科技成果标准转化。在专业化方面，由点到面推动成熟模式，探索试点业务外包的专业化管理。在机械化方面，推广应用现场硫化氢、页岩气平台"一机双录"综合录井仪，研究开发井场硫化氢监测系统，加大智能监测研发力度，优化资源配置。在信息化方面，优先组织开展中国石油工程作业智能支持系统（EISS）录井板块推广建设工作，完成并发布EISS 2.0系统研发，实现日报、月报功能。优化一体化平台工程技术资料采集和应用、生产运行管理与应用、大数据事故复杂预警、录井资料采集和应用、远程录井功能应用及装备管理系统建设与应用；在油服各个录井公司开展多轮培训，在5大钻探公司开展试点队井场采集、传输系统进行部署，完成基于大数据分析的事故复杂预警系统的开发，实现实钻过程中对事故复杂预警及辅助决策。

【市场开发】 2020年，地研院形成以市场带动效益、以效益带动生产、以生产带动市场的良性循环。研究板块形成以海外为主，国内为辅格局。海外主力维持土库曼斯坦、伊拉克、厄瓜多尔及阿曼等国家综合技术服务项目等。录井解释评价、地质设计、排水采气、地质导向、试井及分析化验等"一体化服务"板块主要服务于川渝和长庆区域。发挥地质支撑专业门类齐全和技术积淀深厚的优势，稳固川庆钻探工程公司苏里格、页岩气和长宁页岩气等全方位技术支持及人力支援。承包商涉及业务涵盖录井低端业务外包、录井操作服务、录井工程管理咨询及服务、特殊录井、地质导向、分析化验、网络信息、物流运输等。

【安全环保管理】 2020年，地研院层层落实QHSE责任，强化安全环保"红线"意识，无新增职业病人，无隐瞒、谎报事故，职业病危害因素检测率100%、职业健康体检率100%、废水外排达标率100%、固体废物处置率100%。全年未发生一般B级及以上生产安全事故。围绕川庆钻探工程公司QHSE工作部署，突出井控、交通、消防等重点风险管控，监控一级井控风险井32口、二级风险井55口，启动应急处置14次。完成院覆盖所有部门和单位的QHSE管理体系内部审核。开展对工作岗位调整、离岗3个月以上人员上岗培训；开展注册安全工程师、环保、安全生产资格等各级管理培训53人次；开办一线员工骨干、新工、承包商培训110人次，基层岗位

QHSE培训全覆盖。组织1 200名在职员工进行评估与考核；完善安全履职考核评价结果运用机制，将安全生产履职能力评估结果与职级升降、岗位调整等挂钩。开展体系内审2次，接受上级审核4次。召开年度管理评审，提出改进措施7项。完善录井、工艺、实验等专业HSE"三标一规范"建设达标验收细则，达标验收基层队站（班组）198个。编制录井队"三标一规范"2.0建设实施方案。编制录井队《安全文化建设指导手册》。

【疫情防控】 2020年，地研院迅速启动公共卫生突发事件一级响应，召开专题会13次，部署落实疫情防控措施，编制3版防控工作方案，阶段性重要提示8次，排查重点关注人员474人次，实施"一人一策"精准布防，员工和家属实现"零疫情、零感染"，有序推进复工复产，实现疫情防控和生产经营两不误。

【工程技术管理】 2020年，地研院强化工程技术管理，加强日常技术管理督查和阶段检查；强化专项技术方案及重点井、复杂井录井作业技术及井控措施制定与落实。在深层页岩气、川西北、高石梯—磨溪等区块创下多项纪录。发现油气水漏及工程异常1万余次。在集团公司首次实现录井专业数据标准化、专业化、唯一化管理。通过信息化数据采集传输，整合现场数据和远程生产指挥一体化，采取"一队双机""一队多机""一机双录""片区录井队长"、低端业务外包、远程技术支持等多种模式，提高生产组织效能，缓解设备队伍资源不足。全方位跟踪重点井、重点施工井段，保障"650"钻井示范工程实施，利用元素、自然伽马能谱等特殊录井方法进行岩屑鉴定、地层分层，制订单井分层卡层技术方案，派技术干部驻井把关，确保重点区域的复杂区块、复杂地质条件下的录井工作开展。

【风险管理】 2020年，地研院风险主责部门、协助部门按照专业对应的管控责任，制订管控措施及监督检查计划，督促基层单位实施；与风险主责部门、协助部门根据风险管控监督检查计划，对机关和基层单位进行检查。对重大风险实施动态监管和应对，加强隐患分析，及时风险预警。收集上报风险事件59起，未发生Ⅰ级、Ⅱ级、Ⅲ级风险事件。形成《地研院法律风险排查报告》，举办地研院依法治企培训班，增强员工法律风险意识。

【法治建设】 2020年，地研院推进依法治企，开展法律、合同、内控等业务理论学习和案例交流探讨，不定期对合同申报人员进行业务指导、培训。组织机关相关部门负责人及管理人员10余人参加川庆钻探工程公司《中华人民共和国民法典》专题培训学习。坚持上下联动和属地管理，利用专业培训、法治讲座、发放法治教材等方式普及法律知识。举行《职业病防治法》宣传周、《保守国家秘密法》宣传周、"世界知识产权日"、"6·5"世界环境日、"12·4"国家宪法日及《安全生产法》《环境保护法》《职业病防治法》等专题法治宣传学习活动10余次；深入基层单位开展现场法治讲座。开展全员合规培训和签订合规承诺，完成培训1243人次，参培率100%，考核合格率100%。

【财务管理】 2020年，地研院推动生产与经营融合，建立技术与经济协调、工程与效益并重的管理运行机制。根据生产经营形势，结合录井、科研及科研一体化等各板块特点及市场情况，分解利润及专项费用预算指标，确保指标分解落地。定期开展月度预算执行情况分析，与市场开发部做好收入对接工作，及时了解生产经营形势，确保预算受控运行。按照院"战严冬、转观念、勇担当、上台阶"主题教育活动推进方案，开展党委中心组专题学习研讨；分区域到基层单位开展提质增效专题调研工作，检查和督促各单位工作措施落实开展情况。抓好跨年应收款催收，分解清欠指标，对久拖未收款查明原因、落实责任，安排专人负责，采取针对性措施，做好每笔欠款的动态跟踪；推动物资压减工作，确保完成指标。

【保密管理】 2020年，地研院把保密工作纳入"一岗双责"，逐级签订《保密责任书》和《保密协议书》。按照"谁产密、谁定密、谁负责"原则，严格保密相关制度、审查定密程序，按专业分类细化，抓好源头控制，重点检查涉密岗位、人员和事项。开展"网络化办公条件下的保密管理创新研究"，通过理论研究与管理实践结合，强化保密工作责任制、涉密人员管理、网络保密管理、涉密载体管理、信息公开对外合作管理、全员保密教育培训、保密制度建设等方面工作，完善保密管理体系。坚持抓重点、抓关键、抓实效，组织学习违反保密规定案例，提高全体员工的保密意识和信息处理能力。下发涉密存储检测软件，加强自检自查。采取"以会代训"的方式，在各类专项会议上进行保密相关规定学习，强化保密制度法规宣传，提升全员保密意识。

【人才队伍建设】 2020年，地研院坚持人才是第一资源的理念，围绕"一化五型"人才队伍建设目标，实施人才强企战略，打造高素质人才队伍。干部队伍梯次结构持续优化，组织各类培训20期，1984人次参培，统筹"三支队伍"建设和干部选拔任用。推进"一化五型"，推行"科研骨干下基层，学术标兵当书记"，引进博士后1人，聘任企业技术专家2人、一二三级工程师49人。发展党员10人，预备党员转正9人。与西南石油大学等院校签订定向培养协议，每年安排主体专业硕士博士到地研院实习，引进和培养地质勘探、油田化学、测井、物探、计算机应用等专业人才，保证高附加值市场开拓，为实现收入利润稳定持续增长、完成经营考核指标提供人才保障。

【党建工作】 2020年，地研院党委组织中心组学习10次，通过讲授专题党课、主持召开中心组学习和专题研讨，带头学习领会习近平新时代中国特色社会主义思想。重点学习《习近平谈治国理政（第三卷）》、党的十九届四中及五中全会精神，集团公司、川庆钻探工程公司重要文件等内容。明确7个方面29项党建年度工作重点；明确5个方面23项主体责任清单及班子成员责任。全面统筹意识形态工作，完善制度和责任考核体系。撤销党支部4个，新成立党支部13个，更名党支部16个，建立党员责任区69个和党员示范岗64个。开展合规管理监督和联合监督8项、发现问题38个，指导检查提质增效专项行动28次。抓好川庆钻探工程公司党委巡察反馈问题整改，完成问题整改19个，完善制度12项，整改率90.5%。推进内部巡察，完成4家基层单位的现场巡察工作。

2020年9月27日，地研院在成都组织新提拔领导干部集体重温入党誓词 （王姝童 摄）

【新闻宣传工作】 2020年，地研院紧盯"苏里格西进""厄瓜多尔累产破百""页岩气高产"等重点工程，在媒体发表《西区先行者》等稿件40余篇。内部媒体刊登微信专栏26期、专题报道131篇、微视频5部。微电影《你的选择》获集团公司新媒体内容创作大赛二等奖。微信公众平台"睿眼DYY"推送图文信息85条，关注人数1706人，覆盖全院员工，完成川庆钻探工程公司和川油新闻中心下达的各项指标。

【企业文化工作】 2020年，地研院做好《地研院录井队安全文化建设指导手册》的编制工作及企业文化"十四五"规划工作，利用微信平台开展安全提示、节日提醒等安全主题宣贯推送。开展"安全宣传进家庭"活动，组织全体员工观看《2020年安全生产月主题宣教片—征程》等视频资料，参与抖音平台"我是安全明白人"话题和新浪微博"身边的安全谣言"话题活动，并在基层岗位操作员工中开展"写身边的风险"主题活动，助力安全文化多样性发展。完成西北项目部、长庆项目部基地、企业文化展厅场景文化建设。

【工会工作】 2020年，地研院坚持以生产经营建设为中心，开展各项劳动竞赛17项，参与集团公司首届一线创新成果大赛，获创新成果二等奖。开展"推进基层管理标准化""创建HSE'三标一规范'优秀示范队"等9项院级劳动竞赛，在重点区域开展"提高风险识别与风险控制能力""提升钻井跟踪评价质量"等8项基层单位劳动竞赛，鼓励科研单位开展"油气田地质勘探"和"油气田地质开发"等技术交流、岗位练兵劳动竞赛，激励全院员工钻研业务。推进技术创新活动开展，推荐6项成果参与川庆钻探工程公司一线创新成果评比。坚持为员工群众办实事、办好事，夏送清凉、冬送温暖2 100人次，职工疗养369人次。

【团青工作】 2020年，地研院围绕重点工程重要工作，广泛开展青年学术报告交流会、青年安全环保示范岗、青年文明号、青工岗位讲述、青年安全小视频征集等"青"字号品牌活动，多措并举促进团员青年岗位成才。开展青年科技成果报告会，部分成果在国内外学术会议和科技期刊上交流发表。开展青年志愿服务行动，为贫困山区儿童捐款捐物。开展学雷锋志愿者主题日活动，组织义务献血、多肉义卖、手机贴膜、清洁街道等，营造传承雷锋精神、争做向上向善好青年的浓厚氛围。开展青年五人制足球赛、三人制篮球赛、青年歌手大赛、文艺晚会、青年辩论赛、拓展培训等活动，丰富青年员工业余文化生活。组织院单身青年参加青年联谊会，为单身青年拓宽交友渠道。在"川庆地研"微信公众号开辟"地研青年说"栏目，多角度展示青年风采，多层次宣传青年事迹。

（黎　田）

邮政编码：610051
电话号码：028-8605475
油网号码：215475
单位地址：四川省成都市成华区建设北路一段83号
单位英文简称：CCDE Geological Exploration & Development Research Institute

安检院

【概况】 安检院为全国石油行业唯一集安全环保监督服务、技术检测评价服务、安全环保工程服务为一体的科技型企业。拥有国内较有影响力的九大配套特色技术，即"三高"复杂井安全环保评价与监督技术、防喷器性能验证试验技术、超高压气密封检测技术、井控井口装置声发射检测技术、在用油气管道检验及完整性评价技术、节能监测与评价技术、石油钻、修井机综合测评技术、钻井污水深度处理技术、井控装备测控技术。获CNAS检验机构认可证书、CNAS实验室认可证书、检验检测机构资质认定证书、API SpecQ2、BV ISO 9001质量管理体系认证、BV ISO 14001环境管理体系认证、国家安全生产检测检验、中国特种设备检验检测机构核准证（综合检验机构）等30余项国际、国家或行业内资质。有国际标准化组织石油和天然气工业用材料设备和海上结构钻采设备中国技术归口单位、国家安全生产石油井控和钻采设备检测检验中心、石油工业井控装置质量监督检验中心等9个全国或行业性冠名机构。业务遍及国内各大油气田以及伊拉克、古巴、土库曼斯坦、伊朗等国家。2020年底，在册职工528人，其中合同化员工416人、市场化员工112人。干部236人、工人289人，博士5人、硕士40人、本科185人，高级专业技术职称54人（其中教授级高级工程师1人）、中级专业技术职称115人。设机关部室8个、机关直属单位4个、基层单位13个。2020年，实现经济总量5.5亿元，考核利润4678万元，新签合同总量7.6亿元，创造历史新高，获川庆钻探工程公司"先进企业""维稳信访工作先进单位"、四川省"守合同重信用"等称号。

【安全监督】 2020年，安检院围绕"严管理、强考核、重惩罚、抓执行"的监督工作思路，优化完善安全监督管理制度，严格业绩考核，强化履职尽责，有效确保全年安全监督工作取得实效。开展查患纠违、巡检督查、专项检查等工作，排查整治危害因素及隐患200616项、辨识纠正违章16336起，叫停违章作业40次，为企业安全生产保驾护航。根据安全重点调整组织机构，成立井控巡检督察组，配备无人机精确测绘井控设施布局，完成井控重点井巡检309井次，排查井控隐患810项，处罚井控违章326起；组建搬家安装监督组，完成122口常规井及9口套搬井的搬家安装监督工作，全年未发生监督有责井控和搬安伤害事故事件。优化工程监督管理体系，推行驻井监督和巡查监督两级监督机制，开发监督信息化办公平台，提高查验监督履职的时效性和广泛性，查找井筒质量问题1064项，开具备忘录10份，下达整改通知书207份，整改验收合格率100%，保障监督辖区勘探和产建任务进行。

【环境保护】 2020年，安检院出具环监报告4031份；完成川庆钻探工程公司指令性任务环监测点位5367点，西南油气田公司环境监测点位18900点；甲烷检测8个作业区，105个站室的监测。参加国家市场监管总局、中实国金等组织的能力验证（测量审核、实验室比对）活动，申请水中pH值、氨氮、总磷、石油类、总硬度、高锰酸盐指数等，土壤中铅、镉等，空气中二氧化硫，20个项目44项次，44项次全部满意（合格），其中包括国家市场监管总局组织CNCA-20-05、CNCA-20-06两个计划中3个项目合计9个项次。参与川渝地区环境应急监测处置3次，页岩气应急监测活动150趟次。

【技术检测】 2020年，安检院完成压力管道全面检验1232条，超声C扫描2360处、超声B扫描2190处，PCM走线191.42千米，焊缝检测1474条，RBI评价448条，导波检测382处。完成容器无损检测56620件（套）、压力容器检测3970台、安全阀检测996台。完成井口气密封检测326套，防喷器检测118台，井控装置水压/气密封试验594套，阀门检测1232只，储能器检测693只，井口、采油树、节流压井管汇等声发射检测57套，零星检测187套，防喷管检测25根，功能试验18套。监督抽查材料分析业务167批次，委托检测189批次。在塔里木油田开展阀门检测业务，检测阀门2891台。完成井架应力测试8台，井控设备测试129套，井口工具测试5000余件。作为中海油服最大的检验检测技术服务商，承揽海上平台面以上所有设备的检验检测工作；依托天津海油项目部的区位优势，钻采所承揽冀东油田公司、渤海钻探工程公司、中国石化海洋石油工程公司的井控装置检验检测工作。完成海上钻机八大件检验71平台、仪表检测98平台、消防火气系统检测70平台、压力容器检测65平台、安全阀校验68平台。

【安全环保管理】 2020年，安检院修订完善各级岗位职责，签订HSE责任书和安全生产承诺书，促进全员履职尽责。完成主体责任清单及岗位责任清单的编制，开展专项检查和审核11次，查处一般及以上违章13人次，扣绩效3 300元、扣分29.5分，其中查处严重及以上违章2个。迎接中油认证、中油油服等各级检查5次，发现并整改问题119项。严格执行安全专项整治三年行动方案，开展道路交通安全专项整治活动，利用GPS监控和交通违法平台，加大车辆和驾驶员的查患纠违力度，发现违章15起。按照《危险化学品安全专项整治三年行动计划》方案，重新梳理危险化学品管理现状，修订印发危化品管理流程图，督促各单位严格执行危化品储存"五双管理"（双人收发、双人记账、双人双锁、双人运输、双人使用），严格审批危化品的领用流程。开展安检院固体废弃物调研，完成固体废弃物、危险废弃物梳理，统一监管现有固体废物，联系有资质的承包商开展一般固体废弃物与危险废物贮存服务，确保固体废物转运、贮存和处置环节合法与受控。利用信息化优势，推行无纸化办公，加强节能减排工作宣传，提高全员环境意识和节能意识。

2020年4月17日，安检院在四川广汉开展正压式空气呼吸器突击检查　　　　　　　　　　　　　　（马瑞艺　摄）

【市场开发】　2020年，安检院与中国海油、西南管道公司、四川销售公司、西南油气田公司、塔里木油田公司、长庆油田公司和川庆钻探工程公司内部等业务合作单位开展交流，主动推荐特色技术服务，共同构建合作共赢的伙伴关系，川庆钻探工程公司内部市场合同金额同比增长16.7%，西南油气田公司市场合同金额同比增长94.4%，中国海油市场合同金额同比增长168.7%，海外业务市场合同金额同比增长41.7%。利用DD1资质以及信息化系统建设、解堵解水锁老井增产、微生物处理和环境监理等技术，实现新签合同2 535万元。QHSE一体化服务项目、重大重点项目实现新突破。根据四川页岩气公司、长宁公司等单位市场需求，为其量身打造"定制"式服务，签订安全评价、环境监测、QHSE管理及QHSE监督技术、连续油管现场工程管理和压裂清洁生产服务等业务合同。海外业务打通"运维+检测+腐蚀预防+生产监督"一体化服务业务产业链，提供整装服务，实现海外业务新签合同1.63亿元。全年新签合同总金额7.6亿元。

【经营管理】　2020年，安检院完善合同流程管理，印发《关于调整规范竞争性谈判实施方式的通知》，成立以各类技术、管理专家（人员）组成的合同谈判资源库，分技术和商务评审人员参与合同谈判。制定合同文本编写规范，提高合同示范文本在规范交易行为和防控交易风险中的作用。开展季度生产经营分析，发挥合同信息对经营管理决策的支持作用，及时对阶段性生产经营情况进行分析总结，跟踪指标完成情况，强化经营分析会诊断、预警、适时纠偏的功能。开展内控流程的修订、维护以及内控手册的更新，发布2021年《安检院内控与风险管理分册》内控手册。编制年度规章制度建设计划，严格执行起草、会审、审核流程。开展"十四五"规划编制工作，根据编制工作安排和进度计划，在前期总结分析"十三五"规划执行情况的基础上，开展内外部环境分析和专项研究，通过咨询论证、广泛征求意见、对接研讨等方式，分阶段形成规划初稿、建议稿，提交会议审议并上报。优化生产运行管理系统，对关键生产数据的统计分析模型进行设计，建立车辆管理、队伍管理、人员管理、项目管理及业务管理统计分析模块，为生产组织安排提供有效支撑。

【科技创新】 2020年，安检院新开局及以上级别科研项目23项，运行科研项目67项，其中国家级5项、省级2项、集团公司级5项、中油油服4项、川庆钻探工程公司级23项、安检院级28项，申请专利44件，获受理专利38件、授权专利15件，取得计算机软件著作权登记4件，在国内各期刊发表论文23篇，组织申报的"陆上油气全过程绿色钻井关键技术与应用""石油钻机安全评测关键技术"分获四川省科技奖励和中国石油和化学工业联合会科学技术进步奖二等奖。能源管控系统、页岩气腐蚀监测等3项技术纳入新成果推广计划，"在用油气输配系统完整性检测评价技术"技术在检测领域得到有效应用，"安全监督HSE能力评价系统研究与应用"在安全领域得到应用推广，推广应用项目16项。推进井控装备测控系统智能咨询与服务平台、石油行业QHSE工业互联网平台以及安全环保检测技术数字化管理平台（三期）等信息化建设项目，开展实施QHSE数据管控与分析平台建设，为推进数据资源库建设打下基础。

【党建工作】 2020年，安检院坚持民主集中制，严格落实意识形态工作责任制，严格执行"三重一大"党委前置审议程序，保证各项重点工作的决策实施。健全基层党支部设置并完成换届选举，强化"三会一课"和主题党日活动，党支部标准化建设取得良好效果。通过组织召开庆祝建党99周年暨"创先争优"表彰大会、示范党支部、党支部书记网络在线培训等活动，发挥先锋模范作用。加大党建工作责任考核力度，印发《安检院党支部达标晋级实施细则（试行）》《安检院党组织书记党建工作述职评议考核实施细则（试行）》，完成13名基层党支部书记述职评议和13个基层党支部达标晋级考核工作。围绕"不忘初心、牢记使命"主题教育总结大会、党的十九届五中全会和习近平总书记重要讲话精神以及结合"战严冬、转观念、勇担当、上台阶"主题教育活动，开展党委中心组学习12次、专题研讨4次，提升党员领导干部的党性修养和思想政治素质。履行党风廉政建设主体责任，专题研究部署党风廉政建设和反腐败工作，开展学习教育，坚持对新提任领导干部开展任前廉洁从业教育。深化落实中央八项规定精神和反"四风"要求，100%签订党风廉政建设责任书。强化监督检查和廉洁提醒，开展领导人员及其亲属经商办企业问题整改。完成9个基层单位党支部的政治巡察。落实全面从严治党要求，配合川庆钻探工程公司党委第二巡查组开展巡察工作。

【队伍建设】 2020年，安检院把政治考察摆在干部工作的首位，强化干部的选拔、培养和使用过程管理，举办科级干部培训班，调整交流中层领导干部24人次，提拔科级干部6人。推行"双序列"改革，推荐企业技术专家、一级工程师3人，选聘二级、三级工程师8人、工程技术专家3人。

2020年11月20日，安检院与西南石油大学土测院在四川广汉签订战略合作框架协议，并进行产学研合作基地授牌仪式
（陈昱锦 摄）

打造涵盖安全、环保、井控、动设备管理、油气运维等专业领域的创新工作室和技能人才工作室，形成"5+3"研发格局（以5个创新工作室+3个技能人才工作室为主进行科技研发）。推进"一人一策"培养规划，开展研究生工作述职暨专业答辩，根据主营安全、环保、检测三大专业，有针对性地培养和选拔技术型人才。加大甲级、乙级人才库建设力度，强化管理和考核，选拔优秀甲级和乙级人才47人。建立技能鉴定工作站，印发《2020年技师（高级技师）选聘方案》，聘用高技能人才18人。用好集团公司高端人才引进、高校毕业生招聘、博士后工作站等引智引才平台和市场化配置机制，引进优秀技术骨干132人。 （刘瀚琳）

邮政编码：618300
电话号码：0838-5150027
油网号码：250027　252134（传真）
单位地址：四川省广汉市绍兴路三段11号
单位英文名称：CCDC Safety, Environment, Quality Supervision & Testing Research Institute

蜀渝公司

【概况】 蜀渝公司是川庆钻探工程公司的独资子公司。有建筑工程施工总承包一级、公路工程施工总承包二级、石油化工工程施工总承包二级、市政公用工程施工总承包二级、地基基础工程专业承包一级、防水防腐保温工程专业承包一级、消防设施工程专业承包二级、钢结构工程专业承包二级、建筑装修装饰工程专业承包一级、建筑幕墙工程专业承包二级、电子与智能化工程专业承包二级、环保工程专业承包二级资质。同有中国防腐蚀施工资质贰级、特种设备安装改造维修许可证［压力管道安装GB1、GB2（2）、GC2］和四川省环境污染防治工程登记确认证书（固体废弃物处理处置甲级、水污染资料乙级）。2020年底，机关设部室11个。基层设重庆、川南、川中、川西北、成都、新疆、机械7个分公司，以及勘察设计所、物资采供中心2个单位，自贡、苏里格2个项目部，代管1家多元经济企业重庆石油川东钻探建筑安装工程有限公司。有在册职工1099人，其中干部384人、工人715人。有高级专业技术职称45人、中级专业技术职称236人、初级及以下专业技术职称103人。有技能专家2人、技师56人、高级工400人、中级工137人。有生产设备586台（套），原值0.89亿元，新度系数0.28。其中大型施工机械设备74台（挖掘机36台、装载机17台、压路机21台）、天泵车1台、激光整平机3台、其他各类设备508台。施工机械设备综合利用率77.91%，关键重点设备完好率98.55%，设备故障停机率0.87%。年末资产总额87404万元，其中固定资产原值14358万元，净值4052万元。

2020年，蜀渝公司施工钻前工程144个，其中新开工125个，具备搬迁条件的135个，同比下降44%。川渝地区钻前工程新开工数同比下降54%；苏里格地区钻前工程新开工数同比增长27%，新疆和土库曼斯坦无钻前工作量。施工房建及其他工程279个，完工210个。资源化利用工程施工项目89个，完工63个。收集、转运水基岩屑84252.19立方米，同比下降63%；收集转运废水1599立方米，同比下降53%；处理岩屑96028立方米，同比下降60%；生产烧结砖10606.7万匹，同比下降64%。

【市场开发及管理】 2020年，蜀渝公司新增合同金额13.49亿元，市场总量趋于平稳。依托"可不招标＋独家谈判"模式，川渝地区钻前工程关联交易新增合同金额2.72亿元，占有率继续保持100%。拓展长宁公司试前工程、水基岩屑处理、土地复垦市场工作量，获施工框架合同金额2.13亿元。开拓川渝地区钻井废弃物资源化利用市场，获0.86亿元市场工作量。加快发展多元经济，钻前排障、土地协调等业务，获订单金额2.2亿元。印发《2020年市场开发与承包商管理工作要点》，针对承包商施工过程管控和考评管理工作，梳理责任层级，精简管理资料，细化明确承包商工作的责任层级划分，清退不符合要求承包商47家。

【生产组织】 2020年，蜀渝公司优化管理职能，统筹推进项目策划和全链条管理，推行"现场指导+远程督促"模式，长宁前线指挥部一体化统筹、协调、监督、考核，激光整平机、全回转钻机新设备上阵，临电标准化、混凝土预拌专业化保障，宁209H38平台、宁223平台等登上川渝页岩气勘探开发标杆榜。组织"发起攻坚战、突出快与优、争当复工开工先锋"劳动竞赛，长宁230平台率先复工复产。深化三级土地协调机制，一级对一级，一级带一级，磨溪149井2天签订20万人饮水管线迁移协议，天府101井、天府102井6天完成土地协调，土地协调平均周期缩短10天。重点探井推行化小单元、穿插施工、实时跟进、及时纠偏，磨溪131井19天具备搬安条件，创年度最快纪录；3口火山岩井完成提速目标；宁212H1平台获四川省工会劳动竞赛钻前工期奖。钻前工程平均有效工期39天，同比提速2.5%。

2020年8月11日，蜀渝公司在四川江油举办第四届施工机械操作工暨第一届电工专业技能比赛　　　　（周 苧 摄）

【应急管理】 2020年，蜀渝公司编制应急响应手册，建立应急物资储备台账《蜀渝公司Ⅱ级、Ⅲ级应急物资储备管理清单》。完善现场"一案一卡"，实现作业现场全覆盖。组织分管领导、生产、应急管理人员40余人次，开展应急响应及生产运行培训。按照应急演练计划，分批次开展应急演练237次，其中处级3次、科级33次、现场201次，参演人数2 499人次，投入费用63.08万元。优化应急体系，推行应急预案流程化、手册化，完善物资配备。完成乐山1井、双探108井等井控溢流、地质灾害、道路塌方抢险任务10余次。

【安全环保管理】 2020年，蜀渝公司修订完善机关部室与基层单位安全环保职责，以及《安全生产岗位责任清单》。开展"大学习、大反思、大检查"主题活动与安全生产考评年活动，组织安全履职能力评估培训78人次、HSE培训884人次，安全履职能力评估合格率100%；编制印发《作业人员安全生产必备基本知识手册》3 000册，改版体系文件通过再认证；组织"四不两直"检查69项次，发现整改隐患368个，查纠违章41起。细化"三标一规范"评审，项目"三标"达标率100%；推行以项目经理为核心"三标"团队创优，43个项目达到优胜队标准。建立健全《生产安全风险分级防控管理办法》，加强风险防控和事故隐患排查治理，整改安全隐患项目8个，投入安全生产费用343万元。特殊时节和重大节日领导干部"双值班"，加大安全巡检频次，各层级排查隐患3 186个、纠正违章1 347起。开展职业健康体检，职业病危害场所检测100%。

【疫情防控】 2020年，蜀渝公司成立新冠肺炎疫情防控领导小组，发布疫情防控方案，实时掌控员工活动轨迹，建立健全信息台账，及时上报疫情信息。测体温、查绿码、工作场所定期消毒、分餐制等多项举措确保精准防控。审查疫情防控专项方案312项次，领导带队现场核查38次。做好防疫物资保障，采购发放防疫口罩15万余个、测温仪150个、75%医用酒精130升、84消毒液

50升、防护服100套，明确物资储备种类和数量，做好台账和发放登记，定期盘点清查。收集整理官方专业机构有关防疫知识，通过微信、QQ、网页专栏等方式开展疫情防控宣传教育。根据疫情防控政策调整，及时宣贯《川庆钻探工程公司新冠肺炎疫情防控常态化工作方案（第二版）》。全年未发生新冠肺炎感染病例。

【技术管理】 2020年，蜀渝公司发挥专家、工程师作用，指导重点项目一级技术交底11次。首次采用"全回转跟进护筒+旋挖钻机"作业；高石138井20米跨预应力箱梁预制吊装成功；宁209H42平台全回旋跟进护筒施工技术应用成功；宁209H37B平台68米创蜀渝公司最深桩施工纪录；龙岗西装配式结构房屋、加筋土挡土墙等施工工艺获好评。召开技术座谈会、观摩会等技术交流16次。科技攻关投入经费312.59万元，项目配套经费1 155.56万元。开展钻前工程装配式应用研究，获受理4项发明专利，获授权1项实用新型专利，科研成果转化应用创效347.76万元。总结提炼实用特色技术形成QC成果16项，征集论文、工法和施工技术总结30篇，"陆上油气全过程绿色钻井关键技术与应用"获四川省科学技术进步奖二等奖，"降低钻前工程场面混凝土有害裂缝发生率"获四川省优秀QC成果，实现省部级奖项零突破。发布《蜀渝公司标准体系一览表（2020版）》，起草企业标准5项。参与编制国家标准《页岩气环境保护钻井作业污染防治与处置方法》，通过并发布。抓实"两不"整治和通病治理，发现整改问题164项。长宁H30平台、双鱼001-X8井钻前工程、重庆运输总公司办公楼装修工程、宁216H36地质灾害治理等项目获评2018—2019年度优质工程。

【企业管理】 2020年，蜀渝公司完成"十四五"规划初稿编制及审定。发布《蜀渝公司2020年度风险管理报告》，建立完善《蜀渝公司2021年度重大风险识别目录》20项，收集风险事件9起。升级资质3项，年度审核资质2项，启动资质办理3项。补充编写印发杆线拆迁、土地外协服务、机械操作服务业务外包等5类合同示范文本。深化合同管理"三减三升"（减化合同审查审批流程，提升合同运行效率；减少合同签订量，提升合同管理质量；减少事后合同量，提升合同合规率），加强法律事务工作，妥善处置法律纠纷案件12起，排查法律风险26个。钻前作业队的施工现场将基础资料目录精简为26个，减负率28%。推荐2020年度川庆钻探工程公司管理类承包商33家，新增准入管理类承包商42家。以专题学习、橱窗展示、网站宣传、书籍发放等方式，开展全员法治宣传教育，编制《全员法治宣传教育年活动实施方案》，组织法治宣传学习366人次，发放学习书籍127本。

【经营管理】 2020年，蜀渝公司制定5个方面25条提质增效专项行动具体措施。修订《造价管理办法》和《钻前工程目标成本清单》，审核审查项目内控503项。专题研究合规及经营管理大检查，整改关闭278项。及时结清民企挂账8.5亿元；统筹税收策划，应享尽享税负690万元。多渠道、多方式保障物资品质、降低采购成本，采购节约率保持在10%。深化物资集中采购，线上采购率同比增长21%、零购率下降21%；招标成功率94.02%，同比增长4.2%，节约招标代理119.32万元。叫停两家分公司办公场地搬迁，减少支出200余万元；加快信息技术推广和应用，中油即时通信、视频会议、4G监控，生产、装备管理模块研究，管理费用变动成本同比压减39%，"五项"费用超额完成压减指标。

【队伍建设】 2020年，蜀渝公司修订《蜀渝公司干部管理办法》，突出政治素质考察，明确任职条件、选拔方式、考察流程等，分级建立联系服务人才制度，细化党委联系服务专家人才机制，推荐处级干部 2 人，新提拔科级干部 24 人，调整科级干部 50 人次。召开人才工作交流会，确立人才培养思路，制定《蜀渝公司"十四五"人才工作规划》和《蜀渝公司推进人才队伍建设具体措施》20 条。聘任二级、三级工程师 11 人，推荐聘干 13 人，与西南石油大学建立校企合作战略联盟，新聘高级技师、技师 30 人，畅通人才成长通道。

【党建工作】 2020 年，蜀渝公司学习贯彻习近平新时代中国特色社会主义思想和党的十九届五中全会精神，修订《蜀渝公司党建工作责任制考核评价实施细则》，压减考核细则 78 条。开展"战严冬、转观念、勇担当、上台阶"主题教育，精心组织"四个一"等 9 项专题活动。打造业主、地方政府、行业标杆、兄弟单位等"四个"区域党建联盟，开展"党员示范岗""党员责任区""重温入党誓词"活动，党员亮身份、亮职责、亮承诺，"党建＋"与中心工作深度融合。开展党支部达标晋级考核、优秀党课课件评比、党员季度知识测试，发展党员 9 人，转正 9 人。慰问困难党员 9 人。组织党员捐款 4.27 万元。召开党风廉政建设和反腐败工作会，研究党风廉政建设和反腐败、巡察工作 6 次。完善《蜀渝公司政治巡察模块化清单》，2019 年巡察问题整改率 100%，问责 99 人次，追缴违规款项 84 097 元。开展违规经商办企业专项治理，下发监督建议书 8 份，纪律处分 10 人，组织处理 13 人，8 名项目经理停止任职资格。修订党风廉政建设和反腐败制度 5 项，废止 5 项。建立健全信访举报机制，核查川庆钻探工程公司纪委移交信访举报 4 件，了结 4 件，配合川庆钻探工程公司纪委落实核查处理建议 3 件，挽回经济损失 1.71 万元，追缴违规收入 8 946 元。开展第 16 个党风廉政建设宣传教育月活动，签订党风廉政建设责任书 625 人次，谈话提醒 73 人次，发送廉洁提示短信 539 条，编写每周一案 48 期。新提拔科级干部任前廉洁谈话 24 人次，签订《廉洁从业承诺书》。警示教育活动 6 次 270 余人次参加。

2020 年 5 月 29 日，蜀渝公司机关三支部组织党员到红军长征纪念馆开展主题党日活动，并重温入党誓词　（周学 摄）

【企业文化建设】 2020 年，蜀渝公司抓好"形势、目标、任务、责任"教育，新冠肺炎疫情防控知识宣传，"战严冬、转观念、勇担当、上台阶"主题教育。通过集中宣讲、巡回宣讲、线上互动、知识竞赛等方式，开展党的十九届五中全会精神宣讲 800 余人次。策划"突出优快、保障油气"专题新闻劳动竞赛，年度新闻宣传目标超额完成，在《中国石油报》用稿 4 篇，《四川石油报》用稿 70 篇（含提质增效专版 1 期），川庆钻探工程公司网络新闻 90 篇，"时代川庆"用稿 3 篇，蜀渝公司网络新闻 400 篇。微信公众号及时更新 104 期。

【群团工作】 2020 年，蜀渝公司坚持为职工群众办实事、办好事，"优秀工人聘干""改善一线员工生活条件"等 8 项民生实事全面落实。召开"五一"先模座谈会，组织劳动竞赛、技能比武，以及丰富多彩工会文体活动。开展"三送三助"活动，元旦春节送温暖慰问 29 个项目 225 人次，安排员工疗养人数 412 人，职业健康检查覆盖率 100%。履行社会责任，采购扶贫农副产品 6.2 万元，捐赠助学金 3.25 万元。川西北分公司团委获绵阳市"青年文明号"。做好综治维稳安保工作，确保发展大局和谐稳定。

（殷安庆　周　学）

邮政编码：610081
电话号码：028-86013677
油网号码：213677
单位地址：四川省成都市金牛区解放路一段田家巷5号
单位英文简称：CCDC Shuyu Engineering Construction Co., Ltd.

重庆运输总公司

【概况】 重庆运输总公司隶属于生产服务板块。2020年底，设机关部室10个、附属单位3个、基层单位11个、多元经济企业1个。有合同化员工752人、市场化用工114人、社会化用工709人；干部214人、工人652人；高级专业技术职称11人、中级专业技术职称87人；高级技师1人、技师12人。有营运车526台，运力7 914吨，其中运输车179台，运力3 818吨；半挂车29台，运力870吨；油罐车38台，运力605吨；背罐车23台，运力115吨；酸罐车15台，运力240吨；下灰车40台，运力970吨；真空吸排车5台；泥浆罐车19台，吨位304吨；运砂车10台，吨位180吨；随车吊2台、高空作业车2台、装载机13台、叉车1台、应急4台；吊车99台，起吊能力4 045吨；载人车辆71台。管理服务商营运车辆3 757台。天然气处理能力15万米^3/日。固定资产原值41 960.83万元，净值14 421.5万元。

2020年，重庆运输总公司搬迁钻机273台次，同比减少50台次，下降15.48%。完成货运量787.22万吨，同比增加3.26万吨，增长0.42%；完成货物周转量14.35亿吨·千米，同比减少2.73亿吨·千米，下降15.98%；完成吊车作业56.96万台·时，同比减少5.41万台·时，下降8.67%。年处理天然气3 107.27万立方米。实现收入20.8亿元，考核利润1 079万元，完成上级下达生产经营指标。

【运输生产】 2020年，重庆运输总公司提前了解甲方生产动态，及时调整运行方案，集中优势运力保障重点项目、重点任务；优化运输组织，配合钻井提速提效，靠前设置值班点，布局值班车辆；提前介入道路踏勘，提升车辆通行效率，川渝地区钻机搬迁平均周期同比减少0.32天；适应钻机套搬、钻井物资共享新的生产运行模式，完成共享钻机搬迁8部，钻具机修共享物资运输6.87万吨，节约运输周期15天。强化过程管控，推行生产任务、运行车辆日清理，停驶封存亏损车辆54台、报废34台，坚持"先自有、后外委"，着力控制服务商规模，利用GPS与物流一体化信息平台提高车辆运行效率，里程利用率53.8%，同比提高2.6%。编制应急管理工作要点和应急演练计划，统筹推进应急管理工作；开展各类应急演练5次，及时整改问题短板，提升应急处置能力。实时关注重点区域生产动态，严格24小时值班值守制度，完成中台108X2井、泸203H3井、博孜3-X1井等急料物资运输4.3万吨。

2020年5月，重庆运输总公司在长庆区域进行钻机搬迁作业
（夏天 摄）

【安全管控】 2020年，重庆运输总公司统筹新冠肺炎疫情防控，提升QHSE体系运行效果，落实安全环保责任，管控重点业务风险，安全环保态

势稳中向好。强化组织领导，第一时间成立疫情防控应对领导小组，召开15次专题会研究贯彻川庆钻探工程公司防疫工作系列安排部署，落实防疫措施，指导服务商开展疫情防控，实现"零疫情、零感染"。全面签订HSE目标责任书、HSE岗位承诺书、安全生产责任状，层层压实安全责任。编制"3+N"责任清单，推动实现"一岗一清单"，完成全员安全环保履职能力评估，全覆盖安全环保履职考核904人，促进各级安全管理人员按责履职。严格QHSE体系审核，全覆盖审核基层中队和现场41个，分类梳理发现问题并逐一整改销项。开展查漏补缺专项行动，查找吊装作业、天然气回收等6个专项206项问题，组织员工开展安全大讨论、大反思34次327人次，有效提升安全管控能力。坚持"日、周、月"动态风险管理，定时发布大型钻机搬迁、大型吊装、危化品运输等重点风险预警提示；对涉及"四条红线"的重大风险，制订专项风险评估报告和管控方案。全面清理载人车辆权属，厘清企业与甲方和服务商的安全责任界面，按责施策、联动管控。实施安全管理资源共享，每日动态收集风险点源，定时向运行车辆发送针对性GPS语音提示，管实重点、管细过程。2020年，重庆运输总公司无集团公司和川庆钻探工程公司升级调查处理的事故事件；无工业生产安全事故和环境污染事件，无有责交通事故，未发生环境污染事件；固体废物及危险废物处置率100%；节能123吨标准煤，全面完成各项指标，获川庆钻探工程公司"QHSE先进单位"称号。

【市场开拓】 2020年，重庆运输总公司分析市场形势，明确市场发展思路，去低效、增优质、控规模，突出集中管理，统筹一体推进，市场接续资源稳定。优化市场结构，专题分析受新冠肺炎疫情和低油价影响面临的内外部市场挑战，加强投标工作筹划，优质市场中标率64.7%，新增渤海钻探公司、长城钻探公司永川钻机搬迁及西南地区钻井液运输服务。分业务、分单位制定质量回访和沟通磋商策略，川渝、长庆、新疆、青海各区域市场有效巩固，并实现油建公司龙岗西等大型工程项目业务总包，渤海钻探公司川渝区域物流业务全覆盖，获取西部钻探公司永川区域零星运输吊装服务，拓展青海油田吊装运输、新疆油建轻烃二期场站建设和一勘井下作业公司大宗物资运输等业务。开拓载人车辆业务，新增客户19家，实现产值7 500万元。

【提质增效】 2020年，重庆运输总公司聚焦提质增效，一体推进指标分解、月度分析对标、绩效考核兑现，压实各级责任，全面打赢提质增效攻坚战。加强顶层设计，制定6方面24项考核指标88条具体措施，压实提质增效责任。突出精细管理，逐级细化分解提质增效指标，每月对标分析找问题、查原因，及时制定纠正措施，减少实施过程中的偏差。严格实施月度考核，将考核结果与月度绩效奖金挂钩，增强各级人员提质增效的责任意识和危机意识，营造全员提质增效的浓厚氛围。提高整体创效水平，强化源头管控，严控用工总量，提升控价力度，利用国家优惠政策，争取社保、路桥费减免，推行货车ETC，实现提质增效12 377.6万元，完成全年目标301.89%。开展月度油料分析及管理监督，实现节油率8.12%。分区域分项目优化服务商支付价格和结算要素，综合招标价格下降4.53%。注销"重庆川油运输有限责任公司"法人实体，节约税费6 500万元。

【服务商管理】 2020年，重庆运输总公司狠抓服务商管理，明确管理工作标准、职责和界面，压实管理职责，提升服务商自主管理能力。全面开展QHSE专项评估，严防因量价下跌情况导致服务商安全投入减少、安全管理力量减弱带来的新增安全、质量风险；严格实施服务商"人车绑定"，严防因人、车随意变更带来的安全风险；采用"线下培训+网络培训"相结合的方式，强化企业监管责任和服务商主体责任落实。严格服务商年度综合业绩考核评价，全年考核服务商241家，黄牌警告8家，末位淘汰8家。建立服务商积分管理制度，从准入、培训、业绩等方面着手，约谈服务商6家，督导其规范管理、提升自主管理水平。

【企业管理】 2020年，重庆运输总公司坚持合规、精细、高效管理，巩固管理成果，提升企业发展质量。科学制定"十四五"规划，明确企业发展思路及各项生产、经营目标。优化制度体系，制定、修订、废止制度47项。落实"五定"工作，科学设置岗位，消除结构性冗员，超额完成机构压减和两级机关管理人员压减目标。创新管理方式，推行机关部门和岗位工作清单制，将管理工作具体化、程序化。推进载人车辆改革，归口后勤基地管理职权，实施油品运输、川东北项目等3项业务改革调整，推动基层减负、精简资料8项，各项管理更加精细、规范。

【信息技术】 2020年，重庆运输总公司加强技术研发，科技信息有效应用，支撑作用日益彰显。围绕自主安全管控、精细经营管理、生产提速提效、规范服务商使用，打造"实时监控+后台大数据"集成应用的信息管理平台，形成具有运输特色的信息化管理模式。研发生产提速提效信息应用平台，提高车辆装载率和运行效率。研究完成南翼山1号站场站实时视频监控、云台式激光监测仪和自动放空阀门安全应用，助推安全管控全面升级。推进物流一体化信息平台应用，实现自有车成本核算、结算、外委车辆支付、统计等一体化闭环式信息管理。推广应用宝石花车辆管理、视频监控和道路风险管控系统，通过风险点源预警、远程喊话监督等方式实现对车辆人工干预和实时安全管控。推广运用危化品车辆主动安全预警系统，通过人脸识别、距离感知等实现对驾驶员实时安全预警和主动干预。推进"好运来"载人车辆共享平台应用，实施川庆钻探工程公司生产经营用车和公务用车集中管理，与"曹操专车"洽谈获取商用授权，实现载人车辆跨平台用车。

【装备技术】 2020年，重庆运输总公司优化投资选型，强化设备基础管理，为企业安全发展提供设备技术支撑。完善设备操作规程，编制、修订制度标准和操作规程10项。跟进市场需求，对标新技术、新标准，科学选型，合理调整设备配比，专业技术优势凸显。推进信息化技术运用，严格手机App日检，规范车辆信息管理。开展"四对标四提升"装备技术管理劳动竞赛，提升装备技术管理水平。建立天然气场站数据远程传输，及时掌握技术参数，新兴业务设备运行安全平稳。落实安全技术措施项目整改，清理车辆倒车视频系统，完成车辆罐体整改和吊车视频系统、三色指标灯升级改造，实现设备本质安全。加强技术攻关，推进"载人车辆共享服务平台的深化研究"，把科技元素融入传统运输行业，为企业提质增效提供支撑。

【队伍建设】 2020年，重庆运输总公司加强班子建设，坚持民主集中制，严格落实"三重一大"议事规则，提高班子科学决策水平。健全完善选人用人和管理监督机制，规范干部选拔任用各个环节纪实资料，确保干部选拔全过程有迹可循。加强干部调整交流，优化基层班子结构，调整交流科级、股级干部66人次，提拔科级干部13人、股级干部11人。推进"五型"人才队伍建设，细化分类分级管理和人才梯队建设措施，丰富人才储备。完善双序列改革工作的顶层设计，创建优秀人才发展平台，通过"绿色通道"聘用2名操作岗位人员到管理岗位工作，开展运输队管理岗位公开竞聘工作，10名优秀骨干人才聘用到一线管理岗位，续聘10名技师和1名高级技师，为推进公司稳健发展提供人才支撑。新进大学生4人、调进职工3人、调出职工13人、退休职工25人、辞职2人。

2020年6月29日，重庆运输总公司在重庆举办"消除事故隐患，筑牢安全防线"主题演讲比赛　　　　（唐阳睿　摄）

【精神文明建设】 2020年，重庆运输总公司开展"战严冬、转观念、勇担当、上台阶"主题教育，将干部员工思想、行动统一到推动企业发展上来。开展"提质增效、共克时艰"形势任务教育宣讲活动、"应对低油价，怎么看、怎么办、怎么干"全员大讨论成果展示活动，激发干事创业活力。坚持"双创"评选，发挥党组织战斗堡垒作用和党员先锋模范作用。落实"四同步"要求，优化基层党组织设置，调整撤并党支部3个，完成基层党组织换届选举及补选18个。抓实企业文化建设，运用门户网站、宣传栏、运输风采等渠道把握舆论导向；新建企业文化展示室，打造员工教育新基地。推动团建工作，及时换届、增补基层团支部委员，配齐配强基层团青干部，开展青年志愿者、创新创效等活动，发挥青年整体优势。主动关心关爱员工，拓展"送温暖"活动形式内容，构建"党委领导、行政支持、工会运作"的扶贫帮困工作机制，实施精准帮扶，主动化解矛盾纠纷，员工队伍和谐稳定。2020年，重庆运输总公司获重庆市"文明单位"称号。　　（唐阳睿）

邮政编码：400021
电话号码：023-67311355
油网号码：311355
单位地址：重庆市江北区红石支路299号
单位英文简称：CCDC Chongqing Transportation Co., Ltd.

长庆监督公司

【概况】 长庆监督公司主要承担160支自有钻井队、100支外包钻井队、148套自有试油（气）机组、52套合作机组的HSE监督工作，总包长庆油田公司18个油气田产能建设项目组工程监督。工作区域覆盖陕西、甘肃、宁夏、内蒙古、山西五省（自治区）。2020年底，设机关科室8个、附属单位2个、基层设QHSE监督站5个、监督部4个，托管西安德安注册安全工程师事务所有限公司，其中原安全环保监测研究所调整为机关附属单位，原交通运输管理中心调整到多元经济单位。用工总量1 137人。全年未发生生产安全、交通安全、火灾爆炸、食物中毒等事故事件。

【提质增效】 2020年，长庆监督公司推进"战严冬、转观念、勇担当、上台阶"主题教育活动，领导带头深入基层调研，各级干部开展主题宣讲75场次，征集"金点子"45条，制定提质增效措

2020年9月10日，长庆监督公司组织开展"三标一规范"建设观摩活动　　　　（赵康　摄）

施24项74条。优化人力资源配置，提高车辆使用效率，撤销吴起驻地，推行无纸化办公，严格物资采购和基层出差内部住宿。全年实现提质增效2 129.48万元。

【HSE监督】 2020年，长庆监督公司督促整改事故隐患及危害因素199 091项，纠正违章17 543起。验证作业许可21 354项，监督叫停作业52起。各级领导干部开展现场履职督查2 208次。发挥视频监控作用，新建远程视频监控平台5个，通过视频系统查纠违章1 015起，查处危害因素及隐患1 521项。制定高风险工况监督措施41项230条，有力管控风险。推广使用"在线培训"App系统，持续开展"每日一答"。制订监督履职三年专项整治实施方案，开展为期3个月的履职督查专项治理行动，督查施工现场799场次。开展安全生产能力考评年活动，完成505名员工的安全环保履职能力评估。修订发布《长庆监督公司安全监督管理实施细则》，编制实施《长庆监督公司安全监督履职专项整治三年行动计划实施方案》。

【工程监督】 2020年，长庆监督公司监督查改各类问题80 603项，开具停工整改通知单481队次。严守新冠肺炎疫情防控要求，分批完成752人、130台车辆启动工作。建立项目总监制，聘任技术总监岗，注重班组长选用，优化监督管理层级。编制《工程监督智能巡查终端使用管理办法》，修订《工程监督管理办法》与《工程监督承包商违约扣款实施细则》，制定实施《工程监督安全环保专项整治方案》，建立工程监督标准查询库，规范监督管理。引进地质专业大学生12人，陆续清退无证外包监督员67人，监督队伍素质更有保障。推行《工程质量监督简报》，加强监管沟通，保障苏14-19-51井大井组、那平1井13段50簇大规模体积压裂等重点项目顺利完工。

【企业管理】 2020年，长庆监督公司开展"转作风、敢担当、善作为、优服务、创一流"机关作风建设活动，推行服务承诺、落实首问负责、优化工作流程、细化办事指南，机关服务效率得到提升。推进A8系统深入应用，固化周一领导班子碰头会，工作沟通更高效。严格半月工作督办，重点工作有序推进。优化综合绩效考核机制，激励效果更显著。开展廉洁从业和监督履职专项治理行动，监督履职负责、廉洁从业意识显著增强。开展两轮6个基层党组织的内部巡察，抓好经商办企业专项治理，开展合规管理监督和联合督查，合规意识深入人心。

【QHSE体系建设】 2020年，长庆监督公司优化QHSE责任书指标24项，签订QHSE责任书27份、井控目标责任书9份，安全管理压力逐级传递。开展内审2次，迎接川庆钻探工程公司审核2次，通过方圆公司再认证审核。以《行为安全规范手册》和《基层站（部）HSE"三标一规范"实施规范手册》为准则，推进HSE"三标一规范"建设。推进安全生产清单制，分级开展风险动态辨识评估，强化内部隐患违章整治，优化双重预防机制建设。严格落实领导干部承包点制度，强化应急体系建设，组织应急演练56次。安装司驾监控预警提醒系统，强化GPS监控，交通风险管控到位。

【疫情防控】 2020年，长庆监督公司第一时间成立新冠肺炎疫情防控工作领导小组，搭建信息报送和快速响应平台，运行"片区+属地"双重管理机制，各项防疫措施迅速落地生根。加强防疫知识宣贯，组织视频培训8次，坚持疫情防控知识"每日一答"，发布微信公众号9期。防疫资金支出91.99万元，员工健康得到保障。积极复工复产，按照"先区域内、后区域外、分批分区启动"原则，监督工作顺利入轨。关爱身在疫区员工，多方协调周全部署，18名滞留湖北员工返岗。从严常态防控，硬性落实各级疫情防控要求，守住"零确诊、零感染"底线。

【党建工作】 2020年，长庆监督公司夯实党建责任体系建设，建立党委落实全面从严治党主体责任清单，开展党建工作督导检查5次，组织16名基层党组织书记召开党建工作述职评议，构建三级联动格局。推行党内组织生活、"两学一做"学习教育、党组织建设活动"三个清单化"，研究编制《党支部工作指导手册》，指导13个党支部换届选举或增补选工作。转正党员3名，接收预备党员4名。组织红色教育23场次，为党员过政治生日96场次。选树党员监督示范岗129名、党员服务示范岗129名、党员创新示范岗39名。开展庆祝建党99周年和党建平台推广应用竞赛活动。从严选好用好干部，提拔干部11人。召开人才工作会，明确今后一个时期的人才工作总体思路、重点目标和主要措施。

2020年6月23日，长庆监督公司第四QHSE监督站党支部组织与长庆钻井总公司40028Y钻井队，在施工现场联合开展活动，为党员过政治生日，重温入党誓词 （吴洪海 摄）

【群团工作】 2020年，长庆监督公司完成工会换届选举工作，建立新一届公司工会委员会、工会经费审查委员会、女职工委员会。加大先进典型宣传力度，在内部网页"监督风采"专栏展示标兵、先进个人的典型事迹，发挥先进模范引领作用。在内部网页刊发新闻稿件831篇，川庆钻探工程公司网页刊发新闻稿件52篇，《中国石油报》《四川石油报》发表稿件49篇。开展"创建平安属地""履职尽责优秀安全卫士"等竞赛活动。办好民生实事，严格落实职工休假、轮休、疗养制度，安排职工疗养166人，慰问困难职工22人次，申请大病帮扶2人次，发放慰问金14.05万元、节日慰问142万元。优化体检项目，开展医疗巡诊，确保员工身体健康。组织青年员工争当疫情防控志愿者，其中2人获川庆钻探工程公司"2020年抗击疫情优秀青年志愿者"称号。参加川庆钻探工程公司第二届青年安全小视频评比活动。完成党建信息化平台2.0工会平台信息录入。逐级签订综合治理维护稳定责任书承诺书，开展综合排查、法治教育和禁毒日宣传等活动，抓好生产启动、全国"两会"和节假日期间的信访维稳工作，确保队伍大局稳定。

（湛 兵）

邮政编码：710018
电话号码：029-86593108
单位地址：陕西省西安市未央区未央路151号长庆大厦
单位英文简称：CCDC Changqing Petroleum Engineering Supervision Co., Ltd

钻井液公司

【概况】 钻井液技术服务公司是中国石油天然气集团公司4家专业化钻井液技术服务公司之一，主要从事石油、天然气钻井所涉及的钻井液设计、服务和科研工作；钻完井液材料研发、生产、销售及检测服务；钻井、完井液及修井液相关业务的技术培训和咨询。有专业化仪器设备300余台（套），具备同时为120台以上钻机提供钻（完）井液技术服务的能力。在国内主要服务于西南油气田公司、浙江油田公司、大庆油田公司、塔里木油田公司、新疆油田公司等，业务分布于四川、重庆、新疆等省（直辖市、自治区）。2020年底，设机关职能部门7个（5部2室）、机关附属单位

2个、所属二级单位7个（含代管多元经济企业1个）。在册职工564人（含新疆二勘及国外劳务输出30人），其中合同化435人、市场化129人。有干部254人、工人310人；有高级专业技术职称40人、中级专业技术职称168人、初级专业技术职称39人；有高级技师7人、技师41人，有集团公司技能专家1人、川庆钻探工程公司企业技术专家1人、一级工程师3人。有资产10 419万元，资产净值5 517万元。

2020年，钻井液公司钻（完）井液技术服务方面，服务进尺64.75万米，同比下降31%；试修服务98井次，同比增长19.51%。清洁生产方面，完成油基岩屑甩干4.58万吨、回收利用钻井液5 688吨。多元经济方面，威能公司生产产品1.51万吨、销售1.44万吨，实现主营业务收入1.37亿元、同比增长27.7%，实现利润350万元。实现营业收入10.97亿元（含应结未结收入1.2亿元），实现考核利润2 891万元。

【提质增效】 2020年，钻井液公司应对新冠肺炎疫情和低油价冲击，成立提质增效领导小组，推进提质增效专项行动，部署6个方面26项重点工作措施，实现提质增效金额8 909万元。建立企业内部结算机制，首次对派车用车、钻完井液倒运等项目实施内部计价结算。以项目部为单位，开展各区块成本分析和定额研究，初步建立各区块标准成本，形成单井盈亏分析制度，建立单井盈亏台账。重视结算工作，开展多部门联合办公，研究重点井、预亏井结算措施，努力保障经营效益。

【市场开拓】 2020年，钻井液公司占领川渝地区关联交易、页岩气市场，拓展高端外部市场，首次中标西南油气田川东北作业分公司罗家寨区块钻完井液技术服务反承包项目；获新疆地区台68井、沙排4井以及大北7井工作量；对接大庆油田渝西区块合作事宜；首次参与中国海油钻完井液技术服务投标，首次办理注册成为中国海油供应商。

【生产运行】 2020年，钻井液公司做好新冠肺炎疫情期间生产值守和物资调度，实施运输、设备、队伍等全要素保障，各区域勘探开发和复工复产有序推进。加强跨单位间的协同配合、联合作业，配合完成"套搬"22井次，助力钻探节省搬安时间118.51天。深化"2小时共享圈"建设，加强区域物资保障和资源共享，配送重晶石粉31.54万吨、化工料5.32万吨、油料1.32万吨。推进川渝地区钻井液场站建设，实现各区域的快速支撑、互联共享，转运钻井液13.25万立方米，"盘活资源再利用、物联共享助发展"工作经验受到中油油服高度肯定。创新推行"桶改罐"液体料运输新模式，节约费用609.14万元，推广白油流量监控仪、重晶石电子秤、车辆GPS等自动化设备，生产运行管理水平得到提升。

【工程技术】 2020年，钻井液公司加强各区块技术管理和技术对标，实施钻井液体系、指标"双升级"，助推钻完井工程提质增效。优化各区块技术模板，川渝地区深井超深井钻井液技术更加成熟，助力双鱼001-X3井以完井井深8 600米打破国内井深最深纪录；在页岩气区域开展六开六完、"650"示范工程，刷新区块指标18个，创新油服竞赛纪录3个，泸203平台受到中油油服贺信嘉奖；高石梯—磨溪区块提速提效实现整体提升，保障蓬探1井等一批高产井打成；新疆区域乐探1井油基钻井液密度高达2.67克/厘米^3，创中国石油超高密度油基钻井液钻进密度最高纪录。开展井漏、卡钻等故障复杂专项治理；以井漏、恶性井漏治理为重点，编制完成标准化堵漏技术手册、企业标准，并在现场宣贯推广应用，治理井漏901井次，一次堵漏成功率51.70%，同比提高7.7%。加强科技创新工作，开展联合研究生产，与威能公司建立成果转化机制，形成堵漏产品7

种。无固相、超微重晶石粉完井液新技术纳入建设方设计并广泛推广应用。严格质量管控，做好钻（完）井液性能巡检、入库材料质检工作。

【安全环保管理】 2020年，钻井液公司QHSE体系运行有效，安全环保形势平稳受控。完善QHSE管理制度，健全责任体系，完善企业安全生产责任清单、岗位安全生产责任清单等312个。以"安全生产能力考评年"活动为主线，落实各层级"一岗双责"，推进QHSE体系建设。抓好钻井液转运、危化品、消防安全等重点风险防控，落实节假日、特殊敏感时段等关键节点的升级管理措施。开展隐患违章排查治理，自查整改隐患4381个、自查纠正违章191起，违章处理1153人次。抓好交通安全，安全行驶66.65万千米。开展全员履职能力评估，抓好员工QHSE培训，确保能岗匹配。坚持绿色发展理念，党委专题研究习近平生态文明思想及重要指示精神，部署清洁生产、节能减排重大事项，完成节能减排指标。高度重视井控安全，强化井控风险分级管理，全年井控形势平稳。获川庆钻探工程公司"QHSE先进单位"称号。

【队伍建设】 2020年，钻井液公司严格干部选拔任用。把政治标准放在首位，选优配强党委管理干部。紧盯领导干部选拔和任用关键期，坚持正确用人导向，严守用人纪律和用人规矩，规范选拔任用程序，同时要求纪委严格实现全过程监督。交流调整科级干部32人次，其中提拔5人。开展"一化五型"（国际化人才，引领发展型、科技创新型、实践应用型、技能精湛型、管理高效型人才）人才队伍建设，采取定向培养、岗位培训、"导师带徒"等方式，带动科技创新人才队伍整体水平提升。引进2名博士研究生，选拔2名年轻技术干部充实到"何劲工作室"，推进科技创新型人才队伍建设。抓好实践应用型人才队伍建设，建立作业队队长岗位考核制度，设立队长分级人才库，确认21名队长人员资格，选拔2名技术员、8名钻井液大班到队长岗位，实现"能者上，平者让，庸者下"。根据"五定"后机构及业务调整，调整10名作业队队长到后勤生产管理岗位。

【党建工作】 2020年，钻井液公司强化政治理论学习，开展党委中心组学习19次、专题研讨6次，用习近平新时代中国特色社会主义思想指引方向、指导工作。加强班子建设，修订"三重一大"议事规则，完善党委议事程序，实现党委领导作用发挥制度化具体化。抓实"战严冬、转观念、勇担当、上台阶"提质增效主题教育工作，各级党组织开展专题学习和专题研讨13次，以党支部为单位开展全员大讨论87次。创新党建联盟实践，与钻探公司教育联手，实现基层作业队党员参加钻井队党支部学习教育全覆盖。落实意识形态责任制，重点开展疫情防控、复工复产、提质增效等主题报道，刊发新闻470篇、信息119篇。编撰《钻井液作业队安全文化建设指导手册》，营造全员安全作业氛围。落实党风廉政责任制，逐级签订党风廉政建设责任书345份。深化党风廉政宣传教育，组织92名党员干部到绵阳梓潼开展廉洁主题教育，弘扬"两弹一星"奋斗奉献精神，党委书记、纪委书记分别讲授专题党课《不懈淬炼勇于担当的政治品格》《全面从严治党，强化作风建设》。推进作风建设持续向好，贯彻落实中央八项规定精神，开展疫情防控、提质增效、经商办企业等专项监督检查；加强对重晶石粉、白油、化工料等现场物资的监督巡查，严肃执纪问责，挽回经济损失13.6万元；开展机关作风建设专项整治。

【和谐企业建设】 2020年，钻井液公司开展民主管理，发挥职代会作用，征集办理职工提案1件。推进厂务公开，收集员工反馈HSE意见2条，探索民主议事有效实现方式。开展劳动竞赛活动，承办四川省2020年职工职业技能大赛暨川

庆钻探工程公司第二届钻井液专业技术比赛，钻井液公司获团体第一名。引入优秀社会化用工3人。关心关爱员工，落实民生实事。改善基层员工生产生活条件，为现场作业点配置乒乓球、羽毛球、哑铃、健身拉力器等体育用品140套，为川渝地区一线作业点配置小冰箱125台、大冰箱5台、电视机5台和消毒柜5台，总价值40.54万元。落实员工疗养、年休等制度，开展职工慰问、大病帮扶、金秋助学等活动，发放节日慰问品115.59万元、生日蛋糕券27.74万元、电影票66.6万元，发放帮扶资金14.3万元。重视员工心理建设，开展职工心理健康主题讲座和咨询服务活动。创新开展团青工作，引导基层团组织服务青年、服务生产，立足岗位建功立业。统筹抓好保密、安保防恐、维护稳定等工作，配合推进扶贫项目，大局保持和谐稳定。

（刘夕侨）

2020年7月28—31日，钻井液公司承办的四川省2020年职工职业技能大赛暨川庆钻探工程公司第二届钻井液专业技术比赛在四川成都举行　　　　　　　　　　　（张欣悦　摄）

邮政编码：610056
电话号码：028-86010853
油网号码：210853
单位地址：四川省成都市成华区猛追湾街26号
单位英文简称：CCDC Drilling Fluid Technology Service Company

页岩气项目经理部

【概况】 2014年4月10日页岩气项目经理部成立，是负责川庆钻探工程公司页岩气风险作业的二级单位。2020年底，设机关6部1室，分别为综合办公室、生产协调部、计划经营部、财务资产部、工程技术部、勘探开发部、质量安全环保部，下辖威远采输作业区、抢险保供中心、地质工程研究所和产能建设项目部。有员工198人。其中，男职工168人、女职工30人，干部124人、工人74人。干部人数中处级干部8人，科级干部29人（含副总师）；副高级专业技术职称37人、中级专业技术职称62人；博士研究生5人、硕士研究生33人，大学本科学历80人。获川庆钻探工程公司"先进企业""安全环保先进单位"和"提质增效先进单位"称号。

2020年，页岩气项目经理部与西南油气田公司协调产量配比，完善高输压条件下分时生产制度，最高日产量919万立方米。优化内部集输畅通道，建成威204集气总站工艺和增压工程，实现威204井区16个平台集中增压，日增产气量约60万立方米，消除内部集输瓶颈；建成联络复线，减少脱水站处理能力不足、检修对产量的影响。挖掘老井潜力稳基础，加强气井动态监测和分析，实施增产措施822井次，增产气量11 658万立方米，老井产量12.93亿立方米，稳定基础产量。加快新井投产进度，投产新井44口，新井产量11.21亿立方米。截至2020年底，日产气760.5万立方米，年产气24.15亿立方米，同比增加3.93亿立方米、增长19.4%，历年累计产气66.8亿立方米。

【产能建设】 2020年，页岩气项目经理部科学制订计划，狠抓提速提效，严格控制工作进度和时间节点，强化外部协调，降低阻工阻路影响，保障快速上产。完成钻前工程6个平台；开钻井43口、完钻井35口，平均钻井周期56.11天，机械钻速9.75米/时，同比缩短6.27天、提速20.37%；完成压裂井42口，实现均衡压裂；推广标准化设计、工厂化预制、橇装化设备，建成集气站2座、正建1座，平台站6座、采集输管线2条15.1千米，敷设转运水管线6.71千米，产能建设整体超前运行。

2020年9月24日，页岩气项目部威远页岩气风险作业区日产量首次突破900万立方米，创日产量新高 （许晓天 摄）

【高产井培育技术】 2020年，页岩气项目经理部坚持地质工程一体化，通过优化井位部署和实施顺序，延长水平段，提高Ⅰ类储层钻遇率，升级形成"长段短簇、暂堵匀扩、控液增砂"压裂2.0工艺，"选好区、钻长段、打准层、压好井"的高产井培育技术进一步成熟。完成测试井49口，获平均单井测试日产量29.7万立方米，处于中国石油页岩气领先地位，比2019年24.5万立方米提高21.1%，平均单井EUR1.23亿立方米，比2019年1.1亿立方米提高11.8%，其中威204H34-7井获测试日产量80.4万立方米，刷新国内页岩气开发井测试产量最高纪录。5个平台半支4口井测试日产量超百万立方米，威204H34平台8口井累计测试日产量475万立方米，打造出国内第一个测试日产量超400万立方米的页岩气平台，平台平均单井测试日产量国内第一，达到国内领先水平。

【科技进步】 2020年，页岩气项目经理部实施创新战略，强化关键技术攻关，加快数字化气田建设，参与国家重大专项研究4项，牵头集团公司项目1项、中油油服统筹项目1项、川庆钻探工程公司校企科研项目8项等，申请发明专利12件，授权软件著作权13件，公开发表学术论文16篇，获集团公司、中国石油协会、中油油服和川庆钻探工程公司等科技奖项7项。深化威远龙马溪组地质认识，提出古隆起背景下"沉积选区、构造分带、保存控藏"的斜坡型页岩气藏差异富集理论，开展威远龙马溪组古地貌恢复研究、小断层和裂缝带精细预测，明确龙马溪组古沉积洼陷和现今构造相对陡带叠合区为建产有利区；完善页岩气三维地质建模技术，实现构造、属性、天然裂缝、地应力场与压裂改造缝网等精细建模；开展筇竹寺组评价及研究，深化筇竹寺组地质认识；形成ThruBit阵列声波裂缝处理、井—震结合的天然裂缝预测技术等5大天然裂缝解释技术，指导地质和压裂设计，预测可能压窜段，识别套变风险段。强化威远页岩气开发技术政策优化认识，评价出影响页岩气井EUR的主控因素12项，运用数值模拟结合正交分析方法开展96组参数敏感性分析，形成4种分析方法，实现页岩气井多阶段产能和EUR预测；新建及更新70口单井精细模型，跟踪60口压窜井与93口被压窜井生产与恢复动态，建立183口井单井生产数据库；推进新工艺模拟分析，开展"高压连续气举+油管加深"组合工艺现场试验。集成配套成熟适用技术，实现整体提速，一趟钻技术水平明显提升，优化应用复合钻井技术，机械钻速提高15%以上，整体水平趋于均衡，威204H48平台平均完钻周期仅37.16天，区域最优；"二开一趟钻""三开一趟钻"完成15口井，最高单趟进尺2 407米刷新威远区域纪录；初步定型压裂工艺2.0技术，降低投资和套变率，提升储层改造效果。建立"数字化气田"中心，架构产能建设、地质工程一体化研究、采输生产3个平台，建设成都到威远作业区办公专网，推广应用川渝页岩气数据共享平台，桌面安全2.0、中油即时通信，完成页岩气智慧气田建设"十四五"规划，进入智慧气田建设新阶段。

【生产管理】 2020年，页岩气项目经理部气井规范气井动态监测，实施399井次；推广气液两相流量计，跟踪研究气井递减规律，完善EUR计算方法，为优化调整开发策略提供支撑。探索试验采输新技术，开展下倾井水平段油管加深试验，提升气井低产阶段稳产能力；试用电驱高压压缩机循环注气"四新"工艺，提高气井排液效率；测试井口一体化装置，实现流量自动调节；引进外检测技术对管道缺陷状况进行检测评估，提高管道综合评估效率。数字化管理不断完善，智慧作业区平台优化升级，优化和新增功能19项；建成自管流程数据远传、激光云台式可燃气体监测、自动消防系统和阴极保护电位自动监测，建设智能转水系统和压裂现场自动转供水系统。规范设备管理，完善设备管理制度与操作规程，配置专人管理特种设备，强化现场检查和维保，重复使用设备先检测再安装，及时更换问题设备，保障安全平稳运行。加强管道监控和防护，加强管线防腐研究、监测和应用，试验第二代杀菌剂体系；开展平台工艺管道检测、智能清管内检测，更换腐蚀减薄点管线，保障管线安全运行；开展人工+无人机巡线超过1万千米。

【提质增效】 2020年，页岩气项目经理部树牢"一切成本皆可控"的理念，围绕控投资、降成本"两降"目标，按照技术经济一体化方式，优先从优化方案设计、调整运行方式、推进"四化"建设、减少无效作业、降低事故复杂等方面降低费用，降低大宗材料和外部承包商服务价格，最后考虑降低内部单位服务价格，实现提质增效目标，维护企业整体服务价格，提质增效成效突出。精细控制单井投资。制订技术、运行和管理措施26项，降低单井投资，预计第四轮方案单井投资比第三轮方案每口井下降7%。强化操作成本控制。升级智慧作业区管理平台，推进数字化气田建设，减少用工、采购、外输运费，降低安全环保风险；开展采购、服务等价格复议；每立方米采输完全成本大幅下降。营业收入、利润再创新高，成为川庆钻探工程公司利润支柱之一。经济评价表明，全年投产井内部收益率10%以上。加强与西南油气田公司及蜀南气矿沟通协调，改变原有的当月气量次月收款方式，实现当月气量当月收款，快速回笼资金。

【深化改革】 2020年，页岩气项目经理部实施人事劳动分配制度改革，根据"五定"方案，开展机构分级分类工作，系统调整和厘清机关职能，规范机构编制定义，核减科级机构2个，成立威204井区集气总站。健全项目经理部绩效考核、工效挂钩机制，完善科级、股级干部考核体系，督促认真履职，及时指出不足、限期改进，促进本领不断增强。针对外部环境变化，全面开展供应商能力评估和价格复议，严肃处理违规承包商，市场环境更加公平公正、健康有序。合规管理更加规范，启动内控体系重建（管理体系融合试点），新建和修订规章制度26项；新建流程图151份、RCD69份；引用川庆钻探工程公司流程图155份、RCD78份；推行招标项目的计划管理，完成招标工作11次，招标率70%，超额完成川庆钻探工程公司指标；编制法律法规清单及报告，加强重大事项法律审查，实现零诉讼目标。

【安全环保管理】 2020年，页岩气项目经理部坚持问题导向、标本兼治，加强安全环保工作，推动页岩气QHSE管理体系持续完善。安全生产能力逐步增强，推进HSE体系建设，辨识危险有害因素450余项，检查并督促问题整改875项，纠正违章315起，开展各类检查13次，问题整改合格率100%；新增区块环保监督，压裂平台采取

"双安全监督"模式。绿色发展基础不断夯实，坚决贯彻"习近平生态文明思想"，发布《页岩气项目经理部生态环保重大事项议事规则》《2020年生态环境隐患排查治理工作方案》，开展平台周边环境质量跟踪监测、土壤污染调查监测，监测取样146次，获取结果1440个，开展生态环保隐患排查，完善现场污染物分类管理，转运处置水基岩屑4.5万吨，拉运油基岩屑1.5万吨；回用气田水111.5万立方米。开展"质量月"活动，发布《井筒工程质量三年集中整治方案》，加大采购物资、工程建设等方面质检频次，全年未发生质量事件。新增火灾、地震突发事件应急预案，修订环境突发事件应急预案，落实应急物资储备；开展自然灾害、火灾和井控突发事件应急联动演练3次，开展场站、管道泄漏等应急处置演练28次，提升应急抢险能力。新冠肺炎疫情防控成效良好，成立疫情防控领导小组，发布《新型冠状病毒感染肺炎疫情防控工作方案》，各级领导、机关部门人员轮流驻现场值班，暂缓基层员工倒休班，明确值班值守、门岗管理、体温检测等措施20余项，所有员工、家属以及承包商无疑似或确诊病例。

【队伍建设】 2020年，页岩气项目经理部优化机构和人员配置，新增调入14人，借聘采气工10人，新增大学生6人。科学规范选人用人，严格执行项目经理部《领导人员选拔任用管理实施细则》，任免科级干部40人次。其中，交流调整32人次，科级提拔4人（副科级提正科级1人、新提拔3人）。加大员工培训力度，自办培训21个，外派培训34个，参培人员710人次。发挥薪酬激励作用，修订绩效考核办法，提高每月考核金额和力度，完成共享中心服务对接，实现网上同步。强化技能人才队伍建设，开展第二届采气工技能大赛、专业培训、师带徒、技能鉴定、技能比武等工作，提升一线采气工技能水平；通过"以工代干""解决身份"等方法，强化采气工队伍建设。发挥薪酬激励作用，层层落实责任考核，下放绩效考核权限，完善作业区绩效考核积分机制，推动收入"三倾斜"（向基层一线、向技术骨干、向突出贡献者倾斜）。

【党建工作】 2020年，页岩气项目经理部建立学习贯彻习近平总书记重要指示批示精神落实机制，深入学习习近平新时代中国特色社会主义思想，进一步提高政治站位。开展"不忘初心、牢记使命"主题教育，推动习近平新时代中国特色社会主义思想入脑入心。推动民主集中制规范化制度化，落实意识形态工作责任制，整改党委巡察提出的5大类21个问题，通过党委巡察整改验收；推进党建和生产经营高度融合，以高质量党建推动夺取"双胜利"。队伍建设得到加强，提拔任用科级干部3人、股级干部14人，正式调入采输骨干8人，增强员工归属感；召开人才工作会议，推选参评高级专业技术职称6人，推动专业技术岗位序列试点，选聘二级、三级工程师5人，畅通人才发展通道。

2020年，页岩气项目经理部压实主体责任，层层签订《党风廉政责任书》102份，签订《廉洁从业承诺书》99份，实现签约全覆盖。发布《2020年党风廉政建设和反腐败工作任务清单和推进计划》，制订项目经理部问题清单，建立页岩气项目经理部党风廉政建设和反腐败工作目录，对纪委工作进行清单化管理。调整页岩气项目经理部反腐败协调小组、党风廉政建设和反腐败领导小组。配合页岩气项目经理部党委对所属10个党支部、26名科级干部党风廉政责任制落实情况进行考核，并专题向党委进行汇报，强化考核结果运用，在年度绩效考核中兑现。制定、修订《页岩气勘探开发项目经理部党风廉政建设责任制实施细则》《页岩气开发项目经理部党风廉政建设责任制检查考核评价办法》等4项制度。发布《廉洁风险防控实施方案》，梳理出关键廉洁风险点35个，编制《廉洁风险岗位防范指引表》，发布《廉洁风险防控分册》，明确控制责任主体和风险防控主要内容，制定业务部门防控措施112条，明确监察切入点、监察方法133个，明确监管防控重点。做好新冠肺炎疫情防控和复工复产监督，严格履行监督职责，准确掌握员工及家属身体状况，督促外省返川人员按要求做好居家隔离，督促安全部门跟踪员工行程动态跟踪，重点监督防疫物资采购、储备、发放和使用情况。安排部署提质增效监督，印发监督检查方案，成立提质增效专项行动落实情况监督检查小组，全面抓好督导、思想、党建、考核、履职等5个方面工作。

【精神文明建设】 2020年，页岩气项目经理部弘扬大庆精神铁人精神，加大典型选树和宣传报道力度，刊发新闻稿346篇、信息83篇；表彰先进党支部1个、优秀共产党员标兵3人、优秀共产党员11人、优秀党务工作者2人。履行社会责任，始终把天然气保供作为重大的政治责任和社会责任，全力保障冬季页岩气生产。开展扶贫帮困工作，向威远县高石镇、资中县双河镇进行爱心助学；春耕期间，利用压裂供水管线供清水帮助12个村近5 000亩（1亩≈666.7平方米）土地抗旱保灌；投入4 000余万元恢复受损道路，改善当地基础设施。了解基层员工实际困难，坚持收入向基层一线倾斜，组建项目经理部篮球协会，建设作业区员工健身房，加大对困难职工及子女的帮扶力度，发放慰问、帮扶及助学金15余万元，员工的获得感、幸福感增强。 （敬　博）

邮政编码：610051
电话号码：028-86010764
油网号码：210764
单位地址：四川省成都市成华区猛追湾街6号
单位英文简称：CCDC Shale Gas Exploration and Development Department

页岩气工程项目部

【概况】 2018年6月页岩气工程项目部成立，主要负责浙江油田公司、长宁页岩气公司范围内的工程技术服务业务，全面管理和协调长宁—昭通区块页岩气勘探开发的安全、生产和市场等工作。2020年底，机关设有工程技术部、安全环保和生产协调部、市场与党群工作部、财务经营部。在册职工14人，其中男员工12人、女员工2人，党员13人，处级领导干部5人，川庆钻探工程公司一级工程师1人，具有高级专业技术职称5人、中级专业技术职称8人。

2020年，页岩气工程项目部投入11个专业171支队伍，动用钻机31台，开钻井41口，完钻井58口，完成进尺25.31万米，同比下降35.24%；长宁区块完成进尺17.37万米，占长宁公司总进尺的37.10%。压裂作业动用压裂机组8套，完成压裂施工96井次1978段，分别同比增长100%、92.23%；自有压裂机组平均压裂时效1.60段/日，同比提高13.48%。其中长宁区块完成压裂施工1583段，占长宁压裂段数的38.96%，自有压裂机组平均压裂时效1.71段/日，同比提高3.64%。

【钻井提速提效】 2020年，页岩气工程项目部长宁—昭通区块平均完钻井深4 778米，水平段长1 653米，钻完井周期74.72天，同比提速8.2%；泸203井区平均完钻井深5 634米，水平段长1 710米，钻完井周期87.50天，较区域完成井平均周期提速25%。在钻井方面，自201H3-3井完钻井深4 835米，水平段长1 410米，钻井周期78.99天，创区块最短完钻周期纪录；泸203H2-3井完钻井深5 420米，水平段长1 495米，钻井周期63.64天，刷新区块钻井周期纪录。宁209H31-1井龙马溪水平段采用自购ATC旋导工具日进尺 624 米,创页岩气区块最高日进尺纪录。在压裂方面,宁 209H48 平台 9 口井测试累计获日产 400.22 万立方米,为长宁区块首个 400 万立方米页岩气平台;宁 209H48-6 井测试日产量 73.58 万立方米,创长宁—威远国家级页岩气示范区单井测试日产量新纪录。川庆 50663 钻井队年进尺 22 550 米,位居钻井标杆榜第二;川庆 YS49121 队、川庆 YS48622 队在压裂标杆榜分别位居第一名、第三名。泸 203H2-1 井 311.2 毫米井眼"一趟钻"钻穿嘉陵江—茅口井段 1 011.5 米进尺,平均机械钻速 13.49 米/时,创区块层段"一趟钻"、最高机械钻速、单趟钻最高进尺 3 项纪录。泸 203H2-4 井 311.2 毫米井眼首次在该区块"一趟钻"钻穿须家河 592 米进尺,创该层段最高平均机械钻速纪录。宁 212-H1 井 311.2 毫米井眼用时 2.83 天,"一趟钻"完成进尺 656 米,平均机械钻速 13.47 米/时,创区块 311.2 毫米井眼钻井周期纪录,较区块该井段平均钻井周期提高 580%。

2020 年 8 月 4—5 日,川庆钻探工程公司在宜宾市兴文县召开四川省"提质增效、奋战三百亿"劳动竞赛暨 2020 年川庆渝地区生产作业全面提质增效劳动竞赛第二季度(长宁片区)表彰会,并开展"送清凉、送健康"慰问活动　　　(曾茜 摄)

【**市场经营**】 2020 年,页岩气工程项目部以固化已有市场,开发深层页岩气、高端工程技术服务市场,优化市场结构为核心,以夯实合同、强化结算为重点,多管齐下,保障经营效益,签订收入合同 18 份,金额 22.62 亿元。市场份额有所增加,钻井工程长宁页岩气市场份额占 37.07%、深层页岩气市场份额占 26.99%,较计划目标分别增长 15.07 个百分点、16.99 个百分点;压裂、试修市场占有率增加 6.48%;同时拓展旋转导向、带压作业、试采、油层套管窜漏检测、修井、定导一体化等高端业务市场。2020 年高端业务总合同金额 1.52 亿元,实现主营业务收入 27.61 亿元,同比增长 41%。

【**科研攻关**】 2020 年,页岩气工程项目部严格执行川渝页岩气提速模板,强化地质工程一体化导向技术研究,Ⅰ类储层钻遇率 99.07%。细化技术方案解决技术瓶颈。通过优化井身结构治理表层流沙和垮塌;拓展飞仙关—韩家店、龙马溪密度范围,实现防垮治漏;龙马溪窄密度窗口控压钻井解决喷漏同存复杂难题。协调自主研发 CG-STEER 旋转导向工具、自主研发 PDC 钻头、膨胀管技术在区域内推广应用。在长宁—昭通区块 4 口井开展龙马溪组全井段推广应用自主研发 CG-STEER 旋转导向工具。在宁 209H23-6 井等 2 口井取得 3 趟钻完成造斜段 + 水平段施工作业的成绩。高密度钻井液传输解码率提升至 90% 以上,证明旋转导向系统造斜率稳定可靠,得到建设方高度认可。使用自主研发 PDC 钻头在长宁区块宁 209H33 井、宁 209H31 平台飞仙关—韩家店组井段,平均机械钻速较邻平台分别提高 34.6%、40.3%。泸州区块泸 203H3-1 井长兴—茅口组井段,平均机械钻速同比邻井提高 67.35%。在宁 209H33-3 井开展膨胀管技术实验,获得成功,标志着国内 194 毫米膨胀管裸眼封堵技术取得重大突破,达到国际先进水平,为低压力系数地层治漏探索出一条有效途径。推进"650"钻井示范工程,实施 20 口井,完成 9 口井,创 6 项全井技术指标,11 项单项技术指标。执行《川渝页岩气水平井卡钻防治工作手册》,实现自有钻机全年未发生卡钻导致旋转导向工具落井故障;钻井故障率

0.63%，同比下降81.43%；非地质原因导致的复杂时率1.80%，同比下降84.85%。

【安全环保管理】 2020年，页岩气工程项目部树立安全绿色发展理念，完善双重预防工作机制，强化监管、狠抓现场管控，为提质增效做好保障工作。全年无人员伤亡，无一般A类及以上的事故，安全环保态势总体平稳可控、生产平稳运行。狠抓HSE建设，明确各级职责，层层落实相关责任，修订完善《环境突发事件应急预案》《防汛救灾应急预案》《食物中毒应急预案》《消防安全应急预案》及《油气井井控突发事件专项应急预案》5个预案，完善项目部危害因素识别与风险评价、环境因素识别与评价体系。开展"安全活动月"、案例警示、专项安全整改等相关活动。组织各参战单位开展安全生产专项整治三年行动，重点开展2个专题和6个专项安全整治工作。开展井控及QHSE联合检查1次，检查钻井队8支、压裂队1支，现场发现并整改问题98项。组织长宁区块1支钻井队协助地方政府山火应急抢险1次；组织川东钻探公司、井下作业公司协同处置宁209H34平台洗井液外泄等环保应急5次；自213井、宁216H3-1井等井控应急抢险7次，协助蜀南气矿泸203H7井、长宁公司长宁H29井、中国石化威页27-9HF井等井控应急抢险5井次；参与蜀南气矿地企联动井喷突发事件应急演练1次，长宁公司Ⅲ级井控突发应急响应演练1次，提升应急能力。推进清洁生产，完成水基清洁生产36井次、油基清洁生产52井次。督促加强现场油基岩屑管理8井次，协调建设方清洁生产搭棚及场地整改5井次，指导完成钻机撤离后油基岩屑暂存点封存9次。转运油基岩屑2.4万吨、水基岩屑4.63万立方米。落实新冠肺炎疫情防控常态化管理制度，督促各参战单位进行人员信息报备，完成9家参战单位、4家外包公司1 600余人次员工入境工区的信息报备工作。协调建设方支援口罩、护目镜、消毒液等疫情防控物资3批次。实现工区内复工人员无一例新冠肺炎疑似或确诊病例。

【党建工作】 2020年，页岩气工程项目部按照以党建引发展、以党建促业务的总体要求，坚持党建工作与业务工作同步谋划、部署和推进，注重抓学习、打基础、管长远，精心组织推进支部党建工作。规范组织生活，加强党支部建设。严格落实"三会一课""三重一大"等制度，班子成员参加双重组织生活，促进改进工作作风。召开支委会12次，集中学习12次，党支部书记讲党课2次。组织党员在线学习，全年参加4个网络专题培训班，全面提升理论学习。组织党员开展2项专题研讨，把党建工作贯穿于生产经营全过程，重点推进"五个融合"。开展"形势、目标、任务、责任"主题教育2次。结合提质增效，开展"四个诠释"岗位实践活动，号召党员在岗位上争先创优。开展"战严冬、转观念、勇担当、上台阶"全员大讨论，助力提质增效。开展核心业务、关键节点监督提醒，全面推行清单制管理模式。每月开展提质增效专项活动新闻宣传，提升影响力。抓好党风廉政建设责任制，全员签订廉政责任书。开展廉洁教育学习，学习党风廉政文件及案例警示3次。开展节假日廉洁监督，开展警醒谈话2次。

（曾　茜）

邮政编码：610051
电话号码：028-86013908
油网号码：213908
单位地址：四川省成都市成华区猛追湾街6号
单位英文简称：CCDC Shale Gas Engineering Department

越盛公司

【概况】 四川越盛实业开发总公司于1991年12月26日成立,是川庆钻探工程公司开办的集体所有制企业,在四川省工商行政管理局注册,注册资金2 000万元,注册地为成都市成华区府青路一段三号。2017年12月29日,越盛公司列为川庆钻探工程公司二级单位(处级)序列,经营范围涵盖石油工程技术配套服务、地面(建筑)工程建设,电(气)代油、油化产品生产及技术服务、机械制造及加工、环境治理、清洁化生产、运输与物流、科研、资料解释、油气藏评价、商品贸易、人才服务、资料租赁等业务。2020年底,机关设办公室(党委办公室)、市场营销部、人事劳资部(党委组织部)、财务资产部、质量安全环保部、生产技术部、企业管理部、党群工作部(纪委办公室)、董监事办公室、采购管理部10个部门;有直属企业1家、全资子公司16家、控股公司1家、参股公司3家,主要分布在成都、广汉、重庆、西安等地。有员工77人(含借调)。实现收入58.4亿元、利润1.06亿元,完成上级下达生产经营指标,获川庆钻探工程公司2020年度"QHSE先进单位""提质增效先进单位"等称号。

【安全环保管理】 2020年,越盛公司成立新冠肺炎疫情防控领导小组,组织疫情排查9 300余人次,采购口罩45万余只,全面推动复工复产和常态化疫情防控,全年无疑似和确诊病例。厘清管理界面,推进各企业安全生产制度建设,完善QHSE制度51项。深化标准化队站建设,组织观摩交流,"三标一规范"队站创建全部达标。强化隐患排查整治,完成9家重点风险企业驻点巡查、全覆盖审核2次,组织新划转业务等专项检查8次,启动安全生产整治三年行动,排查整改各类问题隐患6 520项,投入安全生产费用3 800余万元。针对特殊时段、重点施工,严格过程管控,跟踪督促风险作业60余点次。推进节能减排,完成清洁生产服务641井次,合规处置岩屑、废液51万余立方米,动力服务用电1.63亿千瓦·时,替代燃油消耗4.55万吨,减少二氧化碳排放14.2万吨,保持全年安全环保平稳。

【企业管理】 2020年,越盛公司推进厂办大集体改革,与多方意向投资人、律师事务所洽谈交流,反复论证审议《越盛公司厂办大集体改革实施方案》,签订川庆钻探工程公司、中铁工业与越盛公司三方《合作框架协议》,配合完成中铁工业法律尽职调查和财务审计前置调查,为下一步审计、评估打下坚实基础。配合法人实体清理处置工作,全力推进川西南基建公司清算注销,确保按期完成集团公司部署的集体法人注销工作。通过改革转型夯实管理基础,推进越盛公司治理体系建设,建立健全管理机构,全面梳理业务、管理制度、管控流程,优化内部产品(服务)目录334项,制定、修订各类规章制度29项,细化完善业务流程128项。加强合同联合监督专项检查,检查合同3 631份,金额73.02亿元,发现整改问题49项。开展《中华人民共和国民法典》专题培训和重大事项法律审查,帮助协调企业解决涉诉事项4项,发挥法律保障作用。

【市场开发】 2020年,越盛公司发展"电代油"、废水处理、成品油、信息化等重点业务,提升核心竞争力,通过投标、商谈等多种路径,延伸业务覆盖范围,提前筹划办理新进业务相关许可资质,确保业务合规开展。通过收购庆阳恒立公司股权,做实做大"电代油"项目。发展石英砂、重晶石和成品油销售等业务,建成海川公司两条石英砂生产线和泸州聚购公司钻井材料生产基地,初步形成120万吨压裂支撑剂和20万吨泥浆加重剂年生产规模，石英砂、重晶石等产品取得集团公司产品质量认可证书，满足川庆钻探工程公司生产需要，形成新的经济增长极。实现产值2.3亿元，创效1 000多万元。各企业不等不靠，发展工程技术服务、机械加工和油化产品等业务，保持基础市场稳定，完成钻井进尺35.62万米，销售油化产品10.02万吨，新制野营房765栋，生产罐类产品239具和各类工具、结构件30万件，实现经营收入37.95亿元，其他辅助性业务实现经营收入18.6亿元。

【科技进步】 2020年，越盛公司及所属企业加强科研和技术的投入力度。四川川庆井下科技有限公司获实用新型专利授权5项，11月获四川省企业技术中心认定。川秦公司获实用新型专利授权2项，"水源井节能保护水位检测数字化远程监控关键技术研究及工业化应用""丛式井组阴极保护智能化新技术研究及工业化应用"获中国石油和化工自动化行业科学技术奖三等奖。成都大有石油钻采工程有限公司"川西地区大型碳酸盐岩气藏超深井钻完井关键技术"获四川省科学技术进步奖三等奖。咸阳鑫源工程技术有限公司"压裂装备云平台管理系统的构建与实施""精益化管理推广应用效果分析"分别获四川省石油企业管理协会创新成果奖二等奖、三等奖。

2020年6月8日，越盛公司党支部在成都开展"不忘初心、牢记使命"重温入党誓词主题党日活动　　（叶蘅枘　摄）

【党建工作】 2020年，越盛公司成立党委，健全组织机构，配齐配强领导班子成员和部门负责人，充实人员57人，完善职责270个。建立党委工作规则，修订完善党委工作制度7个，对照完善相关岗位职责270个。召开党委会、支委会、总经理办公会60次，研究重大事项252项。配合川庆钻探工程公司党委第二巡察组巡察工作，制定整改措施101条，整改反馈问题60项。落实党风廉政建设责任制，层层签订党风廉政建设责任书，持续发力纠治"四风"，促进作风转变。开展夏季"送清凉、送健康"慰问活动，慰问基层一线干部员工902人次。开展精准扶贫，在中国社会扶贫网购买扶贫物资3万元。抓好改革、敏感时段维稳安保工作，确保大局稳定。

（刘　欣）

邮政编码：610051
电话号码：028-86017669
油网号码：217669
单位地址：四川省成都市成华区华泰路42号越盛能源大厦
单位英文简称：Yuesheng Petroleum Support & Services Group, Inc.

纪检审计中心

【概况】 2018年1月纪检审计中心成立，主要负责审计、纪律审查、合规管理监督等工作的具体实施和运行。2020年底，在册员工45人，其中处级领导职数5人、审计人员27人、纪检人员11人、综合管理人员2人。有大学本科及以上学历43人，高级及以上专业技术职称18人。有党支部3个，党员32人。

【纪检工作】 2020年，纪检审计中心严格规范工作程序，依规依纪依法履行职责，强化监督，减存量遏增量。组织、配合初核问题线索37件，立案审查9件，党政纪处分19人，分别同比上升19%、13%、36%，挽回经济损失74万元。针对监督执纪发现的违规经商办企业、虚报差旅费、虚报对外补（赔）偿费、违规收受礼金等问题，配合下发监督建议书13份，提出管理建议和处理意见51条，督促修订完善管理制度3个。综合运用"四种形态"批评教育帮助和处理333人次，第一种形态占比94%。

【审计工作】 2020年，纪检审计中心组织实施并完成审计项目19个，其中经济责任审计项目9个、工程结算及跟踪审计项目8个、管理效益及专项审计项目2个，配合完成审计项目6个，发现问题金额2.4亿元、挽回经济损失1042万元、避免经济损失300余万元，移交问题线索6条，提出问责处理意见24条、审计建议15条。

【内部管理】 2020年，纪检审计中心结合"五定"要求，梳理形成中心及科室职责9个、岗位职责及岗位说明书各34个，促进岗位责任有效落实。探索调整纪检审计业务管理模式，梳理业务界面，优化业务流程，强化运行管控。创新审计项目运行模式，探索融合式、嵌入式、"1+N"项目运行方式，推行"整装进场，先结先出"，减少进场次数，严格控制项目关键时间节点，压缩现场审计时间10%。优化核查审查工作任务，坚持"快查快结"，打破科室和核查审查组界限，核查审查效率同比提升20%。强化组织领导，压实质量管控责任，建立健全集体研讨沟通机制，抓好事前安排、事中控制、事后总结，工作质量稳步提升。开展降本增效，创建节约型中心，制定提质增效措施22条，费用总额控制在年初计划之内，"五项"费用同比下降51%。抓好安全环保，层层签订QHSE责任书，健全完善HSE岗位职责，修订危害因素辨识和风险控制清单，落实个人安全行动计划，开展员工安全履职能力评估，安全环保态势稳定向好。

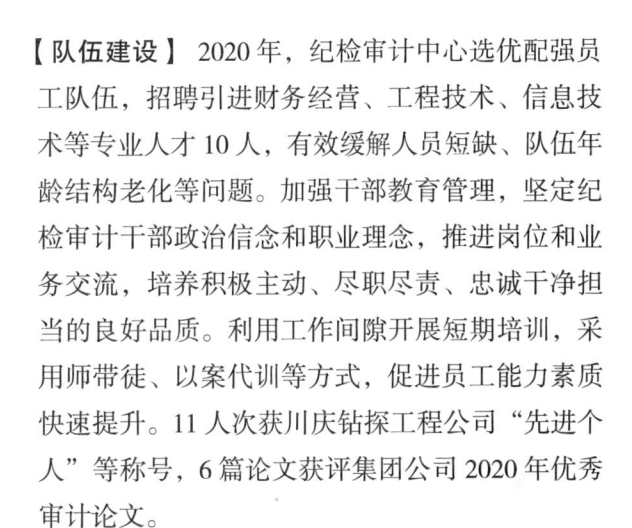

【队伍建设】 2020年，纪检审计中心选优配强员工队伍，招聘引进财务经营、工程技术、信息技术等专业人才10人，有效缓解人员短缺、队伍年龄结构老化等问题。加强干部教育管理，坚定纪检审计干部政治信念和职业理念，推进岗位和业务交流，培养积极主动、尽职尽责、忠诚干净担当的良好品质。利用工作间隙开展短期培训，采用师带徒、以案代训等方式，促进员工能力素质快速提升。11人次获川庆钻探工程公司"先进个人"等称号，6篇论文获评集团公司2020年优秀审计论文。

【党建工作】 2020年，纪检审计中心开展扶贫资金、帮扶资金、民营企业清欠等专项审计，确保上级政策措施落地见效。落实上级新冠肺炎疫情防控要求，做好防控知识宣传、防疫物资配发、人员信息摸排、动态跟踪汇报等工作，守住员工及家属"零确诊、零感染"底线。开展"战严冬、转观念、勇担当、上台阶"主题教育，制订运行大表，班子成员深入工作现场5人次，开展主题宣讲和专题调研，收集建议意见6条，查改问题6个。加强理论武装，以中心组学习为载体，学习习近平总书记重要讲话精神，集中学习5次，安排自学5次，提升政治理论水平。不断强化阵地建设，严格做好舆情防控，全面落实意识形态工作责任制。加强组织建设，狠抓"三会一课"、民主生活会、双重组织生活等制度落实，开展党支部书记抓党建工作述职评议和庆祝建党99周年系列活动，创新开展主题党日活动，党组织活力进一步激发。做实做细党员发展，重点在业务骨干中发展党员，完成年度发展党员计划。采取网络学习、铁人先锋App等灵活便捷方式，加强党员学习教育管理。推进党风廉政建设和反腐败工作，逐级签订党风廉政建设责任书，开展廉洁从业教育，在重点时期、重要节点进行针对性提示提醒，持之以恒纠"四风"，建立健全作风建设长效机制，让党员干部自觉接受监督约束。

（张 鹏）

邮政编码：610051
电话号码：028-86018259
油网号码：218259
单位地址：四川省成都市成华区猛追湾街6号
单位英文简称：CCDC Discipline Inspection and Auditing Center

培训中心

【概况】 培训中心为中国石油集团公司在西南地区唯一一所专业教育培训机构，承担着在职培训、特殊（专项）培训的职能，也是中共川庆钻探工程有限公司委员会党校、四川石油学校。2020年底，设科室17个，其中机关科室6个、基层科室11个；有基层党支部7个、党员108人；基层工会7个。有教职工178人，其中干部123人。

【培训教学情况】 2020年，培训中心承接各级各类培训班502期，培训143 824人次。其中，线上培训97期116 651人次，线下培训312期23 140人次，海外培训93期4 033人次。深挖培训市场潜力，挖潜西藏销售公司、西南管道公司、四川石化公司、四川销售公司等已有市场，新增云南销售公司、昆仑能源公司、中油工程公司、川港燃气公司、长城钻探工程公司等新合作对象。推出线上培训项目19个，实现线上培训的直播、录播，开启线上培训新模式。推进党建、井控、安全、应急等7大板块355个教学视频的开发制作上传，新冠肺炎疫情期间免费开放在线培训，"川培在线"注册用户55 317人，在线专题学习6.5万余人次，课程点击量350万次。结合"川培在线"打造OMO（Online Merge Offline）培训模式，将线上和线下的培训产品进行深度融合；开展井控培训送教送考上门，为川庆钻探工程公司生产经营活动全力保驾护航。在中国石油首届培训项目设计大赛中，"千人进党校、硬核计划——川庆钻探工程公司基层党支部书记培训项目"获一等奖，"燎原计划——川庆钻探工程公司教导示范队教导员培训项目"获二等奖，"传承计划——川庆钻探工程公司钻井队技术干部二次井控能力提升培训项目"获三等奖。

【安全环保管理】 2020年，培训中心开展新冠肺炎疫情防控工作，狠抓隐患排查治理和风险分级防控，构建标本兼治的双重预防机制，安全环保实现"三零"目标。成立新冠肺炎疫情防控应对领导小组，编写疫情防控工作手册、防控方案及应急预案；为教职工和参培学员发放一次性口罩6.5万余个、75%酒精喷雾2 650瓶等防疫物资，确保疫情防控工作平稳受控。强化落实责任，制订年度QHSE管理方案及员工QHSE培训矩阵，调整HSE责任书结果性指标及过程性指标，实现QHSE责任书签订全覆盖；股级以上管理干部按岗位职责和工作实际，全覆盖编制个人安全行动计划，完成率100%。接受川庆钻探工程公司QHSE量化审核2次，被评定为B1级安全管理水平。狠抓隐患排查，开展安全生产集中整治行动、生产生活场所建（构）筑物专项检查等专项检查审核。组织开展井喷失控演练、危化品柴油泄漏演练、火灾逃生演练等应急演练11项，482人次参加，员工应急应对能力不断提升；补充完善应急物资储备，规范中心应急物资管理库，确保消防等应急设备设施安全可靠。

【基础设施建设】 2020年，培训中心基础设施持续完善，完成第三培训区餐厅及教室、一号楼电梯、第一培训区篮球场、校园人行步道等区域的升级改造工作，提升培训硬件设施，美化校园环境，增强教学培训功能。强化企地协调互通，建立供水供气供电应急响应机制，实现后勤保障响应及时、处置有序，培训保障高效及时。

【科研成果】 2020年，培训中心联合承担集团公司统筹科研项目"基于大数据的井喷压井救援专家系统研究"，完成"喷漏转换情况下的压井技术研究""喷漏转换的预防和处理技术深化研究"的开题立项工作，配合完成中油油服《碳酸盐岩地层钻井井控技术指导意见》初稿编写。

【队伍建设】 2020年，培训中心坚持人才兴企战略，围绕教育培训业务的顺利实施，积极培育业务精、素质优、能力强的员工队伍。坚持正确选人用人方向，加大干部交流力度，完成16名干部的职务调整及任免。完善人才培养措施，抓好井控专业技术人才"师带徒"跟踪培养，推行"培训项目管理"复合培养模式，打造名师团队；组织培训师开展授课技巧培训，开展示范课展示，加强培训师业务能力提升。自办培训11期，培训248人次，参加集团公司、川庆钻探工程公司举办的培训71人次，选派员工参加各类外部培训97人次，提升队伍整体素质。

【企业管理】 2020年，培训中心强化内部管理，秉持依法合规理念，以提质增效为抓手，提升管理能力，实现稳健效益发展。制定《培训中心2020年提质增效专项行动实施方案》，分解细化年度提质增效工作目标。加强预算管理，实现"业财融合"，高效组织生产经营，加大对培训业务各环节的运行控制；建立培训质量管理体系，从目标管理、过程控制到质量评价、改善提升，全方位的管理和提升培训质量；评价已有制度合规适用性，完成全员合规管理承诺书签订、培训等工作；加强对承包商（供应商）管理、合同管理、物资采购及设备管理等工作的检查督导力度；梳理风险11个，制定相应的管控措施，完成企业十大风险对应风险图谱；组织识别重大风险，完成《2021年培训中心重大风险》评估；全面评价中心2020年风险管理、内控流程管控执行情况；开展2020年度"质量月"活动、QC小组活动，合规管理更加务实。开展"护网2020"实网攻击演习行动，加强网络与信息安全建设；签订保密责任书和承诺书，强化全员保密意识，确保全年无失泄密情况发生。

2020年6月，中国共产党川庆钻探工程公司培训中心（四川石油学校）召开第二次代表大会　　　　　　（彭丽莎　摄）

【党建工作】 2020年，培训中心深化"四好"班子创建，推进"两学一做"学习教育常态化制度化，开展"四合格四诠释"岗位实践活动，通过主题党日、党支部书记讲党课等活动，加强基层党组织建设和党员教育管理；开展"战严冬、转观念、勇担当、上台阶"主题教育活动，通过专题调研、主题宣讲、全员大讨论等多种形式进一步统一思想，为提质增效战严冬奠定坚实的思想基础；开展"弘扬石油精神，重塑良好形象周""川培文化开放日"等系列活动，弘扬石油精神；开展"疫情防控知识竞赛"，调动广大职工学习防疫知识的积极主动性；开展"大排查、大整治、大清除"专项活动，安全文化进一步推进；开展"提质增效"专项行动，创新宣传渠道和方法载体，加大微信公众号推送力度，抓好各类先进典型选树，形成覆盖面广、影响深远的榜样示范效应。对口开展石渠县扶贫帮困工作，树立良好石油形象。推进全面从严治党，强化党风廉政建设责任落实，营造风清气正的发展环境。构建和谐校园，开展困难帮扶、节日慰问等各类送温暖帮扶活动，发放慰问帮扶金约57.93万元。

（彭丽莎）

邮政编码：610213
电话号码：028-82975073
油网号码：255073
单位地址：四川省成都市高新区中和街道龙灯山路二段1760号
单位英文简称：CCDC Training Center

酒店管理公司

【概况】 酒店管理公司是从事酒店经营及物业管理的专业化公司，以发展为第一要务，实施绿色多元可持续发展战略，推进"酒店+物业"两轮驱动发展部署，探索拓展委托管理。2020年底，有机关部室6个、酒店1个、物业管理公司1个、在管项目11个。有在册职工55人（借聘1人），其中有干部39人，有副高级专业技术职称2人、中级专业技术职称10人。有房间223间、床位341个、宴会厅1个及多功能会议室8个、餐饮包间9个、餐厅2个、特色风味餐厅1个、餐位618个。

2020年，酒店管理公司以提质增效为主线，抓经营、拓市场、提质量、夯基础、强党建，取得新冠肺炎疫情防控"阻击战"和效益实现"保卫战"决定性成果，连续13年超额完成川庆钻探工程公司下达的任务指标。狠抓科学防范，推广"三十六计"硬核措施，引进中央空调"N95抗疫系统"等技防手段、实现"零确诊、零感染"，天府阳光酒店受到成都市文化广电旅游局通报表扬。实现营业收入8 395万元，同比增长23%，实现考核利润325万元，超额完成利润指标的117%。

【提质增效】 2020年，酒店管理公司面对新形势新格局，酒店求稳，物业求进。开展"战严冬、转观念、勇担当、上台阶"主题教育活动，引领提质增效专项行动，组织制定5个方面17项具体措施64个。面对30%的涉外客源"冰封"以及大量社会市场"瓦解"的严峻形势，调整经营策略，转变思路创新经营，全力保障内部市场。物业调整直线式为片区式机构设置，激发内生动能，新签订合同金额同比增长30%，收入同比增长67%，服务内外部单位14家，物业管理面积28万平方米，年餐饮服务100余万人次，同比增长19%。挑战成本极限，与供应商、服务商建立价格弹性调整机制，形成利益共同体；实施人力资源共享机制，物资采购、人工成本分别完成提质增效目标的178%、157%。利用政策红利，实现社保减免和税费优惠。全年节支降耗完成提质增效目标的168%。

【品质服务】 2020年，酒店管理公司组织线上劳动竞赛、提质增效劳动竞赛暨服务技能比赛。融入行业，参加成都市青年技能竞赛并获银奖；参加成都百万职工技能大赛，获客房服务项目优秀组织奖，2人分获个人二等奖、三等奖；获中式烹饪比赛个人三等奖和优胜单位奖；小吃"贡品匠心豆沙皇"获"四川省金牌旅游小吃"称号。加强"互联网+"融合力度，"智慧"赋能现代服务，天府阳光酒店启用西软XMS系统，引入"智客迅"自助入住机,适应顾客"零接触"消费新习惯,引导员工专注对客服务。天府阳光酒店在成都酒店业全球招商推介活动中被评为"最佳商旅酒店"。连续12年通过国际质量标准ISO9001体系认证。

【安全环保管理】 2020年,酒店管理公司抓好体系融合,围绕年度工作部署,深化QHSE体系建设,优化整合体系文件,强化重点风险管控,抓好两条"生命线"建设,规范物业安全监管模式。开展安全生产专项整治三年行动,推动实施2个专题4个专项活动方案。制订安全生产责任清单221项,开展特种设备、危险化学品、消防安全、交通安全专项整治。防范重大风险,着重防范食品卫生安全风险,开展食品质量卫生安全劳动竞赛,加大食品安全管理专题教育。强化基础管理,抓好"三标一规范"工作,规范班组活动记录模板,组织QHSE培训83期次,开展安全履职能力评估699人次。制作QHSE、党建三联、党风廉政建设三合一联系点记录本,将联系点制度落到实处。严格监督检查,组建QHSE监督员队伍,推行异体化监督模式,提升监督检查效果。注重生态环保,贯彻落实习近平总书记关于加强生态文明建设的系列论述和重要指示批示精神和"反对舌尖上的浪费"重要指示,开展"光盘"行动,组织垃圾分类专题培训,撤除客房"六小件",营造健康绿色消费氛围。

【队伍建设】 2020年,酒店管理公司坚持党管干部、党管人才,强化队伍建设,召开人才工作会,推进"一化五型"人才队伍建设,健全人才激励机制。坚持正确用人导向,组织修订《中层管理人员管理办法》,加强优秀年轻干部培养选拔,提拔科级干部3人。开展岗位练兵,搭建员工成长平台,组织"量体裁衣"式线上培训,上线课程28期,56人取得四川省新冠肺炎疫情防控卫生员资格,379名员工参加线上职业技能提升培训。

【党建工作】 2020年,酒店管理公司修订完善党委工作规则、"三重一大"与其他重要经营事项决策实施细则、党建工作责任制考核评价实施细则等制度。坚持把党建融入生产经营,推进党建管理模式,深化党建联盟建设,与所在辖区、派出所等地方机构建立工作机制,营造安全稳定的经营环境。推进党支部标准化规范化建设,整顿基层党组织,建立季度检查工作机制。丰富党建活动载体,建成党建活动室,组织开展"党员示范岗""党员带头查隐患、党员身边无事故"等活动,引导党员在安全经营、学习提高、优质服务等方面亮身份、当先锋。坚持政治标准,发展党员2人。坚持从严教育管理党员,制定党支部月度重点工作指导意见,组织到兄弟单位学习调研,开展党务工作者培训暨党员轮训,党支部书记集中培训80个学时、党员36个学时。获川庆钻探工程公司"学党内法规、强基层党建"知识竞赛活动优秀组织奖。

2020年,酒店管理公司纵深推进全面从严治党,制订全面从严治党主体责任清单,召开党风廉政建设和反腐败工作会议,逐级签订党风廉政建设责任书27份。深化党风廉政教育,组织学习党纪法规,分享警示教育案例22个。推进"大监督"格局,组织实施合规管理监督项目1项,联合监督检查项目3项,专项监督项目4项。扛实巡察整改主体责任,组织制定整改措施53项,制修订制度10项,清退收缴违规费用2.53万元,按期完成整改任务。

【精神文明建设】 2020年,酒店管理公司开展思想政治文化工作,坚持贯彻抓宣传就是促发展理念,办好"五个一"文化宣传平台,参加川庆钻探工程公司MV《明天会更好》和视频《光盘行动》

《怎么干、经理谈》录制。开展线上云阅读亲子阅读会、"强身抗疫"线上运动会、"战役纪实"女职工摄影比赛，"一封家书"征文获川庆钻探工程公司二等奖，庆祝天府阳光酒店建店30周年，表彰抗疫先进，凝聚抗击疫情、共克时艰的蓬勃力量。做好"三助三送"，慰问在抗击疫情一线的4名医务工作者家属，队伍战斗力、凝聚力持续增强，获"AAAAA级成都市模范劳动关系和谐单位"称号和四川油气田2019年度"创平安、迎大庆"平安创建活动"平安集体"称号。

（房　茜）

邮政编码：610021
电话号码：028-86012188
油网号码：212188
单位地址：四川省成都市红星路一段18号附2号
单位英文简称：CCDC Hotel Management Company

附 录

总　述

大事记

井筒工程

油气合作开发与综合地质研究

生产服务

国际合作与外事工作

科技与信息

改革与管理

党建工作

群团工作

机构与人物

二级单位概览

附　录

专业组织

川庆钻探工程公司全面深化改革领导小组

组　　　长：李爱民
常务副组长：王治平
副　组　长：金学智　伍贤柱　沈双平
　　　　　　徐发龙　周　丰　何　强
成　　　员：李　毅　高自力　刘顶运
　　　　　　陈军强　陆灯云　吴述普
　　　　　　岳砚华　李顺平　朱春荣
　　　　　　李晓明　王多金　卢尚勇
　　　　　　李官华　谭　宾　曾　翀
　　　　　　吕凤军　蒋国平　高世富
　　　　　　张增年　李建林　晏　凌
　　　　　　谢永竹　李　林　蔡激扬
　　　　　　谭林波　侯　斌　香　军
　　　　　　姚声贤　冉金成　李志荣
　　　　　　朱延民

办公室设在企管法规处（内控与风险管理处）。办公室主任蔡激扬。

川庆钻探工程公司 HSE 委员会

主　　　任：李爱民
常务副主任：王治平
副　　主　任：伍贤柱　沈双平　徐发龙
　　　　　　金学智　周　丰　何　强
成　　　员：李　毅　高自力　刘顶运
　　　　　　陈军强　陆灯云　吴述普
　　　　　　岳砚华　李顺平　朱春荣
　　　　　　李晓明　王多金　李建林
　　　　　　卢尚勇　李官华　谭　宾
　　　　　　曾　翀　吕凤军　蒋国平
　　　　　　高世富　张增年　晏　凌
　　　　　　谢永竹　李　林　蔡激扬
　　　　　　谭林波　侯　斌　香　军
　　　　　　姚声贤　冉金成　李志荣
　　　　　　朱延民　戴正海　曾　剑
　　　　　　马志章　张志东　苏金柱
　　　　　　赵维斌　陈晓超　刘　石
　　　　　　王　勇

办公室设在质量安全环保处。办公室主任李建林。

川庆钻探工程公司应急管理工作领导小组

组　　　长：李爱民
常务副组长：王治平
副　组　长：伍贤柱　沈双平　徐发龙
　　　　　　金学智　周　丰　何　强
成　　　员：李　毅　高自力　刘顶运
　　　　　　陈军强　陆灯云　吴述普
　　　　　　岳砚华　李顺平　朱春荣
　　　　　　李晓明　王多金　谭　宾
　　　　　　卢尚勇　李建林　李官华
　　　　　　曾　翀　吕凤军　蒋国平
　　　　　　高世富　张增年　晏　凌
　　　　　　谢永竹　李　林　蔡激扬
　　　　　　谭林波　侯　斌　香　军
　　　　　　姚声贤　冉金成　李志荣
　　　　　　朱延民　曾　剑　胡卫东

办公室设在生产协调处。办公室主任吴述普，副主任谭宾、卢尚勇、李建林。

川庆钻探工程公司质量管理委员会

主　　　任：李爱民
副　主　任：王治平
成　　　员：伍贤柱　沈双平　徐发龙
　　　　　　金学智　周　丰　何　强
　　　　　　陆灯云　吴述普　岳砚华

朱春荣　李晓明　王多金
李建林　卢尚勇　李官华
谭　宾　曾　翀　吕凤军
蒋国平　高世富　张增年
晏　凌　谢永竹　李　林
蔡激扬　谭林波　侯　斌
香　军　姚声贤　冉金成
李志荣　戴正海　陈晓超

办公室设在质量安全环保处。办公室主任李建林。

川庆钻探工程公司预算委员会

主　　　任：李爱民
副　主　任：何　强
委　　　员：王治平　伍贤柱　沈双平
　　　　　　徐发龙　金学智　周　丰
　　　　　　李　毅　高自力　刘顶运
　　　　　　陈军强　陆灯云　吴述普
　　　　　　岳砚华　李顺平　朱春荣
　　　　　　李晓明　王多金　高世富
　　　　　　李官华　谭　宾　吕凤军
　　　　　　蒋国平　李建林　谢永竹
　　　　　　李　林　蔡激扬　谭林波
　　　　　　姚声贤　李志荣　曹晓丽

办公室设在财务资产处。办公室主任高世富。

川庆钻探工程公司党的建设工作领导小组

组　　　长：李爱民
副　组　长：沈双平　徐发龙
成　　　员：卢尚勇　曾　翀　谭林波
　　　　　　徐志勇　侯　斌　香　军
　　　　　　朱延民　曾　剑　曾世洪

办公室设在公司党委组织部。办公室主任曾翀。

川庆钻探工程公司党委党风廉政建设和反腐败工作领导小组

组　　　长：李爱民
副　组　长：沈双平　徐发龙
成　　　员：王治平　伍贤柱　金学智
　　　　　　周　丰　何　强　谭林波
　　　　　　卢尚勇　曾　翀　吕凤军
　　　　　　李　林　蔡激扬　徐志勇
　　　　　　侯　斌　胡雪姣

办公室设在纪委监察处。办公室主任谭林波。

川庆钻探工程公司精神文明（企业文化）建设委员会

主　　　任：李爱民
副　主　任：王治平　伍贤柱　沈双平
　　　　　　徐发龙　金学智　周　丰
　　　　　　何　强
成　　　员：侯　斌　卢尚勇　李官华
　　　　　　谭　宾　曾　翀　吕凤军
　　　　　　蒋国平　高世富　张增年
　　　　　　李建林　晏　凌　谢永竹
　　　　　　李　林　蔡激扬　谭林波
　　　　　　香　军　姚声贤　冉金成
　　　　　　李志荣　朱延民　曾　剑
　　　　　　冷春放　邱开烈　胡雪姣

办公室设在企业文化处（党委宣传部、团委）。办公室主任侯斌。

川庆钻探工程公司绩效考核领导小组

组　　　长：李爱民
副　组　长：王治平　徐发龙　何　强
成　　　员：伍贤柱　沈双平　金学智
　　　　　　周　丰　李　毅　高自力
　　　　　　刘顶运　陈军强　陆灯云

吴述普　岳砚华　李顺平
朱春荣　李晓明　王多金
吕凤军　卢尚勇　李官华
谭　宾　曾　翀　蒋国平
高世富　张增年　李建林
晏　凌　谢永竹　李　林
蔡激扬　谭林波　侯　斌
香　军　姚声贤　冉金成
李志荣　朱延民　董剑南
曹晓丽　曹中渝

办公室设在劳动工资处。办公室主任吕凤军。

川庆钻探工程公司科学技术委员会
（川庆钻探工程公司知识产权管理委员会）

主　　　任：李爱民
副 主 任：王治平　伍贤柱　沈双平
　　　　　徐发龙　金学智　周　丰
　　　　　何　强
成　　　员：李　毅　高自力　刘顶运
　　　　　陈军强　陆灯云　吴述普
　　　　　岳砚华　李顺平　朱春荣
　　　　　李晓明　王多金　谢永竹
　　　　　卢尚勇　李官华　谭　宾
　　　　　曾　翀　吕凤军　蒋国平
　　　　　高世富　张增年　李建林
　　　　　晏　凌　李　林　蔡激扬
　　　　　谭林波　侯　斌　香　军
　　　　　姚声贤　冉金成　李志荣
　　　　　朱延民　戴正海　曾　剑
　　　　　陈　作　徐　文

办公室设在科技处。办公室主任谢永竹。

川庆钻探工程公司多元经济管理委员会

主　　　任：李爱民
副 主 任：何　强　王治平　伍贤柱

沈双平　徐发龙　金学智
周　丰
成　　　员：李　毅　高自力　刘顶运
　　　　　陈军强　陆灯云　吴述普
　　　　　岳砚华　李顺平　朱春荣
　　　　　李晓明　王多金　卢尚勇
　　　　　李官华　谭　宾　曾　翀
　　　　　吕凤军　蒋国平　高世富
　　　　　张增年　李建林　晏　凌
　　　　　谢永竹　李　林　蔡激扬
　　　　　谭林波　侯　斌　香　军
　　　　　冉金成　李志荣　朱延民
　　　　　徐　骞

办公室设在企管法规处（内控与风险管理处）。办公室主任蔡激扬。

川庆钻探工程公司职称改革工作领导小组

组　　　长：李爱民
副 组 长：徐发龙
成　　　员：王治平　伍贤柱　沈双平
　　　　　金学智　周　丰　何　强
　　　　　李　毅　高自力　刘顶运
　　　　　陈军强　陆灯云　吴述普
　　　　　岳砚华　李顺平　朱春荣
　　　　　李晓明　王多金　曾　翀
　　　　　王　涛

办公室设在人事处（党委组织部）。办公室主任曾翀。

下设高级专业技术职务评审委员会，委托与集中专业化评审推荐委员会和中级专业职务评审委员会。

川庆钻探工程公司技术专家评审和考核领导小组

组　　　长：李爱民

副　组　长：王治平　伍贤柱　徐发龙
成　　　员：沈双平　金学智　周　丰
　　　　　　何　强　李　毅　高自力
　　　　　　刘顶运　陈军强　陆灯云
　　　　　　吴述普　岳砚华　李顺平
　　　　　　朱春荣　李晓明　王多金
　　　　　　曾　翀　谭　宾　吕凤军
　　　　　　张增年　李建林　晏　凌
　　　　　　谢永竹　姚声贤　冉金成
　　　　　　李志荣　马志章　雷　桐
　　　　　　王　涛

办公室设在人事处（党委组织部）。办公室主任王涛。

川庆钻探工程公司深化人事劳动分配制度改革专项领导小组

组　　　长：李爱民
副　组　长：王治平　徐发龙　伍贤柱
　　　　　　沈双平　金学智　周　丰
　　　　　　何　强
成　　　员：吴述普　岳砚华　朱春荣
　　　　　　李晓明　王多金　曾　翀
　　　　　　吕凤军　卢尚勇　李官华
　　　　　　谭　宾　蒋国平　高世富
　　　　　　张增年　李建林　晏　凌
　　　　　　谢永竹　李　林　蔡激扬
　　　　　　谭林波　侯　斌　香　军
　　　　　　姚声贤　冉金成　李志荣
　　　　　　朱延民　曾　剑　董剑南
　　　　　　王　涛　傅红村　曹中渝

办公室设在劳动工资处、人事处。办公室主任吕凤军、曾翀。

川庆钻探工程公司员工培训工作领导小组

组　　　长：李爱民
副　组　长：王治平　徐发龙
成　　　员：伍贤柱　沈双平　金学智
　　　　　　周　丰　何　强　李　毅
　　　　　　高自力　刘顶运　陈军强
　　　　　　陆灯云　吴述普　岳砚华
　　　　　　李顺平　朱春荣　李晓明
　　　　　　王多金　吕凤军　曾　翀
　　　　　　谭　宾　侯　斌　董剑南

办公室设在劳动工资处。办公室主任董剑南。

川庆钻探工程公司内控与风险管理体系建设领导小组

组　　　长：李爱民
副　组　长：金学智　王治平　伍贤柱
　　　　　　沈双平　徐发龙　周　丰
　　　　　　何　强
成　　　员：李　毅　高自力　刘顶运
　　　　　　陈军强　陆灯云　吴述普
　　　　　　岳砚华　李顺平　朱春荣
　　　　　　李晓明　王多金　卢尚勇
　　　　　　李官华　谭　宾　曾　翀
　　　　　　吕凤军　蒋国平　高世富
　　　　　　张增年　李建林　晏　凌
　　　　　　谢永竹　李　林　蔡激扬
　　　　　　谭林波　侯　斌　香　军
　　　　　　姚声贤　冉金成　李志荣
　　　　　　朱延民　曾　剑　张　伟

办公室设在企管法规处（内控与风险管理处）。办公室主任张伟。

川庆钻探工程公司"三基"暨管理提升工作领导小组

组　　　长：李爱民
副　组　长：金学智　王治平　伍贤柱
　　　　　　沈双平　徐发龙　周　丰

何　　强

成　　员：李　毅　高自力　刘顶运
　　　　　陈军强　陆灯云　吴述普
　　　　　岳砚华　李顺平　朱春荣
　　　　　李晓明　王多金　卢尚勇
　　　　　李官华　谭　宾　曾　翀
　　　　　吕凤军　蒋国平　高世富
　　　　　张增年　李建林　晏　凌
　　　　　谢永竹　李　林　蔡激扬
　　　　　谭林波　侯　斌　香　军
　　　　　姚声贤　冉金成　李志荣
　　　　　朱延民　曾　剑　王虎全

办公室设在企管法规处（内控与风险管理处）。办公室主任王虎全。

川庆钻探工程公司节能减排和清洁生产领导小组

主　　任：李爱民
副 主 任：王治平
委　　员：伍贤柱　沈双平　徐发龙
　　　　　金学智　周　丰　何　强
　　　　　吴述普　岳砚华　朱春荣
　　　　　李晓明　王多金　李建林
　　　　　卢尚勇　李官华　谭　宾
　　　　　曾　翀　吕凤军　蒋国平
　　　　　高世富　张增年　晏　凌
　　　　　谢永竹　李　林　蔡激扬
　　　　　谭林波　侯　斌　香　军
　　　　　姚声贤　冉金成　李志荣
　　　　　戴正海　刘　石

办公室设在质量安全环保处。办公室主任李建林。

川庆钻探工程公司信息化工作指导委员会

主　　任：李爱民

副 主 任：王治平　伍贤柱
委　　员：沈双平　徐发龙　金学智
　　　　　周　丰　何　强　李　毅
　　　　　高自力　刘顶运　陈军强
　　　　　吴述普　岳砚华　朱春荣
　　　　　王多金　李志荣　卢尚勇
　　　　　李官华　谭　宾　曾　翀
　　　　　吕凤军　蒋国平　高世富
　　　　　张增年　李建林　晏　凌
　　　　　谢永竹　李　林　蔡激扬
　　　　　谭林波　侯　斌　姚声贤
　　　　　冉金成　戴正海　曾　剑
　　　　　刘思冬　王　鳕

办公室设在信息管理部。办公室主任李志荣。

川庆钻探工程公司能源合作开发领导小组

组　　长：李爱民
副 组 长：王治平　伍贤柱　沈双平
　　　　　徐发龙　金学智　周　丰
　　　　　何　强
成　　员：李　毅　高自力　刘顶运
　　　　　陈军强　陆灯云　岳砚华
　　　　　王多金　姚声贤　李官华
　　　　　谭　宾　曾　翀　吕凤军
　　　　　蒋国平　高世富　张增年
　　　　　李建林　晏　凌　谢永竹
　　　　　蔡激扬　谭林波　候　斌
　　　　　香　军　冉金成　李志荣

办公室设在油气事业部。办公室主任姚声贤。

川庆钻探工程公司人才工作领导小组

组　　长：李爱民
副 组 长：王治平　徐发龙
成　　员：伍贤柱　沈双平　金学智
　　　　　周　丰　何　强　曾　翀

李官华　谭　宾　吕凤军
蒋国平　高世富　张增年
李建林　晏　凌　谢永竹
蔡激扬　谭林波　侯　斌
姚声贤　李志荣　王　涛

办公室设在人事处（党委组织部）。办公室主任曾翀。

《川庆钻探工程有限公司年鉴》编纂委员会

主　　任：李爱民
副 主 任：王治平　伍贤柱　沈双平
　　　　　徐发龙　金学智　周　丰
　　　　　何　强
委　　员：李　毅　高自力　刘顶运
　　　　　陈军强　陆灯云　吴述普
　　　　　岳砚华　李顺平　朱春荣
　　　　　李晓明　王多金　卢尚勇
　　　　　李官华　谭　宾　曾　翀
　　　　　吕凤军　蒋国平　高世富
　　　　　张增年　李建林　晏　凌
　　　　　谢永竹　李　林　蔡激扬
　　　　　谭林波　侯　斌　香　军
　　　　　姚声贤　冉金成　李志荣
　　　　　朱延民　戴正海　曾　剑
　　　　　刘思冬

办公室设在总经理办公室（党委办公室）。办公室主任刘思冬。

川庆钻探工程公司防汛领导小组

组　　长：李爱民
副 组 长：王治平　伍贤柱　周　丰
成　　员：沈双平　徐发龙　金学智
　　　　　何　强　李　毅　高自力
　　　　　刘顶运　陈军强　陆灯云
　　　　　吴述普　岳砚华　李顺平

朱春荣　李晓明　王多金
谭　宾　卢尚勇　李官华
曾　翀　吕凤军　蒋国平
高世富　张增年　李建林
晏　凌　谢永竹　蔡激扬
侯　斌　香　军　姚声贤
冉金成　李志荣　戴正海

办公室设在生产协调处。办公室主任谭宾。

川庆钻探工程公司井控工作领导小组

组　　长：李爱民
常务副组长：王治平
副 组 长：伍贤柱　金学智　周　丰
成　　员：李　毅　高自力　刘顶运
　　　　　陆灯云　吴述普　岳砚华
　　　　　李顺平　李晓明　王多金
　　　　　晏　凌　卢尚勇　李官华
　　　　　谭　宾　曾　翀　吕凤军
　　　　　蒋国平　高世富　张增年
　　　　　李建林　姚声贤　冉金成
　　　　　雷　桐　彭国荣　李红瑞
　　　　　王　勇　左维国

川庆钻探工程公司井控管理中心设在工程技术处，井控管理中心主任王勇。长庆地区井控管理办公室设在长庆指挥部工程技术部，办公室主任雷桐、副主任左维国。

川庆钻探工程公司职业病防治工作领导小组

组　　长：李爱民
副 组 长：王治平
成　　员：王多金　李建林　卢尚勇
　　　　　李官华　谭　宾　曾　翀
　　　　　吕凤军　蒋国平　高世富
　　　　　张增年　晏　凌　谢永竹
　　　　　蔡激扬　侯　斌　刘　石

办公室设在质量安全环保处，办公室主任刘石。

川庆钻探工程公司"四化"建设领导小组

组　　　长：李爱民
副 组 长：王治平　伍贤柱　金学智
成　　　员：李　毅　高自力　刘顶运
　　　　　　陈军强　吴述普　岳砚华
　　　　　　王多金　张增年　卢尚勇
　　　　　　谭　宾　吕凤军　蒋国平
　　　　　　高世富　李建林　晏　凌
　　　　　　谢永竹　蔡激扬　侯　斌
　　　　　　姚声贤　冉金成　李志荣

"四化"建设领导小组下设推进办公室和标准化、专业化、机械化、信息化4个专项推进组。推进办公室设在设备处，办公室主任张增年。

川庆钻探工程公司国家安全领导小组

组　　　长：李爱民
副 组 长：徐发龙　金学智
成　　　员：卢尚勇　李官华　曾　翀
　　　　　　谢永竹　侯　斌　李志荣
　　　　　　朱延民　周崇志　林　平
　　　　　　徐　迪

办公室设在总经理办公室（党委办公室）。办公室主任卢尚勇，副主任林平。

川庆钻探工程公司企业年金管理委员会

主　　　任：李爱民
副 主 任：徐发龙　何强
成　　　员：吕凤军　曾　翀　高世富
　　　　　　李　林　谭林波　香　军
　　　　　　董剑南　曹中渝

办公室设在劳动工资处。办公室主任董剑南。

川庆钻探工程公司扶贫工作领导小组

组　　　长：李爱民
副 组 长：徐发龙　何强　朱春荣
成　　　员：香　军　卢尚勇　曾　翀
　　　　　　蒋国平　高世富　李　林
　　　　　　蔡激扬　谭林波　侯　斌
　　　　　　曾　剑　曾世洪　冷春放
　　　　　　陈　帅

办公室设在工会。办公室主任香军，办公室副主任卢尚勇、曾翀、曾剑、曾世洪、陈帅。

川庆钻探工程公司厂务公开领导小组

组　　　长：李爱民
副 组 长：徐发龙　沈双平　何强
成　　　员：香　军　卢尚勇　曾　翀
　　　　　　吕凤军　蒋国平　高世富
　　　　　　李　林　蔡激扬　谭林波
　　　　　　侯　斌　朱延民　曾　剑
　　　　　　杨　健　向　英

办公室设在工会。办公室主任杨健，副主任向英。

川庆钻探工程公司帮扶中心领导小组

组　　　长：李爱民
副 组 长：徐发龙
成　　　员：香　军　吕凤军　高世富
　　　　　　李　林　朱延民　陈建福
　　　　　　陈　帅

办公室设在工会。办公室主任陈帅。

川庆钻探工程公司维护稳定和信访工作领导小组

组　　　长：李爱民

副　组　长：徐发龙
成　　　员：吴述普　朱春荣　朱延民
　　　　　　卢尚勇　李官华　曾　翀
　　　　　　吕凤军　高世富　蔡激扬
　　　　　　谭林波　侯　斌　香　军
　　　　　　李志荣　曾　剑　李功玉
　　　　　　张明力　董剑南　黄　宁
　　　　　　刘思冬

办公室设在维护稳定工作办公室（信访办公室）。办公室主任朱延民。

川庆钻探工程公司标准化技术委员会

主　　　任：王治平
副 主 任：伍贤柱　岳砚华
成　　　员：李　毅　高自力　刘顶运
　　　　　　陈军强　陆灯云　吴述普
　　　　　　李顺平　朱春荣　李晓明
　　　　　　王多金　李建林　李官华
　　　　　　谭　宾　曾　翀　吕凤军
　　　　　　高世富　张增年　晏　凌
　　　　　　谢永竹　蔡激扬　姚声贤
　　　　　　冉金成　李志荣　孟　军
　　　　　　赵维斌　陈晓超　刘　石
　　　　　　韩烈祥　张志东　李晓阳
　　　　　　张　平

办公室设在质量安全环保处。办公室主任陈晓超。

川庆钻探工程公司资质初审领导小组

组　　　长：伍贤柱
副　组　长：岳砚华　李功玉
成　　　员：晏　凌　李官华　谭　宾
　　　　　　曾　翀　吕凤军　张增年
　　　　　　李建林　蔡激扬　谭林波
　　　　　　侯　斌　雷　桐　陈　平

干建华

办公室设在工程技术处。办公室主任干建华，副主任王贵刚。

川庆钻探工程公司劳动竞赛委员会

主　　　任：伍贤柱　徐发龙
副 主 任：沈双平　金学智
委　　　员：陆灯云　吴述普　岳砚华
　　　　　　王多金　香　军　卢尚勇
　　　　　　李官华　谭　宾　曾　翀
　　　　　　吕凤军　蒋国平　高世富
　　　　　　张增年　李建林　晏　凌
　　　　　　谢永竹　李　林　蔡激扬
　　　　　　谭林波　侯　斌　姚声贤
　　　　　　冉金成　李志荣　朱延民
　　　　　　曾　剑　杨　健

办公室设在工会。办公室主任香军，副主任杨健。

川庆钻探工程公司设备管理委员会

主　　　任：伍贤柱
副 主 任：吴述普　张增年
成　　　员：李官华　谭　宾　蒋国平
　　　　　　李建林　晏　凌　曾　剑
　　　　　　唐廷明　董剑南　曹晓丽
　　　　　　孟　军　雒建胜　刘东方
　　　　　　陈晓超　陈　作　杨　铃
　　　　　　朱占林　叶　峰　李　勇
　　　　　　肖光平　马正山　张　强
　　　　　　黎宗琪　刘润才　贾　芝
　　　　　　白　璟　李　立　宋振生
　　　　　　陈小兵　伍　兵　张锁辉
　　　　　　张　坤　徐继东　赵志越
　　　　　　植　军　齐智陵

办公室设在设备处。办公室主任张增年。

川庆钻探工程公司反腐败协调小组

组　　　长：沈双平
副 组 长：谭林波
成　　　员：卢尚勇　李官华　谭　宾
　　　　　　曾　翀　吕凤军　蒋国平
　　　　　　高世富　张增年　李建林
　　　　　　晏　凌　谢永竹　李　林
　　　　　　蔡激扬　徐志勇　侯　斌
　　　　　　香　军　姚声贤　冉金成
　　　　　　李志荣　朱延民　曾　剑

办公室设在纪委监察处。办公室主任谭林波。

川庆钻探工程公司保密委员会

主　　　任：徐发龙　伍贤柱
副 主 任：卢尚勇　李志荣　晏　凌
　　　　　　谢永竹
成　　　员：李官华　谭　宾　曾　翀
　　　　　　吕凤军　蒋国平　高世富
　　　　　　张增年　李建林　李　林
　　　　　　蔡激扬　谭林波　侯　斌
　　　　　　香　军　姚声贤　冉金成
　　　　　　朱延民　戴正海　曾　剑
　　　　　　徐　迪

办公室设在总经理办公室（党委办公室）。办公室主任徐迪。

川庆钻探工程公司密码工作领导小组

组　　　长：徐发龙
副 组 长：卢尚勇
成　　　员：蒋国平　高世富　李志荣
　　　　　　徐　迪　兰　宇

办公室设在总经理办公室（党委办公室）。办公室主任徐迪。

川庆钻探工程公司品牌管理委员会

主　　　任：徐发龙
副 主 任：卢尚勇
成　　　员：李官华　高世富　蔡激扬
　　　　　　侯　斌　徐　迪　邱开烈

办公室设在总经理办公室（党委办公室）。办公室主任徐迪。

川庆钻探工程公司技能专家评审和考核领导小组

组　　　长：徐发龙
副 组 长：伍贤柱
成　　　员：李　毅　高自力　刘顶运
　　　　　　陆灯云　吴述普　岳砚华
　　　　　　李顺平　朱春荣　李晓明
　　　　　　王多金　吕凤军　谭　宾
　　　　　　张增年　李建林　晏　凌
　　　　　　香　军　冉金成　董剑南
　　　　　　王　鳕　傅红村

办公室设在劳动工资处。办公室主任吕凤军。

川庆钻探工程公司医务劳动鉴定委员会

组　　　长：徐发龙
副 组 长：伍贤柱
成　　　员：吴述普　王多金　吕凤军
　　　　　　李建林　香　军　朱延民
　　　　　　董剑南

办公室设在劳动工资处。办公室主任董剑南。

川庆钻探工程公司职业技能考核委员会

主　　　任：徐发龙
副 主 任：吕凤军

成　　　员：李　毅　高自力　刘顶运
　　　　　　岳砚华　王多金　曾　翀
　　　　　　高世富　张增年　李建林
　　　　　　晏　凌　香　军　冉金成
　　　　　　朱延民　董剑南　邱开烈
　　　　　　傅红村

办公室设在劳动工资处。办公室主任傅红村。

川庆钻探工程公司党委青年工作委员会

主　　　任：徐发龙
副　主　任：侯　斌　胡雪姣
成　　　员：卢尚勇　谭　宾　曾　翀
　　　　　　吕凤军　蒋国平　高世富
　　　　　　李建林　晏　凌　谢永竹
　　　　　　李　林　蔡激扬　谭林波
　　　　　　香　军

办公室设在川庆钻探工程公司团委。办公室主任胡雪姣。

川庆钻探工程公司工会劳动保护监督检查委员会

主　　　任：徐发龙
副　主　任：吴述普　王多金　香　军
委　　　员：吕凤军　蒋国平　张增年
　　　　　　李建林　晏　凌　蔡激扬
　　　　　　冉金成　曾　剑　董剑南
　　　　　　杨　健　赵　茂　胡　影
　　　　　　陈　倩　张劲松　周　仕
　　　　　　雷　震　李朝仪　李　明
　　　　　　李永泓　陈晓彬　杨　健
　　　　　　李新民　何　允　贺绍强

　　　　　　马　佳　邓　平　冉启华
　　　　　　杨顺尧　朱　书　罗　强
　　　　　　杨厚天

办公室设在川庆钻探工程公司工会。办公室主任香军，副主任杨健。

川庆钻探工程公司劳动争议调解委员会

主　　　任：徐发龙
副　主　任：沈双平
委　　　员：王多金　香　军　曾　翀
　　　　　　吕凤军　朱延民　董剑南
　　　　　　陈建福　陈　帅　赵　茂
　　　　　　胡　影　陈　倩　张劲松
　　　　　　周　仕　李朝仪　李　明
　　　　　　何　允

办公室设在川庆钻探工程公司工会。办公室主任陈帅。

川庆钻探工程公司市场准入审查委员会

主　　　任：金学智
成　　　员：李　毅　高自力　刘顶运
　　　　　　陈军强　吴述普　岳砚华
　　　　　　朱春荣　王多金　李官华
　　　　　　谭　宾　吕凤军　蒋国平
　　　　　　高世富　张增年　李建林
　　　　　　晏　凌　谢永竹　李　林
　　　　　　蔡激扬　谭林波　姚声贤
　　　　　　冉金成　李志荣　袁　诚

办公室设在企管法规处（内控与风险管理处）。办公室主任蔡激扬。

川庆钻探工程公司重特大事故应急程序

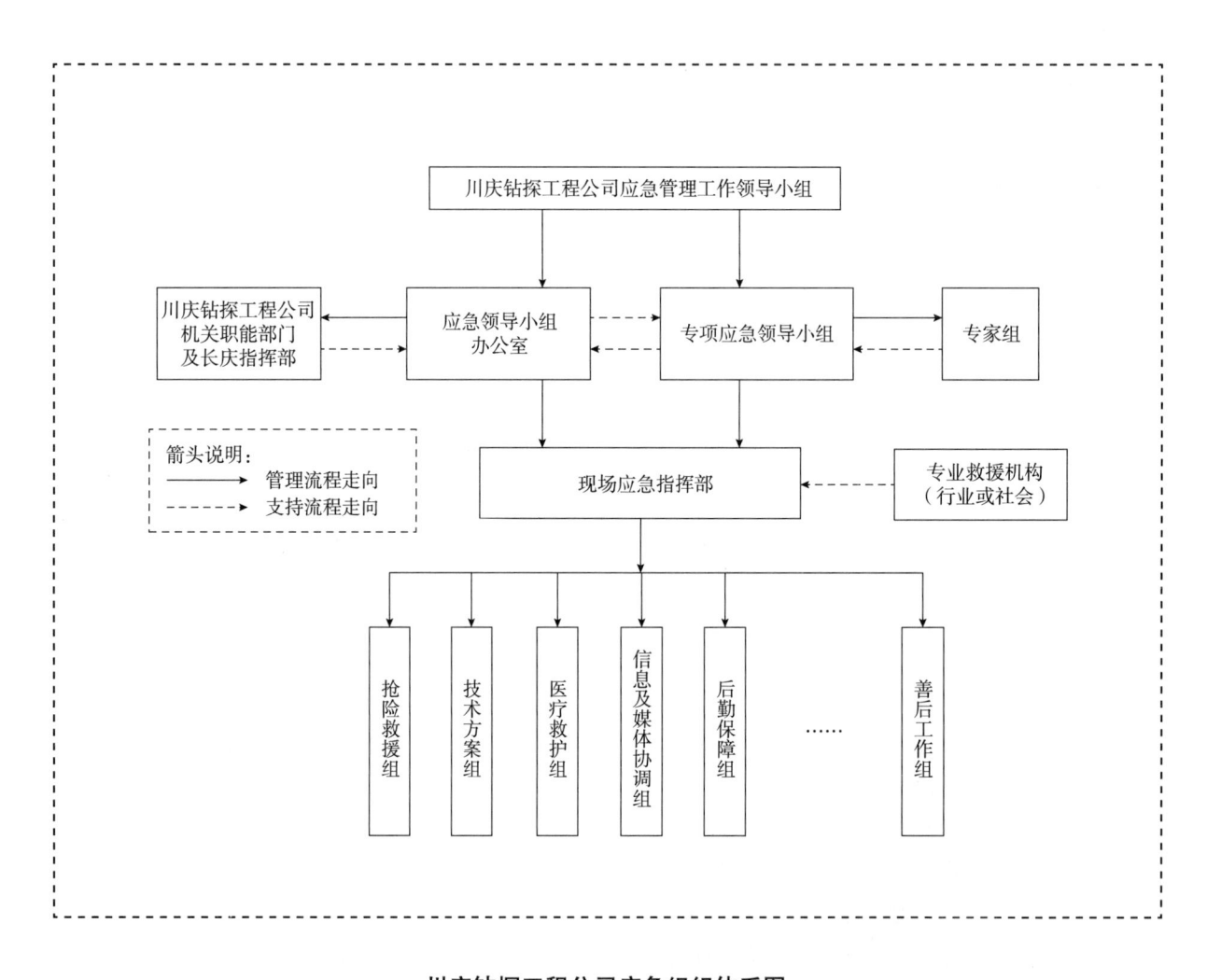

川庆钻探工程公司应急组织体系图

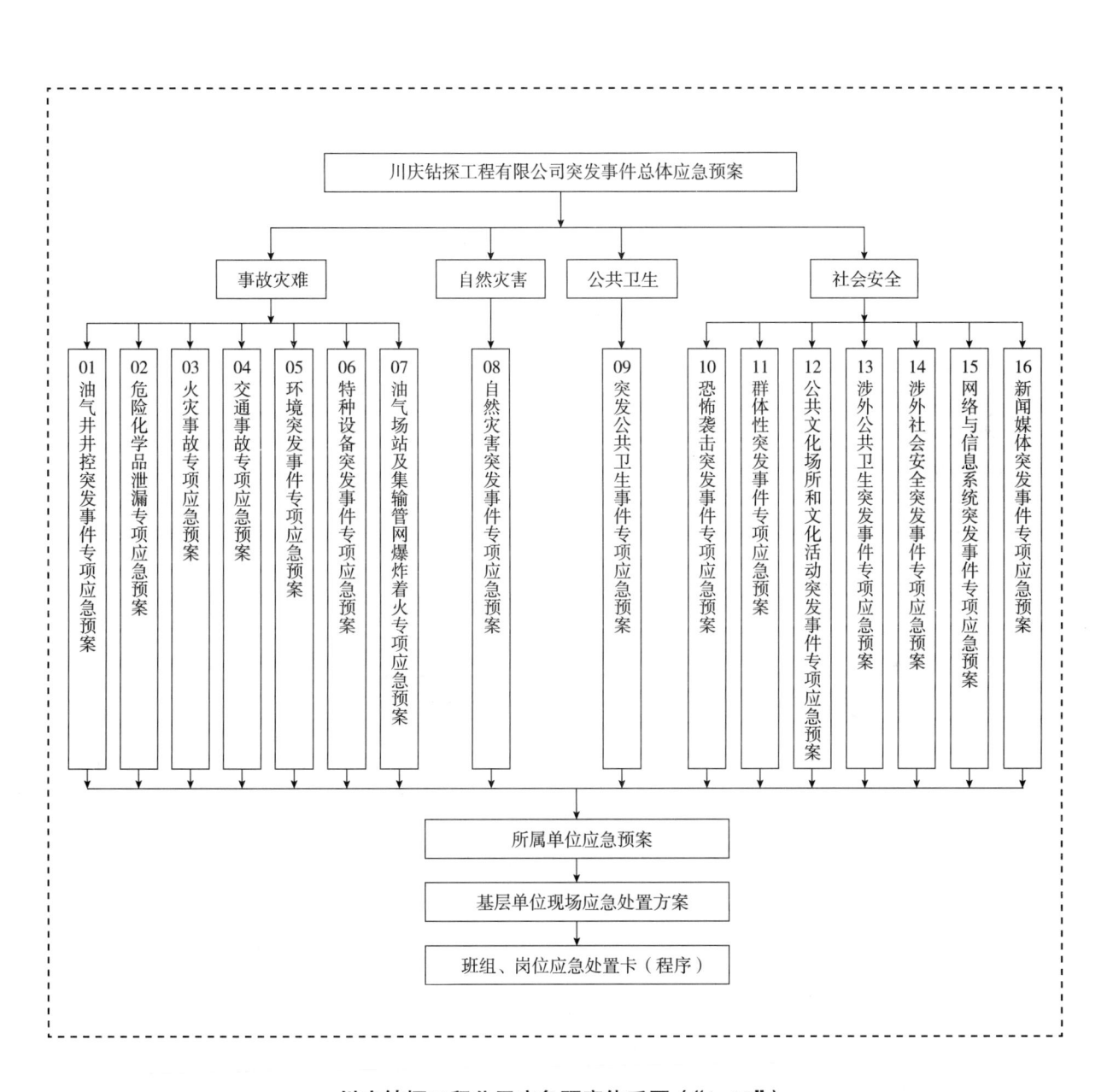

```
                    ┌─────────────────────────────────────────┐
                    │   川庆钻探工程有限公司突发事件总体应急预案   │
                    └─────────────────────────────────────────┘
            ┌───────────────┬───────────────┬───────────────┐
      ┌─────┴─────┐   ┌─────┴─────┐   ┌─────┴─────┐   ┌─────┴─────┐
      │  事故灾难  │   │  自然灾害  │   │  公共卫生  │   │  社会安全  │
      └───────────┘   └───────────┘   └───────────┘   └───────────┘
```

事故灾难：
- 01 油气井井控突发事件专项应急预案
- 02 危险化学品泄漏专项应急预案
- 03 火灾事故专项应急预案
- 04 交通事故专项应急预案
- 05 环境突发事件专项应急预案
- 06 特种设备突发事件专项应急预案
- 07 油气场站及集输管网爆炸着火专项应急预案

自然灾害：
- 08 自然灾害突发事件专项应急预案

公共卫生：
- 09 突发公共卫生事件专项应急预案

社会安全：
- 10 恐怖袭击突发事件专项应急预案
- 11 群体性突发事件专项应急预案
- 12 公共文化场所和文化活动突发事件专项应急预案
- 13 涉外公共卫生突发事件专项应急预案
- 14 涉外社会安全突发事件专项应急预案
- 15 网络与信息系统突发事件专项应急预案
- 16 新闻媒体突发事件专项应急预案

- 所属单位应急预案
- 基层单位现场应急处置方案
- 班组、岗位应急处置卡（程序）

川庆钻探工程公司应急预案体系图（"1+16"）

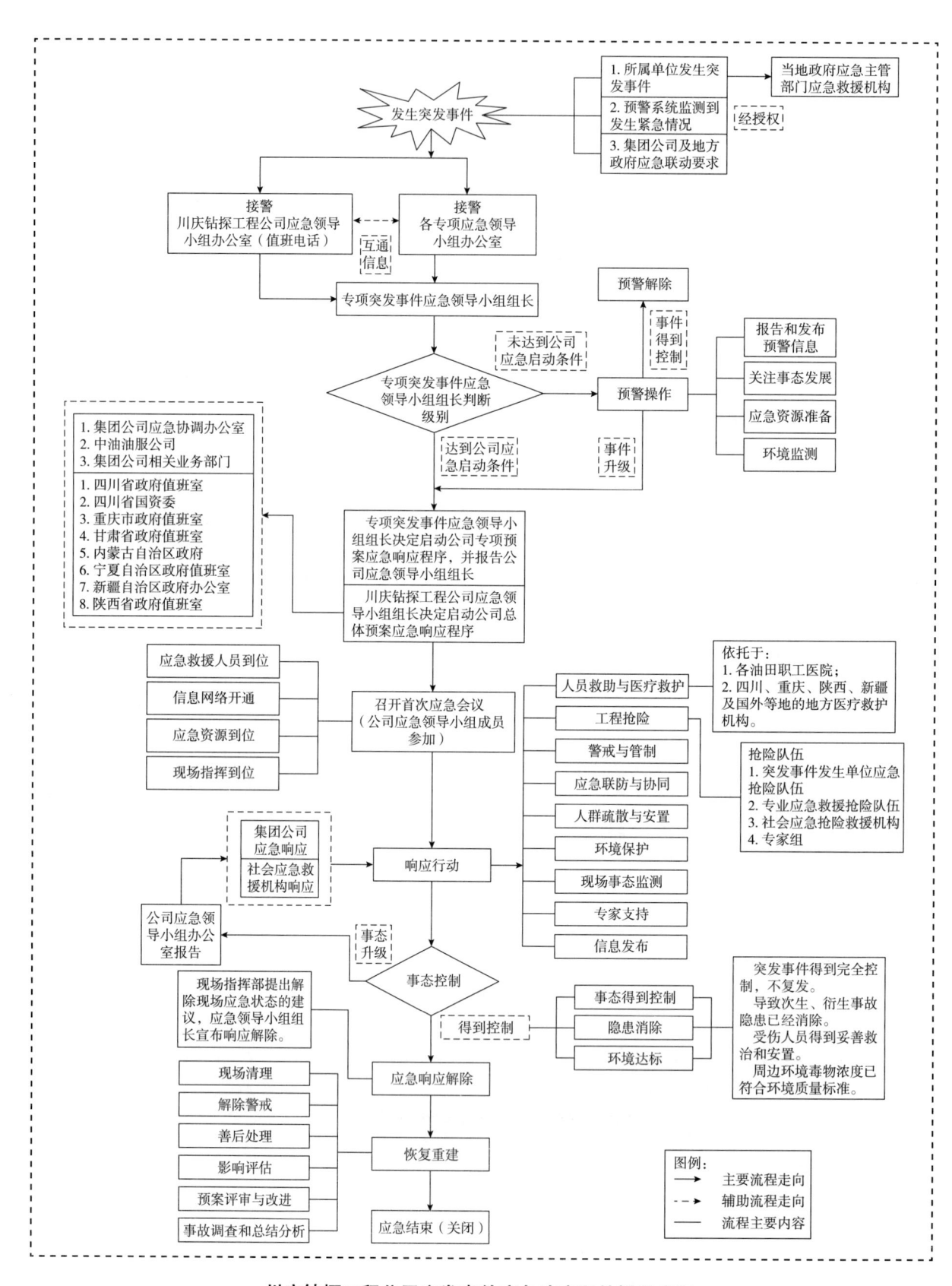

川庆钻探工程公司突发事件应急响应和救援程序图

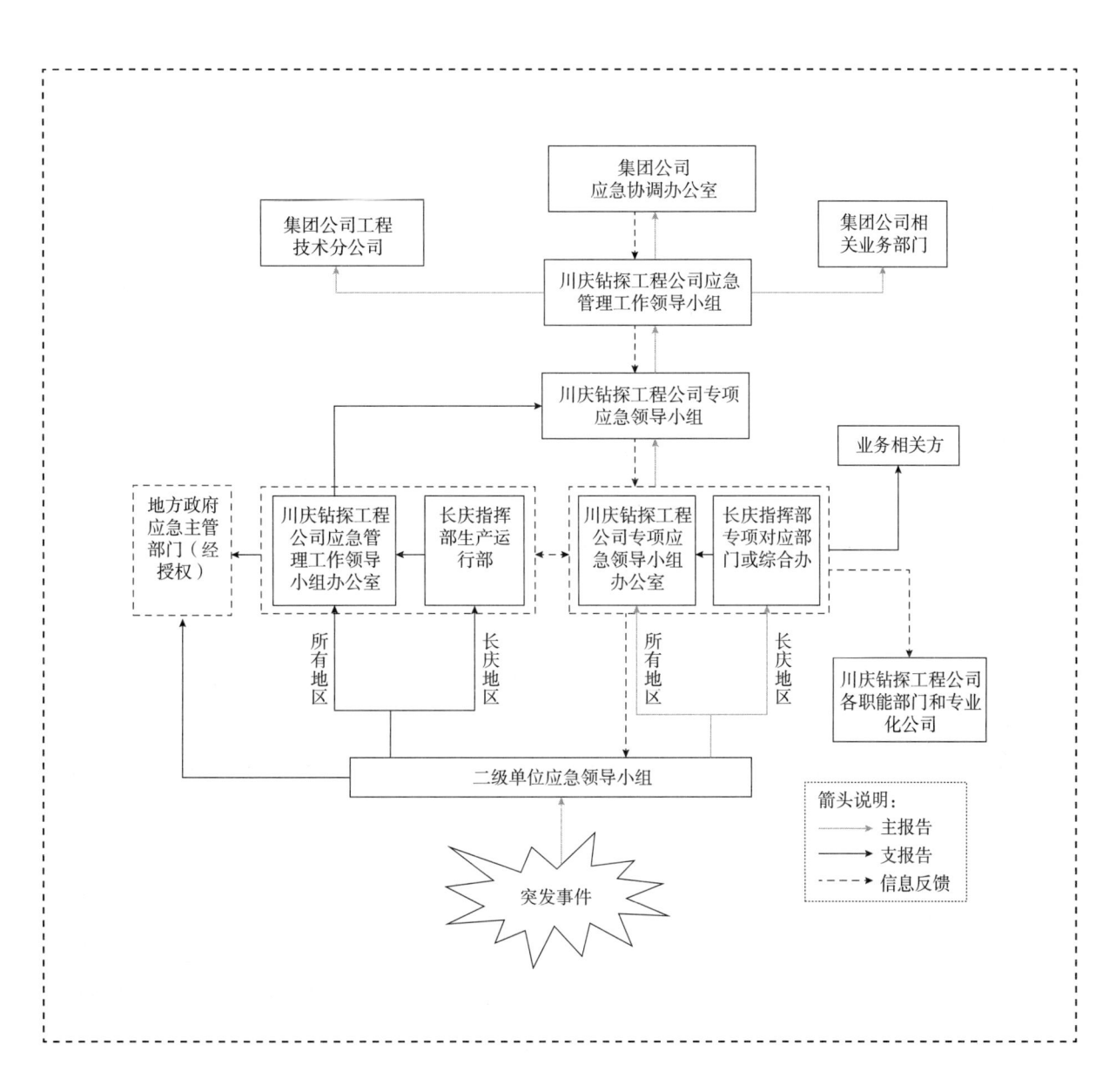

川庆钻探工程公司突发事件应急报告流程图

川庆钻探工程公司应急机构工作启动程序

项目	内容
2.1 启动川庆钻探工程公司应急机构工作的步骤	a）发生公司级及以上级别突发事件时，公司应急领导小组办公室和专项应急领导小组办公室按突发事件的类别报告公司分管业务副总经理（专项突发事件应急领导小组组长），由各专项突发事件应急领导小组组长进行最终突发事件级别的判断，并决定启动专项应急预案响应程序，采取有效处置措施，控制事态进一步发展，同时向公司应急领导小组组长报告。 b）公司应急领导小组组长接到报告后，决定启动公司总体应急预案响应程序。启动命令下达后，由公司应急领导小组组长或经授权的副总经理（专项应急领导小组组长）组织召开首次应急会议，专项突发事件应急领导小组办公室主任对会议议定事项进行落实。 c）总经理办公室（党委办公室）按要求报告集团公司总值班室（应急协调办公室）、工程技术分公司。涉及维稳、海外及其他相关专业的突发事件，由公司相关部门对口上报集团公司相关业务主管部门。 d）根据事态发展情况，决定是否启动新闻媒体及其他突发事件专项应急响应。
2.2 首次应急会议	由公司突发事件应急领导小组组长或受委托的公司专项应急领导小组组长主持召开，公司应急领导小组和专项应急领导小组成员及相关人员参加会议。会议内容包括但不限于： a）通报突发事件情况。 b）落实应急处置的职能部门及联系人，明确工作任务。 c）明确现场应急指挥部主要成员。 d）确定赴现场人员（包括专家）。 e）初步判定所需资源。 f）确定首次新闻发布的时间、发布渠道。
2.3 应急处置及后续应急会议	a）公司根据突发事件不同专业类别，由对应的专项应急领导小组负责组织开展应急处置工作，相关处置程序在各专项应急预案中进行明确。 b）应急领导小组组长或副组长根据应急工作需要，召开后续应急会议，研究解决应急处置过程中有关问题。专项突发事件应急领导小组办公室根据事件进展召集各相关部门和单位参加的联席会议，沟通传达相关信息，落实公司应急领导小组（或专项应急领导小组）决定的工作事项。
2.4 对到现场人员要求	2.4.1 依据首次应急会议要求，由公司应急领导小组组长或专项应急领导小组组长确定派出人员。 a）发生公司级及以上级别的突发事件时，按突发事件分类处置职责，公司应急领导小组组长或专项应急领导小组组长指派人员赶赴现场，负责协调指挥应急处置工作。 b）发生公司下属二级单位级突发事件时，公司专项应急领导小组组长根据事态，确定是否派出人员赶赴现场。 c）机关职能部门赴现场人员，负责落实领导指令和专项预案要求，协调调配所需应急资源，参与应急处置和应急救援工作。 2.4.2 现场工作要求应包括但不限于以下内容： a）全面了解突发事件情况，督促指导应急救援工作。 b）听取专家组的意见和建议，关注社会公众反映。 c）加强与当地政府相关部门的联系，取得理解和支持。 d）关注、评估事态发展，及时完善应急救援方案。 e）保持与公司总部的联系，并定时报告事态进展情况。 f）组织、鼓励、动员企业人员克服困难，抢险救灾。 g）与地方政府共同安抚受到突发事件影响的群众，做好善后处置工作。

文件选编

川庆钻探工程有限公司钻前工程管理办法

第一章 总 则

第一条 为适应川庆钻探工程有限公司（以下简称"公司"）可持续发展的要求，进一步规范钻前工程管理，明确钻前工程管理流程，强化钻前工程管理责任，特修订本办法。

第二条 钻前工程是为钻井（试油）工程的正常开展所准备的临时工程，是钻井系统工程的组成部分。主要包括井场道路、井场场地、设备基础、池类及清污分流系统、生活营地等工程。

第三条 钻前工程应根据钻井标准及使用要求，满足钻井、完井、试油（气）及相关作业的安全、环保、生产需要。

第四条 本办法适用于公司所属单位投资和承建的钻前工程项目；试前工程参照执行。

第二章 管理机构及职责

第五条 公司主要相关处室职责

生产协调处是钻前工程的归口管理部门，其主要职责：

（一）负责宣贯国家、行业相关建设法规，制定公司钻前工程管理制度、办法和技术标准。

（二）对公司投资的钻前工程，负责指导和督促建设单位开展钻前工程设计审查、审批工作。

（三）对公司（含所属二级单位）承建的钻前工程，负责生产运行的协调、施工进度跟踪、技术指导等钻前工程相关管理工作，及时协调、处理钻前工程生产运行中发现的问题。

（四）负责组织钻前工程重大技术故障、技术事件的调查处理工作。

规划计划处负责公司投资的钻前工程相关规划计划管理，主要包括钻前工程设计及概算批复等相关管理工作。

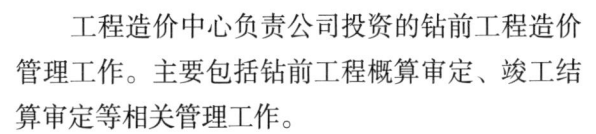

工程造价中心负责公司投资的钻前工程造价管理工作。主要包括钻前工程概算审定、竣工结算审定等相关管理工作。

质量安全环保处负责钻前工程质量安全环保管理工作，主要包括环境影响评价，QHSE监督检查等工作；负责组织质量安全环保事故的调查处理工作。

公司其他部门履行职责范围内钻前工程相关的管理工作。

第三章 钻前工程建设管理

第六条 页岩气勘探开发项目经理部、苏里格项目经理部是公司投资钻前工程的建设单位。

第七条 建设单位负责组织钻前工程选址、前期评价和调查工作。包括人居调查、规划选址、地质灾害危险性评估、环境影响评价、使用林地可行性评估、压覆矿产资源评估、水土保持方案、土地复垦方案等。

第八条 钻前工程应将钻井清洁生产（土建部分）、土地复垦、钻前与场站一体化建设等工作统一布局、统筹设计。

第九条 建设单位负责钻前工程设计管理工作，委托资质符合要求的勘察设计单位完成岩土勘察、测量、设计等工作，并按程序完成设计审批。

第十条 钻前工程先按临时用地申请依法使用，后续场站建设再根据钻探结果和场站需要，实施土地征收或复垦还耕。

第十一条 建设单位在完成土地使用相关手续及环评批复等前期准备工作后，及时安排钻前工程开工，并在实施过程中履行建设单位相关职责。

第十二条 钻前工程井场场面、道路路面质保期为一个钻井（试油）周期或合同约定周期。

第十三条 钻前工程完工后，建设单位应及时组织完工验收、工程质量评定、完工交接。

第十四条 建设单位应在工程完井结算后，及时将钻前工程各类前期评价、竣工资料、土地资料、施工管理、竣工结算等工程相关资料组卷，移交档案管理部门存档。

第四章 钻前工程施工及使用管理

第十五条 四川蜀渝石油建筑安装工程有限公司（以下简称蜀渝公司）是钻前工程的主体施工单位。主要负责承揽钻前工程业务，组织施工，按期提供钻前工程，配合钻机搬迁、安装工作，负责钻前工程的后期维修工作等。

第十六条 钻探、运输、录井、钻井液、井下作业、试修等专业化公司是钻前工程的使用单位。在日常工作中应按《钻前工程产品使用说明书》对钻前工程各项设施合理使用和保护，避免超限使用，发现问题及时做好应急处置工作并汇报。

第十七条 钻前施工单位在接到钻前工程承建任务后，应根据工程要求及时组织机具和队伍，具备开工条件后立即进行施工作业，施工过程中严格执行相关标准、规范和设计，保证工程质量、安全、环保和工期，按要求完成工程任务。

第十八条 钻前施工单位应配合建设单位做好地方政府、村民的协调工作，并及时将相关情况通报相关单位。

第十九条 钻前施工单位应将钻前工程生产运行、地方协调情况每日按要求录入公司生产运行系统。

第二十条 在施工过程中，现场实际情况与设计不一致时，钻前施工单位应及时通知建设单位和设计单位，严格执行设计变更，重大设计变更应及时录入公司生产运行系统。

第二十一条 钻探公司、钻前施工单位共同参与现场办公，书面明确燃烧池、油罐基础、水罐基础等钻井附属生产、生活设施的具体位置，并满足附属设施的吊装要求。

第二十二条 根据钻机运行和钻前工程的实际情况，生产协调处可调整钻前工程施工进度要求，以满足公司生产运行需要，钻前施工单位应严格按要求执行。

第二十三条 钻前工程具备钻机搬安条件后，由钻前施工单位及时录入公司生产运行系统。由钻探公司牵头组织运输公司、钻前施工单位进行搬安前的功能性验收，合格后方可进行钻机搬迁。钻前施工单位在移交钻前工程设施时，同时移交《钻前工程产品使用说明书》。

第二十四条 钻机搬安条件，是指钻前工程达到钻机搬迁、安装应具备的基本功能。具体功能要求如下：

（一）道路通畅，转弯半径、宽度、错车道按设计施工完成，达到运输车辆搬家通行条件；

（二）道路和井场完成基层铺筑，或混凝土浇筑完成，达到足够强度，可满足钻机搬迁、安装使用；

（三）井架基础、设备基础、清洁生产平台、池类等全部完成，可满足钻机搬迁、安装、开钻使用；

（四）生产、生活附属工程完成。

第二十五条 钻机搬迁安装期间，钻前施工单位应做好土建配合工作（项目经理必须到新老井场现场配合），运输公司应提前做好道路踏勘工作，钻探公司应做好道路排障等准备工作。钻前施工单位负责新井场周边的地方协调，钻探公司负责老井场周边的地方协调，共同确保钻机搬迁、安装顺利。

第二十六条 钻机搬迁、安装完成后，钻前施工单位在做好开钻配合工作的同时，应尽快按设计要求完善钻前工程的各项工作，达到竣工验收条件，配合建设单位完成竣工验收；使用单位应协助配合钻前施工单位完成钻前工程的后续工作。

第二十七条 钻前施工单位应及时完成钻前工程的维修工作，保证钻前工程各项设施的正常使用。

第二十八条 钻探公司搬离井场后，应做到"工完料尽场地清"，按照相关规定及时向建设单位移交井场。

第五章 钻前工程考核

第二十九条 钻前工程各相关单位应严格遵守国家相关法规及本管理办法。考核奖惩参照《川庆钻探工程公司生产运行管理考核办法（试行）》执行。

第六章 附 则

第三十条 本办法由公司生产协调处负责解释。

第三十一条 本办法自发布之日起实行，原《川庆钻探工程有限公司钻前工程生产运行管理办法》（生运处发〔2012〕3号）同时废止。

川庆钻探工程公司质量健康安全与环境管理体系审核管理办法

第一章 总 则

第一条 为加强川庆钻探工程公司（以下简称公司）质量、健康、安全与环境管理体系（以下简称QHSE体系）的审核工作，进一步推动QHSE体系规范运行，依据《中国石油天然气集团公司HSE管理体系审核工作管理规定》（质安〔2017〕309号）和公司《质量、健康、安全与环境管理体系文件 程序文件》的要求，结合公司实际，制定本办法。

第二条 公司实施"一体化、差异化、精准化"QHSE体系审核，每年度上级、公司、单位三级体系审核覆盖全部体系要素和全部业务部门及基层单位，对各单位不少于一次体系量化审核。

体系审核应做到客观公正，以事实为依据。

审核员应遵规守纪，严守秘密。

第三条 本办法适用于公司接受中国石油天然气集团公司或中国石油集团油田技术服务公司（以下简称上级）和公司及所属各单位组织的体系内部审核。公司及所属单位在接受第三方机构QHSE体系审核时可参本办法照执行。

第二章 机构、人员与职责

第四条 公司及所属各单位QHSE管理部门是QHSE审核的归口管理部门，其主要职责是：

（一）负责制修订QHSE体系审核管理办法并监督实施。

（二）负责制定QHSE体系审核方案，组织、协调QHSE体系审核工作。

（三）负责配合、协调上级（或第三方机构）并指导下级的QHSE体系审核工作。

（四）组织审核员培训，建立、管理QHSE体系审核员库，开展审核员考核，提出对优秀审核员表彰、奖励建议。

（五）负责编写审核总结报告，筹备QHSE体系审核总结会议。

（六）负责督促QHSE体系审核发现问题的整改，按规定对有关单位进行考核，提出奖惩建议。

第五条 公司及各单位其他业务部门应积极参与QHSE体系审核有关工作，负责组织开展本业务领域的专项审核，督促、验证审核发现业务范围内有关问题的整改并及时完善管理措施。

第六条 各单位负责按要求组织开展本单位的QHSE体系内部审核，认真配合、协助上级、公司（或第三方机构）的QHSE体系审核工作，形成审核报告，召开审核总结会议并，保质、保量、按时完成审核发现问题的整改和关闭。

第七条 公司及各单位在组织QHSE体系审核时应明确审核领导小组及审核小组（以下简称审核组）。

审核领导小组负责审定QHSE体系审核方案，决定审核中的重要事项，审定优秀审核员表彰、奖励建议。

审核组负责编制审核实施方案，按方案完成

QHSE 体系审核，提出不符合项或整改项并现场讲评，按照公司《质量、健康、安全与环境管理体系量化审核标准》完成被审核单位的量化评分定级，形成审核报告和问题清单，组织召开审核末次会议。

第八条 审核组组长（副组长）负责带领小组成员按要求实施体系审核，审定发现问题并与被审核单位负责人对接，审查 QHSE 体系审核报告，主持末次会议，考核本组审核员。

第九条 审核员负责按照审核组组长（副组长）分工开展体系审核工作，及时总结审核亮点和问题并注明所发现问题的判定依据。

第十条 公司及各单位应分别建立满足本单位 QHSE 体系审核工作需要的审核员库，审核员库由审核组长（副组长）和审核员两部分组成。

第十一条 体系管理部门每年度应对体系审核员库中的每一位成员进行评定，确认出库、进库人员，实行动态管理。

第十二条 进入公司体系审核员库人员应满足的基本条件为：

（一）经公司及上级组织的审核员相关培训，考核合格并在有效期内；

（二）从事三年及以上 QHSE 或其他相关业务的管理、监督工作；

（三）具有中级及以上专业技术职称，曾经参加过单位、公司或上级的 QHSE 体系审核；

（四）身体健康，具有较好的语言表达、沟通、总结能力和组织协调能力；

（五）作风正派，遵章守纪，坚持原则。

第十三条 取得国家和上级 QHSE 体系审核证书人员、公司级 QHSE 工作方面专家、公司质量安全环保处负责 QHSE 工作的管理人员以及各单位安全总监、副总监、质量安全环保部门负责人可以直接进入公司体系审核员库。

第十四条 公司体系审核组组长（副组长）可由进入公司体系审核员库的组长（副组长）人员担任，也可由公司领导、资深专家或处室负责人担任。

第十五条 纳入公司体系审核员库管理的人员原则上每两年至少参加一次上级或公司组织的 QHSE 体系审核。

第十六条 各级管理人员应主动参与 QHSE 体系审核、接受审核、督促整改分管业务方面存在的问题、参加审核末次会或总结会。

第三章 审核策划

第十七条 审核策划包括编制审核方案、组建审核组、召开审核启动会、开展审核前培训、确定审核计划、分配审核任务等内容。

第十八条 公司每年度分别于上、下半年各组织一次 QHSE 体系审核，原则上半年内上级与公司不对同一单位开展审核、同一基层单位一年内不重复安排审核。

第十九条 体系审核方案应明确审核范围、审核分组、审核方式、审核安排、审核内容、审核要求等内容。

第二十条 体系审核分组应根据被审核单位的业务，主要从审核员库中选配相应的审核员组成，选配时应回避参与对审核员本人所在单位的审核。若被审核单位有特殊工作要求时，可从机关部门抽取专业人员参与专项审核，每个审核小组一般由 3—6 名审核成员组成。

第二十一条 体系审核前应组织召开审核启动会，明确审核有关工作和纪律要求，并对审核员进行针对性培训。

第二十二条 各审核组应针对被审核单位的情况编制审核计划，明确审核行程、审核重点部位和人员分工，并与被审核单位就计划内容进行充分沟通，将审核计划交由体系管理部门备案。

第二十三条 体系审核应针对不同单位风险类别和实际情况，按差异化、精准化原则采取驻点审核、指导审核或专项审核方式进行。

第四章 审核实施

第二十四条 体系审核实施包括迎接上级（或第三方机构）和组织内部QHSE体系审核工作。

第二十五条 迎接上级（或第三方机构）QHSE体系审核工作时，体系管理部门应与审核组进行充分沟通，积极做好配合，根据审核组的审核计划编制迎审方案，确定陪同人员，安排好交通、食宿和防护用品，通知有关单位、人员做好接受体系审核准备，做好审核发现问题记录、沟通及整改。

第二十六条 组织QHSE体系内部审核工作包括审核首次会议召开、审核计划实施、审核发现沟通、审核报告编写、末次会议召开等环节。

第二十七条 审核组组长（副组长）决定是否召开审核首次会议，管控好本组成员的个人有关健康、安全以及遵章守纪行为，并带领本组成员按计划完成审核任务。

第二十八条 体系审核抽样的对象应具有代表性。抽样部门及基层单位应代表被审核单位业务特点和QHSE风险较大的现场，被审核人员应针对与业务紧密相关的管理人员或关键岗位人员。

第二十九条 根据公司及有关单位的QHSE工作情况，可将质量、健康、安全与环保工作的专项检查与体系审核一同进行，一同讲评，一同考核。

第三十条 审核组在严格按照审核计划实施前提下，可由审核组长（副组长）确定，对部分现场适时开展"四不两直"（不发通知、不打招呼、不听汇报、不用陪同接待、直奔基层、直插现场）审核。

第三十一条 体系审核主要以人员访谈、资料查阅、现场观察、模拟测试、应急演练等方法进行，重点审核机关的QHSE管理举措在基层的落实效果及基层问题在机关的监督管理原因。

第三十二条 被审核单位及人员应按审核组要求提供相关资料、接受测试访谈、开展应急演练，不得以任何理由、任何方式逃避审核，不得人为停工等待审核。

第三十三条 体系审核组对一个现场完成审核时，应讲评发现的亮点和问题，提出整改意见和建议。在现场发现有较大及以上隐患和严重问题时，应及时报告体系管理部门和专业管理部门，达到停工停产条件的应立即停工停产。

第三十四条 审核组现场提出的问题，被审核单位应立即组织整改，不能及时整改的问题，要采取有效防范措施，并报告相关管理部门。

第三十五条 体系审核员应按照要求对审核资料进行整理并及时提交，审核组内要及时对审核发现、存在问题等情况进行沟通，协调相关审核事项。

第三十六条 审核组组长（副组长）应将审核发现问题清单在审核结束或末次会议前与被审核单位负责人进行沟通确认。

第三十七条 体系审核员应客观、明确、清晰地记录审核有关信息内容，确定这些信息的真实性和准确性。审核组应指定专人及时收集、整理审核资料、记录、照片等证据信息。

第三十八条 体系审核报告重点分析和通报审核发现的特色做法和问题，列出问题清单，对典型问题进行管理原因追溯，提出改进意见、建议，对量化审核单位进行评分定级。

第三十九条 体系审核组组长（副组长）应及时组织召开审核末次会议，通报审核情况，讲评审核报告。被审核单位领导班子成员、机关相关部门负责人等应参加末次会议。

第五章 改进与考核

第四十条 体系管理部门应收集、汇总审核发现问题，并会同业务部门对问题进行确认，行文提出问题整改、验证要求并跟踪落实。

第四十一条 被审核单位要及时整改审核发现问题，必要时应组织现场验证，按要求报送问题整改信息。业务部门应跟踪督促问题的整改，分析查找存在问题的管理原因并完善相关措施。

第四十二条 体系管理部门应及时收集、审阅各审核组的审核报告，总结分析审核情况并形成报告，适时召开体系审核总结会议，分享特色做法，通报审核结论和典型问题，分析问题原因，提出改进意见，安排下步工作。

第四十三条 体系审核的评分定级应纳入被审核单位的年度QHSE工作考核，并作为单位评先争优依据之一。

第四十四条 审核发现存在严重问题时，业务部门要追溯问题产生的管理或执行原因，明确问题单位和人员的责任，按有关规定通报、处罚或追责。

第四十五条 出现以下情形的，由体系管理部门对责任单位进行考核：

（一）不支持、不配合体系审核，或为体系审核设置障碍的；

（二）审核时弄虚作假或人为停工待审的。

（三）出现系统性或严重问题，被上级或政府部门审核通报或问责的。

（四）对审核问题整改不力、虚假整改，造成严重后果或影响的。

第四十六条 公司对选派人员参加上级或公司体系审核担任组长、副组长或专家组长的单位进行年度QHSE工作考核加分，对优秀审核员进行表彰、奖励或评为QHSE工作先进个人。

第六章　附　则

第四十七条 本办法由公司质量安全环保处负责解释。

第四十八条 本办法自2020年3月20日起施行。公司《HSE管理体系审核员管理办法》（川庆制发〔2013〕9号）同时废止。

供稿人员名单

（排名不分先后）

机关处室及直附属单位

办公室（党委办公室）：
　汪亚军　梁治国　朱　杰　王　涛
　苏志刚　张　宇　范淑清
对外合作和市场开发处：张优禄　周　薇
生产协调处：朱　可　袁　政　肖　霞
　　　　　　赵　东
人事处（党委组织部）：王静丽
劳动工资处：刘　刚　邱金华　刘嘉伟
　　　　　　吴　旭　邹　俊
规划计划处：樊　勇
财务资产处：宋　玲
设备处：沈凡儿
安全环保节能处：龚忠利　贺吉安　钟　凯
　　　　　　　　吴　彤　范湘军　聂　磊
　　　　　　　　田　伟　宋保华
工程技术处：甘红梅　陈　曦　朱仁发
　　　　　　李晓阳　李　斌　王贵刚
　　　　　　江　川
科技处：毛　斌
审计处：杨　虹
企管法规处（内控与风险管理处）：
　常　友　向小兵　杨与嘉　雍　幸
　黄　涛　熊　伟　肖　磊
纪委办公室：杨辉煌
党委巡察办公室：闵　娅
企业文化处（党委宣传部、团委）：
　冯庆节　王茜雯
工　会：向　英　罗　强　唐佳伟
油气事业部：王　嘉
信息管理部：王　雷
工程造价中心：任惠琴

维稳办（信访办）：何　巧
物资管理部：谷达竹
机关事务中心：刘文涛　李　兵　付晓微
　　　　　　　徐郁文　李　敏
生产和科研基地建设项目部：李渝渝

公司所属二级单位

长庆指挥部：赵　鹏
川东钻探公司：宋　静　易小中
川西钻探公司：马国瑜
长庆钻井总公司：李宝宝　胡延城
新疆分公司：雷成杰
国际工程公司：徐茂军
苏里格项目部：蒋　勇
井下作业公司：陈　燕
长庆井下公司：赵东旭
试修公司：季　征
长庆固井公司：贾　涛
钻采院：戢丽衡　林　薇
地研院：黎　田
安检院：刘瀚琳
蜀渝公司：殷安庆　周　苧
重庆运输公司：唐阳睿
长庆监督公司：湛　兵
钻井液公司：刘夕侨
页岩气项目经理部：敬　博
页岩气工程项目部：曾　茜
越盛公司：刘　欣
纪检审计中心：张　鹏
培训中心：彭丽莎
酒店管理公司：房　茜

索 引

使 用 说 明

一、本索引采用内容分析索引法编制。除大事记外，年鉴中有实质检索意义的内容均予以标引，以便检索使用。

二、索引基本上按汉语拼音音序排列，具体排列方法如下：以数字开头的，排在最前面；以英文字母打头的，列于其次；汉字标目则按首字的音序、音调依次排列，首字相同时，则以第二个字排序，并依此类推。

三、索引标目后的数字，表示检索内容所在的年鉴正文页码；数字后面的英文字母 a、b，表示年鉴正文中的栏别，合在一起即指该页码及左右两个版面区域。年鉴中用表格、图片反映的内容，则在索引标目后面用括号注明（表）、（图）字，以区别于文字标目。

四、为反映索引款目间的隶属关系，对于二级标目，采取在上一级标目下缩两格的形式编排，之下再按汉语拼音音序、音调排列。

0-9

2020 年度工作概述 2b
650 钻井科技示范工程 32b

A-Z

HSE 标准化建设 121a
HSSE 管理 73b
QHSE 体系建设 120b

A

安检院 228b
  安全环保管理 229b
  安全监督 229a
  党建工作 231b
  队伍建设 231b
  环境保护 229a
  技术检测 229b
  经营管理 230b
  科技创新 231a
  市场开发 230a
安全管理 40a
安全环保管理 4a
安全环保监督 119a
安全环保与节能节水 118b
安全环保责任制 119a
安全监督 68b

安全教育与培训　119b

B

巴基斯坦钻井液服务　45b
保密工作　92a
保险管理　111a
保障帮扶　144b
编纂委员会　265a
标准化管理　124b

C

财会队伍建设　112b
财务共享　111b
财务资产管理　108b
采购监管　89b
产品质量抽查　124a
撤并机构　153b
撤销（合并）机构（表）　153
成本管理　109a
成果推广应用　80b
承包商HSE监管　120b
承包商管理　95b
出国（境）人员管理　101b
长庆地区钻井液服务　44b
长庆固井公司　218a
　　安全环保　220a
　　党风廉政建设　221a
　　党建工作　220b
　　固井生产　219b
　　技术质量　220a
　　经营管理　219b

市场开发　219a
提质增效　218b
疫情防控　218b
长庆监督公司　239b
　　HSE监督　240a
　　QHSE体系建设　240b
　　党建工作　241a
　　工程监督　240a
　　企业管理　240a
　　群团工作　241a
　　提质增效　239b
　　疫情防控　240b
长庆井下公司　211b
　　安全环保　213b
　　党建工作　213b
　　惠民工程　214a
　　精益管理　213a
　　科技进步　213a
　　年度荣誉　214b
　　提速提效　212b
长庆指挥部　184a
　　安全管理　184b
　　党建工作　185b
　　提质增效　185a
　　协调关系　184b
　　组织运行　184a
长庆钻井总公司　194b
　　安全环保　196b
　　党建工作　197a
　　改革创新　194b
　　工程质量　196a
　　和谐企业建设　198a
　　技术提速　195a

经营管理　195a
　　科技研发　196a
　　人才队伍建设　196b
　　生产组织　194b
　　思想文化建设　197b
　　四化建设　195b
川东钻探公司　185a
　　安全环保　186b
　　党建工作　188b
　　工会与共青团工作　189b
　　精细化管理　188a
　　科技进步　187b
　　企业文化　189a
　　"三基"工作　188a
　　"十三五"规划完成　190a
　　钻井提速提效　187b
　　钻井业务外包　186b
川庆钻探工程公司"三基"暨管理提升工作领导
　　小组　263b
川庆钻探工程公司"四化"建设领导小组　266a
川庆钻探工程公司HSE委员会　260a
川庆钻探工程公司帮扶中心领导小组　266b
川庆钻探工程公司保密委员会　268a
川庆钻探工程公司标准化技术委员会　267a
川庆钻探工程公司厂务公开领导小组　266b
川庆钻探工程公司党的建设工作领导小组　261a
川庆钻探工程公司党委党风廉政建设和反腐败工
　　作领导小组　261b
川庆钻探工程公司党委青年工作委员会　269a
川庆钻探工程公司多元经济管理委员会　262a
川庆钻探工程公司反腐败协调小组　268a
川庆钻探工程公司防汛领导小组　265a
川庆钻探工程公司扶贫工作领导小组　266b

川庆钻探工程公司工会劳动保护监督检查
　　委员会　269a
川庆钻探工程公司国家安全领导小组　266a
川庆钻探工程公司技能专家评审和考核领导
　　小组　268b
川庆钻探工程公司技术专家评审和考核领导
　　小组　262b
川庆钻探工程公司绩效考核领导小组　261b
川庆钻探工程公司节能减排和清洁生产领导
　　小组　264a
川庆钻探工程公司精神文明（企业文化）建设委
　　员会　261b
川庆钻探工程公司井控工作领导小组　265b
川庆钻探工程公司科学技术委员会（川庆钻探工
　　程公司知识产权管理委员会）　262a
川庆钻探工程公司劳动竞赛委员会　267b
川庆钻探工程公司劳动模范　149b
川庆钻探工程公司劳动争议调解委员会　269b
川庆钻探工程公司密码工作领导小组　268a
川庆钻探工程公司内控与风险管理体系建设领导
　　小组　263b
川庆钻探工程公司能源合作开发领导小组　264b
川庆钻探工程公司品牌管理委员会　268b
川庆钻探工程公司企业年金管理委员会　266a
川庆钻探工程公司全面深化改革领导小组　260a
川庆钻探工程公司人才工作领导小组　264b
川庆钻探工程公司设备管理委员会　267b
川庆钻探工程公司深化人事劳动分配制度改革专
　　项领导小组　263a
川庆钻探工程公司市场准入审查委员会　269b
川庆钻探工程公司维护稳定和信访工作领导
　　小组　266b
川庆钻探工程公司先进企业　149a

川庆钻探工程公司信息化工作指导委员会 264a
川庆钻探工程公司医务劳动鉴定委员会 268b
川庆钻探工程公司应急管理工作领导小组 260b
川庆钻探工程公司预算委员会 261a
川庆钻探工程公司员工培训工作领导小组 263a
川庆钻探工程公司职称改革工作领导小组 262b
川庆钻探工程公司职业病防治工作领导小组 265b
川庆钻探工程公司职业技能考核委员会 268b
川庆钻探工程公司质量管理委员会 260b
川庆钻探工程公司质量健康安全与环境管理体系
　　审核管理办法 277a
川庆钻探工程公司重特大事故应急程序 270
川庆钻探工程公司资质初审领导小组 267a
川庆钻探工程公司综述 2a
川庆钻探工程有限公司钻前工程管理办法 275a
川西钻探公司 190b
　　安全环保 191a
　　党建工作 192b
　　工会工作 193b
　　科技进步 191a
　　企业文化建设 193b
　　"三基"工作 192b
　　生产经营情况 190b
　　提质增效 192a
　　团青工作 194a
　　质量计量与标准化 192a
　　钻井提速 191b
川渝地区钻井液服务 43b

D

大事记 21
带压作业 37a

党的建设 4b
党风廉政建设 138a
党建工作 131
党建责任落实 135b
党委 162a
党务干部队伍建设 137b
党员教育 136a
党组织及党员队伍 135a
档案管理 92b
地面测试流程优化 38a
地研院 224a
　　安全环保管理 225b
　　保密管理 227a
　　财务管理 226b
　　成果推广应用 225a
　　党建工作 227b
　　法治建设 226b
　　风险管理 226a
　　工程技术管理 226a
　　工会工作 228a
　　企业文化工作 228a
　　人才队伍建设 227a
　　生产组织 224b
　　市场开发 225b
　　"四化"建设 225a
　　团青工作 228a
　　新闻宣传工作 227b
　　疫情防控 226a
　　重点工程 224b
定额研究计价管理 108a
督办工作 91a
队伍建设 103a
队伍建设 93b

对口扶贫 145a

多元经济 113a

E

厄瓜多尔 Parahuacu 油田增产服务项目 57b

二级单位概览 183

二级单位领导人员名录 164b

二级单位领导人员名录（表） 166

二氧化碳加砂压裂工艺技术应用 39a

F

法律队伍建设 90b

法律风险防控 90a

法律事务管理 89b

防恐安全 73b

防灾减灾 99a

风险管控与隐患排查治理 120a

附录 259

G

改革调整 88a

改革与管理 87

干部培训 101b

高级技师名录（表） 182

高级专业技术人员名录 179a

更名机构（表） 156

工程地质钻井液深化融合 42b

工程技术服务 3a

工程监督 69a

工程项目管理 95b

工程项目审查 107b

工程与服务采购 65b

工程造价管理 107b

工程质量监督 124a

工会 162b

工会工作 144a

工会委员会领导人员名录（表） 163

工会自身建设 146b

工作量完成情况 36b

工作量完成情况 38b

工作量完成情况 47b

工作量完成情况 62a

公司高级技师 180b

公司技能专家 180b

公司所属二级单位 281b

供稿人员名单 281

供应商管理 67b

共青团与青年工作 147a

固井 47a

关联交易 111a

管具 60a

管理创新 88a

规划计划管理 105b

国际工程公司 201a

　安全环保健康工作 202b

　党建工作 203b

　工作量完成情况 201b

　企业管理 203a

　市场开发 202a

　疫情防控 201b

　重点项目 202a

国际合作业务 72a

国际合作与外事工作 71

国际贸易　73a

国家级先进个人　149a

国内反承包项目　73a

国内市场开发　94a

国外市场开发　94b

国有股权管理　111b

H

哈萨克KAM项目　57b

海外项目　72a

合规管理　89a

合同管理　89b

后评价管理　107a

环境保护　121b

环境监测　69a

获聘集团公司技能专家名录（表）　180

J

机构更名　153b

机构和人员　141a

机构与队伍　2b

机构与人物　151

机关部门及直附属单位领导人员名录　164a

机关部门及直附属单位领导人员名录（表）　164

机关财务管理　112a

机关处室及直附属单位　281a

机关党建工作　137a

机关工会工作　146a

机关及所属单位领导人员名录　164a

机关事务管理　93a

机械化自动化　115b

基层建设　89a

基层组织建设　136a

基础工作　99b，107a，130a，136b

基础工作与财经纪律　112a

基础管理　40b，95b

基础设施建设　83a

基地投资建设项目管理　129b

基地维修改造管理　129b

基地综合利用和运行管理　129b

集团公司表彰先进集体（表）　149a

集团公司技能专家　180b

计量管理　124b

纪检队伍建设　140a

纪检审计中心　252b

　　党建工作　253b

　　队伍建设　253b

　　纪检工作　252b

　　内部管理　253a

　　审计工作　253a

纪律检查委员会领导人员名录（表）　163

纪律审查　138b

纪委　162b

技能专家队伍建设　105a

技能专家及高级技能人员名录　180b

技能专家名录（表）　181

技术创新　78a

技术发明一等奖项目一览表（表）　82

技术检测　69b

技术应用与研究　85a

技术专家及高级专业技术人员名录　176a

技术专家名录　176b

技术专家名录（表）　176

绩效考核　104a

监督检测 68a

监督检查 139a

检测与维修 61b

交通安全管理 121a

节能节水管理 122a

节能科研和技术运用 122b

经营管理工作 113a

经营业绩 2b

精神文明建设 135a

精神文明建设 5a

精细开发管理 56a

井控 40a

井筒工程 29

井下作业 38a

井下作业公司 208a

 安全环保 210a

 财务资产管理 209b

 党建工作 210a

 队伍建设 210b

 和谐企业构建 211a

 科技创新 209b

 人才培养 209b

 设备管理 209a

 生产管理 208b

 市场开发 208b

 宣传工作 210b

纠纷案件诉讼与管理 90b

酒店管理公司 256a

 安全环保管理 257a

 党建工作 257b

 队伍建设 257a

 精神文明建设 257b

 品质服务 256b

提质增效 256b

K

科技创新 3b

科技创新及成果应用 58b

科技管理 80a

科技进步 78a

科技平台建设 80a

科技与信息 77

科学技术进步奖一等奖项目一览表（表） 82

科研及新工艺新技术推广应用 55a

会计核算 109b

L

劳动和技能竞赛 144a

劳动模范（表） 150

劳动用工管理 103b

劳动组织与管理 103b

劳资改革与管理 103b

连续油管作业 37b

廉洁教育 139b

领导班子建设 100b

领导机构及负责人名录 162a

陇东页岩油项目 58a

泸203井区完钻井情况统计（表） 32

录井 51a

落实"两个责任" 138a

M

秘书工作 90b

N

内部巡察 141a
内控与风险管理体系建设 88b
年度获奖项目 81a
年度荣誉 149a
宁209井区完钻井情况统计（表） 33
女职工工作 145b

P

培训管理 41b
培训中心 254a
 安全环保管理 254b
 党建工作 255b
 队伍建设 255a
 基础设施建设 255a
 科研成果 255a
 培训教学情况 254a
 企业管理 255a
评估与申报 125b
评优选优 145b
普法宣传与教育 90a

Q

企业改革与管理 88a
企业民主管理 144a
企业文化建设 134b
气体钻井 34b
欠平衡/控压钻井技术应用 34a
青春建功活动 147b

青年安全环保活动 148a
青年创新创效活动 148a
青年岗位成才 148b
青年文化活动 148b
青年政治思想教育 147b
青年志愿服务活动 148a
清洁环保型压裂液体系应用 39b
区块生产管理 54b
区域市场钻井指标完成情况 30b
全国劳动模范简介 149b
群团工作 143

R

人才资源开发与管理 102a
人事改革与管理 100b
人事管理基础建设 102b

S

商务运作 73b
设备材料价格管理 108a
设备管理 114b
设备技术管理 117a
设备完整性管理 116b
设备运行保障 115a
设备综合管理 117b
社会责任履行 5b
社会治安综合治理工作 129a
涉外管理 75a
审计管理与事务 127b
审计监督与评价 126b
生产服务 59

生产科研基地建设管理 129a
生产科研基地专项规划 129b
生产运行管理 96a
生产组织与协调 97a
省部级及集团公司表彰先进个人（表） 149
省部级技术发明奖项目一览表（表） 82
省部级先进个人 149a
省部级先进集体 149a
省部级以上科学技术进步奖项目一览表（表） 81
市场服务 51a
市场开发与管理 94a
试修公司 215a
  QHSE 管理 215b
  党建工作 217b
  工程技术管理 216a
  工团工作 217b
  科技进步 216b
  企业管理 217a
  企业文化建设 217b
  人才队伍建设 217a
  生产组织 215b
  市场开发 215b
  提质增效 216b
试油工艺优化 37a
试油与修井 36a
蜀渝公司 232a
  安全环保管理 233b
  党建工作 235a
  队伍建设 234b
  技术管理 234a
  经营管理 234b
  企业管理 234a
  企业文化建设 235b
  群团工作 235b
  生产组织 233a
  市场开发及管理 232b
  疫情防控 233b
  应急管理 233a
数字化气田建设 54b
水力脉动体积压裂现场试验 39a
水平井主要钻井指标统计对比（表） 33
水平井钻井 33b
税务管理 110b
思想建设 132a
思想政治工作 133a
苏里格风险作业 54a
苏里格项目部 204a
  安全环保 206a
  产能建设 205a
  党建工作 207a
  科技创新 206b
  年度荣誉 207b
  企业管理 206a
  群团工作 207b
  提质增效 205b
  脱贫帮困 207b
  疫情防控 207b
  油气生产 204b
苏里格自营区块 58a

T

特载 6
提质增效 3b
统计管理 107a
统战工作 134b

投资计划管理　106a

突发事件应急报告流程（图）　273

突发事件应急响应和救援程序（图）　272

土库曼斯坦阿姆河项目　57a

土库曼斯坦钻井液服务　45a

W

外事管理　75a

外事教育　75a

危化品与特种设备管理　120a

威远页岩气风险作业　55b

维护稳定工作　128a

维护稳定与信访工作　128a

委员会领导人员名录（表）　163

文件选编　275a

文书机要　91b

物资采供　64a

物资采购信息化建设　67b

物资仓储管理　66b

物资集中采购　65a

X

系统维护与管理　85a

先进企业（表）　149b

纤维加砂压裂技术应用　39a

享受国务院特殊津贴专家名录　176a

项目前期管理　106a

消防安全　121a

新材料试验与应用　48b

新工具试验与应用　48b

新工具研究　38a

新工艺试验与应用　48a

新工艺新技术推广应用　63a

新工艺新技术新工具推广应用　56a

新工艺新技术新工具研究试验与应用　39b

新工艺新技术研究试验与应用　50b

新工艺新技术研究试验与应用　51b

新工艺新技术研究与应用　35a

新冠肺炎疫情防控　4b

新建（增）机构　153a

新建（增）机构（表）　153

新疆地区钻井液服务　44b

新疆分公司　198b

　　安全环保　199b

　　党建工作　200b

　　技术攻关　200a

　　井控管理　200a

　　生产指标　198b

　　生产组织　199b

　　提质增效　199b

　　钻井技术指标　199a

新闻宣传　134a

薪酬管理　104a

信访工作　128b

信息管理　92a

信息化管理与服务　85b

信息化建设　83a

行政　162a

行政领导人员名录（表）　163

行政综合管理　90b

宣教文体　146a

巡视巡察工作　140b

巡视巡察整改　141b

Y

业务建设　127b

业务外包管理　95b

页岩气工程项目部　248b

　　安全环保管理　250a

　　党建工作　250b

　　科研攻关　249b

　　市场经营　249a

　　钻井提速提效　248b

页岩气项目　57b

页岩气项目经理部　244b

　　安全环保管理　246b

　　产能建设　244b

　　党建工作　247b

　　队伍建设　247a

　　高产井培育技术　245a

　　精神文明建设　248a

　　科技进步　245b

　　深化改革　246b

　　生产管理　246a

　　提质增效　246a

页岩气钻井　33a

伊拉克艾哈代布项目　57a

意识形态工作　132b

溢流井情况分析　41b

应急管理　41a

应急机构工作启动程序（表）　274

应急预案体系图（图）　271

应急组织体系（图）　270

应用系统建设　83b

油气合作开发　3a

油气合作开发与综合地质研究　53

舆情管理　134a

预算管理　109a

员工培训　104b

越盛公司　251a

　　安全环保管理　251a

　　党建工作　252b

　　科技进步　252a

　　企业管理　251b

　　市场开发　251b

运输　63b

Z

造价信息系统管理　108b

造价业务基础管理　108b

招标实施　64b

政策研究　91b

政治理论学习　132a

知识产权与专利产品　113a

值班与应急工作　92a

职称改革与管理　102a

职业技能鉴定　104b

职业健康管理　122b

志鉴编纂　92a

制度建设　88b

质量计量标准化管理　123a

质量体系建设　123b

质量综合管理　123b

治安反恐工作　128b

中长期发展规划　105b

重点地区钻井　30b

重点工程　47b

重点工程　62b

重点工程　74b

重点工程保障　98b

重点领域造价管理　107b

重点企业　114a

重点区域　49b

重点区域作业　38b

重点试油工程　36b

重庆运输总公司　236a

  安全管控　236b

  队伍建设　238b

  服务商管理　237b

  精神文明建设　239a

  企业管理　238a

  市场开拓　237a

  提质增效　237b

  信息技术　238a

  运输生产　236b

  装备技术　238b

主要成果　54a

主要成果　55b

主要工作　64b

主要工作情况　64a

专利与知识产权保护　80b

专项工作　93b

专项审计与评价　127a

专业技术干部与专家管理　101a

专业组织　260a

装备管理　41a

资产管理　110a

资产总况　2b

资金管理　110a

资质管理　125a

资质审查与考评　125b

资质综合管理　126a

自201井区完钻井情况统计　32

综合地质研究　56b

总述　1

总体钻井指标完成情况　30a

组织机构及变更情况　153a

组织机构设置　153a

组织机构图（图）　152

组织建设　135a

组织建设　147a

钻采院　221b

  安全环保与井控应急　222b

  党建工作　223a

  科研进展　222a

  企业文化　223b

  群团工作　223b

  市场开拓与精益管理　223a

  重点工程与特色技术应用　222b

钻井　30a

钻井技术服务　49a

钻井提速　31a

钻井液　42a

钻井液服务提质增效专项行动　46b

钻井液公司　241b

  安全环保管理　243a

  党建工作　243b

  队伍建设　243a

  工程技术　242b

  和谐企业建设　243b

  生产运行　242b

  市场开拓　242a

  提质增效　242a

钻井液技术服务成果 42a
钻井液技术信息化研究 46b
钻井液科研攻关 46a
钻井液模块化技术运用 43a
钻井液质量抽检 47a

钻井液转运站建设 46b
钻井作业指标纪录 31b
钻具管理 60a
钻前工程 62a
作风建设 138b